二十世紀中国美学

『ラオコオン』論争の半世紀

丁乙

東京大学出版会

本書は第 14 回東京大学南原繁記念出版賞を受けて刊行された．
This volume is the fourteenth recipient of
the University of Tokyo Nambara Shigeru Publication Prize.

The Formation of Modern Chinese Aesthetics :
Half a Century of the "*Laokoon* Debate"

Ding Yi

University of Tokyo Press, 2025
ISBN 978-4-13-016053-7

Nun sucht man das Freie, und wenn man bisher sich nur mit Göttern und Helden abgeben mochte, so tritt die Landschaft auf einmal wieder in ihre Rechte, und man heftet sich an die Umgebungen, die der herrlichste Tag belebt.

——Johann Wolfgang von Goethe,
Italienische Reise,
Den 17. Februar.

目次

第Ⅱ部　二〇世紀中国美学の刷新——銭鍾書の文学論

凡例

一、原典から頻繁に引用する文献については、出典情報を次のように略記した。
レッシング『ラオコオン』……Karl Lachmann 版巻九（一九六八）から（*Laokoon*, 頁数）
朱光潜の著作（『ラオコオン』中国語訳（『拉奥孔』）を除く）……『朱光潜全集』全二〇巻から（巻数、頁数）
宗白華の著作……『宗白華全集』全四巻から（巻数、頁数）
銭鍾書の著作……（書名、頁数）

二、引用する際の日本語訳は筆者による。先行する日本語訳があれば参照し、書誌情報を掲げた。

三、引用文中の（　）は原著者の挿入、〔　〕は筆者の挿入である。日本語訳した際に重要な術語については原文の表記を補ったが、原文の綴りは現代の表記に修正した。

四、中国語の原文を引用する際には、引用する版本の字体（簡体字・繁体字）にかかわらず、日本で通用している漢字があればそれに置換した。原文に由来する約物の使い分けは原則として残したが、縦書きで引用する際は読みやすさを鑑みて適宜改編した。

序　章　一九二〇年代から六〇年代の中国美学

第一節　近代中国美学の生成過程

近現代中国では、一九世紀末から西洋思想の衝撃に応答する形で自国文化全体が再編され、その営為は今日に至るまで続いている。その中で、美学と称される領域において、いかなる思想ないし学問そのものが生成していったのか、それを辿るのが本書の目標である。近代の中国美学は、たんに中国古典を継承したものでも、西洋美学をそのまま移植したものでもなく、古今東西の思想の重層的な交渉や関連する学問諸分野からの要素の借用といった動きのなかから、自らの輪郭を持ちはじめたのである。

中国美学の近代における生成過程について再考が求められるのは、現在の主流的な見方が近代中国美学の評価を固定してしまい、またその評価には中国美学を十分に捉えきれていない部分があるからである。これまでの見解では、近代中国美学の展開はおよそ一九二〇〜三〇年、一九三〇〜五〇年、一九五〇年〜二〇世紀末、二一世紀以降の四段階に時期区分され、このうち、第三、四段階が中国美学を特徴づけるものとみなされてきた[1]。この叙述の仕方は、一九五〇年代以降、すなわち中華人民共和国の建国以降に確立された枠組みを前提とするが、この枠組みに従うことにより次のような認識的傾向が生じる。すなわち、一九五〇年代以降の中国美学は成熟したもの、一九五〇年代以前の美学は模索期もしくは創成期にあるとされる。しかし、一九五〇年代以前の状況を正しく捉えるためにも、五〇年代以降への変化を摑み取るためにも、後から完成した枠組みをもっていわば追認的な仕方で分析することは不十分である。一九五〇年代以降の評価の枠組みを一旦棚上げし、二〇世紀前期の学問的状況の歴史的文脈に踏み込んで考察すれば、その評価はまた異なる様相を呈する。こうした作業を通じて、本書では、より早い時期にすでに今日の中国美学の性格を決定づけるような思想的模索が存在し、かつそこには現在忘れられた中国美学の可能性が潜んでいることを解明したい。

本書では、主として一九二〇年代から六〇年代を取り上げる。この時期には中国近代美学成立の第二、三世代[2]の学者、朱光潜（一八九七～一九八六）・宗白華（一八九七～一九八六）・銭鍾書（一九一〇～九八）などが活動している。これ以前の世代は西洋の直接的衝撃に接して冷静な考察の余裕がなく、加えて日本経由での二次的な西洋受容が多く見られた。一方、これ以降ではマルクス主義の枠組みが前面的に打ち出されていく。その中間に挟まれた一九二〇年代から六〇年代は、中国の学者たちが直接西洋に留学し、西洋思想をより自由に参照しつつ自国の文化的伝統の見直しを深めていた。したがって、この時期は「中国近代美学の確立の準備期」といったような単純な言葉だけでは片付けることのできない、思想的困難を経験しながらも独特な創造性に溢れた段階と考えられる。

この時期の思想的重層性を物語る特徴の一つは、東／西、古／今のようなくっきりとした二項対立図式に収めることのできない思想間の力関係である。一九二〇年代の五四新文化運動を経て、学者たちは幼少時から身につけた伝統的な学識の価値――学問の内的な価値のみならず、仕途へつながる社会的評価も含めて――を否認され、極めて複雑な心情を抱かされた。朱光潜の比喩を借りれば、まるで商人が汗水垂らして貯めていた、今後の生活の糧として安心できると思われる量の金が、一晩のうちに紙くずになったような気持ちであった（III, 444）[3]。そこで文化的伝統の切実な弁護、反省ないし再編に用いられたのは、逆説的なようだが、西洋思想であった。当時の文化的環境において、人々の身近にあったのがむしろ西洋思想であり、それをフィルターとして自国の伝統を改めて眺望していたことは、まず念頭におかれるべきである。

哲学・美学の学問創立に関しては、中国ではまずカントやヘーゲルが重視され、ドイツ観念論美学の受容を起点として発展したとされる(4)。また、より広くプラトンやアリストテレス、デカルト、スピノザ、ヒューム、ルソー、マルクス等々の紹介も、一九二〇年代から四〇年代にかけて進められた。さらに西洋哲学者の中国への滞在と講演、とりわけ一九一九年からの二年間にわたるデューイ、一九二〇年からの八カ月にわたるB・ラッセル、そして一九二二年のH・ドリーシュの活動によって、中国人は西洋哲学に直接触れることになった。他にも中国の第一世代の美学者たちはシラーや、ショーペンハウアー、ニーチェ、また第二、第三世代の美学者たちは、T・リップスや、クローチェ、O・シュペングラー、M・デッソワール、I・バビットなどから大いに影響を受けている。ただし、これらの西洋思想家や彼らの著作が近代中国美学の生成過程において及ぼした効果はそれぞれ異なり、たんに先進国の思想として学んだにとどまるものから自国文化の反省を促したものまで、様々なレベルでの受容が存在した。例えば第一世代の美学者王国維におけるショーペンハウアーとニーチェからの影響は、学術的というより、むしろ心的な傾向や性向におけるそれである(5)。また、カントやヘーゲルらの整然とした哲学的・美学的枠組みには、中国の論者が手を加える余地は少なかったであろう。

その一方、中国の二〇世紀を通じて西洋思想の参照の仕方は一様ではなかったという特殊な事情がある。すなわち、一九五〇年代にはマルクス主義思想の前面化によって、中国では思想的大転換を迎え、西洋思想への評価にも大きな変化が生じたのである。再び朱光潜の言葉を援用したい。朱光潜は一九五六年の「私の文芸思想の反動性」(原題「私的文芸思想的反動性」)において、自らの美学思想の形成過程を整理し、とりわけ影響を受けたドイツ唯心主義やロマン主義に関して、自分が「資産階級の美学界において統治的位置を占めるクローチェ」に最初に接近し、そして「クローチェのめがねを通してカント、ヘーゲル、ショーペンハウアー、ニーチェ、ベルクソンの輩を見ていた」(V, 15)

と述べる。朱光潜を含む論者たちは、資産階級を打倒しようとする政治的立場から、上記の諸思想を一括して批判の対象とした。また、一九六〇年の朱光潜「『ラオコオン』訳の後記」（原題「《拉奥孔》訳後記」）によれば、「彼〔G・E・レッシング〕よりやや早いバウムガルテンの『美学』（一七五〇）は抽象的かつ無味乾燥であり、現在の美学者もほとんどそれを読まない。彼より後のカント『判断力批判』（一七九〇）も抽象的で無味乾燥であり、人々はただその歴史的重要性のためにそれを読んでいる」（X, 240）という。この段階では「抽象的」、すなわち物質的根拠を持たない点で、バウムガルテンとカントは非難されているが、この批判はもっぱら彼らの思想そのものに向けられた内的なものではない。

以上のような事情から、近代中国美学を理解するためには、西洋思想の受容過程が果たした役割に着目すべきであること、中でも、中国自身の文化的伝統への根本的な反省につなげられ、かつ二〇世紀を通じて継続的に論じられた西洋思想の受容が手がかりとして望ましいことが了解される。

第二節　『ラオコオン』論争を視点に

一九二〇年代から六〇年代の中国美学の状況を解明するために、本書では、一八世紀ドイツの理論家にして文学者G・E・レッシング（一七二九〜八一）が著した美学書、『ラオコオン』（一七六六）並びにそれをめぐる西洋近現代の論争を視点に取り上げる。

『ラオコオン』は、大蛇に絞め殺された神官と子供たちについての古代ギリシャ神話、「ラオコオン」に関わる詩と絵画の比較論を扱った書物である。レッシングは、一五〇六年にローマで発見された群像《ラオコオン》（レッシングはローマ帝政期の作と推定したが、現在では紀元前一世紀中頃の作とされる）と、ウェルギリウス（前七〇〜一九年）の叙事詩『アエネイス』における神話、つまり同じ物語をめぐる造形芸術と文学芸術による描写の比較を手がかりとして、詩と絵画の類似性と相違性について検討している。(6) 西洋美学では、詩画比較論、もしくは「パラゴーネ」――諸芸術の間の比較対象という意味――は古代ギリシャから重視されており、とりわけ一六世紀半ばから一八世紀中頃にかけての美術や文学の理論書では必ずといっていいほど言及されてきた論題である。(7) パラゴーネ問題を「ラオコオン問題」とも称することがあるように、この領域における『ラオコオン』の重要性は群を抜いている。

もっとも、『ラオコオン』の成立には、J・J・ヴィンケルマンやE・バークとの影響関係や対決意識、そしてレッシングの親友であったM・メンデルスゾーンを含め、当時の啓蒙主義思想の動きが広く反映されている。この著作以降、ヘルダーや、ゲーテ、シラー、ヘーゲル、A・W・シュレーゲルなどは批判的な応答を打ち出しつづけており、この書物をめぐる検討は西欧では一種の文化的現象とまで評されてきた。他方で、二〇世紀以降のアメリカでも、バビットの『新ラオコオン』(一九一〇)や、C・グリーンバーグの「さらに新たなるラオコオンに向かって」(一九四〇)が現れ、ロマン主義やモダニズムの文脈において『ラオコオン』の論点が再度吟味されている。また二〇世紀後期では、例えばW・J・T・ミッチェルによるエクフラシスをめぐる考察など、広い意味での文学芸術と造形芸術の比較検討においては、『ラオコオン』論争は変容しつつも脈々と続いている。今日に至るまで多岐にわたる領域において時代的状況などを越えて重要であり続けた、『ラオコオン』論争の生命力が示されている。(8)

その一方、『ラオコオン』およびそれをめぐる西洋での論争は、近代中国美学の展開において独特な役割を果たしている。それは何よりもまず、『ラオコオン』の枢要な論題である詩画比較論が、中国の芸術的伝統にも通底する問題だからである。中国における伝統的な芸術論との対話可能性ゆえに、この著作は中国の伝統を考え直すための格好の手がかりとなる。

中国芸術論において詩と絵画の関係を重視する言説は、宋代の詩人、蘇軾(一〇三七~一一〇一)の「摩詰の詩を味わえば詩中に画あり、摩詰の画を見れば画中に詩あり」(「書摩詰藍田煙雨図」『東坡題跋』巻五)に代表される。摩詰すなわち王維(七〇一～七六一)は、一流の詩人でも画家でもあったとされ、中国芸術の理想と考えられてきた。中国の伝統的芸術論が成熟した宋代以降、詩と絵画は文人階層の素養や日常的活動として訓練・実践され、また理論的に解釈されている。そこで、詩と絵画は制作面でも鑑賞面でも同一の原理に基づくという発想が現れ、画面から詩を感じ取ることのほか、画面に直接詩文が書き込まれる、もしくは詩の解釈をめぐって絵画を制作していくという営みが盛んになっていく。(9) 蘇軾の王維評は、以降の中国芸術論の論者によって文学研究においても絵画研究においても頻繁に引用された。近代中国美学はこうした芸術論の伝統の上に成り立っているため、詩画比較論への関心が継承されていると考えられる。

また、『ラオコオン』は具体的な芸術作品から議論を立ちあげているため、前述のバウムガルテンやカントと対照的に、マルクス主義的な枠組みでも高く評価され、一九五〇年代以降も中国で継続して重視されたという点で独特である。それによって、流行り廃りの激しい二〇世紀中国の思潮のうねりの中で、一貫して注目の対象となったこの著作は、近代中国美学を考える上で重要な資料を提供している。

加えて実際のところ、中国の論者たちは『ラオコオン』自体に対する批判的応答を打ち出したのみならず、西洋の『ラオコオン』論争において重要であったヴィンケルマンや、バーク、ゲーテ、バビットをも積極的に参照していた。つまりより広範囲の西洋思想について、『ラオコオン』論争という視点によってそれらの影響を捉え返す可能性が生じてくるのである。それを換言するならば、『ラオコオン』論争に注目することによって、一論者や一著作の単線的な受容にとどまらず、論題そのものに対する放射状的もしくは複線的な受容ないし比較検討を扱うことが可能となり、それによってこそ、事実として単線的でない生成過程を有する近代中国美学を見直す契機が現れる。この論題は中国でも西洋でも美学思想の中枢にあるため、東西の思想的交渉という二〇世紀の中心的課題をも先鋭的に浮上させるのである。

以上のように、中国における『ラオコオン』論争の展開の多角的検討は、たんに中国がいかにして西洋思想を導入したかを明らかにするのみならず、受容ないし議論の根底にある中国の伝統的文化との間に生じた複雑な交渉の実態を解明することを可能にするであろう。そこで本書では、一九二〇年代から六〇年代にかけて活動していた、重要な『ラオコオン』論を仕上げた朱光潜・宗白華・銭鍾書に着目して考察を進めることにする。

第三節　受容状況と先行研究の概観

中国の『ラオコオン』受容に関する研究は基本的に中国で行われており、とりわけ一九七〇年代末・八〇年代、中国思想界が「思想を解放する」というスローガンを提出して新たな局面を迎えてからめざましい進展を見せた。朱光潜による『ラオコオン』の中国語訳出版（一九七九）もこの動きの中にあった(10)。また、『ラオコオン』を扱った主要論者を含む近代中国思想全体に関する資料整理や研究の蓄積が進展していくにつれて、『ラオコオン』をめぐる検討も深められてきた。

現在の研究では(11)、中国で最初に『ラオコオン』に言及したのは、一九一〇年前後の単士厘の旅行記『帰潜記』における群像《ラオコオン》をめぐる言説とされている。だが、そこでは、レッシングの著書『ラオコオン』のみならず、ヴィンケルマンやゲーテの「ラオコオン論」なども提示されている。ここには中国の論者が西洋思想に踏み込んだ理解に至る以前に、文化的問題としてそれを受容している姿勢が読み取れる。レッシング『ラオコオン』を正面から取り扱かった初期の論述としては、魯迅『欧州文学史』（一九一八）の簡単な概説が挙げられる。また一九二四年には、鄭振鐸によるレッシングの寓話の中国語訳、一九二七年には楊丙辰による『ミナ・フォン・バルンヘルム』（一七六三

〜六七）の全訳および『ラオコオンの原序』訳、一九二八年には李金発・黄似奇『ドイツ文学ABC』に収録される『ハンブルク演劇論』の総論にあたる第一〇一〜一〇四篇の訳が発表された。そして一九二九年になると、中国の比較文学研究の先駆者である呉宓（一八九四〜一九七八）が「ドイツ大批評家兼演劇家レッシング誕生二百年紀念」を発表し、レッシングの著作を紹介するのみならず、それに鑑みて中国詩に関しても先駆的な考察を加えた。この論考は、中国において『ラオコオン』受容を介した自国文化の反省的検討の出発点となった。単士厘と呉宓に関しては、本書第七章で詳述する。

こうした初期の受容を踏まえつつ、『ラオコオン』についてさらなる批判的反省を行い中国美学を発展させたのが、朱光潜（一八九七〜一九八六）・宗白華（一八九七〜一九八六）・銭鍾書（一九一〇〜九八）であった。一般に、全く同じ生没年の朱光潜と宗白華は二〇世紀中国最大の二人の美学者[12]、また銭鍾書は近代中国を代表する文学研究者とされている。

朱光潜は一九二〇年代から六〇年代にかけてのキャリアの間、『ラオコオン』を継続的に論じ、また一九六〇年代には『ラオコオン』の中国語訳を仕上げた（一九七九年に出版）。一方、宗白華の一篇の『ラオコオン』論（一九五七）は簡潔なもので、また一見して一九四〇年代の朱光潜の見解と類似すると考えられてきたため、従来の研究では重視されてこなかった。しかし、それは実際には、宗白華自身のそれまでに構築した中国芸術論を前提とするものであり、その背後に彼の一九三〇年代からの思想探究が作用していた。そして、銭鍾書が一九四〇年と一九六二年に執筆しその後も修正を加え続けた二つの『ラオコオン』論は、古今東西の学識を自在に援用したものである。そこには、二〇世紀中国の文学論ないし芸術論全般を代表する数々の論点が凝縮されている。

彼らの『ラオコオン』論に関する先行研究の状況を確認しておこう。宗白華の『ラオコオン』論は相対的に等閑視されてきたが[13]、朱光潜・銭鍾書の論をめぐる個別研究は数多く存在する。朱光潜の主業となる西洋思想の紹介・検討において、『ラオコオン』は最も目立つ存在ではないが、例えば易蓮媛「『ラオコオン』から朱光潜の問題意識の変転を考察する――一つの理論の旅行の視点から」（二〇一三）は、朱光潜の各時期の『ラオコオン』論を当時の学術的環境との関係を踏まえつつ時系列に沿って検討し、これらの理論が中国美学の発展とほぼ軌を一にすることを明らかにしており、本書にも大きな示唆を与えている。朱光潜のキャリアを通覧する手がかりを提供する西洋の著作もしくは論者は他にもあり、例えば朱光潜といえばクローチェの名を思い浮かべるほど、彼のクローチェ受容は注目を集めている。だが、朱光潜のクローチェ論が重要なのは、朱光潜のキャリアの前期・後期（一九五〇年以前・以後）になされたほぼ真逆のクローチェ評価が、当時の中国思想界のアイデンティティーの変化や朱光潜自身の思想転換をもっとも鮮明に表している兆候と考えられるからである。(14)その一方で、事実として、朱光潜のキャリア前期・後期をそれぞれ代表する書物『詩論』・『西方美学史』においては、『ラオコオン』論は独特な位置を占めている。すなわち、西洋思想を参照し中国の詩学を打ち立てようとする『詩論』において、一書の全体が援用される唯一の西洋の著作は『ラオコオン』であり、また西洋思想を教科書的に紹介する『西方美学史』では、西洋を参照し中国芸術を反省的に言及した希少な例が『ラオコオン』に関するものである。このようにして、朱光潜思想をいわばより内在的に読み解く視点を提示する意味で、『ラオコオン』受容の重要性は看過できない。

銭鍾書の『ラオコオン』論に関しては、そこに盛り込まれた芸術論の明らかな独自性ゆえに、早くから重視されてきた。例えば、葉朗は『中国美学史大綱』（上海：上海人民出版社、一九八五）の第一四章「宋元詩歌美学」において、詩と絵画の関係を述べる際に、銭鍾書の二つの『ラオコオン』論における見解をほぼ踏襲している。同書は近現代中国における最初期の中国美学を主題とする教科書である。しかし、葉朗は銭鍾書の結論のみを引用し、その立場を承認する理由を詳しく提示していない。また、何開四「「詩画分界」の分析――レッシング『ラオコオン』と銭鍾書『旧文四篇』の比較研究に関して」（「「詩画分界」析――関于萊辛『拉奥孔』和銭鍾書『旧文四篇』的比較研究」『当代文壇』一九八六年第一期、五八〜六〇頁）は、銭鍾書の「『ラオコオン』を読む」は、中国の美学界で『ラオコオン』を評するものの中で最も重要で、『ラオコオン』をさらに発展させたものであると主張している[15]。本書はそれらの主張に同意するが、先行研究では銭鍾書の理論がどのような点において、またいかにして『ラオコオン』を発展させたかについては十分説明し得なかったと考える。その理由として、銭鍾書の論述は古今東西の思想を援用しているものの、その多くが清代に流行した読書ノート（札記）の形式をとっており、近現代的論文に要求されるような論述過程がほとんど見られないことが挙げられる。銭鍾書の学問的特徴のひとつは、実際には膨大な先行思想を参照しながらも、極めて抑制された形で提示することである。したがって彼の議論を正しく把握し評価するためには、その結論を復唱するのではなく、彼が参照した諸思想を表面的にではなくその注釈や背景に照らして読み解き、それによって彼の思考経路を示す作業が不可欠である。こうした作業は従来の考察では十分に行われてきたとは言えない。他方、銭鍾書の難解な学問を理解するためには、彼の『ラオコオン』論はまた独特な役割を果たす。というのも、彼の二つの『ラオコオン』論はいずれも彼の学術的スタンスについて直接語っており、さらに生涯の執筆活動において少数の（札記でなく）エッセイの形式をとり、思考過程を一定程度提示しているからである。銭鍾書の『ラオコオン』論は、二〇世紀中国の美学や芸術思想の頂点を象徴的に示すとともに、その内実を明晰に分析するための切り口を提供するという意味でも重要である。

さらに、朱光潜や銭鍾書の個別的な見解にとどまらず、彼らを取り巻く文化的動向に注目し、中国における『ラオコオン』受容を通じてより広く中国美学を再検討しようとする研究もある[16]。例えば劉丹の修士学位論文『ラオコオン』と二〇世紀中国美学理論の構築――朱光潜、銭鍾書、王朝聞を中心とする考察」（二〇一六）は、二〇世紀中国美学の発展を「美論、美感論、芸術本質論」や「審美的体験」といった特徴から捉え、その上で朱光潜や銭鍾書の『ラオコオン』への応答の性格を見直している。朱光潜・銭鍾書らの論を考察することで、当時の中国美学の主眼が「芸術の審美」から「人生の審美」、そして「心の審美的体験」へと段階的に移行していったと結論づけている。中国美学研究の文脈でよく使われる「審美」は、美や芸術への体験・鑑賞を意味するが、朱立元主編『美学大辞典』（二〇一四）の項目「審美学」によれば、この概念には、「美」というものが客観的に先行するものではなく、人の審美的活動・意識・創造の存在を介して生じてくる、という意味が含まれているという。(17)こうしたいわゆる「美」の主観性・客観性に関する問題意識は、実は一九五〇年代以降の中国における美学の展開という特殊な歴史的文脈（「美学大討論」、第一章序を参照）に由来している。さらに、美学の議論での「審美」は一九八〇年代よりも後に定着した概念と考えられる。(18)言い換えれば、これらの視点を用いて一九二〇、三〇年代からの朱光潜や銭鍾書らの広範な学術活動全体を分析することには限界もしくは問題がある。対照的に、本書は同じく『ラオコオン』受容を通じて中国美学を再考することを目的としているが、むしろ各時期の『ラオコオン』受容そのものに踏み込んで考察し、それによって既定の中国美学の枠組みを再構成するという方向である。一方、「審美」は二〇世紀後期の中国美学を特徴づけるものとして、確かに朱光潜・銭鍾書らの段階から現れつつあると考えられる。一九二〇年代から六〇年代にかけての中国美学が、どの程度、どのような形でのちの段階に繋がったのかは、本書で検討すべきもう一つの課題である。近代中国美学と「審美学」との関係については、終章において改めて整理することにしたい。

もう一方で、留意すべきは、朱光潜や銭鍾書の『ラオコオン』および西洋の詩画比較論の伝統に対する理解を批判的に捉える意見もあることである。劉石（二〇〇八）は、西洋思想に基づいて中国の詩画比較論を考察すること自体を妥当でないとし、むしろ中国の詩画比較論を西洋のそれから峻別すべきだと主張している。(19)劉石の論拠は次のようである。西洋では古代ギリシャ、ローマ時代から芸術を分類する作業が積極的になされており、各芸術分野の間にただ相違があるのみならず、地位の上下、優劣も付されている。(20)対照的に、中国の詩と絵画の関係は平等であり、両者の間には「主」と「次」、「決める」と「決められる」の問題が存在しないという。(21)しかし、たとえ中国と西洋の芸術伝統に相違があるとしても、『ラオコオン』を参照して中国の詩画比較論を検討することができないという批判は必ずしも妥当ではない。『ラオコオン』の主要結論は確かに詩と絵画の相違を述べている。しかしこの書物の価値は、ただ詩と絵画の相違を論じたことにあるのではなく、また中国の論者たちは『ラオコオン』の結論を表面的に引用したのでもない。後述するように、とりわけ銭鍾書は『ラオコオン』やそれに関連する西洋の知的営為を、より全面的に理解し咀嚼した上で独自な方法で参照している。劉石の立場は根本的には、東西の芸術的伝統の相違を強調するあまり、東西の学問が相互に刺激を与えるという可能性を否認してしまっている。

総じて言えば、先行研究では中国における『ラオコオン』論の果たした役割は重視されてきたが、それを通じて中国の近代美学がいかに成立したのかという根本的な課題が考察されるには至っていない。加えて、多くの先学研究は『ラオコオン』原典ではなく、朱光潜が一九六〇年代に手掛けた『ラオコオン』中国語訳を文献批判せずに使用してきたという問題がある。それにより、『ラオコオン』原典やその背景である西欧啓蒙主義思想への注意は十分でなく、また『ラオコオン』原典を参照していた他の論者の議論に対する理解も限られていた。そもそも受容の一段階と考えられるこの訳のもつ意義も看過され、朱光潜思想自体への考察は不完全であった。それに対し、本書は東西共通に問われてきた詩画比較論という伝統の存在を肯定的に捉えた上で、『ラオコオン』原典をはじめ西洋の諸思想、そして朱光潜訳を含め中国論者の学問を全面的に検討することで、東西の詩画比較論がいかなる点で同等に検討できるか、いかなる点にそれぞれの独自性があるかを解明しつつ、近代中国美学を見直していく。

第四節　本書の構成

本書は二部構成で、計七章からなる。第Ⅰ部は「二〇世紀中国美学の基本的枠組み――朱光潜と宗白華」、第Ⅱ部は「二〇世紀中国美学の刷新――銭鍾書の文学論」である。

第Ⅰ部第一、二章は朱光潜の『ラオコオン』論の歴史的変遷を主題とする。朱光潜は一九二〇年代、四〇年代、六〇年代に継続的に『ラオコオン』を論じ、その論調は近代中国美学全体のアイデンティティーの変容と連動して展開していった。一般に、朱光潜の学問は一九五〇、六〇年代を境目に、それ以前とそれ以降の思想が峻別されている。だが、『ラオコオン』論という特定のテーマに注目すれば、実際には彼の後期にも前期思想を継承する部分が存在することが了解される。これは朱光潜自身の学問のみならず、二〇世紀中国美学全体への新たな理解にも洞察をもたらす。一方、朱光潜は近代中国の思想界を常に牽引する存在であったため、彼の主張をめぐる他の論者たちの学術的系譜も見られることが重要である。具体的には、第一章では朱光潜の早期（一九二〇年代）の議論を取り上げ、それと関連する他の論者（方東美、銭鍾書）がいかにその議論を継承・展開させたかを具体的に考察する。続く第二章では朱光潜の中期（一九三〇、四〇年代）・後期（一九六〇年代）について、彼の『ラオコオン』訳を含めて検討する。この二章は、『ラオコオン』の論点や生成背景などに全面的に触れるゆえ、本書全体の一つの座標軸にもなる。

第三章は宗白華の『ラオコオン』論（一九五七）、そしてそれを切り口として彼の中国芸術論全般を扱う。宗白華の中国芸術論の展開は一九三〇年代から一九六〇、七〇年代にかけてであり、その最も顕著な課題は儒家・道家に代表される古典哲学や古代芸術論の近代的応用である。この応用の特徴は、西洋近代に端を発した枠組みに基づいていることである。加えて、彼は美術史学についても先駆的な活動を行い、近代中国における美学と美術史の相互影響関係を示しており、これは第四章によってさらに浮き彫りにされる。中国の古典をいわば近代美学の思想的資源として賦活する体系的な試みは、宗白華思想において最も明確になされたと考えられる。また、彼の抒情的な文体は、その内容とは別に、表現の仕方として中国の美学的実践として認識され、中国美学を特徴づけている。

以上の三章を通じて、朱光潜・宗白華による近代中国美学の中心的な概念や基本的枠組み、つまり彼らが整備した近代中国美学の土台を確認できる。続く第四章では、朱光潜・宗白華が西洋に対する中国芸術論の独自性を主張する際にともに用いた、「気韻生動」という古代芸術論の概念を主題化して検討する。「気韻生動」は二〇世紀中国で美学や美術史学の分野で最も多く論じられた芸術概念の一つであり、それゆえこの概念の近代化は、中国美学の近代化全体の縮図として捉えることができるからである。具体的には、美学・美術史の論者たちである陳師曽、滕固、鄧以蟄、そして宗白華に注目する。その上で、これらの近代における「気韻生動」論により示唆された中国の詩画比較論を、レッシング『ラオコオン』のそれと比較検討する。そこから近代中国美学の一つの基本的な枠組みが浮かび上がってくる。

第Ⅱ部では、朱光潜・宗白華より次の世代の銭鍾書が『ラオコオン』にいかに応答したかを扱う。第五章では、まず銭鍾書の二つの『ラオコオン』論（一九四〇、一九六二）に関して、従来難解とされていた彼の論述の構造や基本論点を整理する。この二つの論考は、詩と絵画の比較研究のみならず、彼の学問的姿勢を示すものでもある。銭鍾書は、先達が築いた枠組みを意識しながらも、反発的に新たな学問の可能性を提示した。これにより彼は、詩画比較論だけでなく、芸術や芸術論に対する態度など、東西の学問の比較研究全般を切り開いたのである。彼の『ラオコオン』受容は、とりわけ一九六二年の論考において近代中国を代表する文学論として結実したため、それについては第六章で具体的に考察する。

第六章が主題とするのは、銭鍾書が李白の詩「洞庭湖西に秋月輝き、瀟湘江北に早鴻飛ぶ」、そして蘇軾の「一朶の妖紅、翠にして流れんと欲す」について構築した文学論である。この二例はいずれも中国詩（漢詩）における物体表現を考察するものだが、前者は複数の物体の相互関係、対して後者は一つの物体そのものにまつわる表現を論じたものである。銭鍾書は古今東西の数多くの思想を独自の方法で参照し、たんに文学的現象を摘出するのではなく、普遍性のある理論として練り上げようとした。この営みは、近代中国の美学に一つのクライマックスをもたらした。銭鍾書の文学論は根本的に言えば修辞学的探求であり、そのため近現代中国における修辞学研究の展開についても触れておく。

ところが、『ラオコオン』の豊富な内実に対して、文学論に特別な関心を払って受容する姿勢は早くも一九二〇年代の呉宓に見られる。銭鍾書の『ラオコオン』論の真髄は文学論にあるが、それは彼一人の独創的な動きではなかった。もっとも、朱光潜・宗白華の『ラオコオン』論ないし思想全体においても文学論が目立っている。第七章では、『ラオコオン』に対して初歩的に中国芸術を反省的に捉え始めた呉宓の論を考察し、呉宓の師であるバビット『新ラオコオン』（一九一〇）に見られる文学論批判との比較を通じて、文学への関心は実に中国の『ラオコオン』受容の一つの軸であることを説明する。それは『ラオコオン』論の広い射程と合わせて考慮すれば、近代中国美学を形成する柱とも考えられる。また、『ラオコオン』に言及した中国の最も早い例とされる一九一〇年の単士厘の論述も検討し、中国の『ラオコオン』論の輪郭をより完全的に提示する。

これら七章それぞれの考察では、朱光潜・宗白華・銭鍾書の相互関係が常に重要な課題として通底している。というのも、彼らの相互的関係によってこそ、近代中国美学の生成過程ないし新たな思想的布置を素描することが可能だからである。実際、彼らは疑いなく二〇世紀中国を代表する論者であるが、相互に直接言及する論説はほとんど残っておらず、彼らの相互関係は中国の学術界で従来大きな課題とされてきた。本書では、『ラオコオン』受容という課題に関する反応の異同を視点として、彼らの学術のスタンスや手法を個別具体的に考察しつつ比較検討していく。ここでは、彼らの学問に見られる二つの大きな対照があることを指摘しておく。

第一に、朱光潜と宗白華は近代中国美学の基本的枠組みの形成に寄与したが、それぞれは二つの異なる側面を代表しているという対照である。李沢厚（一九八一）が概括しているように、朱光潜の学術的貢献は「近代的、西洋的、科学的」であるのに対し、宗白華は「古典的、中国的、芸術的」である[22]。彼らの思想の根底には東西の思想がともに横たわっているが、朱光潜の生涯の学術的活動の中では、西洋思想の紹介・翻訳・考察が大きな部分を占め、またその論述は近代西洋美学的な明晰性を特徴としている。それとは対照的に、宗白華は基本的に中国文化を対象とし、また感性的表現が多い。つまり彼らはただ内容的のみならず、形式的（文体的）にも異なる立場から中国美学を構築しているのである。

第二に、朱光潜・宗白華の貢献は中国美学という学問の体系的構築に関わっており、それに対し彼らより一三歳下の銭鍾書はもっぱら具体的な文学論や芸術批評に注力しながらも、中国美学の新たな局面を切り拓いたという対照である。これも本書が第Ⅰ部と第Ⅱ部に分けられる理由の一つである。この二部構成を採用したことには、銭鍾書の美学思想を再評価する目的が含まれている。銭鍾書は生前から二〇世紀を代表する多岐にわたる古今東西の学識を持つ無類の碩学と認められているが、彼の学術的スタイル（論証過程や思想の体系性の欠如）のゆえに、彼を思想家と見なすか否かについては長く議論がなされてきた[23]。近来、王前「中国の現代哲学」（『世界哲学史』巻八、二〇二〇）は銭鍾書を二〇世紀中国の人文哲学の頂点を示す人物と位置付けており、本書はこれをさらに具体的な論題に即して実証していく。

上記の二つの対照を念頭に置きながら、本書で扱う他の論者も含め、各課題や論点に関する論者たちの相互関係に常に注目していく。そのため、本書ではいくつかの「附」（附論）を挿入することになる。近代中国美学の豊かな内実を把握するためには、時代区分に従い単線的に叙述するのではなく、また論者を単位として切り分けるのでもなく、むしろ同じ課題や論点に関する異なる世代の各論者の反応ないしその反応の変化を示すことこそ肝心と考えられる。本書で思案する近代中国美学の思想的布置は、いわゆるコンステレーション的な配置関係である。つまり、朱光潜・宗白華・銭鍾書という三つの主体があり互いに触発的、発展的、反発的な関係を有し、さらにさまざまな特定の問題に関して散在する諸学者たちが各々牽引力を発揮していくのである。

最後に、本書の形式に関してもう一つ注記しておくと、各論者の重要な言説をある程度の長さのまま原典から引用していくことである。それは、彼らの思想の多くが日本ではあまり紹介されていないからだが、また、そもそも二〇世紀中国の学者の多くは文学者としても活動しており、彼らの論述それぞれの風雅、鋭敏、洒脱、諧謔、ユーモアやアイロニーをたたえる文体や風格はしばしば文学作品としても鑑賞され、文学作品と論述という二重の性格を持っているからでもある。これらの文体への言及については、紙幅の都合で捨象せざるを得ない部分もあり、注釈に提示される原典を参照いただければ幸いである。中国の知的伝統では、文の形式的表現は作者の精神性と結びついているものとされている。文体と内容から形成される学問全体は、さらに人格を反映するものと考えられる。このことに関して、一九三七年に二〇代後半の銭鍾書が執筆した「交友を談じる」(原題「談交友」)の一節はよく語っている。

大学者の学問は彼のすべての心情とじわっと融合しており、ただ豊富な数があるのみならず、個別的な性質も加えられている。すべての些細な事実は、彼の心血に浸透し発展し、神経や脈絡を伸ばしているものであり、それらはあなたが学んでもできない、学ぶことができないものである。(24)

先学はこの一節をもって銭鍾書の学問と人格との一体化を示すものとするが(25)、こうした学問への理解は本書で扱う論者全体に通用するであろう。

また、第一、四、五章の序では、朱光潜・宗白華・銭鍾書の人物紹介などを、本書の大きな背景として詳細に記述しておく。それら資料や引用文の提示が、本書を超えて、今後より広く中国美学研究のためのテクストやその解釈へと導く手がかりとなれれば幸いである。(26)

第Ⅰ部　二〇世紀中国美学の基本的枠組み——朱光潜と宗白華

第一章　朱光潜の『ラオコオン』論の変遷（上）

序　朱光潜[1]の経歴

朱光潜は、字は孟実、一八九七年に安徽省桐城県陽和郷[2]に生まれた。桐城県は清代に最も影響力を持った散文（古文）の流派、桐城派を生んだ土地である。文章の典雅と平淡を尊ぶ桐城派は、前近代文学の代表として、一九一〇年後半以降の文学革命において批判の主要な標的とされた。もっとも、少年時代までの朱光潜が専ら習っていたのは、古文ではなく八股文である。八股文こそ科挙試験に用いられる文章であり、朱光潜の生まれた偏僻な村落では、一九〇五年に科挙制度が正式に廃止されて以後もなお大きな文化的権威と影響力を維持していたからである。朱光潜の祖父（朱文濤）、父（朱若蘭）はともに科挙学習に努めていた――朱光潜によれば八股文をよくしたという――が、出世できず私塾の教師として生きた。朱光潜自身も五歳から一四歳まで父親の私塾で旧式の科挙教育を受け、祖父・父が読んだ書物、すなわち八股文制作の資料（闈墨）を中心に、四書五経や「唐宋八大家文」、『唐詩選』などを学んだ。

一九一二年、朱光潜は地元の新式教育を行う「洋学堂」である孔城高等小学堂に入学した。当時の教育制度は新旧の過渡期にあり、小学校教育の学齢は私塾教育から得た能力によって決められていた。すでに私塾で一〇年近く学習した朱光潜は、能力が小学校の水準をはるかに超えていたので、一学期後に桐城中学に入学した。そこで彼は桐城派の古文を習いはじめ[3]、身につけていた堅実な伝統的素養を活かした作文が大いに賞賛された。

一九一六年に桐城中学を卒業すると、国学に傾倒した朱光潜は北京大学への入学を希望した。しかし経済的な事情のため実現はかなわなかった。結局、彼が進学したのは学費が無料の武昌高等師範学校中文系だったのだが、武昌高等師範学校の教師は桐城中学の教師よりも質が低かったという。失意の中にあった朱光潜にとって転機となったのは、当時の北洋軍閥の教育部が、全国四つの高等師範学校（北京、南京、武昌、成都）から選抜した学生に、香港大学での教育プログラムを提供したことであった。これに合格した朱光潜は、一九一八年から一九二三年にかけて、完全なイギリス式の教育を行っていた香港大学に在学することになった。この経験と後の欧州留学を経て、彼は近代的な意味での学者へと脱皮していった。

ここで強調したいのは、西洋的研究の道を歩み始める以前の朱光潜の思想形成が、ほぼ全面的に中国の文化的伝統の中で行われたことである。伝統的教育が彼の中でいかに機能していたのかについて、やや長いが、彼自身が五〇歳頃に振り返った際の言葉を引用したい。(4)

このような〔科挙のための〕文章になんら文学的価値がないことは、誰でも知っている。しかし一種の作文の訓練として、完全に無用なわけではない。その狭い範囲において、もしもよくできたのであれば、思想を啓発することができる。その形式は平板であるが、つきつめれば一つの形式であった。私は一〇歳ごろから二〇歳ごろまで、前後少なくとも一〇年の光陰をこのような論説文に費やした。このような訓練は私の思想を定型化させ、私の作文の運命を定めた。私にとって、理を説明する文章を書くことは容易であり、理があれば説明することができ、説明し難い理についても平易な言葉で話すことができる。これは私の幼年の訓練に負うところだと認めねばならない。しかし全般的に見れば、私は得たもので損失を償えないと理解している。想像を発展させるべき年齢に、私の空洞の頭は抽象的な思想的作業に歪曲され、結果として私の想像力は極めて平凡になり、一つの血あり肉あり光あり熱ある世界を把握することができなくなり、他人の脳のうちにある生き生きとした演劇や絵画のような景色〔原文「戯景画境」〕も、私の脳ではすべて乾燥、冷酷な理になってしまった。(III, 440–441)(5)

ここからわかるのは、朱光潜が、すでに古い文章がその権威を失ってしまったこと、しかしそうした古い文章の訓練で子供時代を過ごしたことが自分の思索の仕方をいまだに規定していると自覚していることである。またこの文章は、伝統的文化の教育を受けたのち、伝統的文化の権威の失墜を目の当たりにし、新たな学問体系へ転換することに努めた二〇世紀前半の学者たちの心理状況をもよく物語っている。

朱光潜の古い学問への評価が完全に否定的なものではなかったことは、彼の桐城派の古文についての批評からも窺える。「私の知っている限りでは、この派の文章はなるほど大きな道理はないけれども、大きな問題もそれほど多く見て取れない」(III, 443)(6)。これら古文は表現の謹厳や典雅、リズム、そして内容の適切さといった一般的な「古今東西の上品な文章」の求める条件を揃えているからである。ただ、「その唯一の問題は文言文であり」、したがって内容は時々空洞になり、表現もパターン化して俗的になってしまうことがあるという。とはいえ、朱光潜はこれらの問題を、ただの「流弊」であると見なし、「流派を興した人はそのように主張していない」と説く(III, 443)。この見解は、当時の文学革命者が猛烈的に桐城派を批判したこと――しばしば「桐城謬種〔極端にまちがった流派〕」という呼称すら用いられた――と対照的であり、桐城派古文に一種の同情を明示している。旧文化の影響下に育てられた論者の、文学的伝統に対する感情までもが外的制度の激変によって一気に変わってしまったということはないであろう。これは本書で扱う三人の論者が共有していた内的葛藤であった。

思想の更新のためには文体の更新が必須であると考えられたため、文体をめぐる戦いは、二〇世紀前中期まで一貫した課題とされた。古い発話法（文言文）は古い思想を体現するものとして批判されるべきものであり、それとは対照的に、新しい思想を表現するためには新たな発話法（白話）が使用されるべきだというのである。なお、朱光潜と宗白華は重要な論考をもっぱら白話文で書き、それに対し銭鍾書は白話文・文言文を併用した。

朱光潜は、香港大学ではまず一年間英語を勉強し、一九一九年に正式に教育系に入学した。そこで彼は教育学のほか、英語学、文学、生物学、心理学、哲学などを広く習い、西洋の学識に開眼した。このうち、彼の（武昌高等師範学校時代からの）専攻である教育学、そして心理学がのちの美学活動を支える思想的基礎となった。また朱光潜は、学習したものや自分の考え方を随時まとめて中国大陸の雑誌で発表することで、大陸の学術界との繋がりを保っていた。その最初の論考は、一九二一年に発表された白話文による「フロイトの潜在意識説と心理的分析」（原題「福魯德的隠意識説与心理分析」『東方雑誌』第一八巻第一四期）である。

香港大学文系学士学位を取得した後、一九二三年夏に朱光潜は張東蓀（政治家・ジャーナリスト・哲学者、一八八七〜一九七三）の紹介で中国公学中学部の英語教員、そして上海大学の論理学講師を務めた。しかしこの二つの学校はいずれも政治的雰囲気を濃厚にまとっており、(7) イギリス式の教育を受けていた朱光潜にはその雰囲気は受け入れ難いものであった。一九二四年、軍閥戦争（江浙戦争）で中国公学中学部が崩壊した。朱光潜は夏丏尊（文学者・出版者・翻訳者、一八八六〜一九四六）の紹介で、浙江省上虞白馬湖辺の春暉中学校で英語を教えはじめた。そこで過ごした期間は半年にも満たなかったが、彼は夏丏尊のほか、朱自清（散文家・詩人・学者、一八九八〜一九四八）、豊子愷（書画家・文学者・翻訳者、一八九八〜一九七五）といった文学・芸術界の重要人物たちと深い友情を築き、相互に大きな知的影響を与えあった。彼らはまた『文学雑誌』を創刊した。その後、朱光潜は春暉の教育理念に同意できなかったことから、夏丏尊などの友人たちとともに、立達学院を創立し、また雑誌『一般』（のちに『中学生』に改名）(8) や開明書店の準備に取りかかる。立達学院は、北洋軍閥の専制教育を批判し教育の独立自由を目指すという、朱光潜や友人たちの教育理念を実践に移した場として一九二八年まで続いた。また『一般』や開明書店は、その創立準備中にイギリスに渡った朱光潜にとって、留学中の思想を発表する重要なプラットフォームとなった。

一九二五年から一九二八年にかけて、朱光潜は安徽省の官費留学生としてエディンバラ大学に留学した。朱光潜は元来、オックスフォード大学への留学を目指していたが、あまりに高い学費に加えて、入学者は在学中に英語のほかに二つの欧州言語をマスターする条件があったため、目標校を変更していた。(9) ちなみに、後述する銭鍾書の留学先はオックスフォード大学であった。

エディンバラ大学では、朱光潜は特に哲学の教授、カントやヒュームの研究者であるN. K. Smith——朱光潜が彼から教わったのはもっぱらヒュームの哲学であった（I, 3）——、そして英文系の主任であるH. J. C. Griersonから大きな影響を受けている。そこで英文学・哲学・心理学・ヨーロッパ古代史・美術史を広く習い、J. Dreverの指導の下で「悲劇の喜感」という論文によって文学の修士学位を得た。すでに英語を自由に駆使できるようになっていた朱光潜は、イギリスでは学業に追われておらず、少々の余裕をもってイギリスの社会や文化を観察し体験していた。彼によれば、イギリスの文学や学術伝統は総じていえば尊敬すべきものであるが、当時のイギリスの現実社会には人種差別や貧困問題があり、一般人の娯楽活動も芸術的価値の低いものがほとんどであった（VIII, 173-189）。この時期に、彼は継続的に中国語の論文を執筆し中国国内で発表していた。官費留学生であったにもかかわらず、官費がなかなか到着せず、生活のために原稿料を稼ぐ必要があったことがその理由の一つであった（I, 4）。彼が発表の場に選んだのは基本的に『東方雑誌』や『一般』であったが、とりわけ『一般』で発表した一連の社会的・教育的問題についての青年への書簡形式の文章は、のちに開明書店によって『青年宛の一二通の書簡』（一九二九）として出版された。この書物は三〇余回印刷され、中華人民共和国建国（一九四九）以前の朱光潜の出版物のなかでは最も読まれた作となった。

翌一九二九年に、朱光潜はロンドン大学に籍をおき、英文学を中心にシェイクスピア研究などに取り組みながら、多くの時間を大英博物館の閲覧室で過ごした。それと同時にパリ大学にも籍をおき、とりわけ文学院院長H. Delacroixの芸術心理学に影響を受けたことが、のちの『文芸心理学』の執筆の契機となった。一九三一年には生活費の問題もあり、朱光潜はストラスブール大学に転じた。[10] そこではフランス語とドイツ語が併用されていたので、朱光潜はドイツ語も学び、一九三三年に博士論文「悲劇心理学（The Psychology of Tragedy）」を英語で完成させ、文学博士学位を得た。この論文は、ストラスブール大学から出版され、その中国語訳は一九八三年に中国で出版された。

朱光潜は一九二九年から一九三一年にかけてロンドン大学に在学していた間に、呉宓（中国の比較文学研究の先駆者、一八九四〜一九七八）と朱自清と親しい交友関係を持った。呉宓・朱自清は当時清華大学の教授であり、学校のサバティカル制度（五年に一回の一年間休暇、旅費補助、半額給与）を利用してヨーロッパを遊学していた。朱自清はそれ以前からすでに朱光潜と密接な交流を持っていたが、新たな友人となった呉宓もまた、朱光潜と文学や中国の国民性について頻繁に意見を交わした。[11] 呉宓は当時、清華大学に在学（一九二九〜三三）していた銭鍾書の先生でもあった（本書第七章を参照）。

朱光潜が後に美学者として活動していく際の基本的な学識は、このようにして培われた。本書の主題である近代中国美学の成立過程を考えるにあたって、一九三六年、三九歳の朱光潜の次の言葉は重要である。

> 私のそもそもの興味の中心は第一に文学、次に心理学、第三に哲学である。文学が好きだから、仕方なく批評の基準や、芸術と人生、芸術と自然、内容と形式、言語と思想といった問題を研究することになった。心理学が好きだから、仕方なく想像と感情の関係や、創造と観賞の心理活動及び趣味上の個別的差異を研究することになった。哲学が好きだから、仕方なくカント、ヘーゲル、クローチェなどの美学を検討する著作を研究することになった。このようにして、美学は私が好きな幾つかの学問を交通させ連携させる手がかりとなった。[12]（I, 200）

後に二〇世紀中国を代表する美学者と認識されることになる朱光潜は、初めから「美学」という学問に向かい、あるいは「美学」という問いから出発したのではなかった。むしろ彼の美学思想は、伝統文学への関心、そして香港や西洋の遊学時代に育まれた近代学問の心理学、哲学への関心の交差点において、またそもそもそうした交差を可能にする場所としてこそ、次第に立ち上がったものなのである。一九三〇年代から八〇年代にかけて、彼は数多くの場面でこのような美学の捉え方を繰り返し表明している(13)。

上の引用において、朱光潜が「芸術と人生」という主題を掲げている点にも注意する必要がある。この主題は、しばしば「我々は芸術を通して現実的人生を超脱する」という命題の形で表現されており、朱光潜の美学思想ないし同時代の多くの論者の見解に通底している。西洋美学（ロマン派以前の）から区別される中国美学の性格を示す考え方ともされている。

後述の宗白華や銭鍾書が留学地から帰国する時期を自ら決定することができたのとは異なり、公費留学生であった朱光潜は西欧の学術的雰囲気におおいに満足し長く滞在したかったようだが、一九三三年に博士号を取得し留学経費がなくなったため、帰国せざるをえなかった。彼は帰国してまもなく胡適（哲学者・思想家、一八九一〜一九六二）を中心とする北京の知識人のサークル、「京派」(14)に入った。胡適は一九一〇年代後半から二〇年代初頭の文学革命の中心人物であった。「京派」の学者のほとんどはリベラリストとされていたため、彼らとの共同活動も相俟って、一九四九年以前の朱光潜思想はのちにはリベラリズム思想として認識されるようになる。一九三三年、草稿が前年のストラスブール滞在中に完成していた著作『詩論』は、当時の北京大学文学院院長兼中文系主任であった胡適に称賛され、それをもって朱光潜は北京大学西洋言語系の教授となり、西洋の著名な文献の講読や文学批評史の授業を担当した。また清華大学中文系主任の朱自清の招待により、清華大学中文系では「文芸心理学」を講義していた。この時期は、銭鍾書がちょうど清華大学を卒業した頃であった。さらに朱光潜は徐悲鴻（画家、一八九五〜一九五三）の招待により中央芸術学院で「文芸心理学」を講義していた。徐悲鴻は一九二〇年代以降、宗白華と極めて密接な関係を持っていた人物であった（本書第二章第二節を参照）。

一九三三年から一九三七年の日中戦争の勃発までに、朱光潜は当時借りていた住居「慈慧殿」の広いリビングルームにおいて月一、二回の「読詩会」を立ちあげ、多くの知識人の交流の場としていた。その中には、北京における重要な詩人や文化人、例えば朱自清、俞平伯、楊振声、梁宗岱、馮至、葉公超、周作人、沈従文、李健吾、廃名がおり[15]、彼らはまた学術的・社会的立場において宗白華や銭鍾書と関わりを持っていた。二〇世紀前半の知識人は、社会的激動の中で、戦争からの避難などの移動や、学問や人生に関する価値観全体の立て直しの時期に特有な活発な交流のために、堅く結束していた。このような知識人間の結束が深い友情だけではなく、学術的・政治的立場の相違すらも含んだ広義の意味での生活環境における力関係の産物でもあったことは[16]、この時代を理解するために念頭に置いておくべきものである。

一九三七年一月、上述の多くのメンバーを中心に、京派文学の機関誌『文学雑誌』が創刊され（一九三七年八月に停刊、一九四七年六月に復刊）、当時帰国したばかりで国内の文壇とのしがらみが少なかった朱光潜が編集長となった。ちなみに、『文学雑誌』の創刊号などには銭鍾書の論考が掲載されている[17]。

一九三七年七月に戦争が勃発すると、朱光潜は四川大学に赴任し、文学院院長を務めたが、一九三八年には国民党の四川大学への介入に抗議し、辞職して武漢大学へ転職し、一九四六年までそこに留まった。一九四一年に、朱光潜は武漢大学の教務長となり、当時の大学と政治の関係——大学において凡そ「長」のつく肩書きを持った人は、必ず国民党に入る必要があった——により、一九四二年から国民党に参加した。一九三三年以来、講義の材料として手を加えていた『詩論』は、一九四二年に重慶国民図書出版社により「抗戦版」として出版された。一九四五年には、王星拱に代わって武漢大学の学長を務めた。一九四六年に北京に戻り、北京大学西洋言語文学系の教授兼主任となり、西洋文学、美学を中心に教えていた。同年の八月には美学者湯用彤に代わって北京大学文学院院長を務めた。

武漢大学時代の朱光潜に関して特筆すべきは、この時期に開始した陶淵明研究である。陶淵明の詩と人——情熱に富み自らの胸襟の気を外物に注ぐことで、外物の生命をより活発にさせ、より情趣を豊かにさせ、同時にそれを再び自分の胸襟を開くことに用い、よって高妙な人格となるが、詩の表現になると淡白になっていること——への敬慕と心酔は、朱光潜の生涯にわたって続くことになる。(18) その研究は一九四五年に「陶淵明」という文章に結実した。これは三年後の『詩論』の増訂版に収録され、同書の中で他の章と形式を異にする一章となった。本書では朱光潜の陶淵明論は取り上げないが、そこには朱光潜の中国の文化的伝統に対する、学術思想及び人格的な依拠が窺えることを指摘したい。肖学周（二〇一六）が論じるように、人生に対する感慨と喜びをともに覚え、隠逸や忠貞のほか、極めて日常的な側面を持つという、朱光潜による陶淵明のイメージには、朱光潜自身の自己イメージも重ね合わさっていた。(19)

一九四九年に中華人民共和国が建国されると、朱光潜は国民党政府からの台湾へ向かう要請を断って北京に止まったが、一連の思想改造を受けた。一九四九年一一月二七日に、朱光潜はまず『人民日報』において「自己検討」という文章を発表した。その主旨は、自分の研究態度はそれまでの欧米思想界における「学問のための学問」に染められており、現実世界における諸々の問題に関心を失っていたとする自己批判である。政治との関係について、朱光潜は自分がただ「思想の自由を主張する」「個人的な自主主義者」であり、学校での教育と自身の研究に専心し、現実政治にどちらかというと無関心的な態度を取ってきたと述べている。そして新たな政党の統治のもと、朱光潜は以前の「問題を是正し」、「時代と群衆に追いつくことができるように」、「新社会において全く無用な人にならないように」努力する意欲を示している（X, 538）。(20)

だが状況が悪化し、一九五一年の秋以降に朱光潜は「知識分子思想改造運動」においても少数の重点的な批判対象となった。一九五六年に発表した長文「私の文芸思想の反動性」をもって、朱光潜は政治観、人生観に加えて自らの芸術思想を本格的に自己批判の俎上に載せるに至った。一九五二年の全国高等学校（大学）の院・系の再編の中で、朱光潜は北京大学西洋言語系で引き続き教鞭を執ることが認められたが、劣悪な居住環境への転居を余儀なくされた。一九五三年には、当時全国にも数少なかった一級教授から、七級教授に降格され、この待遇は一九五七年まで続いた。

朱光潜思想の批判者たちはマルクス主義を標榜し、朱光潜がそれまでカントやクローチェの形式を重視する美学思想に取り組んできたこと、言い換えれば思想に対する物質的世界における根拠に注意を払っていなかったことに批判の矛先を向けた。朱光潜の自己批判や学界での朱光潜批判を含む、一九五六年から一九六二年にかけての一連の論争は「美学大討論」と呼ばれる動きの中に集中的に見られる。その主要な論点は「美の本質は何にあるか」であった。朱光潜の「主客観統一観派」（美は主観と客観の統一にある）のほか、蔡儀（一九〇六〜九二）を中心とする「客観派」、呂熒（一九一五〜六九）と高爾太（一九三五〜）を中心とする「主観派」、李沢厚（一九三〇〜二〇二一）を中心とする「客観性と社会性の統一派」などの立場に分かれて争われた。その結果、朱光潜の美学思想は、唯物主義に対置される唯心主義に基づくとされる「旧美学」として斥けられた。

この論争の内実の正否をさておけば、この論争の発生自体は、先学によって指摘されるように、一種の奇異な現象とも言える。つまり、美学という学問は、中国において主流的な社会的論争になるほどの重要性を持っていたのである。美学の重視は、一九八〇年代以降でも続いていた(21)。

こうした朱光潜の美学思想へ向けられた批判ないし当時の思想的論争は、本質的に社会的・政治的な性格を強く持っていたことが、今日の学界において中国や海外の論者によってすでに指摘されてきた。当時の朱光潜自身も、他の批判者から向けられた非難は真にマルクス主義を理解した上でのものではなかったと認識していた。そこで朱光潜は改めてロシア語を学び、マルクスのテクストに沈潜し、マルクス主義に根ざしたものへと自らの美学を作りかえることを模索しようとした。中国における先行研究では、前期の資本主義的自由主義と後期のマルクス主義的社会主義の間で、朱光潜の思想転換は成功した――マルクス主義という「正しい」道に転換することができたという意味である――とする評価が多い。換言すれば、朱光潜の後期思想はより価値があるとされている。例えば重要な研究書である朱式蓉・許道明『朱光潜――従迷途到通径』（一九九一）――タイトルにある「迷途」は唯心主義による思想の苦境、「通径」はマルクス主義思想による思想の解放を指す――や、蒯大申『朱光潜后期〔一九四九年以降〕美学思想論述』（二〇〇一）はこの立場をとる。これについて、朱光潜自身も「私の解放後の実際二〇年未満の仕事は、解放前の大半の人生の仕事と比べよほど重要であると自ら考えている」（X, 567）[22]と言う。しかし、これらの評価自体が朱光潜の後期美学の枠組みを前提としたものであり、朱光潜の前期もしくは中期の思想を評価するには別の視点が必要である。

この論争が終熄に向かっていた一九六〇年、北京大学哲学系に美学教研室が設立され、朱光潜は西洋言語系から哲学系へ異動し西洋美学を講じはじめた。一九六一年には中共中央宣伝部・高等教育部が全国高等学校の文系教材を編纂するため、朱光潜に『西方美学史』の執筆を指示した。一九六二年の夏には、彼は中共中央高級党校から招聘されて西洋美学史を講じた。これらの講義の蓄積をもとに、中国語で書かれた最初の西洋美学史の著作である『西方美学史』（一九六三年上巻、一九六四年下巻）が完成した。この著作に関してとりわけ指摘すべきは、朱光潜が原典資料を重視していた点である。彼は英語、フランス語、ドイツ語、ロシア語を駆使し、そしてイタリア語資料をも読解し、膨大な資料を収集していた上、引用の際には、既存の多国の訳を十分参考し地道に中国語訳文を作っていた。またこの段階の朱光潜にとっては、「唯心主義」の立場を有するカントや、ヘーゲル、クローチェの思想はすでに破綻したものであったが、哲学の醍醐味は結論ではなく問題の提起と探索にあるという考えに基づいて彼らの思想の哲学史上の意義を依然として重視している。[23]この認識は当時の中国の学術界においては哲学研究の推進に有益かつ貴重な見方であった。王攸欣『朱光潜学術思想評伝』（一九九九）が指摘するように、上述の「美学大討論」の中で書いた数多くの文章に比べ、『西方美学史』は朱光潜の一九六〇年代の学術思想を真に表すものである。[24]王攸欣は朱光潜の前期（『詩論』）・後期（『西方美学史』）思想をともに評価し、さらに二〇世紀後期の諸々の論争をくぐり抜けながら新たな美学的研究を実行しえた朱光潜の学術の性格を「柔婉かつ強靭さがある」[25]と評している。この評価は的を射ている。

一方、朱光潜は二〇世紀中国の最も重要な西洋美学の翻訳者として、最初にクローチェ『美学原理』（一九四七年に出版、一九五八年に修訂版）、続くプラトン『文芸談話集』（一九五四年に出版、一九五六年に再版、一九六三年に増訂版）、レッシング『ラオコオン』（一九六〇）、J・P・エッカーマン『ゲーテとの談話集』（一九七八）、ヘーゲル『美学』（第一巻は一九五八年に出版、第二、三巻は一九七九～八一年）、G・ヴィーコ『新たなる学』（一九八〇～八三）などの中国語訳を手がけた。これらの資料の多くは『西方美学史』のための「資料附編」としてまとめられたが、今日の中国では今もなお使用されている。

朱光潜は一九八〇年に中国美学学会の初代会長に、一九八二年に第二代の名誉会長に選ばれた。一九八三年に、北京大学は朱光潜が教員を務めた六〇周年の記念会を開いた。一九八五年に、香港大学は彼に名誉文学博士学位を授与した。これは香港大学が中国大陸の学者に与えた最初の名誉学位であった。

以上のような朱光潜の波瀾万丈な経歴と幅の広い学識に対して、本書では彼の『ラオコオン』受容に注目して考察を加える。序章でも触れたように、朱光潜の生涯にわたる主要な業績にあたる西洋思想に関する紹介・考察のうち、『ラオコオン』は彼の思想展開の三つの時期、つまりヨーロッパ留学以前、留学以降、マルクス主義への転換以降に一貫して取りくまれており、さらに後期においてもその論調は外的枠組みに左右されることが比較的少なかった。そのため、朱光潜の『ラオコオン』受容に着目することで、彼の学術思想の変遷を素描し、他の書物にも示される前後期の相違や連続性を新たに捉える契機を提供できる可能性がある。『ラオコオン』受容の視点を通じて見てとれる朱光潜の思想は、彼の美学思想の中枢をなす人生観や文学論、東西比較などの諸問題への態度を根本的に反映しているのである。それを通してさらに、彼ないし彼が代表する中国美学全体の展開の一端を解明することが可能だと考えられる。

朱光潜の三時期の『ラオコオン』受容に関しては、第一章と第二章において詳述する。本章では朱光潜思想の初期にあたる一九二〇年代に注目するが、彼は近代中国美学の重要な論題を提起しているため、これをめぐる他の論者たちの応答についても論じる。こうすることで、近代中国美学の多角的な展開、並びにそれを触発する意味での朱光潜の重要性も理解されうる。続く第二章では、彼の中期・晩期の議論を主題化していく。

第一節　朱光潜の「無言の美」（一九二四）

一　「無言の美」思想の提起

朱光潜が最初に『ラオコオン』に言及したのは、一九二四年に執筆した「無言の美」である。この論は彼の最初の美学的論考でもある。その冒頭は中国の古典思想から出発する。

孔子はある日突然、学生に機嫌よく説く。「私はこれから無言でいようと思う」。そこで子貢は、「先生が何もおっしゃらなかったら、私たちは〔あなたの教えについて〕何によって語ったらいいのでしょうか」と質問した。孔子は「天は何か言っているか。四季はめぐり、百物が生まれるが、天は何も言わない」と言った。

この無言を賛美する一節は、元来は教育の方面から語られている。だが、無言ということの意味を明らかにするためには、美術〔芸術〕の観点から研究するのがよい。(I, 62)[26]

「無言」は『論語』陽貨篇を典拠としているが、朱光潜はそれを元来の文脈から芸術の解釈へと転用した。そこから「無言の美」という思想が説き起こされていく。

この論考は大きく二部分に分けられる。前半は芸術一般を考察し、「無言の美」が数多くの芸術表現から帰納される命法（一般的規律）であることを説く。後半は、この規律の背後にある芸術の社会的役割について論じる。以下では、論考「無言の美」の内容を順を追って確認し、当時の朱光潜の美学的立場について検討する。

朱光潜は芸術における「無言」を考察するために、まず「言」と直結する文学芸術に注目する。「言」は言葉や記号であり、「固定的で、痕跡のある」、「断片的」で、「有限」なものである。それに対して、「言」によって表そうとする「意」、すなわち作者の持っている思想・感情・意志は「常に変化し、捉え難い」、「混然として」、「無限」なものであると言う（I, 62）。こうした「言」をもって「意」に到達することは、「まるで断絶的な虚線をもって実物を描くようなことであり、ただその類似を得ることだけが可能である」（I, 62）。だが、文学とはそもそも「言」をもって「意」を目指す芸術分野であると朱光潜は述べる（I, 62）。

ここで朱光潜は、中国古典思想の重要な課題である言意関係論を踏まえている。彼が引いた陽貨篇もこの議論の文脈で重視されてきたテクストである。[27] 言意関係論とは、言は意を十全に表せるか否かという議論であり、魏晋時代にその討論が哲学的に展開されて以降、一貫して重視されてきた。しかし、こうした従来の関心に照らして明らかなように、朱光潜は「言」と「意」がいかなる関係を持つかを論ずるのではなく、「言」が「意」を十全に表せないことを一種の前提とし、その上で芸術におけるその体現、ないしその体現可能の原理を論じようとしている。彼自身が述べるように、彼は陽貨篇を援用したが、「元来の文脈」から敷衍しようとしているのではない。

では、朱光潜による新たな理論的発展はどのような点に認められるであろうか。朱光潜によれば、芸術における「言」は「意」を十全に表せないことが芸術的効果であるとされ、それを実現するための最も重要な条件として、「芸術の基本原理」である「自然の真に迫る（true to nature）」ことが取り上げられる。その意味について「第一に、われわれの言う言葉が、われわれが言わんとする言葉と全く一致することである。第二に、われわれが言わんとする言葉が、すべて正直に吐露され、隠すものがないことである」と述べられる（I, 62）。王一川はこの「true to nature」を例として、この論考が朱光潜の「西洋思想を援用して中国思想を解釈する最初の体系的な学術的試み」であると主張する。[28]しかし朱光潜の説明からすれば、「nature」とは「作者の言わんとするもの（意）」であり、原像／模像関係を土台とする西洋の模倣論と関わる自然とは異なる。[29]また彼自身はこれ以上詳述していないが、当時の彼はいまだ本格的に西洋美学に接触しておらず、ただ流行の西洋思想に影響されたにすぎないと考えられる。[30]当時の中国の芸術界では西洋芸術の写実主義や自然主義といった思潮が有力であった。

「言」は完全に「意」に至りうるものではないが、そうした表現は文学を含めあらゆる芸術分野（音楽や演劇、彫刻等）において「ただ不可能だけではなく、不必要でもある」と朱光潜は主張する（I, 63）。そこで、彼は多くの芸術作品を例に取り説明する。例えば、絵画を写真と比較し、後者はより「自然の真に迫る」にもかかわらず、芸術的美を備えているのは絵画のほうであると言う。[31]その理由は、絵画は対象の全てを表現してしまうのではなく、作者の意図によって加工し、材料を理想化しているからである（I, 63）。文学、音楽、演劇、彫刻といった他分野の芸術作品も同じである。例えば、音楽に関して、朱光潜は白居易の「琵琶行」における「氷泉冷渋して絃凝絶し、凝絶して通ぜず声暫らく歇（や）む、別に幽愁暗恨の生ずるあり、此の時声無きは声有るに勝る」を引き合いに出している（I, 64）。そして彫刻の代表として群像《ラオコオン》、およびレッシングの見解を援用する。

朱光潜はまず、「彫刻はそもそも無言であるが、無言の美を説明するためにも参照されうる。[32]無言というのは、ただ話さないという意味だけではなく、含蓄して表に出さないという意味が重要である」（I, 65）と説明する。続いて次のように言う。

彫刻における流露と含蓄の区別を説明するためには、ギリシャの著名な彫刻《ラオコオン》(Laocoon) が最上の例である。言い伝えによると、ラオコオンは大罪を犯し、天神は極めて残酷な刑をもって彼に罰を与え、悪蛇をおくって彼と彼の二人の息子をしめ殺したそうだ。こうした極刑の下で、死んでしまう前に無論痛ましく見るに堪えない瞬間があるが、ギリシャの彫刻家はこの瞬間を選んで表現するのではなく、ただ苦痛の極点に至る直前の瞬間の表情を表現し、したがってその表現した悲しさは含蓄して表に出されないものである。もしも表に出すならば、あがいて叫ぶ様子を伴うに違いない。この彫刻は、一見して父子三人がただ一種の言い難い苦痛を有しているが、よく見れば、一つ一つの筋肉、一個一個の毛穴までもごく苦しい感情を暗示していることが明らかである。ドイツのレッシングの名著『ラオコオン』はこの群像によって芸術における含蓄の理を論じている。[33]
(I, 66)

ここでは、芸術の「無言」に関して、「暗示」というキーワードが現れ、またレッシング『ラオコオン』における「含蓄の理」が言及されている。それは原書の第三、一六、一九章に見られる「造形芸術が含蓄のある瞬間を表現すべきだ」という命題を指しているであろう。すなわち、一つの瞬間しか表現しえないとされる造形芸術は、発展し終えた場面（ラオコオンが体験した苦痛の極点）ではなく、その前後の瞬間を連想させうるような場面（極点に至る直前）を選んだほうが有効であるという理論である。

こうして芸術諸分野の実例を取り上げた上で、朱光潜は「無言」は芸術一般に通用しうる法則であると結論づける。ここで重要なのは、彼が彫刻にみられる「無言」を論じることで、芸術一般の法則としての「無言」を導出しようとしていることである。言い換えれば、彼の『ラオコオン』における「含蓄のある瞬間」の参照は、ただ彫刻のみならず、文学を含むあらゆる芸術の法則を論証するために用いられている。しかし、レッシングによれば、「含蓄のある瞬間」は造形芸術に特有の記号に基づき生じたものであり、文学には適用しえない考え方である。したがって、朱光潜の『ラオコオン』の援用はレッシングの本来の意図には沿わない。レッシングの「含蓄のある瞬間」のより正確な理解は、朱光潜の次の段階に見出すことができる。なお、「含蓄のある瞬間」が文学芸術の法則でもあることを正面から論証したのは、ほぼ四〇年後の銭锺書であることを附言しておこう（第四章第三節を参照）。ここまでが、「無言の美」における、朱光潜の『ラオコオン』の参照に基づく芸術論である。

二　現実問題と芸術の関係

この論考の後半で、朱光潜は「無言の美」という命法がなぜ成立しうるのかについて探究する。彼によれば、それに答えるためには「芸術の使命」を明らかにする必要がある（I, 66）。そこで彼は「現実世界」と「理想世界」とを区別し、「我々の意志は十中八九現実の制限を受けており、自由に発展することができ」ず、「現実と衝突せざるを得ない」と述べる（I, 67）。こうした「衝突」に対し、人は基本的に「現実に意志を征服させ、悲観、煩悶の道を歩くことになる」（I, 67）。だが、こうした「消極的な人生観」は決してよい解決法ではない。それに対して朱光潜は「超現実」という態度を提示する。「人の力ではどうしようもないとき、我々は現実をしばらく超脱する必要があり、精力を蓄え、将来別の方面から現実を征服できる時をまつ」（I, 67）。彼のいう「超脱」とは現実から逃げるのではなく、将来の積極的な関与のために一旦離れるという意味である。

それを実行するために、朱光潜は「芸術は我々が現実を超越して理想的境地において慰めを求めることを助ける」と言う（I, 66, 68）。彼によれば、我々は現実世界の汚い街並みの中にいるときにも、理想の都市の様子を「絵画や彫刻や詩文において表現し、その結果芸術作品が生まれ」、芸術家も鑑賞者も一種の快感を得られると言う（I, 67–68）。

「したがって、芸術家の生活とは超現実の生活であり」、「芸術作品が美である理由は、それが我々によい理想的境地を与えることができるからである」(I, 68)。さらに、芸術の価値を「現実世界から離れる度合い」によって測ること、すなわち「現実世界の少ない助けを借りて〔有限の表現で〕、どこまでも広い理想世界を創出できるか否か」(I, 68)という尺度が提示される。こうした「現実世界の有限／理想世界の無限」の対比は、「無言の美」思想にみられる「表現の有限／意の無限」の対比に呼応している。朱光潜は芸術における「無言の美」の可能性を、現実世界と区別される理想世界の構築可能性へと類推的に押し広げている。

易蓮媛(二〇一三)が指摘するように、論考「無言の美」は、朱光潜の一年前の「煩悶を除去することと現実を超脱すること」(以下「煩悶を除去する」と略称する)の姉妹編と考えられる[34]。「煩悶を除去する」は題名が示す通り、現実の苦悩に対処する方法を扱う。朱光潜は、「世事は日々悪くなっていくばかり」であり、「我が国の現在の状況の下、どのくらい失望者と悲観者がいるであろう」と述べている(VIII, 90)。当時の中国は、外は帝国による侵略の脅威に晒され、内は政治的不安定に陥っていた。朱光潜によれば、それに対する唯一の解決方法は、現実世界の外に精神世界を作ることであった。

「煩悶を除去する」において朱光潜は三つの方法を取り上げる。そのうちの二つは「宗教・信仰」と「幼児の遊戯的な気持ちになる」ことである。宗教は来世の幸福に対する信仰によって現世の苦痛をやわらげ、また幼児の気持ちになれば、(過去や未来ではなく)現時点に集中し、現実に対する真剣さを減らして心の休息を得られるという(VIII, 91-95)。朱光潜はさらに、三つ目として「芸術」を挙げる。彼によれば、まず、芸術家は現実を材料としながら、自らの「創造的理想」に基づき材料を自由にアレンジし、現実世界では実現できない理想を芸術において実現しうる。また、鑑賞者にとっては、「芸術は快感を引き起こすことができるが、同時に更なる欲望を刺激することがない。一方で心に自由な活動の機会を与え、他方で実用的目的に心を乱されない」(VIII, 92)。これは鑑賞者は美術作品における美に魅了されるが、それを占有しようと思わないということである（VIII, 92）。これはカントの「美の無関心性」論を踏まえたものと考えられる。(35)

論考「無言の美」はこの考え方を、さらに美学的な視点から説明するものと言える。こうした現実的問題の解決を美学に求める姿勢は、易蓮媛（二〇一三）の見解では、朱光潜より一世代前の、西洋の体系的美学が紹介されたばかりで、従来の儒教中心の思想と知識の合理性が疑われていた時期の美学者（王国維や蔡元培）から引き継がれたものである。(36) こうした美学の立場は、芸術一般の現象もしくは趣味に対する純粋な批評や鑑賞ではなく、新たな精神的秩序が旧来のそれと拮抗できるか否かを検討するという問題に関わる。王一川（二〇一六）は同様に、王国維・蔡元培の理念を朱光潜美学の発生の背景とした。しかし王一川によれば、朱光潜の美学的立場は、王・蔡の「美育体制論」――美学を教育システム的に構築するもの――よりも、むしろ心を改造すべきだと唱える当時のもう一つの重要なスクール、現代新儒家(37)（梁漱溟や熊十力）のほうにより近いとされる。(38)

ところが、朱光潜自ら「本文は無言の美について、ただ芸術という一つの方面に着眼しているが、実際この道理は倫理、哲学、教育、宗教、および実際の生活の各々の面において見出せる」（I, 70）と述べるように、彼の想定していた理論的射程は極めて広い。こうした点から見れば、むしろ彼の立場は王・蔡の注目する社会的教育の実践にも、新儒家の主張する人の心の改造にも、ともに共通している側面があると考えられる。

三　朱光潜の美学的立場

論考「無言の美」や「煩悶を除去する」の成立の背景は、近代中国の社会的激動に伴う人生観の議論の深化である。それは当時多くの論者に共有された課題であった。代表的な論争は「科学と人生観」もしくは「科学と玄学」と称される、西洋伝来の科学精神は人生を指導できるか否か、また中国固有の人生観と比べいずれが優れているかをめぐるものであった。「人生観」という言葉の具体的な意味について、この論争の引き金となった新儒家の張君勱の講演「人生観」(一九二三)を参照することにしたい。

張君勱は「一定の原理原則」がある「科学」と異なり、「大多数の問題は決して(法則や、因果律のように)明確でない」と言い、こうした問題は「決して哲学的な高尚な学理ではなく、人生の日用の中にある」と述べる[39]。彼は「科学」を自然科学の研究の道具と規定し、それに対して「人生観」は人間存在の精神的側面に関わるもの――個々人の人生のみならず、関連する家族、社会、ないし宇宙の創造力を支えるあらゆる存在についての考え方や精神――と広く考える[40]。彼や彼と同じ立場に立つ論者(梁啓超、梁漱溟ら)は、こうした精神的問題を解決するのは中国の伝統思想であると考え、西洋思想の物質主義や機械論的生命観に勝るものと見なした。西洋文化への理解の度合いは一旦措くとして、当時の中国の論者(陳独秀、胡適、梁啓超、宗白華など)[41]は「人生の日用の中」の問題を解決しようとしていた。これは中国哲学・美学の重要な主題の一つとなった。

五四運動やその影響が続く最中、朱光潜はイギリス統治下の香港大学に在学し(一九一八～二三)、大陸の論壇と一定の距離を保っていた。そのためか、「科学と人生観」について正面から取り上げた論考を残していない。しかし、彼の問題意識や解決案は大陸の論者と共通するものである[42]。こうした意味では、王一川の言うように朱光潜の論は新儒家もしくはそれに類する意見を持つ宗白華の陣営に含められる[43]。しかし、人生観を重視する朱光潜の立場は確かに彼らの思想に通ずる部分もあるものの、その美学思想の成立過程に鑑みるのであれば相違点も見受けられるのである。

朱光潜は一九四八年の論考「苦悶する青年諸君へ」で依然として「煩悶」を論じている。五一歳の彼は自らを中年人と称し、「血気が旺盛で、感覚が鋭敏で、感情が豊富」な青年たちは自分よりさらに苦悶しているであろうと述べ(IX, 409)、「最も人の心を傷つけているのは無論時局である」と言う(IX, 410)。時局とはすなわち、帝国主義との戦争はようやく勝利を収めたが、一、二年も経たないうちにまた内戦が勃発したということを指している。それに挫折感を覚える青年たちは、空虚なスローガンで社会の改造、改革を叫ぶのではなく、「品格や学識、才能」の面で努力すべきだと朱光潜は説く（IX, 411–412）。こうした考え方は、五四運動以来存在するが[44]、中でも朱光潜にはとりわけ青年たちの精神や心的状態への関心が目立っており、それは彼の教育者としての側面に由来すると考えられる。

朱光潜の香港大学以降の経歴は彼を西洋美学へ開眼させたが、武昌高等師範学校を含めて、彼のそれまでの専攻が教育学であったことに注目したい。青年の教育問題への関心を明確に前面に打ち出しているのは、エディンバラ大学留学中に、中等教育を受けた程度の青年と対話するような口調で書かれた一連の書簡である（一九二九年に『青年宛の一二通の書簡』として出版[45]）。その内容は読書や作文、社会運動、恋愛、進学などの問題に触れている。続いて朱光潜は同様の形式で『美を語る』（原題「談美」、一九三二）を出版した。序言において、彼は戦争や社会的問題により青年たちは「複雑で錯乱した心境」を持っているとし、そこで「美」について語り合いたいと言う。

> 美について語る！　これは突拍子もなさすぎる！　この生き残るか滅びるかの瀬戸際に、私にはまだ「風月を談じる」余裕があるのか？　その通りである。私が現在美について語るのは、時機がまさに緊迫していたからである。〔中略〕私は、中国社会がこのように不味くなった理由は、完全に制度の問題ではなく、大半は人の心が悪すぎるのだと信じている。感情は理智より重要であり、人の心を洗うべきであり、〔中略〕まず人生を美化させる必要があると堅く信じている。（II, 5–6）[46]

朱光潜は青年の心境、人々の心を改善せねばならないという教育的な関心の下で美学の問題に取り組み始めた[47]。彼によれば、この書物を読み終わった読者がもし以前よりも芸術や自然風景に関心が起き、美的経験が獲得され、「さらに美的態度をもって人生世相に推し広げれば」、この書物の目標は達成される（II, 7）。

朱光潜は外的な「制度」よりも、「人の心」を改善すべきであると主張しており、一見して前述した新儒家の見解に近い。しかし、ここでの「人の心」は「感情」の意味に偏り、その対立面は（新儒家が念頭に置く）科学ではなく、「理智」である。つまり、彼はいわゆる人間の認識諸能力という範囲のなかで、「心」もしくは「感情」の重要性を唱えている。

彼は『青年宛の一二通の書簡』において、ロバート・ブラウニング「さらに一言（One Word More）」（一八九五）における「私の心があるところに、私の思考もあるようにさせる（Where my heart lies, let my brain lie also）」を繰り返し援用し、人間の脳（理智）と心（感情・感性）の関係においては、後者が支配的位置に立つことを強調する（I, 80–81）。朱光潜のこうした「心」の重視は心理学に由来する可能性がある。心理学は彼の香港大学時代からの関心事であり、さらにイギリス留学以降の専攻であった。『美を語る』が依拠した『文芸心理学』（欧州留学中に執筆、一九三六年に出版）の他、『変態心理学』（一九三〇）や彼の博士論文『悲劇心理学』（一九三三）も、朱光潜思想の早期における美学と心理学の関係を示している。

ここまでの議論をまとめると、朱光潜は現実の問題を解決する意欲を持っており、教育者としての青年への関心と、心理学者としての「心」の作用の重視によって美学思想を発展させた。彼の見解には、王・蔡の美育的意図や新儒家の心への強調に共通する部分があるものの、それらとは別の独特な思想形成の背景があることが指摘できる。

最後に、朱光潜が目指す芸術を通して達する人生観とは何かを確認したい。『美を語る』の最終章、「ゆっくりと鑑賞しよう――人生の芸術化」は特に注目すべきである。『美を語る』は『文芸心理学』に依拠した部分が大きいが、『美を語る』の序を執筆した朱自清によれば、最終章は新たに追加された部分であり、かつこの書物の中で最も重要な理論に当たる（II, 100）。

厳密に言えば、人生を離れたならば芸術というものはない。というのは、芸術は情趣の表現であり、情趣の根源は人生にあるからである。同時に、その反面、芸術を離れたならばやはり人生というものがない。というのは、あらゆる創造と鑑賞は芸術の活動であり、創造や鑑賞が欠けた人生はまさに自己矛盾になってしまうからである。(II, 90–91)(49)

彼の言う芸術と人生の密接な関係は、西洋の模倣説に基づくもの（例えば、アリストテレスのいう「悲劇は……人生の模倣である」、あるいは、オスカー・ワイルドのいう「人生が芸術を模倣する」）ではなく、芸術と人生の材料（情趣）や活動の仕組み（創造、鑑賞）が同様であるという点に依拠している。人生を「広義的な意味での芸術作品」として捉える朱光潜は、もしも美的態度を持つ、「情趣豊かな」人であれば、生活の中であらゆるところに趣を見出すことができ、「生活もますます円満となる」と言う (II, 96)。朱光潜の考える芸術の果たす役割はこのように、人生に作用するものにほかならない。

第二節　方東美『中国人生哲学概要』（一九三七）

前節では、朱光潜の論考「無言の美」について検討した。それは孔子の「無言」に端を発するが、中国の古典思想に踏み込んで展開された議論とは言い難い。「無言の美」という考え方に注目し、さらに中国の古典哲学と結合し、中国美学の別の可能性を示したのが方東美（一八九九～一九七七）である。

方東美は新儒家の第二世代の代表的な人物であり、伝統儒教の復興を提唱し、仏教や老荘思想との関連を再評価しながらも、西洋哲学を積極的に取り込んだ。一九四八年に台湾へ渡る以前に、大陸で活動していた際に中央大学で長年教鞭を執り、そこで同僚の宗白華と思想的に相互に重要な影響を与えあった。本節の考察は二つの目的を持つ。朱光潜によって重視された孔子の「無言の美」は後の論者によっていかに継承・発展されたのかを考察すること、そして、方東美の論に見られる古典哲学と芸術論との関係が、第三章で詳述する宗白華の手法の参照項の一つであると示すことである。

方東美は『中国人生哲学概要』（以下『概要』と略称する）の第六章「中国先哲の芸術理想」において「無言の美」について論じている。『概要』は日中戦争が勃発する三カ月前の一九三七年四月に、中央ラジオ放送局（中央広播電台）を通して全国の青年に向けて行われた計八回の演説稿で、教育部によって出版され、一九四八年に台湾で増訂され刊行された。方東美によれば、中国を社会的・文化的生存危機から救う手段は伝統的哲学を復興することであり、なかんずく中国の「人生哲学」が最も重要である（『概要』12）[50]。彼の言う「人生哲学」とは「生命の意義」を積極的に肯定し、「生命の価値」を無限に高める哲学思想を指す。代表的なものは孔子、老子、墨子らの「宇宙や人生の真相を探究し、根底を極める」哲学であり、それらは「常に入世〔現実世界と関わる〕に熱望を寄せ、安易に出世〔俗世間を離れる〕の幻想を持たない」点で重要である（『概要』13–14）。しかし、方東美も人生観を論じているが、朱光潜のように芸術作品の創作によって現実世界を超脱すべきとは考えていない。方東美の哲学的根拠は別のところにある。

一　宇宙の美——中国の宇宙観

方東美は、中国の先哲によると宇宙は「善と美」、すなわち「道徳精神」と「芸術境地」の両方を備えるものであり、そこには本来的に美があると考えている（『概要』21–22）。彼は中国と西洋の宇宙観を比較して次のように述べる。古代ギリシャの哲学者は、宇宙の価値を重視しているが、「宇宙を二層に分けて」おり、その「低層」である「物質の境地」には「ただ罪悪があり、至上の善がなく、ただ偽の美があり、純粋な美がない」と言い、従ってギリシャ人が美を追求する際には「物質的世界を超脱し、神的境地へ帰趨する必要がある」と述べる。一方、近代の西洋では宇宙をただ「科学的立場」から考察している（『概要』21）。方東美の見解に照らせば、上述した朱光潜の考え方は、むしろ古代ギリシャの宇宙観に近いものとなる。

また、中国の先哲は「美の問題」や「芸術思想」について直接論じることはほとんどないが、これについて方東美は『荘子』から次の言葉を引用することで答える。

〔物事を説明するための〕言葉には言葉がない〔原語「無言」〕から、生涯それをしゃべりつづけていても、一言も言わなかったのと同じであり、また生涯一言も言わなくても、一切を言ったのと同じである。（『概要』51。方東美による『荘子』の引用）[51]

この箇所は従来『荘子』[52]の難解な箇所とされているが、基本的な意味としては、真の意を伝えるために言葉は必要でないということであろう。これに関して、方東美は「芸術の純美は極めて精妙である」と言い、もし我々に芸術的修養が全くなければ、先哲がいくらそれを語っても我々には理解できず、他方で先哲たちは芸術の神髄を摑んでいるから、あえてそれを言葉にしないと説明する（『概要』51-52）。そこで、彼は先哲があえて言葉を抑える傾向にあることを述べ、朱光潜も援用した孔子の「天は何か言っているのか。四季はめぐり、百物が生まれるが、天は何も言わない」を引き合いに出している（『概要』52）。これは、方東美の「無言」や「無言の美」に関する議論と見なすことができる。実際、『概要』の論述には「無言」というタームは出ていないが、この書物を踏まえさらに拡張した彼の英語の著作『中国人の人生観』（*The Chinese View of Life.* 一九五六、以下『人生観』と略称する）の「芸術理想」という章には、明確に中国芸術の理想が「無言の美」であると書かれている。

では、彼の言う先哲の「無言の美」とは何であろうか。『概要』によれば、

我々はそれについて次のように答える。天地の大いなる美〔原語「大美」〕はすなわち普遍的生命が運行し変化し、創造が止まないことにある。聖人は天地の美を探究する際にもまた、宇宙と調和し、人と天とを合一させ、互いに融合させ一体とし、同様の創造を表そうとする。言い換えれば、宇宙の美は生命に託され、生命の美は創造によって形をとる。(『概要』53[53])

朱光潜は人が人生において美の世界を創造せねばならないと説いたが、方東美の議論においては、美は我々の宇宙にすでに含まれているものであり、芸術を通じて美を獲得するのではなく、天地と一体化することが重要であると言う。我々の生命が宇宙と同調する際には、生命自身が美となるとされる。前述したように、朱光潜は人生の芸術化を語るとき、芸術と人生が「創造」という同じ仕組みを有するために両者の合一が可能だと説明している。それに対し、方東美は宇宙と人生はともに創造を表していると考える。そこに外的な芸術作品が介在する必要はない。宇宙と同調する人生とは、徳を備え正しい営みを有するものを指す。それに関して、方東美は孔子の重視する『易』「文言伝」の次の一節を提示する。

君子は、黄中の徳があって、よくものごとの条理に通達し、上下の名位を正し、下たるの体を失わない。これは中徳の美がその内に積み、四体に伸びて身を潤すからであり、立派な事業となって外に現れるのである。まことに美の至りである。(『概要』54。方東美による『易』の引用[54])

「黄中」は五方（東・南・中央・西・北）と五色（青・赤・黄・白・黒）の思想における中央であり、「黄中の徳」とは「中の徳」である。つまり、君子は徳を備え、行為が正しければ（君臣の大義など）、自ずと美に至るという。またこの箇所について、方東美の解釈、「孔子および原始的（先秦時代の）儒家は宇宙における人生を純粋な美的、調和的境地と見なし、それゆえ芸術の価値について特に詳述している」（『概要』54）から明らかなように、彼の出発点は儒家思想の宇宙観である。つまり宇宙にはまず至上の美があって、同様に美を表しうる芸術の価値も認められると考えている。

方東美は孔子のみならず、『荘子』や『易』伝の思想[55]も引き合いに出しており、彼の「無言の美」論は中国の思想的伝統により踏み込んで依拠したと考えられる。とはいえ、朱光潜と同様に、方東美も元来の文脈に沿って敷衍するのではなく、西洋の宇宙観との比較を組み込む点に新たな発展を見せている。そもそも、方東美思想の根底にある宇宙観をめぐる探索は、（宗白華も重視する）O・シュペングラーの文化的形態学やH・ベルクソンの生命哲学に示唆を得た部分が大きいものであった[56]。

また、朱光潜と同じく、方東美の美をめぐる論述は社会に向けたものである。朱光潜「無言の美」の執筆背景となった政治的・社会的環境による煩悶よりも、日中戦争直前の方東美のこの論はさらに生存に関わる緊迫した状態の下で書かれている。方東美はこの章の最後に次のように語る。

諸君！我々中国の宇宙は、ただ善的であるのみならず、同時に極めて美的である。我々中国人の生命はまた、ただ道徳的価値に富んでいるのみならず、同時に芸術の純粋な美を含んでいる。この、高貴で善を生み美的感覚を発揚する中国の領土では、我々はただ軍事的、政治的、経済的に熱血をもってそれを守るだけではなく、芸術的良心に関しても、審美的真情から言っても、生死をもって他国の一分一厘の侵略から守護しなければならない。

（『概要』56）[57]

ここでの「審美的真情」は別の箇所では「審美的情趣」（『概要』56）とも言い、「美的鑑賞」や「人類の創造的生命の欲〔衝動〕の表現」を意味する。方東美によれば、これは中国民族の宇宙観に固有のものであるという（『概要』56）。

二　方東美による芸術の美

ところで、方東美は先哲が宇宙の美を重視し、したがって芸術の価値をも重視したと述べているが、それは具体的にいかなることを意味するであろうか。『概要』では、彼は『論語』の「道に志し、徳に拠り、仁に依り、芸に遊ぶ」〔述而篇〕を引き、また孔子が音楽や詩を重んじたことを確認している（『概要』54-55）。この点をさらに展開したのは後の『人生観』である。

『人生観』で方東美は（一）無言の美、（二）美の本質、（三）中国芸術の特色、という三つの視点から論を進める。まず（一）と（二）の部分について、孔子や荘子の言葉に見られる「無言」と関連する言説をまとめ、「無言」は「まさに中国のあらゆる芸術形式の基本原理」、「美の本質」であると説き、「天地の美とはすなわち普遍的生命の流行変化や、創造してやまないことにある」という（『人生観』122）。この論旨は前稿の『概要』とほぼ一致している。さらに（三）については、方東美は「中国芸術の通性」に関して、以下の四つの特性を取り上げて説明する。

第一に、中国芸術は「玄学性が科学性より多い」。科学は「分析の原則」によって「各種の自然現象の細密な構造を描き出し、それに依拠して最終的に総合的な可能性を導出する」のに対して、玄学は最初から「広大かつ調和の原則」をもって「〔物事の〕一致性を玄覧する」ものであり、中国の芸術家は後者のように「宇宙の機趣」[58]を目指す（『人生観』218-219）。この「玄学」と「科学」の比較は、上述の五四運動における人生観の議論を受けている。第二に、中国芸術は象徴性に富んでおり極めて伝えにくいとされる。その表現方式について、方東美は「常に言はここにあり、意はそこにある」と述べている（『人生観』219-225）。第三に、中国芸術の方法は「表象」ではなく、表象の背後にある「神思」や「生命」を「真に表現する」ものである（『人生観』125-129）。第四に、中国芸術は「人文主義の精神に精妙に契合する」。方東美によれば、ここでいう「人文主義」は、古代ギリシャの言う「人間はあらゆる物事の尺度である」や「人間の形態をもってあらゆる性質を想定する、もしくは神々を表現する」ではなく、「人体は美を表現するのみならず、人類精神における活躍と創造を象徴する」ものである（『人生観』129）。

上述の整理からわかるように、方東美の見解は朱光潜の言／意の関係や、表象／生命についての問題意識と通じているが、本来的に美を備える宇宙との一体化によって美が得られると考えた点で、朱光潜の芸術を創造して美に至るという主張とは対照的である。先行研究ではすでに、方東美の思想はより中国文化本位――とりわけ「天人合一」思想を踏まえたもの――であるのに対し、朱光潜は西洋の心理的分析方法や概念の解析方法をより前面的に打ち出しているという相違が論じられている(59)。こうした総評的な研究に対して、本書では彼らの「無言の美」論を手がかりとして、両者の相違をより個別具体的に解明した。一方、後述の宗白華が宇宙観や芸術の象徴性、芸術表象の背後にある生命などにも重きを置いていたのとは対照的に、方東美は完全に宇宙観を先行した原理として中国芸術を敷衍していく手法に特徴がある。

第三節　銭鍾書「釈文盲」（一九三九）におけるイロニー

本章の最後に、「無言の美」思想に対する別の態度を示した、より若い世代の銭鍾書の言説を確認することにしたい。銭鍾書は一九三九年の「文盲を解釈する」（「釈文盲」）において、朱光潜や方東美と全く異なり「無言の美」をイロニー的に捉えている。銭鍾書はこの論において「文盲」という言葉を、文字がわかるが文学作品に全く鑑賞能力を持たない人を指すとして、次のような皮肉を投げかける。

色盲は決して絵画を学ばないが、文盲は時に文学を語り、しかも語り出すと勢いづく。そこで〈印象主義〉、もしくは〈自我表現・創造〉と呼ばれる文芸批評が生まれた。〔中略〕彼は〔そうした批評家は〕怒りをこめて叫んだり、狂ってわめいたり、ひどい時は一言も発せずに気絶しさえする——それは「無言の美」の境地を味わい知ったのである。彼は分析しない——誰が分析することに耐えられるのか。彼は判断も下さない——判断は書生的で世事に疎い。(60)

ここで「無言の美」は、文芸批評に必要な分析や判断ができず、ただ作品に惹き起こされる感情に圧倒され何も言い表せなくなった様子を描写することに使われている。これは「無言の美」を社会問題の解決や宇宙観の解明のために参照するのではなく、文字によって表すことができないという文字通りのレベルにおいて皮肉的に使っているものである。王懐義が指摘するように、銭鍾書は「霊感」（一九二九）においても朱光潜の論考「無言の美」を収録する『青年宛の一二通の書簡』を批判しており、「文盲を解釈する」もまた朱光潜「無言の美」を批判したものであると見なしている。(61) こうした銭鍾書の見解は朱光潜らの美学の立場への一種の反発と考えられるであろう（本書第五章第一節を参照）。

実際、朱光潜は確かに「印象主義」や「自我表現・創造」の批評の仕方を重視している。彼は文学批評を四つの種類に分けることができると考えた。すなわち「裁判官式批評（judicial criticism）」（絶対的な基準をもって是非を判断する）、「詮釈式批評（interpretative criticism）」（作品の背景や周囲の環境を考察する）、「印象派批評」と「創造的批評」である。そのうち、彼は最後の二種を好んでいることを多数の論考で主張している。印象主義とは、個々人が単に自分の趣味によって作品を鑑賞し、それによって得られた印象を述べるのみで批評が成立するという立場、また創造的批評とは、作品の鑑賞を再創造とみなし、批評家自身の個性や経験を反映させるような批評を指す[62]。それに鑑みれば、銭鍾書の批判はまさしく朱光潜に向けられていると考えられる。

「無言の美」思想を文学現象から離れて論ずることに反対する銭鍾書だが、実際の文学批評においてもこの思想に言及している。銭鍾書「談中国詩」（一九四五）において、朱光潜の引用にもある「此の時声無きは声有るに勝る」（白居易「琵琶行」）を引き合いに出しており、またそれが「妊娠している〔含蓄ある〕静黙」――レッシングの論点を踏まえているであろう――を示していると説く[63]。興味深いことに、銭鍾書はこの論考で「〝此の時声無きは声有るに勝る〟の境地に関して、陳西禾氏は『瑪婷』の序文において甚だしくよく論じている[64]」と述べ、この理論を発展させた貢献を朱光潜ではなく別の論者に帰している。

脚本家の陳西禾（林柯）は、J.-J. Bernard の劇『瑪婷』の中国語訳を一九四五年に出版した際に、その序文で、著者は「雲や霧のような言語の幕」を通じて「人々の心底の真実」を明らかにしようとすると述べる。具体的には、次のようなメカニズムが指摘されている。

他人の言語への反応や、静黙、ささやかな笑い、低い嘆きによって、また不意に吐き出した言葉や、顔表情や姿勢の暗示によって、個々の人物は観衆に心に隠された微小なものを漏らしてしまっている。彼〔著者〕はまた特異な才能を持っているが、これはすなわち「静黙」をよく理解し駆使する点にある。我々は往々にして楽曲において「此の時声無きは声有るに勝る」の間を聞くことができる。彼の脚本にはこうした間がある[65]。

こうした芸術作品の次元での陳西禾の分析は、銭鍾書に大いに評価されている。

だが、ここで忘れてはならないのは、芸術の観点から「無言の美」思想を考察する発想は、朱光潜にまで遡るということである。朱光潜の初期の美学思想を理解するためには、彼が提起した命題が近代中国の美学的展開にとって重要な思想源となったことを認識する必要がある。これは朱光潜の、彼自身の思想内容そのものに加えて評価されるべき学術的貢献である。

第二章　朱光潜の『ラオコオン』論の変遷（下）

第一節　『詩論』（一九三〇、四〇年代）

朱光潜が『ラオコオン』について断片的に参照するのではなく、本格的に論じたのは、前期の代表作『詩論』においてである。朱光潜自身が述べるように、『詩論』は「過去の執筆のなかで、比較的工夫し力を注いで、そして比較的独自の見解があると自分で思った」（III, 331）[1]ものである。前章の序ですでに触れたように、「抗戦版」（一九四三年）では一〇章構成であった同書は、「増訂版」（一九四八年）では三つの章が追加され[2]、重版の際にさらに幾つかの付録が付け加えられた[3]。この書物の理論的支柱は、第三章で中国と西洋の詩論を総合して練り上げされる詩の「境界説」（至りうる境地の意味）と、第四章でクローチェ美学を改造しつつ提示される「表現説」であると一般的に認識されている[4]。しかし、留意すべきは、同書は西洋思想を参照しながら中国の詩学を打ち立てるという意図をもつにもかかわらず、西洋の理論が主題的に考察されるのは『ラオコオン』を論じる第七章「詩と画――レッシングの詩画異質説を評する」（「詩与画――評莱辛的詩画異質説」）のみである、ということである（なお、この章は最初の版本から存在している）。

以下では、『詩論』における『ラオコオン』論に関して、著作全体の理論（「境界説」や「表現説」）との連関を念頭に置きつつ、それがいかにして『ラオコオン』に対する正面からの批判的考察に取り組むのみならず、『ラオコオン』を経由した中国芸術の捉え直しをも行っているのかを検討していく。それによって、『詩論』が中国の『ラオコオン』

受容の一つのメルクマールであり、現在中国の詩画比較論の基礎となったことを明らかにする。

一　出発点――中国の詩学の構築

朱光潜は一九四二年に書いた「抗戦版序」で次のように言う。

> 目下の中国では、詩学の研究は最も喫緊な課題で一刻の猶予も許さない。第一に、すべての価値は比較によって得られ、比較せずに長短優劣は見られない。現在西洋の詩や詩論が中国へ紹介され始め、以前より比較可能な材料がはるかに豊富になっている。われわれはこの機会を利用し、従来の詩の創作と理論の両面の長短は一体どこにあるか、また西洋人の成果を参照することは一体可能であるかどうかを研究すべきである。その次に、われわれの新たな詩の運動が始まっており、われわれはそれが流産にならないよう注意深く、慎重にならなければならない。現在二つの大きな問題が特に研究を要している。一つは固有の伝統に一体どれくらい継承できるものがあるか、もう一つは外来の影響に一体どのくらい受け取れるものがあるか、ということである。これらは詩学者が虚心に探究すべきものである。(III,4)[5]

この書物の執筆の動機は、当時の文化界での重要な課題である「詩学」の構築である。具体的には詩の実践的な創作[6]と、理論的研究の二つの面が念頭に置かれている。理論的研究に関しての朱光潜の問題意識は、「これまでの中国には詩話はあるが、詩学がない」ということである。「詩学」と対置される「詩話」は、感想に基づく随筆であり、短所としては「系統化されていない」こと、「科学の精神や方法に欠けている」ことが挙げられている。中国では「詩学」が発達しなかった理由を、朱光潜は「総合を重んじて分析を好まず、直観に長けて論理的思想が不得意である」

という中国人の心理に求めている（III, 3）。それに対し、朱光潜は明確に自らの研究立場を、「系統的」「科学の精神や方法」に基づく、「分析」や「論理的思考」などのいわゆる西洋的アプローチのほうに置き、「詩学」すなわち「詩の事実」（III, 3）を探究することを目指す。

以上の目標を実現するために、『詩論』の構造からみれば、朱光潜は主に詩の「内部」と「外部」という二つの観点から中国詩を探究している。中国詩の「内部」に関しては、彼はその起源や韻律、形式といった詩というジャンルをめぐる諸問題を扱っている。これは、「抗戦版」で言えば、第一章から第四章、そして第八章から第一〇章に該当する。一方、詩の「外部」の検討においては、彼は詩と散文（第五章）、音楽（第六章）、絵画（第七章）との関係に注目し、つまり他の芸術ジャンルとの比較検討を通して、中国詩の特徴を一層目立たせようとする。こうした文脈において、第七章「詩と画――レッシングの詩画異質説を評する」では、章名が示すように、朱光潜は『ラオコオン』に代表される西洋の詩画比較論を「詩画異質説」と明確に名付け、対照的に、中国の詩と絵画が同質であること――より精確に言えば、絵画と同質であるという中国詩の特徴――を論じている。

詩画比較論における東西の比較検討の可能性を、朱光潜は次のように論じている。例えば中国では、蘇軾は「摩詰〔王維〕の詩を味わい、詩中に画があり、摩詰の画を見、画中に詩あり」と言う。また西洋には、ホラティウスの「詩は絵のように」という命法が存在する（III, 137）。それゆえ、詩と絵画の共通性に注目することは、東西が共有する関心である。では、朱光潜は『ラオコオン』を詩画比較論として具体的にいかに理解し、またそれに対し中国の詩画関係をいかに規定しているのであろうか。

二　『ラオコオン』の要点の概括

朱光潜は「詩画異質説」という言葉で『ラオコオン』を概括しているが、この書物のもう一つの重要な側面である、詩と絵画の間の干渉可能性を決して無視したわけではない。彼はレッシングの議論において詩と絵画の相違する側面と、両者が交叉しうる側面とを分けることで、『ラオコオン』の全体を扱っている。

まず、彼は『ラオコオン』の議論の起点、すなわち共にギリシャ神話を扱うウェルギリウスの叙事詩『アエネイス』と群像《ラオコオン》に見られる諸表現の相違を説明し、それに対するレッシングの分析を英訳に依拠して以下のように引用する。

もしも絵画と詩の用いる模倣のための媒介あるいは記号が全く異なるならば、すなわち、絵画は空間内の形姿と色彩を、詩は時間内の音を用いるのであれば、またこれら記号が必ずそれらによって表示される事物と適切な関係を持たねばならないとするならば、空間内の並列的な記号はただ全体あるいは部分が空間内に並列的に存在する事物を表現しうるのみであり、〔他面〕時間内の継起的な記号は、全体あるいは部分が時間内に継起的に存在する事物を表現しうるのみである。全体あるいは部分が空間内に並列的に存在する事物は「物体（body）」と呼ばれる。それゆえに、物体と、その可視的な性質が絵画の特殊な題材である。全体あるいは部分が時間内に継起的に存在する事物は一般に「行為（action）」と呼ばれる。それゆえに、行為は詩の特殊な題材である。（III, 141. 朱光潜による『ラオコオン』の引用）(7)

この一節は『ラオコオン』の結論部、第一六章にみられる。そして朱光潜は、レッシングがこの議論を論証するためにホメロスの詩を多く取り上げていること、それらが「物体」よりも「行為」を描くことにたしかに成功していることを指摘し、したがってこの議論は成立すると述べている。これが、朱光潜の認識する『ラオコオン』の「詩画異質説」の内容である。

他方で、朱光潜はまたレッシング自身が「物体は空間のみならず、時間をも占めている」と述べていることに注目し、レッシングの議論における詩と絵画の交渉可能性にも注意を払っている。朱光潜はレッシングから次の一節を引いている。

絵画はその共存的〔同時的〕構図において行為のただ一瞬しか用いることができないので、それゆえに先行するものと後続するものが最も理解できるような最も含蓄のある瞬間を選ぶべきである。同様に、詩もまたその漸進的記述〔原典によれば、「模倣」〕において物体のただ一つの特質しか用いることができないので、それゆえに詩の必要とする側面から物体の最も感覚的な像を引き起こすような特質を選ぶべきである。（III, 143. 朱光潜の実際の引用の一部を省略する）(8)

この節は、『ラオコオン』第一六章の中心的結論に続く部分である。要点は二つある。第一に、絵画は、詩の対象とされる「行為」を表現しようとするときに「最も含蓄のある瞬間を選ぶべきだ」ということである。これは、朱光潜が初期の『ラオコオン』受容においても重視したが、レッシングの意図に沿って敷衍することができなかった論点である。『詩論』では、彼はレッシングの論述を具体的に援用する。

〔造形〕芸術家はたえまなく変化する自然のなかからただ一つの瞬間しか使うことができない。特に画家はこの唯一の瞬間をただ一つの視点からしか使うことができない。しかもその作品は一瞥の対象ではなくて鑑賞の対象であり、長い間繰り返して鑑賞するに足るものである〔原典によれば、「というような前提であれば」〕。……〔この一瞬とこの一瞬を捉える一つの視点の〕最もふさわしい選択は想像力を最も自由に運用させるものでなければならな

い。（III, 143–144. 朱光潜による『ラオコオン』の引用[9]）

これは『ラオコオン』第三章から抜粋したものである。この議論に即せば、「含蓄のある瞬間」の観点は、文学芸術ではなく造形芸術の手段であることが了解されるであろう。ここでは、レッシングの論点に関する朱光潜の理解の更新が見られるようになった。

第二に、レッシングによれば、詩には、絵画の対象とされる「物体」を特別な手段によって表現する可能性もあるという。それに対し、朱光潜は『ラオコオン』の中で提示された、文学の持つ三つの重要な手段をまとめている。一つ目は、「静的なものを動的な過程に変える」ことであり、典型例は『ラオコオン』第一八章に挙げられた、ホメロスによるアキレスの盾に対する描写のように、それを盾の制作過程という一つの物語に変えることである。二つ目は『ラオコオン』第二一章に見られる、対象を「美の影響から描く」ことである。また三つ目は「流動的な美（charm; beauty in motion）に変える」ことである。「美の影響から描く」とは、レッシングの例に即せば、ホメロスがヘレネーの美を描写する際に、彼女自身の容姿などではなく、彼女を見たトロイアの老者たちの感嘆からその美を伝えるようなことを指す。「流動的な美」とは、例えば美人の波立水のようなまなざしや微笑みについて表現することを意味する（本章第三節の五を参照）。

ところが、朱光潜によれば、こうした手段はあくまでも対象を間接的にもしくは暗示的に表現することにとどまる。したがって、「総じていえば、詩と絵画は媒体が異なるので、一つは行為を叙述する、一つは静止的物体を描写することに優れて」おり、「詩画は異質であるのだから、それぞれに境界があり、互いに（相手の領地を）侵犯すべきではない」と、朱光潜はレッシングの最終的意見を概括している（III, 146）。こうした意味において、彼は『ラオコオン』を根本的に「詩画異質説」と見なしている。

三　『ラオコオン』の美学史における位置の考察

『ラオコオン』の内容を概観した上で、朱光潜はこの書物の西洋美学史上の位置を論じる。中国において、美学という西洋のディシプリンの文脈の中で『ラオコオン』に対する批評が行われたのは、これが初めてのことであった。まず、『ラオコオン』の貢献について、朱光潜は以下の三点を指摘する。

第一に、レッシングは西洋ではそれまで曖昧であった詩と絵画の境界線を明確化した。この点で、「彼の結論は完全に精確であるか否かを問わず、その精神は科学的手法に近いものである」（III, 146–147）と朱光潜は言う。科学精神の有無を学問的著作を批評する際の基準にすることは、五四新文化運動からの影響であろう。

第二に、朱光潜は「彼〔レッシング〕は欧州において芸術と媒体〔絵画にとっての形姿と色彩、文学にとっての言葉〕との間の重要な関連を見出した最初の人である」（III, 147）[10]と述べている。これは『ラオコオン』における記号論の意義を指しているようであるが、朱光潜の理解した記号論はレッシングが実際に依拠していたそれではない。朱光潜によれば、「芸術は単に心のなかに孕んでいる情趣やイメージにとどまるのではなく、物理的な媒介を通して〔外へ〕伝え、具体的な作品にならなければならない」一方、「各種の芸術〔ジャンル〕の特質は、その特殊な媒介の限定によって多かれ少なかれ制限されている」（III, 147）。さらに、「こうした見解は、現代ではクローチェの美学の影響によって、徐々に有力となっている。レッシングはまるで百何十年も以前にすでにクローチェ派の美学に対する的を射た批判を行っているようである」（III, 147）。『ラオコオン』の意義はここで、クローチェの思想と対置させることによって解明されている。こうした朱光潜のクローチェへの批判は、『文芸心理学』（一九三六）にすでに見られる。同書第一一章「クローチェ派美学の批評——伝達と価値の問題」には次の一節がある。

クローチェは、芸術は心の活動であるという次元での道理を重んじたために、内にあるイメージを外の作品に翻訳すること（すなわち伝達）を軽んじすぎていた。彼によると、心の中で一種の形象を直観したり、あるイメージを想像したりすることに、芸術の事例はすべて尽きている。真正の芸術家はみな独り言を言うのであって、隣の人に自分が見たイメージを見てもらおうなどとは思わない[(11)]。

このようなクローチェ思想に対立する思想家として、朱光潜はレッシングを賞賛している。つまり、朱光潜によれば、『ラオコオン』が芸術の媒介性を重視しているということは、字義通りの外在化するという意味での伝達機能をメディアが持つということに尽きる。しかし、こうした媒介論・記号論はレッシングが実際依拠していた啓蒙主義の系譜のそれではない。レッシングの記号論に関するより正しい理解は、のちの銭鍾書の議論に見て取れる（本節の「附」を参照）。

第三に、朱光潜はレッシングが「作品」のみならず、「鑑賞者」側にも注意を払っていると評価する。例えばレッシングの「最も含蓄のある瞬間」という見解では、鑑賞者の想像力の役割を重視しているという。朱光潜によれば、『ラオコオン』における「読み手の視点から芸術を検討する方法は、近代の実験美学的、文芸心理学的なもの」であり、この点でレッシングは「新たな風潮を開いた人物だ」という（III, 147）[(12)]。この指摘は完全に誤っているものではないが、レッシングの芸術論——一八世紀後半の西欧芸術論の変遷過程をよく示しているものとして——において、鑑賞者の役割がどのくらい重視されかつ前面的に打ち出されているかについては、より詳細な検討を要する。なお、レッシングの芸術観における〈作者—作品—鑑賞者〉の関係や、それまでの一般的枠組みであった模倣論との距離に関しては、本書第六章第二節で扱う。

以上のように『ラオコオン』の積極的な意義を肯定した後で、朱光潜は続いてこの書物の限界を指摘する。朱光潜の批判はまた三点に分けて概括することができる。

第一に、レッシングは模倣論の枠組みに縛られていると言う。朱光潜によれば、レッシングはアリストテレスの『詩学』に従い、詩の模倣対象を行為とし、また詩の類をもっぱら歴史を叙事するものに限定している。一九世紀に入ると抒情詩や、景色を描写する詩が盛んに作られるようになるが、それらはレッシングが論述していた時点では予測できなかったのであろうと言う（III, 147–148）。ここで留意すべきは、この批判が西洋芸術論の性質や変遷に関する踏み込んだ検討（例えば鑑賞者の役割）によるものではなく、レッシングが念頭に置いている詩の形態の限界の指摘に基本的にとどまっていることである。またこの指摘は、朱光潜が自ら言及した（III, 139）西洋の重要な『ラオコオン』論であるI・バビット『新ラオコオン』（一九一〇）に見られる批判とほぼ一致している（バビットの立場に関しては本書第七章第三節を参照）。

第二に、レッシングは（作品と媒介の関係や、芸術と読者の関係に注意を払っているが、）作品と作者の関係については言及していないという。すなわち、「作者の感情や想像力」や、「媒介を駕御する」もしくは「材料を彫琢する」能力を無視していることである（III, 148）。これは第一点において実際に指摘された、模倣論の芸術観の特徴とも関連している。

さらに第三に、朱光潜はレッシングが詩の「美」を表現する能力を無視したと批判している。朱光潜によれば、レッシングの考える「芸術美」はただ「自然美」を複写するものにすぎず、またこの「自然美」は「物体美」に限定され、「形式の調和」のみを意味している。従って、物体を表現できない詩は、「美」に至ることができなくなる[13]。朱光潜の理解では、レッシングの理論では「美」と「表現」が対立するものとされており、「美」は単純に「形式的」「幾何学的」であり、「〝意味〟において〝表現〟がない」が、対して「表現」は「叙述的」「行為を模倣しているもの」で、「〝形式〟において〝美〟がない」という。朱光潜の言う「表現」は、彼自身の言い換えでは「行為の意義」とされている（III, 148–149）。彼によれば、「美」と「表現」との距離を取り消し、両者をつなげることに成功したのは、クローチェの「美即ち表現」説であるかもしれない。朱光潜の芸術観では、全ての芸術は作り出される以前に、まず作者の心の中に「一つの完全なるイメージ」があり、しかもこのイメージは作者の持つ「その場の情趣（feeling）」に必ずちょうど合わせることができる」。こうしたイメージと情趣の結合は、「芸術」となり、「表現」となり、「美」となるという（III, 149）。このような「イメージ」と「情趣」の融合は『詩論』の理論的支柱の一つ、芸術の至りうる理想としての「境界」とされる。

しかし、注意を要するのは、レッシングの言う「表現」はあくまでも例えば歴史や神話を扱う絵画作品における人物の「表情」であり、そもそもクローチェの求める作者の「主観的感情や意図」を伝えるような「表現」ではないことである。(14) 新たな芸術観に依拠するクローチェの論を用いてレッシングを批判する朱光潜の見解は妥当とは言い難い。総じて言えば、朱光潜によれば、レッシングの根本的な問題は、「芸術美」と「自然美」を誤って同じものとしていることにあり、本当の芸術は、自然にある対象そのものを複写するのではなく、作者の能動的な創造によって作り出されるものであるべきだ、ということである。これは、クローチェ思想をフィルターとしてなされた『ラオコオン』の読解であろう。

ところで、こうした理解を踏まえて、朱光潜は理想的な芸術に関して以下のように主張する。

> 確かに芸術が媒介によって制限されることはもっともである。しかし芸術の最大の成功は、往々にして媒介の困難を征服することにある。画家が輪郭線や色彩を用いて言語や音声の効果を生み出し、詩人が言語や音声を用いて輪郭線や色彩の効果をもたらすのはよくあることである。(15)（III, 150）

そこで、こうした成功例を説明するために、朱光潜は中国の詩と絵画を取り上げる。

四　中国の詩画同質説の提起

その根拠は、「われわれは杜甫、蘇軾らの絵画を題する詩を簡単に読めば、画家が彼らに対してまるで物語を述べていたようであることがわかる。われわれは陶〔淵明〕、謝〔霊運〕、王〔維〕、韋〔応物〕といった景色を描写することに長けている詩人たちの詩集に一瞥すれば、詩には絵画よりも精緻な図〔絵〕があることがわかる」とされている(III, 150)。中国芸術の伝統には、絵画作品に対して詩を題する営みがある。そのようにして作られた詩は「題画詩」（もしくは広義の題字に関して英語ではcolophon）と呼ばれ、しばしば絵画の上や後に継いだ紙に直接書かれ、作品の一部分となる。他方、陶淵明、謝霊運、王維は風景や山水、田園の景色を美しく表現する詩人として古来より名高い。

こうした主観的な印象を語った上で、朱光潜は、中国における主流の詩と絵画の類はレッシングの参照したようなものではないと説き、より論理的な分析を試みる。彼は、中国絵画では唐・宋代以来、レッシングの考慮の範囲にはなかった山水画、花鳥画が盛んになったこと、またそうした絵画は確かに物体を描写するものであるが、求める理想は物体の再現にあるのではないことを指摘している。朱光潜によれば、中国の画家は古来「気韻生動」という、対象を生き生きと表現する法則を重んじており、また写実性の高い「宮廷絵画」よりも「文人画」を評価している(III, 150)。文人画の特徴は次のように述べられる。

「文人画」の特徴は、精神的に詩と接近し、描かれたものは実物ではなく「意境」〔精神的境地〕であり、受動的に外来のイメージを受け取るのではなく、そのイメージを〔自らの主観の〕情趣に鋳造する。一枚の中国絵画は物体を描写するものではあるが、われわれはそれを観るときに、レッシングの基準、すなわち本来空間内に並列的なイメージをそのまま絵画の空間において並列するという基準を用いることができない。言い換えれば、われわれが見ようとするのは、一枚の真の山水、真の人物ではなく、むしろ一種の「心境」〔心の状態、境地〕また一枚の「気韻生動」の図である。(16)（III, 150-151）

中国絵画の代表格である「文人画」は、「外来のイメージ」と「主観の情趣」が融合することによって、一種の「心境」（もしくは前述の「境界」）や「気韻生動」を得るのであり、この点において詩と共通しているとされている。こうして、朱光潜の中国の詩と絵画への認識は、前述の『ラオコオン』に対する批判を裏返した、すなわち「美」と「表現」が一体化する、作者によって創造された芸術作品であると主張する点で成立していることが了解されうる。

他方、中国詩については朱光潜によれば、西晋以来景物の描写を重んじるものが主となり、レッシングの説とは正反対である。また景色や物体を描写する際、中国詩の優れた作品には物体をそのまま静的に並列させるものが多い。朱光潜は「大漠孤煙直く、長河落日円かなり」（王維「使至塞上」）や、「枯藤老樹昏鴉、小橋流水人家、古道西風瘦馬。夕陽西に下れば、断腸人天涯に在り」（馬致遠「天浄沙」）などを引き合いに出している（III, 150-152）。こうした詩は、単に物体を「羅列する」のみであるが、読み手の心の中に明晰なイメージを惹起し、したがって成功しているとされる（III, 150-152）。だが、これら中国詩の分析は極めて簡略なものにとどまる。その分析がどの程度有効と言えるかについては、本書の第Ⅱ部において、銭鍾書との比較を通じて明らかにしたい。

以上のように、朱光潜は『ラオコオン』の詩画比較論を「詩画異質説」と名付けた上で、これとは対照的な中国における詩と絵画の共通性を強調した。朱光潜の用いた言葉ではないが、彼は中国における「詩画同質説」を展開したと言えるであろう。以下の議論では、詩と絵画の共通性・類似性を強調する（しない）説を、便宜上「詩画同質（異質）説」と呼ぶことにする。一九二〇年代から、中国芸術のいわゆる詩画同質という特徴は多くの論者によって唱えられてきた。ところが、朱光潜は『ラオコオン』に対する批判を手がかりとし、西洋の詩画比較論を参照項として中国の詩画同質論をより理論的な形で定式化した。「詩画同質説」は、現在でも中国の学術界における中国芸術理解の主流をなしているが、その理論的原点は朱光潜のこの議論に遡ることができる。

附　銭鍾書「含蓄のある瞬間」をめぐる美学的指摘

朱光潜はレッシングについて、「欧州において芸術と媒体（絵画にとっての形姿と色彩、文学にとっての言葉）との間の重要な関連を見出した第一人者だ」と述べている。その際、レッシングがドイツの啓蒙主義的記号論の系譜を踏まえていることを、彼は念頭に置いていなかったのであろう。レッシングの用いた記号論は、決して彼の独創ではなく、当時の多くの論者の関心を反映したものである。この点に関して、銭鍾書は『ラオコオン』に対する次の評において、レッシングが踏まえた思想的伝統を指摘していると読み取れる。

レッシングは画家がすべての「行為」のなかで最も味わい想像するに耐える「瞬間」（Augenblick）を選ぶべきであり、決して出来事の「頂点」の場面を描くべきではないと考えている。頂点に達したとたん、出来事は尽きてしまい、それ以上「展開」（fruchtbar）することができなくなる。それに対し、選ぶべきその「瞬間」は、まるで婦人が「孕む」（prägnant）ように、それが先行する種々を包含し、それ以降の種々を含蓄しているようである。これ〔この論点〕はまるでライプニッツの名言を文芸の論題に運用してきたようである。「現在は将来を孕み過去を担う」（Le présent est gros de l'avenir et chargé du passé）ということである。（『七綴集』48）[17]

銭鍾書は「含蓄のある瞬間」という論点に着目し、そこにライプニッツの思想を認めているのである。

現在の西洋美学研究では、この論点はライプニッツ『人間知性新論』（一七〇三年完成、一七六五年歿後刊）における「微小表象（petites perceptions）」論に遡ることができるとされる。ライプニッツのいう微小表象は、われわれの知性的分析ないし反省的意識の働く以前の表象を指し、その働きは単に個々人にとどまるものではなく、無限な宇宙全体とも関係づけられ、さらにその結果として、銭鍾書が援用するように「現在は将来を孕み過去を担う」という。こうした表象に関する「孕む」という隠喩について、のちに美学という学問を創立したバウムガルテンは「含蓄のある（多くを孕む）表象（perceptio praegnans）」という用語を規定している。これはバウムガルテンの記号論に基づく詩画比較論における中枢的な概念となり、それを介してレッシング『ラオコオン』における「含蓄のある瞬間」という論点の形成に至ったのである。このように、ライプニッツからバウムガルテン、レッシングという啓蒙主義的思想の系譜が見られ、また記号論と詩画比較論との関係から言えば、バウムガルテンや彼の周辺にいる論者こそが転換点をもたらし、レッシングの論はそれを発展させたものとして位置づけられる[18]。銭鍾書はこうした系譜の変遷について詳述していないが、レッシングの属する思想的伝統についての正しい指摘は評価すべきであろう。

「含蓄のある瞬間」という『ラオコオン』における重要な論点は、中国の論者によって早くから注目されていたが（本書第七章第二節をも参照）、それをライプニッツまで遡ったのは銭鍾書のみであった。一般に西洋美学の研究者とみなされてはいないが、西洋美学への理解という点においても、銭鍾書の論は傑出したものである。

第二節　一九六〇年代の諸論考と『西方美学史』

朱光潜の後期の『ラオコオン』受容は一九六〇年代に集中的に見られる。彼は『西方美学史』を撰するために、資料準備の一環として一九六五年に『ラオコオン』を訳し終えた。この中国語訳の後ろに附された「『ラオコオン』訳の後記」（以下「訳の後記」と略称する）[19]と、『西方美学史』における関連箇所は彼のこの段階の『ラオコオン』理解を反映している。また、同時期（一九六〇年一二月）の「山水詩と自然美」（「山水詩与自然美」）の中にも、彼の『ラオコオン』をめぐる考察が垣間見える。この論考は先行研究では十分注目されてきたとは言えないが、彼の後期における中国詩画比較論として考えられる。

これらの資料をよりよく理解するために、この段階の朱光潜がすでに思想改造を経験していたことを再び確認することにしたい。一九五一年の「最近学習している中でのいくつかの検討」（「最近学習中幾点検討」）において、朱光潜は自分の思想の源に立ち戻って自己批判を深めている。[20]彼は植民地教育を施された香港大学や、イギリス・フランスへの留学期間中にもっぱら「唯心主義の美学」と「ロマン主義の文学」に心酔しており、前者は「政治、道徳およびあらゆる実際の生活を超脱し」、「ただ人生、世相、また文芸作品を一幅の絵画として鑑賞し」（X, 20）[21]、後者は「個人の自由を発揮し、感情や想像が発散することに頼り、砂上の楼閣を作る」（X, 20）[22]ことに特徴があると記す。その結果、「自分自身を一人のただ超政治的のみならず、超社会的とも思い込んだ化け物にしてしまった」（X, 20）[23]。朱光潜はこうした立場から、早期の「無言の美」を含め『青年宛の一二通の書簡』（一九二九）などを取り上げて猛烈に自己批判した（X, 21）。

この論考に引き続き、「私の文芸思想の反動性」（一九五六）では美学思想に関するより本格的な反省が行われた。ここでも彼は、自分の美学思想の主体であったドイツ唯心主義やロマン主義について、それら「資産階級の文芸論著」の論調は「各人の見た世界は多かれ少なかれ各人の創造した世界であり、文芸の世界は文芸の作者が創造した世界であり、彼らがこの世界を創造する理由は、あくまで自我を表現し、それによって人が感情において慰めを得られるようにするためにすぎない」[24]と言い、同様の理由で彼自身の前期の立場について批判している。[25]こうした言説からは、芸術と現実の関係には、現実に根ざした唯物論的な産物としての芸術、あるいは現実を超脱した作者個人のための芸術という二種があると考えられる。一九五〇年代以降の朱光潜はこの二種を峻別し、前者を肯定し後者を批判する。

それでは、一九六〇年代の『ラオコオン』論において、朱光潜は新たな立場からこの著作に関していかなる解釈を行ったのであろうか。以下ではまず「山水詩と自然美」について考察することにしよう。

一　「山水詩と自然美」（一九六〇）

「山水詩と自然美」は、山水詩が作者の階級性を反映しているか否かを検討することを趣旨とする。「山水」すなわち自然を主題とする詩がただ自然美を映しているか、もしくは一種の人的な芸術となっているかという問題は、当時の学界の一つの論争点であった（X, 222）。それに対する朱光潜の立場は、山水詩には作者の階級性が反映されているということである（X, 222）。

朱光潜はまず、マルクス主義者にも認められるように「芸術は社会の基礎的イデオロギーを反映し、階級社会においてその階級性を持つものである」という大きな前提を踏まえて、人が主観的に自然美を感じたときに、「その自然美はすでにイデオロギーや階級性を持っている」ことを論証している（X, 222-229）。朱光潜によれば、中国の山水詩の発達は、晋宋時代の陶淵明や謝霊運によって一種の類型として定まり、続いて唐代において王維、孟浩然、韋応物の手によってその成熟期を迎えて、明清まで重視され続いていた（X, 229）。この事実に関する認識は、彼の『詩論』の段階とはほとんど異なっていないが、山水詩の登場した主要な理由を晋宋時代の「社会的基礎の劇的な変化」に見出した点に新たな解釈を見せている。すなわち、当時の北方民族の攻撃によって漢民族の社会が不安定になった結果、詩人たちの属した士大夫階級の間で「出世」の思想が生まれ、山水へ目を転じるようになったという（X, 229-230）。さらに当時は文化が頽廃し、「形式・技巧への追求」が目立ってくる（X, 230-231）。「したがって山水を愛好すること、山水詩を書くことは、封建時代の風雅をたしなむ作者や文人の間の一種の風潮となり、名士の一種の看板となり、ないし混乱した局面を無事泰平であるかのように取り繕うための一種の飾りとなった」(X, 231)[26]と朱光潜は結論を下している。山水詩の少ない価値を弁護するために、朱光潜は「労働人民」にとって、山水詩における文人的な趣味はわだかまりがあるが、そこには多かれ少なかれ提示された自然の美しさは鑑賞しうると説く(X, 234–235)。

上述の総論に続いて、朱光潜は具体的な山水詩の考察も行っている。朱光潜によれば、山水詩は山水画と密接に結合しており、山水詩人の大半もまた山水画家であり、そしてこの伝統は王維から始まった(X, 232–233)。しかし詩と絵画の結合は容易なことではない。そこで彼は「ドイツの啓蒙運動家のレッシングはかつて『ラオコオン』において詩画異質の論点を提示した」と言う(X, 233)[27]。レッシングを「啓蒙運動家」として位置づけるのも朱光潜のこの段階の特徴と考えられる。彼は「媒介や技巧のみに注目すれば、レッシングの指摘した詩と絵画の間の矛盾は確かに存在する」が、「王維はこの矛盾を克服し」、それによって中国の詩と絵画はともに別の境地に至ったと述べる(X, 233)。この論述は『詩論』とほぼ一致しているであろう。だが、朱光潜は、芸術が客観的自然を反映するのではなく主観化されたものであると単に指摘するだけではなく、その主観性には作者の階級性が投影されていることを論証する企図を持っていたことに、留意すべきである。

山水詩は中国芸術論の大きな課題である。この論考によれば、山水詩の真正面からの検討は一九五〇、六〇年代の重要な課題である(X, 222)。だが、詩における山水もしくは自然の考察は、より早く一九三〇、四〇年代の宗白華の論に看て取れる（本書第三章第三節を参照）。また中国詩における空間や物体の配置については、銭鍾書の一九六〇年代の分析が一つの頂点をなしている（本書第六章を参照）。ちなみに、一九六一年には宗白華も山水詩の階級性について論じている[28]。これは当時の社会的環境による傾向であろう。

また、この論考において、朱光潜の銭鍾書から受け継いだ細かい論述が確認できることを付言したい。朱光潜は山水詩が中国の文人階級の趣味の産物であることを歴史的に辿る際に、中国の芸術領域では伝統の影響が強かったことを次のように述べる。「一種の体裁もしくは風格がすでに定まったら、一種の風潮ないし伝統となる。時が移り状況が変わっても、その習慣的な勢いにより、長くその統治的地位を維持している」(X, 231)[29]と言う。この言い方は一九三九、四〇年の銭鍾書「中国詩と中国画」とほとんど同じである（本書第五章第一節を参照）。

二　「『ラオコオン』訳の後記」（一九六〇～六五）

次に、レッシング思想を主題として扱う資料である「訳の後記」と『西洋美学史』の関連箇所について確認しよう。すでに触れたように、「訳の後記」はある意味で『西洋美学史』の執筆のための副産品と考えられる。『西洋美学史』の完成を目標とする朱光潜は、『詩論』を仕上げた段階とは異なる関心からレッシングや『ラオコオン』に取り組んでいる。つまり自身の詩学を構築するためにそれらを参照するのではなく、むしろ西洋美学の発展の中で、それらを位置づけて論じているのである。『西洋美学史』は三部構成であり、第一部「古代ギリシャ・ローマ時期からルネサンス」、第二部「一七、八世紀と啓蒙運動」、第三部「一八世紀末から二〇世紀初に至る」[30]からなっている。レッシングを扱ったのは、第二部の第一〇章「ドイツ啓蒙運動――ゴットシェート、バウムガルテン、ヴィンケルマンとレッシング」である。その章で、朱光潜はまず「ドイツ啓蒙運動の歴史背景」を説明し、その上で各論者について考察している。レッシングが上記の諸論者の中で最後に置かれている理由は、朱光潜自身によれば「ドイツ啓蒙運動はレッシングに至ってようやくクライマックスに達した」(VI, 337) からである。

「訳の後記」と『西洋美学史』の考察には共通する部分が多い。しかし、「訳の後記」の『ラオコオン』に関する論述はより集中的かつ詳細になされている。以下では、「訳の後記」を中心に考察することにしよう。

「訳の後記」は三つの部分からなっている。『『ラオコオン』の歴史的背景および基本的意図」、「レッシングの『ラオコオン』における貢献と限界」、『ラオコオン』と遺稿及びその訳と注について」である。以下では便宜上、第一、二、三部分と呼ぶ。美学的考察と関わる第二部分が、思想発生の背景を検討する第一部分を前提とする点に、この段階の朱光潜思想の特徴が表れている。

「訳の後記」第一部分では、『ラオコオン』は「ドイツ古典美学の発展中の記念碑」であるのみならず、「啓蒙運動の反封建、反教会の闘争中の強力な武器」でもあったとされる。この著作は「ただ表面的に詩と絵画の限界を論じているようであるが、実際には当時のドイツ文化界において激しく議論されていた幾つかの根本的な問題に触れている」と言う（『拉奥孔』232）。朱光潜は当時の啓蒙運動の中心であったフランスと比べ、ドイツは経済においてはまだ農奴制を保ち、商工業は発達しておらず、政治的には小国が分立し、不断の内戦が各領域の発展を阻害していたと述べている。そうした背景のもとで、ドイツの資産階級の力はまだ弱く、直ちに政治的革命を起こす条件は備わっていなかったと言う（『拉奥孔』232–233）。

したがって、ドイツの啓蒙運動のリーダーたち、レッシングやヘルダー、ないしゲーテやシラーたちは、当時のドイツの反封建、反教会の任務をまず政治的統一によって解決すべきであると見出した。しかも、彼らの歴史唯心主義の考え方によれば、政治的統一は政治的革命に由らず、統一的なドイツ民族の文化を構築することによって実現することができるとされている。これはレッシングや彼の継承者を理解するために、まえもって理解すべき一点である。（『拉奥孔』233）[31]

ドイツ民族の文化は、根本的に言えば文学（演劇を含めて）を中心とすることも指摘されている（『拉奥孔』233）。そこで、ゴットシェートとスイス派の間の論争が重要である。つまり前者はフランスの新古典主義をドイツに移植しようとするのに対し、後者はドイツ中世の民間文学やホメロスの詩、シェイクスピアに代表されるイギリス文学を学ぶべきであると主張した（『拉奥孔』233-234）。一九四〇年代の『詩論』と比べて、ここで朱光潜は『ラオコオン』の時代背景に関してより深い理解を示している。しかし、こうした理解は純粋な美学的考察のためではなく、スイス派（ないしそれに同情したレッシング）の思想を「反封建、反教会の任務」に還元して解釈するためのものである。ゴットシェートの主張する文学は宮廷の趣味や封建の文学に迎合するものであり、対照的にスイス派は資産階級の要求に応えているため、最終的に勝利を収めたとされている（『拉奥孔』234）。

ところが、レッシングとスイス派には、詩と絵画の関係についての認識において相違がある。スイス派は詩と絵画の一致を擁護したからである。これについて朱光潜は、レッシングは詩と絵画を異なる芸術ジャンルとして区分し、またその際には寓意画や歴史画、そして（スイス派が重視した）描写詩を直接に批判している、と指摘する（『拉奥孔』236）。この認識に問題はないが、レッシング批判に対する朱光潜の考察は「反封建、反教会の任務」から進められていることに留意すべきである。朱光潜によれば、レッシングが寓意画や歴史画に反対したのは、それらが「封建的宮廷の人生理想や文芸的趣味」と結びついているからであると容易に理解される（『拉奥孔』236）。一方、農村や田園の生活を扱った描写詩はそもそも市民的情緒を反映しているが、「陰鬱な雰囲気や感傷的情調（センチメンタリティー）」に満ちているため、レッシングに斥けられた。対照的に、レッシングが求めたのは「朗らかで生き生きとした雰囲気」や高揚した感情であったと言う（『拉奥孔』237）。我々はこの次元でレッシングの美学思想における「現実主義の性質」や「進歩的性質」を理解すべきであると朱光潜は述べる（『拉奥孔』237）。

続く第二部分で、『ラオコオン』の具体的な貢献や問題点については、朱光潜は基本的に一九四〇年代の考察を継承しているが、以下の三点に注意を要する。

第一に、続編に注意をはらうことで、そこでの「人為的な記号」と「自然的な記号」の繰り返しの議論から、レッシングの未完成の遺稿における、詩と絵画の区別（原文「分別」）よりも両者の連関（原文「連系」）に重きを置く意図を読み取っている点である（『拉奥孔』243）。これは『ラオコオン』の記号論に関するより踏み込んだ捉え方であろう。

第二に、『ラオコオン』の貢献を個別的な論点（芸術と媒体の関係、芸術作品と読者の関係など）のほか、「ドイツ古典美学の発展に対する刺激力」にあるとしていることである。朱光潜は後のヘルダー、ゲーテ、シラー、ヘーゲル、A・W・シュレーゲルたちの『ラオコオン』受容を整理している（『拉奥孔』244-245）。これは『ラオコオン』を西洋美学史において位置付ける営みであり、また今日の中国では西洋の『ラオコオン』論を検討する際には、基本的にこの系譜が踏まえられている。

第三に、『ラオコオン』の難点として、（「現実主義の性質」や「進歩的性質」を賞賛しながらも）その「唯物主義要素」や「弁証的要素」が――レッシングが詩と絵画の区別とともに連関にも注目しているという意味で――徹底的でないと朱光潜が批判している点である。朱光潜はヘルダーの指摘を援用し、レッシングに「歴史的発展への認識が不足している」と述べる。レッシングは「文芸を一種の独立し、かつ孤立する自然現象とし、社会的基礎と直接関連しないものと見なして」いるために、例えばホメロスやミルトンの作品を引き合いに出す際にも、「社会歴史発展の産物」であるそれらの作品を産み出した「歴史的時期」や「社会」が異なる以上、作品自体もまた異なってしかるべきであるという認識が欠如しているとされる（『拉奥孔』246-247）。こうした欠点ゆえに、レッシングが異なる芸術の種類に注意を払わず、抒情詩といったような存在を論じていないと言う。この批判は、朱光潜が『詩論』で中国の芸術にはレッシングの考えていなかったジャンルがあることを取り上げているのと類似するが、ここでは文化的相違ではなく、歴史的発展という唯物論的な視点から主張されている。

しかし一方で、朱光潜によれば、『ラオコオン』のこうした欠点はまた、「歴史的発展の規律に符合し」ているという。当時のドイツでは資本家階級の力が不足し、また啓蒙運動が徹底されていなかったからである。いずれにせよ、この書物の貢献はその不足をはるかに超えていると言わざるを得ない。それに関して朱光潜は、マルクスを含め、この著作がロシアの革命民主主義者へ及ぼした影響（とりわけ反封建農奴制の闘争の路線において）も述べている（『拉奥孔』248–249）。

概して言えば、この段階の朱光潜は、まさに彼の援用したゲーテの『ラオコオン』論、すなわちこの著作の貢献は思想的内実そのものより、思想を解放する点にあるという評のように、この著作を見ている。ゲーテの評を朱光潜は明示的には援用していないが、これはライプツィヒ時代のゲーテの、次の言葉に依拠したものであろう。[32]

この著作〔『ラオコオン』〕は、われわれを乏しい直観の領域から、自由な思想の領野へと連れ出した。長らく誤解されてきた「詩は絵のように」がいっきょに除去され、造形芸術と言語芸術との相違が明らかになった。両者の基底はいかに相接しているにしても、その頂きは今や分かれて見えた。どんな種類の意味をも欠くことのできぬ言語芸術家は美の限界を越えることも許されようが、造形美術家は美の限界内にとどまらなければならない。後者は、もっぱら美によってのみ満足させられる外部感覚に働きかけ、前者は、醜とも妥協しうる想像力にうったえる。この素晴らしい考えのあらゆる結果は、さながら稲妻に照らし出されたごとくに、私たちの前にぱっと浮かび出〔後略〕（DW, 345–346）[33]

「訳の後記」の最後である第三部分では、朱光潜は中国語訳を作成する際に参照した原典や英訳の諸版本を挙げ、そしてそれらをいかに活用させ工夫したかについて述べている。特筆すべきは、彼が『ラオコオン』の遺稿に注意したことである。もともとレッシングは『ラオコオン』執筆に関して三部分を計画したが、結局第一部分しか刊行しておらず、残りの部分の発想はただ遺稿から垣間見えるのみである。現存する『ラオコオン』の英訳や日本語訳には、遺稿に注意を払わないものも少なくないことを考えれば、朱光潜の学術的思想の堅実さが窺い知れる。朱光潜の『ラオコオン』翻訳は、二〇世紀中国の翻訳の状況を示す代表的な一例と考えられるので、節を改めて検討することにしよう。

第三節　『ラオコオン』の中国語訳（一九六〇年代）

朱光潜の『ラオコオン』中国語訳の構成は以下の通りである。題名を付けた二九章からなる本文、附録一「『ラオコオン』に関するレッシングの遺稿（抄録）」、附録二（甲：「レッシングのニコライ宛の書簡、一七六九年三月二六日」、乙：「古代人がいかにして死神を表現するのか（抄録）」）、附録三「ウェルギリウスの史詩『アエネイス』におけるラオコオンの描写」、そして「訳の後記」、附記である。(34)

朱光潜は『ラオコオン』「訳の後記」の最後に、彼が参照したドイツ語原典や英訳『ラオコオン』の版本について、J. Petersen(35) 編集の『レッシング全集』（全二五巻）の第四巻と F. Bornmüller 編集の『レッシング選集』（全五巻）の第三巻がレッシングの遺稿を収録していることを記している。(36) また、W. Hoyer 編集の『レッシング選集』（全三巻、一九五二、ライプツィヒ）の第二巻(37)が原典にある古典ギリシャ語、ラテン語、並びに他の言語をドイツ語に訳している点で大いに役立ったこと、さらに各章に原典にはなかった章名をつけ、原典の最後の二章を削除したことを述べている。他には W. A. Steel、E. C. Beasley、R. Phillimore の三種の英訳、そして一九五七年のソ連国家文学出版社よりのロシア語訳本を参照したという。(38)

朱光潜の『ラオコオン』訳の成立に関する重要な資料として、緑原（詩人・翻訳者・編集者、一九二二〜二〇〇九）が『ラオコオン』訳を校正した際に残した「『ラオコオン』の訳文に関する状況と扱いについての意見書」（一九六五年九月一一日、原題「関於『拉奥孔』訳文的情況及処理意見」、以下「意見」と略称する）がある。[39]「意見」によれば、『ラオコオン』全二九章を校正する際に用いたのは、前二七章に対してはHoyer編集の『レッシング選集』、最後の二章に対してはSteelの英訳であった。訳文は全体的に言えば相当成熟したものであるが、原典に照らして見れば細かい間違いが少なからずあり、また訳者（朱光潜）が基本的に英訳を参照したことがわかるという。[40]この指摘は極めて精確であると言える。

一方、「意見」では、朱光潜の訳文もHoyer版と同じように、最後の二章と付録のレッシング遺稿の抄録を削除すべきであったという見解が述べられている。その理由として、最後の二章はヴィンケルマンに関するもので、「内容が少なく、現実の意義がない」こと、また遺稿は「見解がまとまっておらず、十分成熟していない」ことが挙げられている。その代わり、より「厳格な歴史主義的観点から」書かれたヘルダーの『ラオコオン』批評を訳すことを勧めている。[41]これに対して、現存する『ラオコオン』中国語訳を見れば、朱光潜はこれらの意見を採用しなかったことがわかる。[42]前述したように、朱光潜が翻訳の中に保留とした遺稿こそ、レッシングの構想の全貌をより明確に示しており、むしろ朱光潜の慧眼を物語っているのである。

ところで、「訳の後記」については、元来朱光潜はロシアの思想家やマルクスではなく、バビットを含めた英米系の思想家――それは『詩論』の段階にすでに参照されている――を重視していたようであるが、緑原の「意見」に従って英米系の思想家に関する記述を削除し、『ラオコオン』のもたらす「ロシア革命民族主義者」への影響についての記述を増やすように修正を行った。これらの諸点を含めて、緑原は、朱光潜がドイツ啓蒙主義運動を「資産階級という一つの階級の運動」、さらに「文学運動」に限定することを批判し、この運動における「階級の分析」、「社会闘争（例えば農民戦争）」に着目し分析すべきであると指摘する。[43]これは当時の学術的傾向をよく示しているであろう。また「意見」によれば、校正の仕事には銭鍾書が参加していることもわかる。[44]

以下では、朱光潜が参考していたドイツ語原典（Bornmüller版、Petersen版、Hoyer版）と英訳（Beasley版、Phillimore版、Steel版）の版本を踏まえつつ、『ラオコオン』本文を中心に幾つかの問題を取り上げ彼の訳文を考察する。

一　諸版本の概観

諸版本の特徴から確認しよう。まず朱光潜はHoyer版がレッシングの援用したギリシャ語等の資料をドイツ語に訳したと述べているが、実はBornmüllerもそれらをドイツ語へ訳している。また、朱光潜はPetersen版とBornmüller版が遺稿を収録していると述べるが、Phillimore版は遺稿を英訳している。Phillimore版は自ら、英訳として初めて未刊の手稿をも訳した点に独自性があるとしている（Phillimore, 29–30）(45)。

三つの英訳版本のうち、Steel版は最も原典に忠実に（文の構造に従い）訳している。上記の「意見」によれば、朱光潜はドイツ語原典ではなく英訳を踏まえて訳しており、英訳の誤謬をも反映しているが、英訳が基本的に「忠実」であるため大きな問題にはなっていないという(46)。「意見」もSteelを参照していたためにこのような評価をしたのであろう。

『ラオコオン』の大量の原注は、朱光潜本人が述べるように、大半が考古学や言語学の考証であり、煩瑣であるために訳されなかった(47)。一方、Hoyer版は三つのドイツ語版本のうち最も注が少なく、Steel版はほとんど注がない。また、レッシングの時代にはよく知られていたためか、原注で出典が挙げられていない資料に関して、朱光潜は各版本の注釈を参照し中国語の注を施している。その際には、各版本の注に書かれた出典の巻数、頁数を孫引きする場合が多いが、その元来の出典の版本が何であるかを示していない。各版本の相違にもかかわらず、そのまま引用するものさえも見られる(48)。

また各版本の編集者はレッシングや『ラオコオン』の研究状況などに関する説明を付しているため、朱光潜もそのような資料に目を通していたであろう。英訳版の中で最も出版年の新しいSteel版の整理によれば、当時の英訳として、W. Ross (1836), E. C. Beasley (1853; revised edition, 1888), Sir R. Phillimore (1874; other editions, 1905; 1910), E. Frothingham (1874) があり、また原典のレッシング全集に関しては、K. Lachmann によるもの (in 13 vols. In Berlin, 1838–40; in 12 vols. In Leipzig, 1853–57; reissued by F. Muncker in 23 vols., 1886–1924) が最も重要であるという (Steel, XIII–XIV)。これに鑑みて、当時の中国における資料の入手状況も多少推測されうる。

二　朱光潜訳の問題点

総じて言えば、朱光潜は諸版本を踏まえたと自ら主張しているものの、厳密な直訳よりも、意訳的な処理を多く行っており、細かな訳し間違いも少なからずある。本項では、朱光潜訳の問題のある箇所を挙げて検討する。

『ラオコオン』序論でレッシングは、この書物においては、ある原則から推論していく体系的なものではなく、当時の芸術批評に関する問題を考えるままに記録することを目指した、と述べる。とはいえ、この書物は完全に構成の論理を欠くものでもない。それはレッシングによれば、ドイツ人がこうした推論 (herleiten) に長けているからであるという。そこでレッシングは、こうした方面でドイツ人は「trotz einer Nation in der Welt」だと説く (*Laokoon*, 5)。これを字面通り訳せば、「世界のいかなる国民に劣ら」ないとなる (斎藤栄治訳、岩波書店、一九七〇、一三頁。以下、斎藤訳の参照は略記を用いる)。英訳でも「as well as any nation in the world」(Steel, 5; Phillimore, 57) もしくは「the equals of any nation in the world」(Beasley, 17) と正しく訳されている。しかし朱光潜訳では、「我々ドイツ人は世界中のあらゆる民族よりも最も熟達している」[49]、つまり最上級に変えられている。

また、重要な術語に関しても問題となる訳が見受けられる。模倣説に基づく芸術のイリュージョニズムを基本的な枠組みとする『ラオコオン』原典では、「Illusion」と「Täuschung」の双方が使用され、ほとんど区別されていないと考えられる。ところが、朱光潜はあえてこの二語を区別して訳そうとしている。朱光潜は「Täuschung」のほうに「幻覚」もしくは「迫真的な幻覚」という訳語を当てるのに対し、「Illusion」を中国語の「惟妙惟肖」（傍点は筆者による。以下同様）と訳している。これは「非常に迫真的な生き写し」という意味であるが、術語というよりは通常の用語として扱われているようである。例えば『ラオコオン』第四章において、詩が造形芸術と異なり苦痛を表現しうることについて、レッシングは「Hierzu füge man, dass der Schauspieler die Vorstellung des körperlichen Schmerzes schwerlich oder gar nicht bis zur Illusion treiben kann」と述べる（*Laokoon*, 24）。すなわち「これに加えて、俳優が肉体的苦痛の表現をイリュージョン（Illusion）を生じさせるまで行うことは、困難あるいは全く不可能であるとも言わねばならない」。これに対し、朱光潜の訳は「ここで補足すべきは、俳優が肉体的な苦痛を〝惟妙惟肖〟に表現するのは不可能であるか、もしくは非常に困難である」となっている。[50] ちなみに、ここで「不可能であるか、もしくは非常に困難である」という順序の逆転も、朱光潜訳の粗略たるところを示している。[51] 原典の順番、「困難あるいは全く不可能である」には、程度が進んでいくというロジックが含意されているわけである。英訳では原典の「Illusion」と「Täuschung」には一概に「illusion」という語が使われている（cf. Steel, 18, 24; Beasley, 24, 35; Phillimore, 76, 84）。これに鑑みれば、朱光潜はあえて意図的に「Illusion」を「Täuschung」から区別しているのである。このような中国語訳を踏まえた後世の研究者は、『ラオコオン』を模倣説に基づくイリュージョン論として読解することが困難となるであろう。これは、朱光潜訳のミスリーディング的な部分と言えるかもしれない。

一方、『ラオコオン』第一七章で述べられる詩人や画家が求める理想的な芸術の効果の一つ、「Ähnlichkeit」（*Laokoon*, 102）に関して、朱光潜は「惟妙惟肖」（『拉奥孔』102）と訳しており、これは問題ない。「Ähnlichkeit」に対する英訳は「resemblance」（Steel, 62; Phillimore, 142）もしくは「faithfulness」（Beasley, 115）となっており、イリュージョン論の術語ではなく、ただ「似ていること」を意味するからである。

三　中国芸術論の用語による訳

また朱光潜は多くの中国芸術論の用語を用いて『ラオコオン』を翻訳しており、そこにも後世の研究者を惑わせた側面があったと考えられる。ここでは二例を取り上げる。

まず、「境界」という重要な概念が訳語として使用されていることである。朱光潜・宗白華・銭鍾書の芸術思想における「境界」の用語法に関しては本書の第一章第一節、第三章結論部、第五章結論部で触れた。中国芸術論の文脈では「境界」は、ただ範囲の広狭ではなく、一種の価値判断を含む批評語とされている。しかし朱光潜の訳にはそうではない使い方も見られる。

例えば『ラオコオン』第四章では、想像力に訴える詩は、物質的絵画よりも広い表現の範囲や可能性を持つことが論じられている。「das ganze unermeßliche Reich der Vollkommenheit（seiner［Dichter］Nachahmung）」（*Laokoon*, 22）、すなわち、「（詩人の模倣の）無限大の完全性の全領域」、と。ここでレッシングの言う「Reich」は例えば第六章の「Sphäre（der Poesie）」（*Laokoon*, 44）と同義語であり、詩の表現しうる「範囲」を指している。しかし、この「Reich（領域）」に対して、朱光潜は「境界」という訳語を与えており（『拉奥孔』23）、これは適切ではない。ちなみに「Sphäre」のほうには「範囲」という言葉を当てており（『拉奥孔』44）、これは問題ないであろう。英訳では、「Reich」には「realm」（Steel, 17; Beasley, 21; Phillimore, 74）、「Sphäre」には「sphere」（Steel, 30; Beasley, 47; Phillimore, 92）となっている。

次に、「意象」の使用について確認したい。本章では「意象」を主題として論じないが、これは中国芸術論の中心的な概念であり、ごくおおざっぱに言えば「意（考え方）の表象」を意味する。朱光潜はこの言葉を複数の、かつ意味が異なるドイツ語の概念に当てはめているために、訳文に曖昧さが生じている。

例えば『ラオコオン』第六章において、レッシングは詩の表現範囲が絵画より広いと述べた後、さらに詩の「die

Geistigkeit ihrer［Poesie］Bilder」（*Laokoon*, 44）、すなわち「詩の図像の精神性」に言及する。これを朱光潜は「詩の意象の精神性」と訳している。さらに、その「精神性」は「観念的で、絵画の意象のように具体的な実物を直接代理するのではない」と注を施している（『拉奥孔』44）。ここでは「意象」というタームは、詩にも絵画にも、あるいは観念的であるか否かにも拘わらず、作品から読み取れるイメージを指すことが理解される。なお、英訳ではこの「Bild」には「picture」（Steel, 30）もしくは「image」（Beasley, 47; Phillimore, 92）が当てられている。

一方、『ラオコオン』第一七章では、詩人はただ散文家のように物事を明確に描写①「Vorstellung」（表現、描写）するに止まらず、われわれの心に生き生きとした②「Idee」（観念）を喚起すべきであると説いている。また、空間を占めているある事物に対して、いかにしてわれわれは〔詩が求めるような〕一つの明確な③「Vorstellung」を得ることができるのか、と問題を設定する（*Laokoon*, 101）。ここで便宜上、三つのキーワードに①「Vorstellung」、②「Idee」、③「Vorstellung」と番号を振っておく。それぞれに対して、朱光潜は①「描写」（中国語「描絵」）、②「意象」、③「意象」を当てる（『拉奥孔』99）。英訳ではSteel版とPhillimore版はより忠実に①③「representation」（Steel, 60, 61; Phillimore, 139, 139）、②「idea」（Steel, 60; Phillimore, 139）と訳している。他方、Beasley版では①「description」、②「conception」、③「conception」と訳されている（Beasley, 111–112）。

もとのレッシングの論述の文脈からは、③「Vorstellung」は①「Vorstellung」と異なり、むしろ②「Idee」に近いことが明確である。その限りでは、朱光潜訳とBeasley版の処理は理にかなっていると考えられる。しかしここで、朱光潜は「Idee」という語にも「意象」を当てたことによって、「意象」が全く観念的なものに限定されてしまっている。これは、上述したような詩にも絵画にも使われる「意象」の用語法と矛盾する。

同様の問題は『ラオコオン』第一七章の後続する箇所にもみられる。レッシングは（詩人ハラーの）植物の各細部を具体的に記した詩を批判して言う。いわく、この詩に登場する植物を実際に見たことのない人は、この詩から何らかの「Vorstellung」を形成することもできない。またこれら植物について一定の知識をもつ人にとっても、この詩はある部分の生動的な「Idee」を喚起しうるかもしれないが、対象についての全体的な理解は得られないであろう（*Laokoon*, 103）。ここでは、「Vorstellung」と「Idee」はほぼ同義語のように使われている。そのため英訳では、Steel 版では両方を「idea」（Steel, 62）、Beasley 版ではそれぞれ「conception」、「idea」（Beasley, 114）としている。Phillimore 版ではより直訳的に「represent」と「idea」となっている（Phillimore, 141）。それに対し、朱光潜は両方を「意象」としている（『拉奥孔』102）。

レッシングの用いる「Bild」、「Vorstellung」、「Idee」の意味には重なる部分もあろうが、朱光潜が一概に「意象」を用いている点は注意を要する。そもそも「意象」という中国語は多くの意味をまとった重要な術語である。朱光潜訳は原典にある観念的・非観念的なものの区別を取り消してしまうきらいがあり、それによってかえって中国語の「意象」概念を曖昧なものにしてしまったのである。

四　時代背景を反映する訳

朱光潜訳には、訳注として補われた多くの情報から当時の学術的傾向も看て取れる。

『ラオコオン』第一章において、レッシングはホメロスの苦痛に関する描写を古代人の反応の一例として、それに対して近代の欧州人がいかに苦痛に反応するのかを論じている。いわゆる新旧論争の文脈において、レッシングは自らの時代の人について「wir feinern Europaeer enier klügern Nachwelt」（*Laokoon*, 8）、すなわち「より賢い後世に属するわれわれ、より洗練されたヨーロッパ人」と述べる。「fein」という言葉は、Steel 版は訳し漏らしているが、英訳では一般に「refined」とされている（Beasley, 4; Phillimore, 61）。また「klug」という言葉は、英訳では直訳して「wise」（Steel, 8; Beasley, 4; Phillimore, 61）となっている。一方、朱光潜訳では「古代人と比べてより文明的教養とより強い理智を有する」となっている。[52]「賢さ」に関して「理智」が強調されていることは、彼の『青年宛の一二通の書簡』（一九二九）、『美を語る（『談美』）』（一九三二）といった初期の著作で、「理智」よりも「心」もしくは「感情」を重んじていることを想起すれば、この段階の彼が、自らの初期的立場に批判的であったことを表しているかもしれない。

また『ラオコオン』第一四章では、レッシングはミルトンの詩が失明によってより優れたものになったと述べる。「心眼」すなわち想像力の範囲は、視力によって限られるが、肉眼の喪失によって「心眼」はより広い視野を有するようになる、という（この論点に関しては、本書の第六章第二節を参照）。それについて、朱光潜は「この見解は想像力の感性的基礎を否定しているので、正しくない」と注を施している。[53]ここでいう「感性的基礎」は、肉眼による視野を指しており、物質的な基礎とも換言できる。これは、彼の思想が唯物論的なものではないと世間に誤解されるのを避けるためであったと考えられる。

五　朱光潜の翻訳スタイル

最後に朱光潜の翻訳スタイルをよく語る一節を取り上げたい。レッシングは『ラオコオン』第二一章において、動態的な美——朱光潜の訳語によれば「媚」（Reiz）——を表現する点で詩は絵画と競争しうることを論じているが、その論拠として、ルドヴィーコ・アリオストが『狂えるオルランド』（一五一六）に登場する魔女アルチーナ（Alcina）の美しさの表現に成功したのは、静止的形象ではなくまさに動態にその秘訣があったということを述べている。

Ihr［Alcina］Busen bezaubert, weniger weil Milch und Helfenbein und Äpfel uns seine Weiße und niedliche Figur vorbilden, als vielmehr weil wir ihn sanft auf und nieder wallen sehen, wie die Wellen am äußersten Rande des Ufers, wenn ein spielender Zephye die See bestreitet.（*Laokoon*, 131）

日本語訳は原典に忠実に訳しているので、それを基に意味を確認しよう。

彼女の胸がひとを魅了するのは、牛乳や象牙や林檎がその白さと愛らしい形を描いて見せるからというよりは、むしろ、たわむれに風が海にあらがうときに遠い岸辺でゆれるさざなみのように、〔われわれがその胸を〕やわらかに起伏する〔と見ている〕からである。（斎藤、二六八頁。〔　〕は筆者による補足）

一方、朱光潜の訳は次のようである。

彼女の乳房が心が消えいるほどに人を魅了するのは、それが新鮮な乳や象牙のように白くりんごのように形が未熟で若々しいからではなく、むしろそれが時に高くなり時に低くなり、まるで海上のさざなみのように、清風に従って去来し、岸に近寄ってはまた離れていくからである。

（原文）她的乳房令人銷魂、並不在它白皙如鮮乳和象牙、形状鮮嫩如苹果、而在時起時伏、像海上的微波、随着清風来去、触岸又離岸。（『拉奥孔』133）

この訳の後半（「むしろ」以降）は、「やわらかに（sanft）」、「たわむれに風が海にあらがう」ことや、「遠い岸辺」といった要素を訳し漏らしており、その代わりに「Milch（乳）」には「新鮮」、「Zephye（微風）」に「清い」といった修飾語を付け加えている。これは朱光潜訳の、原文への忠実さよりも中国語の表現の習慣に従う性格を反映している。ちなみに、朱光潜訳をさらに日本語に訳すと、例えば「新鮮な乳」のように冗長になってしまうが、元来の中国語では

「鮮乳」という二字に収まっている。このように中国語では形容詞を多めに付けることが可能であり、これはまさにレッシングが賞賛するギリシャ語の性質に由来する表現可能性(54)とも近い。

一方、朱光潜のこの訳には、レッシングの言わんとする内容を、レッシングの文面よりもはっきりと伝えているところもある。レッシングはここで様々なものを引き合いに出しているが、端的に言えば女性の胸の起伏を波の姿（Wellen）に譬えようとしている。レッシングは、風とさざなみの競争、またさざなみと岸辺の関係を取り上げているが、それを通して語ろうとするのは、朱光潜の訳のごとく、さざなみと風の相互的競争よりも一方的に風によって影響される様子や、岸辺に打ち寄せる姿であろう。

またこの訳の前半で注目すべきは、原典「Milch und Helfenbein und Äpfel（乳と象牙と林檎）」が「Weiße und niedliche Figur（白さと愛らしい形）」であることを、朱光潜は原文の構造を破って「Milch und Helfenbein」—「Weiße」、そして「Äpfel」—「niedliche Figur」のように処理していることである。「牛乳や象牙の形」もしくは「りんごの白さ」では、女性の胸の美しさを譬えることはできない以上、これは妥当な組みかえである。異なる比喩体を並列的に一気に挙げ、その後それらの特徴をまた並列的に一気に説明することは、洋の東西を問わず詩的表現には見られる。この箇所に関する日本語訳や英訳(55)の直訳と比べて、朱光潜の処理は独特である。

なお、この一節全体に関して、ドイツ語の性格にふさわしい原典の長文構造に対し、朱光潜は中国語にふさわしい短文に分けており、またその表現の清麗さが際立っていることを付言したい。ここで彼の桐城派古文の素養（本書第一章序を参照）が発揮されたかもしれない。

以上見てきたように、朱光潜訳の成立可能性は、彼の意訳の処理、そして文学への感覚に由来するものと考えられる。『ラオコオン』の中国語訳は全体的に言えば、極めて自然かつ流麗となっている。現在の中国の『ラオコオン』研究がこの訳に頼りすぎているという問題については、すでに本書の序章に述べた。原典と比較し、朱光潜訳にも問題があることをよく理解しておくことは、『ラオコオン』自体、そして中国の『ラオコオン』受容を正しく理解するために重要である。

結　朱光潜から見る近代中国美学の展開

第一章と第二章を通じて、朱光潜の初期から晩期にかけての『ラオコオン』受容について詳しく見てきた。総じて言えば、彼は常に中国美学の展開の中心に立っていたため、近代中国における美学という学問の形成に決定的な影響を与え続けてきた。その間、二〇世紀中国における社会的・思想的発展に応じて、自らの美学的思考を変化させることを強いられた。彼の中では、その双方の動きが常に交錯し、同時進行していた。彼は主に文学、心理学、哲学、そして教育学に依拠して美学を構想した。また思想的内容そのもののほか、重要な美学的命題を提起し、美学をめぐる翻訳活動をリードした。

改めて整理すれば、朱光潜は自身の学術活動の三つの時期、すなわちヨーロッパ留学以前、留学以降、マルクス主義への転換以降を通じて、一貫して『ラオコオン』を重視していた。初期の一九二〇年代には、彼は西洋や中国の思想を幅広く援用しはじめたが、社会や人生の問題解決を目指すという意図から『ラオコオン』を捉えた。中期の一九三〇、四〇年代には西洋の美学思想により踏み込んで純粋な学術的考察を充実させ、中国における『ラオコオン』をめぐる議論を本格的に創始するとともに、詩画比較論という問題を中心に中国の芸術思想を近代的な形で定式化した。つまり、『ラオコオン』が詩画異質説であるのと対照的に、中国の詩画同質説を打ち出しているのである。当時の彼はバビットの『ラオコオン』論を大いに参照しながら、クローチェ思想を介して『ラオコオン』を批評した。クローチェ思想とレッシング思想とを対決させた点に、朱光潜の『ラオコオン』論の独自性があると考えられる。続いて後期の一九六〇年代には、彼はマルクス主義の枠組みを踏まえ、レッシング思想を啓蒙主義思想に還元して西洋美学史という歴史的文脈において捉え直した。とはいえ、彼は当時の中国を支配したマルクス主義の枠組みにただ受動的に追随するのではなく、独自の学問的思索を続けていた。二〇世紀の学術的変化の荒波に巻き込まれた朱光潛だが、彼の『ラオコオン』論の検討からは、一人の思想家としての自己改造（外部から押し付けられたそれではなく）の実態が浮かび上がってくるのである。以上のような朱光潛への再理解は、クローチェやヘーゲルをめぐる彼の議論ではなく、彼の『ラオコオン』論を通じて得られる部分が多いと思われる。

上述の三つの段階に関しては、一般的に価値の高低の評価が付されていることを、すでに第一章の序で述べた。後期の朱光潛も自らのそれまでの美学の立場を否定している。しかし、朱光潛思想を理解する上では、後期の彼の議論は学術的なスタイルを変容させている一方で、前中期と意識的・無意識的に連続している部分も存在することが重要である。それは本章の考察を通じて明らかになったであろう。例えば彼の一九六〇年代の山水詩に関する検討では、詩と絵画の関係に関しては中期の関心と立場を継承していた。また朱光潛の『ラオコオン』中国語訳には、幼少期に訓練された詩文の素養がなお働いており、この訳の長所となっている。それは彼本人ですら意識的に行ったものとは限らない。

一方、第一章の考察からわかるように、朱光潛が提起した「無言の美」の論題に対して方東美や銭鍾書は異なる見解ないし思想を打ち出している。二〇世紀の中国美学は単線的なものではなく、特定の問題（群）をめぐって、立場を異にする数多くの学者たちによって相互関連的な形で展開されていった。次章ではそのような展開の経緯を、二〇世紀の中国美学者として朱光潛と並び評される、宗白華に焦点を移し考察することにしよう。

第三章　宗白華による古典哲学に基づく近代中国美学

序　宗白華の経歴(1)

宗白華は、本名は之櫆で、字は白華、伯華、一八九七年に安徽省安慶市に生まれた。朱光潜の郷土と極めて近く、そして桐城派にも深い由縁を持つ土地である。宗白華の先祖には、宋代の著名な抗金の名将である宗沢がおり、また母方の祖父（方守彝、字は倫叔）は深い古典の素養により一定の名声を得た人物である。

宗白華の父親宗嘉禄（字は受於）は挙人になったが、維新派の重要な人物でもあり、歴史・地理・水利を専攻とし、安徽省の沙田局(2)の局長として勤め、のちに中央大学、安徽大学などで水利関係の授業を受け持っていた。一方、宗白華の母親方淑蘭も伝統的素養が深い。宗白華はこのような家庭環境で、幼少期以来、科学を始め西洋の新たな学識と中国の文化的伝統の両方になじんだのである。

一九〇五年、彼は家族とともに南京へ引っ越した。父親は、詩人陳三立（号は散原）の息子で、のちに二〇世紀を代表する歴史学者の一人となる陳寅恪（一八九〇〜一九六九）の家庭教師となり、また南京における最初の新式小学校である思益小学校の地理教師となった。ちなみに、陳寅恪の兄である陳衡恪（字は師曽、一八七六〜一九二三）は、著名な美術家である（本書第四章第一節で詳述する）。宗白華は父親に伴われ、思益小学校に入学し、一九一二年に金陵中学に入り英語の学習を始めた。南京および近郊の秀美な風景は、のちの宗白華の追憶によれば彼が詩的情感に目覚める最初の契機であった。二〇余年後、宗白華は当時の感覚を次のように記している。

湖山の清い景色は私の幼い心に莫大な影響を及ぼした。一種のロマンチックな、遥かな遠い思いが私を森林に導き、落日の夕焼けの中に、遠い寺の鍾の声に何かを求めようとさせ、一種の名づけようのない、時間を忘れた〔原文「隔世」〕気分が、そわそわして不安な情緒を奮い立たせている。とりわけ夜中に一人でベッドに横になるとき、あの遠いところからの簫や笛の音を聞くのが最も好きで、その時に心の中には言葉にすることができない深刻な物寂しい感覚があり、言葉にすることのできない幸福な感覚と合わさっている。私はまるで窓の外の月光や霧の光と溶けて一体となり、木のこずえや森の中にただよい浮かび、簫や笛の音に連れられて孤寂で遠くへ引っ張られるようになる——その時の私の心は最も心地よいものだ。(II, 150)(3)

また、一三、四歳の自身は詩どころか、それほど本も読んでいなかったが、想像によって「自分なりの奇異な夢と感情」を持っていたと述べる(II, 150)。

朱光潜と比べて、宗白華は美学者のほかに文学者(現代的散文、詩)としての側面が際立っている。のちの考察にも示されるように、彼の美学思想の多くもまた上記の文章のように抒情的な文体で著されている。ここで留意すべきは、宗白華の美学思想の内容とは別に、その表現の仕方自体が、今日に至っても中国の読者に一種の美学の実践として認識されているという事実である。

金陵中学に入学した半年後の一九一三年に大病にかかった(時瘟と言われた)宗白華は、休養のため青島へ行き、そこでドイツ高等学校中学部に入学し、ドイツ語の勉強を始めた。青島の潤い気候と暖かい海風に接し、のちの宗白華は「青島での半年に私は一つの詩も読み書きしていなかったが、その生活そのものが詩であり、それは私の生きていた中で最も詩境に富んだ時期である」(II, 150) と記している。この述懐に重要なのは、詩の勉強や実践よりも、生命的体験こそ芸術の理解に肝心であるという告白である。これらの記述を含む、宗白華の最初の論文集『美学散歩』(一九八一)[4]が、一九七〇年代末からの思想解放運動を迎えた後に出版された際の反響は、胡継華（二〇〇五）の記述からよく語られている。

〔美学の知識を切に望んでいる〕彼ら〔青年たち〕は、宗白華のそうした音楽的舞踊的な趣が漂う文字の中に、彼の詩となった思想を直接感じ、また彼の文章と思考を介して、一つの超然とした、瀟洒で、余裕のあり、しかも物事に深く没頭するような心に触れる。それはいかに特異な感覚であろう！「文革」の混乱や、権力の暴威をこうむり、未だ落ち着かずにいる心にとって、これらの文字を読むことは、まるで砂漠を長く旅した人が幸運にも清らかな泉水を口にするかのようであった[5]。

このような宗白華の文章から得られる感覚は、中国の美学の性質、そしてそこにおける宗白華の位置と意義を理解するためにまず念頭に置くべきものである。

一九一四年、宗白華は上海へ行き、同済医工学堂（現在の同済大学）中学部二年生として入学した。この学校はドイツ人によって創立され、当時の学制によれば、中学部は「語学科」と呼ばれ、ドイツ語を四年間勉強してから大学予科へ進学することが可能となる。一九一六年に、宗白華は優れた成績で「語学科」を卒業し、予科へ進学できた。だが、翌年第一次世界大戦の影響で、同済学堂は北洋政府教育部によって管理され、「私立同済医工専門学校」と名を変えて上海の郊外にある呉淞へ移転した。この状況変化に刺激された宗白華は、国家や民族の現状と運命に関心を寄せるようになり、医学ではなく哲学、文学を独学しはじめた。その時に注目したのは、ゲーテ、シラー、ヘルダーリンの詩や、カント、ショーペンハウアー、ニーチェの思想であった。一九一七年六月に、宗白華の学術的処女作「ショーペンハウアー哲学大意」（「蕭彭浩哲学大意」、『丙辰』第四期）が発表され、当時の学術界では画期的な論文とされた。この論考は、一〇年前に王国維が中国にショーペンハウアーを紹介して以来、初めて現れたショーペンハウアーを主題とする論考であった。その時期の宗白華のスローガンは「ショーペンハウアーの目をもって世界を見、ゲーテの精神をもって人間として歩んでいく」である（II, 151）。

また宗白華は、当時の中国で最も重要な学術的団体であった中国少年学会に積極的に関与している。この団体は、一九一八年六月三〇日から設立が準備され、一九一九年七月一日に正式に成立した。一方、この団体は政治的側面も重要であり、のちに中国の近代的発展をリードした毛沢東もそのメンバーであった。(6) のちの重要な共産党のメンバーである張聞天、沈沢民もこの団体を介して宗白華と親しい交流を交わした。一九二〇年にドイツ留学へ赴くまでの中国少年学会に在籍した期間は、宗白華の生涯にわたって最も政治と関わっている時期でもあった。彼はそののち政治に関与しようとはしなかったが、二〇年以前の活動は彼の政界の交流関係の方向を示しているとも考えられる。なお、中国少年学会自体は一九二一年から団体内部の政治的意見が分かれており、一九二五年冬には解散したも同然の状態になっていた。

一九一八年一二月二九日、中国少年学会の準備会の学術談話会において、宗白華は「ゲーテとファウスト」（「歌徳与『浮士徳』」）、そして一九年三月一日の談話会では「カントの唯心主義哲学大意を略述する」（「略述康徳唯心主義哲学大意」）という題で講演を行った。宗白華のこうした西洋思想関係の活動は、当時学術界の重要な人物である胡適に注目され大いに評価された。宗白華が一九一九年五月に『晨報副刊』で発表した、「カントの唯心哲学大意」（「康徳唯心哲学大意」）と「カントの空間唯心説」（「康徳空間唯心説」）は、当時既に大きな反響を呼んでいた。だが、宗白華の自述によれば、その頃（一九一八〜一九）に哲学的文章を書き始めたが、興味はまだとりわけゲーテの詩に代表される文学にあるという（II, 153）。

この時期の宗白華のドイツ観念論的哲学の受容は、仏教思想との比較により行われていることが特徴である。仏教の学習を深めるために、彼は杭州にいた著名な仏教研究者、新儒家の代表者である馬一浮（一八八三〜一九六七）を訪問し、長年の友情を維持した。一方、宗白華にとって中国の文化的伝統に最も影響力があったと思われたのは、仏教よりもむしろ荘子の思想であった。興味深いことに、宗白華は荘子の思想にその超然たる態度に加え、次のような特徴を見出している。

彼〔荘子〕の書物の中には自然現象を引き合いに出して譬えることが非常に多い。彼のそうした好んで自然の中で活動する、かつ偉大なる理解力からすれば、もし現在に生まれ、数多くの科学実験の方法と器具を知っていれば、おそらく大科学者になっていたであろう！〔中略〕我々は彼の学者としての人格を模範とし、さらに精密な科学の手法を持ち、豊富な科学の知識を抱え、大自然に対して自発的な研究を行い、自発的な思想を発揮する。(7)

(I, 214)

この論考の趣旨の一つはショーペンハウアーの知識獲得の方法を紹介するものであった。今日から見れば極めて異色なこの論述は、科学精神を唱導する当時の新文化運動の理念を中国の伝統を包摂するものへと拡張する、という宗白華のアプローチをよく示している。

実際、上述の引用は『時事新報』副刊「学灯」で掲載された文章からの抜粋であり、当時（一九一九〜二〇）の宗白華はそれの編集長を務めていた。彼は学術的処女作から続く一連の活動により、若い年齢にもかかわらず文化界では相当の地位を得た。一九一七年五月一八日に創刊された『時事新報』は、当時『北京晨報』、『国民公報』と並んで資産階級改良派研究系の三大機関報の一つであり、梁啓超と張東蓀が主宰していた。副刊としての「学灯」は一九一八年三月四日に創刊され、新知識を提唱し、学術研究で高い名声を得た。編集長としての宗白華は、新思想を実験的・科学的態度から深めるべきであると主張した。それも上述の荘子思想の読解の背景であった。

宗白華の美学的思想の発端も、この時期執筆された「学灯」の論文に見られる。一九二〇年二月七日には、「新詩略談」と題して新詩をめぐる美的特徴や創作方法について論じており、また同年三月一〇日に彼の最初の美学の論文「美学と芸術の略談」（「美学与芸術略談」）を発表した。

宗白華は「学灯」に自ら寄稿するとともに、編集者としても多くの学者の論考を集めて発表活動を通じて、学術界のネットワークを構築しようとした。そのうち特筆すべきは、当時全く無名の郭沫若（一八九二〜一九七八）の作品の価値を見出し、その作品を一九一九年九月から発表したことによって、学術界へ紹介したことである。のちに郭沫若は二〇世紀の代表的な文学者、歴史学者、考古学者となり、彼との交友も宗白華の芸術論に大きな影響をもたらしている。また、当時の宗白華は、郭沫若のほか、劇作家、文学者、中国人民共和国国家の歌詞の一部分の作者でもある田漢（一八九八〜一九六八）とも密接に交流を持っており、多くの青年が注目した恋愛問題、道徳問題、芸術問題をめぐる三人の往復書簡は『三葉集』として一九二〇年五月に出版され、社会的に大きな反響を呼んだ。そして、彼らのもう一つの大きな関心は、ゲーテであったことにも留意すべきである。ゲーテは、二〇世紀前期の中国において西洋近代の文化的象徴とされており、宗白華や郭沫若、田漢も中国のゲーテ受容において重要な人物であった。

一九二〇年四月末に、宗白華はドイツ留学のため編集長を辞任した。日中戦争の勃発後、中央大学哲学系の教授であった宗白華は重慶へ移動し、『時事新報』（渝版）の「学灯」の編集長を再び務めた。

宗白華の欧州留学は、一九二〇年七月初めの渡仏から始まった。そこで彼は博物館を訪問し、ロダンに大変魅了された。彼ののちの美学思想において、ロダンの彫塑作品は西洋芸術のみならず、中国芸術を説明する際の芸術の理想としてもしばしば取り上げられる。「ロダンの生き生きとしている人生の像は私のその時に最も崇拝した詩である」と彼は回顧している（II, 153）。また、パリで画家の徐悲鴻と出会ったことも重要であった。彼らは長年友情を維持し、徐悲鴻の創作によっても宗白華の美学思想は啓発されている。

七月下旬に、宗白華は留学先のフランクフルトに着き、秋にフランクフルト大学に入学し、哲学、心理学、生物学を履修し広く学習している。翌年（一九二一）の春に、ベルリン大学へ転学し、美学や歴史哲学を中心に習っている。そこで、M・デッソワール（一八六七〜一九四七）の「芸術学」を受講したほか、A・リール（Alois Riehl, 一八四四〜一九二四）なども師と仰いだ。欧州留学中に、宗白華はフランクフルトにあるゲーテの故居を含めて数多くの建築を訪問し、芸術作品を鑑賞していた。五年間の留学を経て一九二五年春に、学位を取得せずに帰国した。学位は民国期の多くの学者にとってとくに重視されるものではなかった。またこの点において、公費による支援を受けて学位取得を目指した朱光潜の留学と比べ、宗白華の留学はむしろ見聞を広めることに重きを置くものであったことがわかる。彼の、文化的視野をもって美学を探究するという学術的立場はまさにその時期に形成されていたとされている。[8]

宗白華が留学中に目睹したのは、第一次世界大戦終結直後の荒廃したドイツ社会の風景であり、その経験は彼の思想形成にとって重要な刺激となった。留学中の感想は、彼が『時事新報』「学灯」の次の編集長李石岑などの中国国内の友人に送った書簡から窺い知ることができる。[9] 胡継華は、当時の宗白華の考え方は中国の民族文化を復興させたいという強い衝動によって特徴づけられるとした上で、この傾向は、著しく自信を喪失したドイツ人たちの間で広まっていた、東洋文明への憧憬やドイツ民族精神の復興への希求といった思潮によって刺激を受けていると説明している。[10] とりわけ、シュペングラーの『西洋の没落』（一九一八年に巻一、一九二二年に巻二）の出版以降、欧州では西洋文明と東洋文明を類型としての比較対照が盛んに行われた。これに関して本章では具体的に考察を加えるが、ここではさしあたり、留学時に出会った欧州のこうした思潮が宗白華思想の重要な背景であることを指摘しておきたい。朱光潜と銭鍾書が欧州に留学したのはそれぞれ宗白華の五年後（一九二五）と一五年後（一九三五）であった。ちなみに、宗白華が帰国した年は、朱光潜が八年間の欧州留学を始めた年でもあり、そのため二人の中国大陸での活動時期はずれていた。

留学中、宗白華は学術的文章よりもむしろ詩歌を創作し、一九二三年一二月に詩集『流雲小詩』を出版した。この詩集は白話による新詩の代表作とされ、宗白華の詩人としての名声を定めた。（朱光潜の親友である）朱自清は、『流雲小詩』以降、中国詩壇はしばらく重要な作品が現れていないとさえ言い、高く評価した。(11) このように、留学前の宗白華は積極的にドイツ観念論を受容したが、留学を経てからは中国の文化への関心が著しく高まって東西の文化的比較という遠大な関心をもち、さらにそれを詩的表現によって探索しようとしていた。これは、朱光潜が留学中に学術的勉強によって美学研究の出発点を形成したのとは異なる、宗白華の人生体験による美学研究の出発点であったと考えられる。

一九二五年に帰国した宗白華は、南京にある東南大学哲学系の副教授となった。一九二八年に東南大学は中央大学と改名し、宗白華は引き続き哲学系の教授として勤めた。一九三七年の日中戦争のため、中央大学は重慶へ移転し、一九四六年に抗戦が終わって再び南京に転じた。宗白華は一九四九年までにそこで「美学」、「芸術学」、「形而上学」、「ショーペンハウアー哲学」、「ニーチェ哲学」、「シュペングラーの『西洋の没落』」、「カント哲学」、「ゲーテ」、「ルネサンス期の芸術」を講じている。(12) 宗白華の美学思想の主体は一般に中国美学であるとされているが、これら授業の名前から分かるように、彼はいわゆる正統的な西洋哲学、美学から教師のキャリアを始めたのである。また宗白華の講じた「美学」、「芸術学」は当時中国の大学の哲学系や中文系、芸術学系、建築系においてはじめて設けられた授業であるという。(13) こうした意味で、中国における美学という学問の発展に宗白華の担った役割が理解されうるであろう。

一九三〇年代まで、同様に哲学系で講じている学者には、湯用彤、牟宗三、方東美（本書第一章第二節を参照）、鄧以摯（本書第四章第三節を参照）、熊十力など、一九三〇年代から四〇年代までには唐君毅などがいる。これらの人物のうち、のちに新儒家派となる論者が多く在籍していたことは注目に値する。

また一九三七年に、宗白華は、美術史の専門家である滕固（本書第四章第二節を参照）や常任俠、梁思成などとともに南京において「中国芸術史学会」を設立した。これも彼の生涯における芸術実践への重視を示す一例である。後述するように、いわゆる形而上的な美学者と異なり、宗白華の美学思想は芸術実践に基づくところが大きいのである。

一九四九年四月に南京が解放され、五月より宗白華は南京大学へ移転し、一九五二年までそこで教鞭を執った。一九五二年に、全国の大学の調整により、各地の哲学系が北京大学へ合併されることに伴って、宗白華も北京大学へ異動し、西洋哲学史教研室や中国哲学教研室に勤めていた。一九六〇年に北京大学は美学教研室を設置し、宗白華と朱光潜が所属した。さらにそれぞれが『中国美学史』と『西洋美学史』の編集責任者に任じられた。だが、宗白華の『中国美学史』は執筆者の間で意見が分かれたためか、結局世に問うことができなかった。その代わり、北京大学哲学系美学教研室に編集された『中国美学史資料選編』は一九六三年にその初稿が完成され、一九八〇年に上梓された。一九六二年に宗白華は北京大学哲学系・中文系の学生向けに「中国美学史専題」を、また中国人民大学において「中国美学史専題講座」を設けた。一九六四年には鄭州大学で講演を行った。一九八〇年に中華全国美学学会が成立し、宗白華は理事となった。一九八四年一一月、北京大学哲学系は宗白華の教職六〇周年を記念する会を開いた。

宗白華は生涯で体系的な著作を出版しておらず、論考や断片的な訳稿を数多く発表した。これら文章を自らまとめて一九八一年に出版した論集『美学散歩』は、彼の最も有名な代表作である。この著作の中で中国芸術（論）に関する検討は最も多くの紙幅を占め、彼の思想全般の中でも群を抜いて充実している。そのため、宗白華の美学的貢献は西洋よりも中国美学に関して大きいと認識されるようになったのも、不思議ではない。また、宗白華は中国や西洋の哲学に関する大学の講義用の手稿を数多く残している。一九二〇、三〇年代から一九八〇年代まで、戦争のため各地を転々とした手稿に、「西洋哲学史」、「中国哲学史提綱」、「孔子形上学」、「論格物」(格物を論じる)、「中国近代思想史綱要」、「中国美学史専題研究──『詩経』与中国古代詩説簡論」などがあり、宗白華が亡くなった後に家族によって世に公開された。

ここからは、現在それほど重視されていない宗白華の『ラオコオン』論を切り口に彼の中国美学思想を検討していくのであるが、その前に宗白華の思想研究における最も目立った課題を指摘しておきたい。すなわち、彼の論考はその文学的性格のゆえに、理論の骨格を描き出すことが困難なのである。それ故に、中国国内では彼に関する研究がおびただしく存在するが、その思想形成の経緯はいまだ明確に示されてきたとは言えない。数多くの先行研究では、宗白華の異なる年代の論考における類似する言説を混同し、もしくは文脈を考慮せずに援用する傾向が見られる。[14]この問題の一端を理解するために、宗白華の重要な研究者であり彼の学生でもある葉朗の議論を確認することにしたい。

葉朗は『中国美学史大綱』(一九八五)において、近代以降の美学研究の成果を広く踏まえ中国美学史を構築しようとして、その原点を先秦時代の思想に遡り、そこでは宗白華の思想を多く援用している。例えば同書の第一章第三節において、老子思想がいかに中国芸術の現象に反映されているかについて述べるところでは、宗白華の一九七九年の「中国美学史における重要な問題の初歩的探索」(以下「初歩的探索」と略称する)[15]を用いて議論を進めている。しかし、後述するように一九七〇年代の宗白華は、古典哲学をもって中国芸術の現象を直接解釈するという一九三〇、四〇年代の立場からすでに離れていた。したがって、葉朗の援用は、宗白華の実際の意図に沿わないと考えられる。同様の問題は宗白華に関する重要な研究書にも散見される。確かに、一九七〇年代の宗白華は依然として一九三〇年代からの問題意識を継承しているが、彼の学術的スタンスは大きく変容していた。その変化を明らかにすることが本章の狙いの一つである。

近年、宗白華の中国芸術論における年代的変化に注目した研究も現れている。例えば孫宗美は「象徴」の問題に着目し、宗白華が道家のなかでも荘子に注目するようになったという変化を指摘している[16]。また金浪は、宗白華の一九四〇年代の思想に儒家への関心が明確に現れ、さらに儒家思想のうちでも道徳観の検討から芸術への影響へと着眼点が変化したことを示している[17]。だが、これらの指摘は宗白華の議論の一部を対象とするにとどまっている。それに対し、本章は宗白華の一九三〇年代から一九六〇・七〇年代までの論を全面的に再検討する。改めて言えば、宗白華の美学思想の主眼は、中国古典哲学を中国芸術の解釈に応用しようとする模索にある。そこで本章では、彼の孔子・孟子（儒家）[18]と老子・荘子（道家）の応用と変遷に注目し、具体的には、宗白華が各段階においていかなる古典哲学の内容を応用したか、またそれがいかなる仕方によって参照されたかを中心に考察していく。宗白華の中国芸術論の変遷を総体として知るためには、儒家と道家の引用割合のみならず、両者が彼の芸術論構築において果たした役割を明らかにすることが必要と考えられるからである。

さて、彼の思想を再考する切り口としての『ラオコオン』論から検討することにしよう。

第一節　『ラオコオン』論（一九五七）——中国の詩画同質説の強化

前章で述べたように、近代中国の「詩画同質説」の起点は、朱光潜の一九三〇・四〇年代の『詩論』に遡ることができる。それと類似する立場は、宗白華の『ラオコオン』論にも看て取れる。一九五九年の「詩（文学）と画の分界」（以下「詩と画」と略称する）という論考である[19]。

宗白華は、詩と絵画の関係は中国古代の芸術論において重要な問題であることを指摘する。そして『ラオコオン』に関して、それは造形芸術において絵画と彫刻との区分をしておらず[20]、また詩については演劇や歴史を扱うものを指していることを言明し、加えて関連する古代ギリシャの神話やヴィンケルマンの見解について述べている。その上で、レッシングの見解を次のように概括する。

> レッシングの言わんとすることは、群像《ラオコオン》が詩に描写されるような苦痛の極まりで叫ぶ表現と類似するかどうかという問題は、〔ヴィンケルマンの言うように〕道徳上の考慮に由来するのではなく、彫刻の物質的表現条件が直観的に美しくないゆえ〔歴史を扱う詩にはこの問題がない〕、彫刻家〔画家も同様〕が表現の内容を、造形芸術の物質的表現の仕方が規定する条件に符合するように調整しなければならない、ということである。これは各芸術に特殊な内在的規律であり、芸術家〔詩人、画家〕はそれに注意せず遵守しないならば、美を実現することができない。だが、美は芸術の特殊な目的である。(III, 289)[21]

宗白華は『ラオコオン』の理論的基礎を、芸術の「物質的表現」に由来する条件、もしくは別の箇所での表現に見られるように「芸術の材料」「表現可能性」(III, 288)としている。この考察に対して、上述のように「記号論」といった用語を持ち出した朱光潜は、西洋美学の記述法をより意識していたのかもしれない。また、宗白華は、レッシングの用語にある「美」を〔レッシングの規定を踏まえて〕造形芸術の特有の概念であるとせず、詩と絵画を含めた芸術一般に広げて理解した。この点に関しても、レッシングの言う「美」があまりに絵画に限定されたと批判した朱光潜は『ラオコオン』の文脈により踏み込んでいたことがわかる。

他方で、芸術の材料〔あるいは記号〕を考慮せねばならないというレッシングの洞察に賛同しつつも、詩と絵画の連関を擁護するという点で宗白華と朱光潜は共通する。宗白華によれば、「中国古代の抒情詩のなかには、純粋に景色を描写するものが多い」。彼は唐代の詩人、王昌齢の「初日」を取り上げて分析する。宗白華はこの詩、「初日金閨を浄め、先づ照らして床前暖かし。斜光羅幕に入り、稍稍糸管と親しむ。雲髪梳かす能はず、楊花更に吹き満つ」

（III, 293）に対し次のように評する。

この詩における境地はまるで近代印象派の巨匠による絵画のようである。絵画には朝の光が射ている女性の部屋〔原文「閨」〕があり、日光はこの絵画における活発な主役である。それは窓から飛び込んで、女性のベッドのまえに暖かさを発散して、次にベッドの上からかかっているうすぎぬのとばり〔原文「羅帳」〕に入り込み、やさしくそこにある楽器――女性がもてあそぶ糸管など――に触れている。枕の上に、美しい髪の毛は雲のように散らかっており、楊花も朝の風にともないその部屋にこっそりと入って、その枕の上の美しい髪と親しんでいる。詩のなかではこの少女を直接描写していない（雲のような美しい髪の毛によって暗示するのを除けば）が、このすべての美はあの見えない少女に由来するのである。なんて艶麗な一枚の油絵であろう！（III, 289）[22]

さらに、宗白華はこの詩の景色が彼にA・v・メンツェルの一枚の油絵を思い出させていると説く[23]。それらの例を踏まえて、宗白華は詩と絵画の共通性を主張する。

詩と絵画それぞれは具体的な物質的条件を持っており、それらの表現力や表現範囲を制限し、互いに代替することができず、また代替する必要がない。だが互いはまた相手をできる限り自分の芸術形態に吸収することができる。詩と絵画の円満な結合（詩は絵画を圧倒せず、また絵画も詩を圧倒せず、互いに交流し浸透する）は、情と景の円満な結合であり、いわゆる「芸術の意境」である（III, 295）[24]。

ここで詩と絵画を連関させる肝心な概念は「芸術の意境」であり、それは「情と景の円満な結合」に由来するとされる。これは一見して朱光潜の用いる「意境」「心境」の意味する外的なイメージと主観的情趣の結合と類似するであろう。しかし、後述するように、宗白華においてこの概念の使用法は、中国の伝統的思想を踏まえたものであって、朱光潜のように、感情移入説に代表される西洋の思想に依拠しているのではない。宗白華自身も述べるように、この概念に関しては、彼が十数年前に仕上げた「中国芸術の意境の誕生」（一九四三年初版、一九四四年増訂版、以下「意境の誕生」と略称する）で考察を加えており、それを参照せよという（III, 295）。朱光潜による中国の「詩画同質論」が提唱されて以来、この頃にはすでに中国の美学界を代表する論者であった宗白華の主張によってこの理論がさらに強化されることになったと考えられる。(25)

実際、宗白華の『ラオコオン』論は、彼の中国美学思想の形成過程（一九三〇年代から一九六〇・七〇年代）の成熟期に執筆されたものであり、それを理解するためにはそもそも彼の思想全体を回顧する必要がある。次節からは、宗白華の美学思想を一通り整理し考察する。『ラオコオン』論から一旦離れるように見えるが、宗白華は常に諸芸術間の関係を問題にしており、この点では『ラオコオン』論の問題意識と通底している。その上で、彼の『ラオコオン』論をいかに理解すべきかに関して、本章の結で再度検討してみたい。

第二節　近代中国芸術論の形成背景

宗白華の初期のまとまった中国芸術論は一九三二年に発表された、「中国画学の書物二冊を紹介して中国絵画を論じる」（以下「中国画学」と略称する）と「徐悲鴻と中国絵画」である。それらは彼の中国美学思想の展開の正式な起点ともされている。この二つの論考はほぼ同じ趣旨であるため、以下では共に参照することにする。「中国画学」によれば、中国絵画が表している最も深い心は一体何であろうか。答えていえば、それは〔古代ギリシャ芸術のように〕世界を有限の円満の現実とし崇拝・模倣しているものや、〔ルネサンス以降の芸術のように〕無限の世界に対する無限の追求を行い、煩悶・苦悩し、彷徨しつつ不安でいるようなものではない。それの表そうとする精神は一種の「深沈かつ静寂に、この無限の自然や宇宙と、混然と融合し合体する」ものである。(II, 44)[26]

ここでは宗白華は絵画について論じているが、同時に詩などにも注目し、つまり芸術一般を論考の対象としている。この時期の彼によれば、中国絵画は中国芸術を代表するジャンルとされている(II, 44)。彼が中国芸術をめぐって探究しようとするのは、「心」である。この「心」とは、宇宙や人生の捉え方を意味する。これに関する彼の回答を詳しく検討する前に、この問いの提示には彼独自の美的立場があることをまず確認しておきたい。これは彼の「美学」という学問への理解と繫がっている。

美学の研究は、宇宙美や人生美、芸術美を含め全ての美的世界を対象とすべきであるにも拘わらず、従来の美学はつねに芸術美を出発点とし、ないしそれが唯一の研究対象であるとする傾向にある。〔中略〕〔だが、〕個々の芸術はそれぞれに特殊な宇宙観と人生の情緒をもって最も深い基礎とするのである。(II, 43)[27]

先学がすでに指摘したように、宗白華が芸術のうちに「心」や宇宙への理解を重視したのは、シュペングラーの文化的形態学に基づくものであろう。王一川によれば、シュペングラーの「それぞれの文化には特有の文化的心霊・心性(die Seele einer Kultur, Culture-soul)があり」、それが「各文化における自然の世界を観察し理解する完全に独特な仕方」を反映するという思想は、一九三〇、四〇年代の宗白華に最も影響を与えた西洋思想の一つであるとされる[28]。留意すべきは、宗白華自身が明確にシュペングラーの文化的形態学を援用して中国芸術論を構築する試みを表明するのは、彼の思想の成熟期にあたる、一九四九年の「中国の詩と画に表現される空間意識」（以下「詩と画の空間意識」と略称する）においてだということである。その論考の冒頭に、宗白華はシュペングラーの「それぞれの独立する文化はそれなりの基本的象徴物があり、その基本的精神を具体的に表象している」という思想を引用し、それを踏まえて中国芸術を考えていくと説く（II, 423）。シュペングラーの言う「基本的象徴物（prime symbol）」は、それぞれの文化的存在の根拠としての内的な心を意味する[29]。

また「詩と画の空間意識」を参照すれば、宗白華がA・リーグルの「芸術意志」を用いて、中国芸術の空間感覚の独自性を解釈しようとしていることが了解される（II, 425）。リーグル『美術様式論——装飾史の基本問題』（一八九三）に由来する「芸術意志（Kunstwollen）」という概念自体に関しては、宗白華は説明を施していないが、芸術作品に向かう物質的・技術的な力と異なる、心的力の重要性を強調しているのであろう[30]。以上のように西洋からの影響を受けて、宗白華は中国芸術の心とはなにかという問いを立てた。こうした問い自体が、伝統的な中国芸術論を刷新した極めて近代的なものであることにも留意すべきである。なぜなら、中国の伝統においては、おそらく心をめぐる存在論的な思索ではなく、それがいかにして体現されているか、獲得できるかのほうに議論の重点が置かれているからである（この点に関しては本書第四章第三節でも触れる）。

他方で宗白華の、芸術の文化的相違を考慮せねばならないという発想には、彼のベルリン大学留学中（一九二〇〜二五）の師であるデッソワールの「芸術学」が影響を与えたと考えられる。宗白華は帰国後、一九二六〜二八年の「芸術学」に関する手稿において次のように言う。

美学者は、しばしば幾つかの美の原則を基準（例えばギリシャの絵画等）とし、もしくは幾つかの方法をもって批評しているが、これをすべての芸術に一概に適用することはできない。というのも、芸術は各時代の変化に伴って異なり、したがって独立させてから初めて議論が可能となるからである。その出発点は芸術の普遍的な問題に注目し、また最終的な目標は全ての芸術を包括するような科学を得ることにある。故にこれは普遍的であり、特別的（音楽、絵画といったある領域に専攻するもののように）ではない。（I, 511）[31]

宗白華は、とある目立った芸術形態に代表される理論を先行させる従来の「美学」を批判し、具体的な文化的文脈をもつ芸術を論じる学問を求めている。と同時に、彼の求めるのはまた学問としての「芸術の科学」であり、それは個別の芸術作品やジャンルではなく、芸術一般を指導しうるようなものである。そこで、宗白華は「中国芸術論」、すなわち中国の文化的心に相応しながらも個別の現象やジャンルを超越する系統的な理論を構築しようとする。

一九三〇年代初頭、中国文化精神や民族生命力を復興しようとしたことは学術界の重要な動きである。それは五四新文化運動において中国の文化的伝統を非難した論者（例えば胡適）にさえも見られる。[32] 民族国家の問題の根本的な解決が一民族の心を念入りに見る（審視）ことにある、という考え方は日中戦争の勃発によってさらに前面に打ち出された。前述したような、中国の芸術精神を宇宙に内包されると考える方東美の思想もこうした大きな背景から捉えられる。ただし、胡継華（二〇〇九）が指摘する通り、方東美や新儒家の論者における宇宙観は、とりわけ道徳的理想として考えられており、従って「審美的側面は道徳的側面に付属するとされる」ことになる。それと対照的に、宗白華の着眼点は人々の道徳観ではなく「審美的感覚」であるという。[33]

それでは、宗白華の「審美的感覚」を重視する中国芸術論の構築について、一九三二年の二つの論考から具体的に検討しよう。

第三節　一九三二年の絵画をめぐる古典概念の初期的考察

宗白華は「中国画学」において「中国絵画が表している最も深い心」について次のように述べる。

それの示す境地は静かなものであるが、自然法則に従って運行する宇宙は動でありながら静であるため、自然精神と合一の人生も動でありながら静である。それの描いた対象、すなわち山川、人物、花鳥、虫魚、すべてが生命の動——気韻生動——に満ちている。だが自然は法則（老子・荘子のいう「道」）に従い、画家は自然に同調しているため、画幅のなかにも深々たる静寂が潜んでいる。(II, 44)[34]

中国絵画は、根本的に「静」の特徴を目指しながらも「動」の要素もあるという。先行研究には、宗白華が老子・荘子の思想を参照することによって中国芸術の精神を「静」と見なしていることを、中国近代芸術論の形成史上の先駆とする指摘がある。[35] しかし、「静／動」の図式において西洋文化を「動」、中国文化を「静」とする認識は一九一五年頃から一九二〇年代まで続いたいわゆる「東西文化論戦」においてすでに広く受け入れられている。[36] 西洋と中国の文化的対比の意識は宗白華の欧州留学中には萌芽していた。留学中の宗白華は「東洋の精神と思想を〝静観〟という二文字によって代表しうる。儒家、仏教、道家はともにこうした傾向にある」と言い、西洋の「動的」な、「前進的（原語「進取的」）」な精神と対置させている（「自徳見寄書」一九二一、I, 336）。また、この論述に対して、郭沫若は「もし〝静〟は出世を、〝動〟は入世を指すならば、中国の固有の精神は動態的であり静観のものではない」と異議を唱える（「郭沫若論中徳文化書——致宗白華兄」一九二三、I, 341）。総じて考えれば、宗白華の初期の芸術論は、むしろ中国文化に関して根本的な「静」と同時に存在するとされる「動」的要素の考察に独自性があるのであろう。

この「動」はまた前近代の芸術論の枢要な概念である「気韻生動」によって説明される。「気韻生動」は、二〇世紀に西洋絵画の衝撃を受けて伝統的な中国絵画は写実性が足りないと批判された際に[37]、中国芸術の特徴として大いに注目された。中国絵画の批評・再評価の動きは、「文学革命」に追随するものとして「美術革命」と称された。「気韻生動」については次章で主題化して詳述することにして、ここではさしあたり宗白華「徐悲鴻と中国絵画」の一節を引用しておこう。

この宇宙生命のなかで一貫する道は、万物にあまねく流れ、行くところすべてにある。〔中略〕老子はこれを虚無と名付けるが、この虚無は真の虚無ではなく、すなわち宇宙のなかでの混沌創造の原理であり、またすなわち絵画のなかでのいわゆる生き生きとした気韻である。画家が自然を表すことは、すなわちこの生き生きとした気韻を表現しているのである。〔中略〕〔気韻生動は〕まことに絵画の最後の対象と結果である。(II, 50–51)[38]

宗白華は中国絵画を特徴づける「気韻生動」を、画面の表現にとどまらず、画面の反映する宇宙にも繫がっているものと見なし、それを老子の言う「道」、「虚無」と同等に捉えている。宗白華によれば、作者は自然と同調し、また絵画自体も自然そのものを目指しており、そこに「気韻生動」が存在する。彼は自然・宇宙と直結する中国絵画について、「最も客観的」、「最も写実的作品」(「中国画学」II, 45–46) であると断言し、「中国古代の絵画は、まことに形態における類似を極めてから、〝神奇の妙境〟に至ったものである」(「徐悲鴻と中国絵画」II, 52) と説く。このように古典哲学と結合して「気韻生動」を解釈することは宗白華の独特なアプローチである (本書第四章を参照)。

他方、この時期に宗白華はまた中国絵画の空白表現を重視しているが、そこには、古典哲学の芸術現象への応用が示されている。「中国画学」で次のように言う。

> 中国人はこの〔絵画のなかに示される〕宇宙の奥が無形無色の虚空であると感じており、この虚空こそがかえって万物の根源・根本、止まない創造力である。老子・荘子はこれを「道」、「自然」、「虚無」と言い、儒家はこれを「天」と言う。万象はみな空虚から来て、空虚へ去る。ゆえに紙の上の空白は中国画の真の画底である。〔中略〕中国絵画の画底の空白は意味上においては真の空〔カラ〕ではなく、まさに宇宙霊気が往来し、生命が流動する〔＝気韻生動〕ところである。〔中略〕この描かれていない空白はまさに老子・荘子の宇宙観における「虚無」である。（「中国画学」II, 45）[39]

中国絵画が志向する宇宙生命の表現はこうした空白に代表的に窺われるとされる。この発見は「画底全体をまず顔料で塗りつぶして」から、「遠近法によってイリュージョンを作り出す」という西洋の油絵との対比においてなされている（II, 45）。

ここで宗白華が、絵画の具体的な技法を説明するために古典哲学を応用することにも独自性がある。これに類似する議論として、芸術現象と古典哲学を結びつける朱光潜「無言の美」（一九二四）を想起しうるであろう。だが朱光潜は、孔子の言葉「無言の美」を手がかりとし、それに符合する芸術作品の実例を取り上げ、その表現（無言）を分析している。つまり、古典哲学思想を先行させ、それに即して芸術作品の特徴をいわば演繹的に敷衍しているのである（本書第一章第一節を参照）。また、その後、朱光潜は芸術論や古典思想を論じ続けるが、その重点をもっぱら理論自体の考察に置いており、宗白華のように芸術現象を実践的に分析する手法をとらない。それに対して、宗白華が注目する「空白」は、古典思想には直接見られない。宗白華の解釈は、古典哲学のテクストに明記される言葉を手掛かりとするのではなく、古典哲学が芸術現象の背後にある宇宙観と共通するという考えに基づいている。これは、彼自身の直感的体験に基づき、古典哲学の応用の新たな可能性を切り開いたものである。

また、上記の引用で、宗白華が空白を説明するために、老子・荘子の諸概念（「道」、「自然」、「虚無」）のほか、儒家の概念（「天」）をも持ち出していることに留意すべきである。これは決して宗白華の古典哲学への理解不足によるものではない。当時、古典哲学の研究成果として胡適『中国哲学史大綱』巻上（一九一八）と馮友蘭『中国哲学史』上（一九三一）が大きな反響を及ぼしており、宗白華自身にも古典哲学をめぐる検討の手稿が残っている。[40]例えば、馮友蘭は『中国哲学史』において、儒家思想を引き合いに出しつつ、「天」概念には、「自然の天、即ち自然の運行を指すもの」や、「義理の天、即ち宇宙の最高の原理を指すもの」があると論じているが、[41]これは道家の諸概念と重なる側面がある。宗白華はこうした同時代の古典哲学の研究成果を踏まえつつ、芸術現象の分析に応用可能な理論を模索していたのである。しかし、胡適や馮友蘭の関心は、根本的に言えば政治的・社会的な改革に偏っており、[42]芸術論ではなかった。つまり宗白華のアプローチは、同時代の古典哲学研究者からも、美学者からも区別される独自性があると考えられる。

この段階では、宗白華は中国芸術について絵画というジャンルを中心に論じている。絵画から出発し、より広い芸術諸ジャンルへと拡大していくことは、宗白華の芸術論の展開を捉えるための一つの脈略である。また、中国絵画の空白表現を「虚無」と捉え、それは裏を返せば画面に描かれた部分を「実」と見なしたものと考えられるという見解は、のちの論述と対照的であることを指摘しておきたい。後述するように、彼の晩期の芸術論になると、これとは全く相反する解釈が現れるからである。この点は宗白華の芸術思想の変化をよく物語っている。

第四節　一九三〇年代半ばから一九四〇年代——道家を中心とする芸術論

宗白華は一九三二年から儒家・道家の諸概念を参照し、前近代の芸術論や芸術現象を論じていた。ところが、彼の中国芸術論は、一九四四年の「意境の誕生」で一つの転換点を迎え、道家思想を根本に据えるに至る。とはいえ道家重視の傾向は、すでに一九三〇年代半ばにも見てとることができる。これについて、一九三四年の「中国と西洋の画法の淵源と基礎を論じる」（以下「画法の淵源」）から検討することにしよう。

一　「リズム」の問題と儒家の後退

一九三四年の「画法の淵源」では、古典哲学を応用する手法に大きな変化は見られない。「画幅中の生き生きとしている対象物は〝空白〟と所々に融合し、全幅の流動している虚霊的なリズムに結合している。空白は、〔中略〕（描かれた）万物の内部に融合し、万物の〝動〟（＝気韻生動）に参与する虚霊的な〝道〟である」（II, 101）[43]といい、絵画の空白表現、「動」の特質、そして「道」を依然として自明のように結びつけている。しかし注目すべきは、ここで宗白華が提起した「リズム」という概念である。この概念をめぐる彼の議論からは、儒家思想の芸術的役割に対する消極的な態度が垣間見える。

「画法の淵源」の冒頭では、宗白華はW・ペイターの名言「すべて芸術は絶えず音楽の状態に憧れる」[44]を援用し、音楽の状態やリズムを芸術の核心とする（II, 99）。胡継華は、宗白華を含めて当時の文学者が作品創造において「リズム」という言葉を愛用し、とりわけ現代人の生存体験や時代への感覚を描写に用いる例を多く取り上げて論じる[45]。また、学術研究者も芸術論や文化的思想の検討において、リズムが「普遍的な生命現象」、「芸術の生命の根本的な在処」であるとしばしば説いていると指摘する。(46) それに対し本書では、このリズムの問題に関する宗白華の古典哲学思想の応用に注目したい。

宗白華は商・周時代の青銅器の文様にある「生き生きとして、抽象的な」線の表現に注目し、それが宇宙生命（「道」）の動きを表す中国絵画ないし中国諸芸術の淵源とする（II, 101）。宗白華によれば、中国諸芸術のなかで、「リズム」の骨格はとりわけ書道に見られる。このことは書の抽象的な筆表現から直感的にも理解しやすいであろうが、次の記述は注意を引く。

中国の「楽教」は伝わらなくなり、詩人は弦楽器に合わせて歌うことができなくなった。そこで心の感情・情趣を書法、画法に表す。特に書法は音楽に代わる抽象芸術である。(47)（II, 101-102）

別の箇所にも類似する論述がある。

古代の封建的な礼楽生活の形式美は既に破滅した。(48) それに対し、〔中国〕民族の天才は筆墨の躍動を借りて、〔中略〕自由な、超脱的な心のリズムを表す。（II, 100）

宗白華は絵画や書道の筆墨を「心の感情・情趣」＝「心のリズム」を最もよく表しうる形態であるとする際に、孔子の思想に属する「楽教」や「封建的な礼楽生活」の崩壊を背景として念頭に置いている。(49) 孔子は、音楽を通じて人格を陶冶し、さらに個々人から社会へ拡大し一種の秩序規範をなすという思想を説いているが、こうした音楽的制度は、中国芸術の代表的形態である書道や絵画が隆盛した時期に廃れ、影響力を発揮しなくなったという。

こうした記述から見る限りは、宗白華において、儒家はもはや中国芸術を説明するための理論的中枢ではなくなったようである。ここでは、宗白華の中国芸術論における儒家の後景化はたんに間接的に読み取れるが、次節から述べる道家思想の重視を合わせてみれば、この時期の理論的支柱の置き方は一層明白となる。

二　『荘子』「庖丁解牛」・「象罔」――古典哲学の芸術への接続可能性

宗白華の中国芸術論は一九四四年の「意境の誕生」で一つの転換点を迎えた。この論考では、宗白華は彼の中国芸術思想全般の枢要的な概念である、「意境」を提起し主題として論じている。「意境」ものちに、彼の『ラオコオン』に対する中国芸術の捉え直しにおいて重要な役割を果たしている。この論考において彼は引き続き古典哲学を芸術へ応用しているが、しかし、その応用可能性を初めて論理的に説明することを試みた点で、その論述に質的な変化をもたらしたものと言える。

「荘子は芸術的天才をもつ哲学者であり、芸術の至りうる境地についての解釈は最も精妙である。彼において〝道〟という形而上的原理は〝芸〟と最も隙間なくかみ合っている」(II, 367)。この段階の宗白華は、形而上的な哲学概念である「道」と芸術との間には距離があり、そしてそれを埋めることに成功したのは孔子や老子ではなく荘子であるという認識に至った。この論考に、彼は荘子思想を多く援用している。以下の本節では、そのうちの三つ(本項では「庖丁解牛」・「象罔」、次項では「虚室生白」)を取り上げ、宗白華の解釈を考察したい。

一つは「庖丁牛を解く」についての解釈である。腕の見事な料理人である庖丁は、王のために牛をさばいた。彼は牛の体のすじめ――自然本来の筋道、「道」の寓意――に従って刀をふるい、技を技以上の「道」へと昇華した。〔庖丁が牛刀をふるうと、〕さくさくばりばりと音がたち、牛刀の動きにつれてざくりざくりと響きわたる、それがみな音律にかなって快く、「桑林」〔舞楽の名〕にも調和すれば、また「経首」〔尭楽の章〕のリズム・音節〔節なり〕にもかなっていた。〔II, 368. 宗白華による引用のうち一部を省略した〕[50]

この寓話を介して、宗白華は「〝道〟の生命は〝技〟に入り込み、〝技〟の表現は〝道〟を啓示する」、そして「道」を「啓示」する「技」が「芸」となる、と主張した〔II, 367〕。

『荘子』の原文には「芸」という語は出てこない。庖丁の技術が一定の状態もしくは境地〔「道」〕に達すれば芸術になりうるというのは、宗白華の解釈に由来する。西洋と同様に、中国でも芸術は〔機械的〕技術から発展するという考えがあり、宗白華は一九四三年の「文芸の空霊と充実を論じる」〔以下「空霊と充実」〕で「芸術は技術の一種である」とも言明している〔II, 347〕。「道」に至りうるか否かを一種の理論昇華の契機として、「技」よりも進んだ「芸」を提起したことは、中国における近代的な意味での芸術概念の成立と考えられる。また、ここでは芸術と自然〔道が体現するそれ〕の新たな関係も見てとれる。朱光潜はかつて「true to nature」を「作者のいわんとするもの〔意〕」と解釈している〔本書第一章第一節を参照〕。これに対し、宗白華は自然を芸術の外的なものでありながらも芸術の成立契機とする、より複雑な構造を提示した。これに関して宗白華は詳しく話題を展開していないが、彼が初期から繰り返し強調した芸術・自然・道の密接な関係も、またより論理的な仕方で主張するようになった。一方、こうした自然の捉え方は、西洋の伝統的芸術論との相違も示唆している。なぜなら、自然模倣説に基づく西洋では、芸術は技術が自然として見える限りにおいて技術であるという条件がつけられているからである〔カント『判断力批判』第四五節〕[51]。宗白華の「庖丁牛を解く」解釈以降、中国において芸術とは自然を内包するということが論理的に成り立ったのである。さらに、自然の運行と同義的に捉えられている気韻生動もまた、新たに理解されうる〔本書第四章の結を参照〕。

この「庖丁解牛」の一節は、後の徐復観『中国芸術の精神』〔一九六六〕や葉朗『中国美学史大綱』〔一九八五〕によって技術と芸術との区別を示すものとして注目されてきたが、両者はいずれも、荘子のいう音楽性を無用性のメタファーと捉え、有用性と無用性という対比に即して有用な〔牛をさばく〕技術と美的意味を備えた〔音楽性に適う〕芸術の対比を看て取っている。[52] それに対し、宗白華は「〝道〟の生命と、〝芸〟の生命は、〔中略〕桑林の舞や経首のリズム・韻律に一致している。音楽のリズムはそれらの本である」(368)と言い、リズムを字義通りに捉えている。こうして、宗白華は『荘子』のこの節を通じて、古典哲学そのもののうちに、哲学から芸術への接続を正当化する議論を見出した。

もう一つは「象罔」という寓話に関する解釈である。神話上の人物である黄帝は「道」を寓意する黒い珠を失い、様々な手段で探していた。

〔黄帝は〕もの知りの「知」をやって探させたが探し出せず、目のよくきく「離朱」をやって探させたが探し出せず、弁のたつ「喫詬」をやって探させたが探し出せなかった。そこで、うすぼんやりものの「象罔」にやらせたところ、「象罔」が玄珠を見つけてきた。(371。宗による引用のうち一部を省略した)[53]

「知」と「喫詬」は智恵と能弁の擬人化、「離朱」は超人的な視力を持つ人物である。これらは「道」を意味する黒い珠を見つけられなかったが、「象罔」だけが成功した。「〝象〟は物事が表象されたそのイメージ、〝罔〟は虚幻を指しており、芸術家は虚幻の表象を作り出して宇宙・人生の真相を象徴する」(371)。つまり、芸術家の所産である「虚幻の表象＝芸術」は「真相＝道」に至りうるという。宗白華は「象罔」のうすぼんやりしている、「あるような、ないような」形態に注目し、[54]「これはまさに芸術形態の象徴作用である」と説く(371)。芸術の持つ「道」を表徴する作用について宗白華はこれ以上説明していないが、少なくともここで「道」と芸術との結合関係について象徴という機制によって理論的に述べようとしたと考えられる。「〝道〟は〝芸〟において最もよく表象される。燦爛たる〝芸〟は〝道〟に形態と生命を与え、〝道〟は〝芸〟に深みと魂を与える」(370)という。中国芸術論における「象罔」の重要性ものちに継承され大いに発展されている。例えば、葉朗『中国美学史大綱』は宗白華の解釈、すなわち「象罔」の示す象徴作用に注目し、さらにこの思想の踏まえている『易』の思想などを論じている(55)。

総じて言えば、徐復観『中国芸術の精神』が明らかにしたように、老子や荘子にはそもそも芸術を論じる意図がまったくなかったが、両者が提示した「道」は結果として中国における「最高の芸術の精神」を最も代表することとなった(56)。こうした意味でいえば、宗白華のこの段階の道家思想の読解は、それまでの古典哲学のテクストに明記されている「芸術」や「美」の言葉に対する字面の上での解釈と比べ、より根本的なレベルで古典哲学のなかの芸術論となりうる部分を発掘した営みと見なすことができる。これは近代中国美学の形成史における一つの大きな転換点となった。

三　『荘子』「虚室生白」――古典哲学応用の試行錯誤

上述した『荘子』に対する宗白華の解釈は現在の中国美学研究においても引き続き重視されているが、宗白華の『荘子』解釈には、のちのより成熟した研究から見れば妥当でないものも存在する。それは、当時の古典哲学から芸術論への応用の試行錯誤という模索期の痕跡を示している意味で重要視されるべきである。そこで本項では、宗白華による荘子の「虚室に白を生ぜり」への解釈を取り上げたい。ここで「白」は「日光」の意で、うつろな部屋に澄み切った光がさし込んでいるという意味である(57)。

宗白華が最初に「虚室に白を生ぜり」に注目したのは論考「意境の誕生」である。彼はそれを中国絵画の空白表現の分析に応用することを試みた。例えば、「虚室に白を生ぜり」の「白」に重点を置き、「虚白」概念を抽出した上で、

「〔中国の〕画家が描いた自然生命は、一面の限りのない虚白に集中している」(II, 374) と解釈する。「虚白」=「光のような白さ」は確かに空白表現とかみ合っているが、これは繰り返し用いられた「道」の言い換えでしかなかったと考えられる。これは六年後の「詩と画の空間意識」(一九四九) における「この〝白〟は〝道〟の〔中略〕光である」(441) という一文から見れば明らかであろう。

この解釈にも満足していなかったのであろう、宗白華は「白」が「道」と関連づけられることを踏まえて、「虚室に白を生ぜり」に対する二つ目の解釈可能性を提起した。「詩と画の空間意識」(一九四九) では、〔「白」ではなく〕「室」に重点を置くことで、一つの部屋において光=「道」が満ちているために、室内の感覚的与件から「道」を把握することができるという読解が生じた。中国人は無限なる宇宙を〔西洋のように〕永遠に求め続けるのではなく、それを部屋の中から捉えようとし、もしくはそれ自体を一つの部屋とする (432)。宗白華はこれを中国芸術に特徴的な「屋宇のような空間感覚」と称する (434)。この論考は絵画とともに詩も考察対象としているものである。絵画に関する空間感覚はすでに「画法の空間意識」(一九三六) に詳述され、ここではさらにその議論を詩の空間感覚へと敷衍した。

「画法の空間意識」によれば、中国人は自然を足の届かない遠い場所にあるものとせず、かえって人間がその中を「徘徊」、「往復」することができるような親しみのある存在と考える (148)。

西洋画は立方形に近い枠のうちに錐形の透視的空間をイリュージョンとして表出し、近いところから遠くへ、一層一層推し広げ、目では見極め難い遠くの天まで人の心を送り出して返さず、感情を駆り立ててイリュージョンに浸らせる。ファウストのいわゆる無限の追求とはこのことである。

対照的に、中国画は縦の立方形の直幅において、人をまず頭を挙げて遠山を見させ、そして遠いところから近いところへ、少しずつ画家もしくは観者のうろうろする（「流連」「盤桓」）水辺、林下に引き戻される。『易』には、「無往不復、天地際也。」という。中国人が山水を見るのは、人の心を送り出して返さない、または目で無限に見極めるのではなく、「身に返りて誠なり」、「万物皆我に備はる」。[58]（148）

この感覚は中国の詩人にも共通すると宗白華は述べる。「詩と画の空間意識」において、宗白華は杜牧「碧松梢の外青天を掛く」（429）や、沈佺期「山月窓に臨みて近し、天河戸に入りて低し」（431）などを引き合いに出している。それらの詩の例に関して彼は詳細な説明を施していないが、悠々たる青い空が身近にある松の梢にかかったり、もしくは山に登る月が窓に近づき、銀河が低く窓に入ってきたりするように、自然・宇宙は我々人間に親しく、人間を伴うものとして描写されていることが理解されうる。

ところが、このような中国の詩や絵画における自然への親しみを論証するために、荘子「虚室に白を生ぜり」を参照することは十分有効とは言えない。実際、宗白華のこうした解釈は、現在の荘子美学研究にはほとんど継承されていない。今日の「虚室に白を生ぜり」解釈の典型は、葉朗『中国美学史大綱』に示されるように、「審美的態度」すなわち心をむなしくして（虚室）対象を観照するという意味とされている。[59]

近代中国美学における古典哲学や古代芸術論を再解釈した旗手である宗白華の思想が、今日もそのまま肯定され論じられる場合が多く見られる。「虚室に白を生ぜり」の参照は、彼の中国芸術論の構築における試行錯誤の一例である。しかし、それはむしろ彼の試みの先駆性および近代中国美学の生成過程を示している。中国芸術の空間に示される人間と自然の関係や、中国詩の描写における空間といった問題への宗白華の関心は、一九三〇・四〇年代当時における新しい着眼点であり、以降の論者に大いに示唆を与えた。[60]中国詩における空間の問題のさらなる展開は、のちの銭鍾書の議論に繋がっていく（本書第六章を参照）。

四　儒家の道徳観の再評価

この段階では儒家に対して道家の重要性を強調する宗白華だが、儒家を全く評価しなくなったわけではない。多くの先行研究は、宗白華の一九四一年の『世説新語』と晋人の美を論じる」（以下「晋人の美」）における儒家思想への正面からの賞賛をもって、彼の芸術論に儒家思想が取り入れられたとする。しかし、ここでも儒家は芸術論構築のために応用されてはいないことに留意すべきである。

この論考で宗白華は、中国芸術の精神を最も代表しうる時代を魏晋時代と定め、それを可能にした理由を、晋人が儒家思想を真に理解したからであると言う。彼によれば、「中国二千年の〔中略〕道徳体系の建設者である」孔子が求めている道徳観は、「〔人間の〕真の性情、真の気概、いわゆる赤子の心」にほかならず、すべての礼儀、制度は、「その外的な衣にすぎない」（II, 282）。だが、それらは漢代以降、もっぱら仕事を求める道具として利用されていた（282）。そこで、「魏晋の人は狂狷をもってこうした表裏が異なる〔すなわち、表は儒家を唱えるが、裏はそれに反する俗世の名利に走る〕社会に反抗し〔中略〕自らの真の性情や気概に人生の真の意義と道徳を掘り出そうとする」（283）。一九三四年の「画法の淵源」において、宗白華は中国絵画や書道が発達した時代に、儒家の教育制度はすでに破滅していたと述べたが、ここでは芸術を産出する芸術家の道徳観のレベルにおいて儒家の影響力を再評価しているのである。

金浪は宗白華のこの議論が儒家を廃したと評される「晋人」を弁護し、儒家思想の道徳観を再解釈したものであると主張する。[61] 金浪が指摘したように、この議論の成立背景として、一九三〇年代後期に日中戦争が勃発して以降、朱光潜を含め数多くの思想家に現実社会への関心から儒家思想などの文化的伝統を再考する動きがあった。[62] 金浪はこれ以上この見解を広げていないが、実際に、宗白華の儒家思想における道徳観への重視も社会問題一般に向けられたものであった。この論考が発表された一年前に、中国の美学教育の提唱者蔡元培が逝去し、宗白華は自らが編集長を務めた雑誌『時事新報』「学灯」（渝版）の一連の論考、第七八（一九四〇年三月二五日）、七九（四月一日）、八〇（四月八日）、八一期（四月一五日）で、蔡元培の先進的な教育の理念も結局実践されるには至らなかった事実に注目している（263-266）。そうした社会的・教育的問題への関心は、「晋人の美」にも反映している。宗白華は晋人の道徳観を形成する教育の仕方を賞賛し、それに鑑みて「現在ではこのような精神的に偉大な教育家はいるであろうか」と質問を投げかけた（285）。また、『時事新報』「学灯」第一二六期（一九四一年四月二八日）に掲載された「「晋人の美」等編集後記」において、この論考の役割について次のように言う。「もし中国の過去にある一つの同様な、混乱した暗黒の時代〔魏晋時代〕から人々がいかに光明や美を求め、それをもって彼らの精神生活を救済し構築し、苦悶を創造へ変え、堂々たる人格を培ったかを知りたければ、わたくしのこの小文をご覧ください」（288）。このように、宗白華の儒家の再評価は、教育問題のみならず、社会的問題一般と結びついている。つまり、魏晋時代を当時の現実と類比することで、魏晋時代における儒家思想の作用の現実的意義を認めているのである。

儒家思想についての一定的規模の総体的な再評価は、五四新文化運動以来、西洋文化に対する伝統の位置を捉え直す新たな段階が来たことを示唆している。朱光潜や馮友蘭、銭穆といった自国の伝統において理想的文化の要素を掘り出そうとしている論者たちがその再評価には大いに貢献していた。そのうち、一九四二年に朱光潜が発表した「楽的精神与礼的精神——儒家思想系統的基礎」ではただ儒家について「解説」すると説いているが、実質的には文化的伝統における正統的位置を持つ儒家思想への「賛辞」と思われる(63)。だが、王攸欣が指摘するように、当時、伝統を批判する論者たちは主に中国文化の「教化の効果」、すなわち事実としての社会の現実的な状況に着目しているのに対して、伝統を擁護する論者たちはただ一種の民族理想と化した「典籍文化」のみに注目している。それによって、この二つの立場の論者はどちらも社会的現実に極めて失望していながら、伝統文化に対して全く異なる態度を有する。「何を基準として伝統的文化を評価すべきか」は、文化をめぐる論争を解決するために肝心な問題であるにもかかわらず、ほとんど問題とされていなかったという[64]。宗白華の儒家思想に関する検討もまた、ただ抽象的なものにとどまっており、なぜそうした高く評価された儒家思想が現実の中国社会に真の秩序をもたらすことができなかったのか、について答えることができない。これは当時の、学術界の思想一般にも通じる問題であった。

本書にとって重要なのは、宗白華の「晋人の美」において芸術と直接結びつけられているのがやはり道家思想である、ということの確認である。「晋人の美的感覚や芸術観は、大まかに言えば、老子・荘子の哲学の宇宙観を基礎とし、簡淡・玄遠の趣に富んでおり、従って以降の千五百年の中国の美的感覚――特に山水画、山水詩の基本的方向において示されたそれ――の基調を定めた」(280)。ここでは儒家は芸術家の道徳観形成に資するが、芸術そのものの直接的根拠は老子・荘子の哲学にあることが端的に述べられている。総じていえば、この論考ないしこの時期において扱われている儒家思想は、道徳観の問題のみに限定されており、中国芸術論を構築するために応用されたものとは言い難い。

第五節　後期――儒家と道家の相互補完、古典哲学と芸術論の峻別

宗白華の集大成の論考である「初歩的探索」(一九七九)に結実することになる思想は、一九六〇年代初期から形成されはじめた。この論考は二ヵ所で、中国芸術の「真」(道家)と「善」(儒家)、および「虚」(道家)と「実」(儒家)という儒家と道家の明確な対比関係を打ち出しつつ、両者を相互補完的な関係と見なすことによって体系化することを目指す。だが、こうした儒家と道家の相互補完は、ただ前段階で論じられた道家の応用に儒家を付け加えるものではなく、道家を含めた古典哲学の中国芸術に対する役割を位置づけ直したものにほかならない。そこには宗白華の美学思想の質的変化が確認される。

「初歩的探索」は総論と個別芸術ジャンル論（「絵画」、「音楽」、「園林・建築」論）に分かれているが、前者においては道家・儒家思想を参照しているのに対し、後者においては前近代以来の芸術論を援用し個々の芸術ジャンルを論じる。こうした構成から明らかなように、宗白華は古典哲学を用いてすべての芸術を包括的に一つの概念・理論に収めようとする立場を離れ、むしろ個々の芸術ジャンルそれぞれの理論的分析を目指すようになった。彼のこうした新たな立場を明らかにするために、以下では儒家と道家の二ヵ所の対比を具体的に検討することにしよう。

一　儒家の「善」と道家の「真」

「真」（道家）と「善」（儒家）の議論は以下の通りである。宗白華は中国芸術の求める美には二種の理想があると主張する。装飾性と自然的洗練である。彼によれば、こうした二種の理想はそれぞれ「美と善」、「美と真」の関係に対応し、先秦の哲学者はこのことをそれぞれの立場から論じている。孔子・孟子は青銅器に代表される芸術の装飾性を肯定し、その社会的・教育的な役割に賛成する。対照的に、老子・荘子は自然を説き、根本的に芸術（人為性）を否定し、「素朴で本来の真の様相に帰ろう」と求める（III, 454）。こうして、儒家思想には「美と善」、道家思想には「美と真」の関係を読み取ることができ、儒家と道家とを合わせることで「真・善・美」が「統一的に要求」される。

留意すべきは、こうした古典哲学に関わる議論は、具体的な芸術に応用されていないことである。宗白華によれば、先秦の哲学者の芸術に対する論述は、後の美学思想に極めて大きな影響を及ぼした。

しかし、実践は理論より先行し、工匠や芸術家はさらに哲学者に先行している。〔彼らが〕まず芸術的実践において一つの新たな境地を表してから、こうした新たな境地を概括する理論が生まれるのである。(65)（451）

ここでいう「理論」は哲学者のそれを指すであろう。古典哲学の理論は、芸術的実践を概括するものとされる。では、「真・善・美」はいかなる芸術的実践を概括しているのか。ここで宗白華は銅器に注目している。「孔子よりも百年以上早く」存在した、複雑で密度の高い模様がありながら清新俊逸な表現もなされているからである。宗白華の言う二種の美の理想はともにここに備わっているとされる。また清代の『金石索』に記録された、ある六朝時代の鏡の両面に見られるそうした二種の美を描写する銘文や、六朝時代の『詩品』における文学批評の用語、「錯采鏤金」（極めて装飾性に富むこと）と「出水芙蓉」（自然的・洗練的な様子）が援用されている（450-451）。こうした芸術表現やそれを論じる前近代の芸術論は、古典哲学より先行しているものとされる。

ところで、宗白華が芸術論を論じはじめた初期に当たる一九三二年から、宗白華は芸術的実践を論じる際に道家思想を直接に応用していた。これに対して晩期には芸術的実践と古典哲学を区別するようになったが、この立場の転換には、儒家の「善」を芸術的実践に組み入れることができないという挫折があったのではないかと推測される。

宗白華は自らの中国芸術論を展開する以前の、一九二〇年に著した「ロダンの彫刻を見た後」において、西洋の作品を踏まえつつ、芸術は最終的に「真・善・美」三者の調和を目指すと主張している（I, 328）。しかし、この図式はなかなか彼の中国芸術論の中では確立できなかったようである。初期の芸術論から、彼は古典哲学を参照し芸術の宇宙観を説いたが、そこで主題とされたのは「美と真」の関係である。儒家の求める教育的・社会的思想、すなわち「善」を中国芸術の「真・善・美」の図式に組み込むことは難しかった。

一九三〇年代以降、彼は（芸術一般ではなく）中国芸術の考察に集中しはじめ、その際「善」は後退し、「真」のみが論じられた。例えば「画法の淵源」（一九三四）では、芸術の最終的な作用は「人々を美から真へ、生命のリズムの核心へ引き連れていく」（II, 99）ことだという。無論、彼は中国芸術に関してこの「真・善・美」の図式を認めないわけではない。一九四三年の「空霊と充実」という中国芸術を主題とする論考において、彼は総論の部分に、「哲学は真を求め、道徳や宗教[66]は善を求める。この二者の間にある、我々の感情の深い境地を表し人格の調和を実現するのは〝美〟である」(347)と言い、「美」を実現する芸術は隣接する学問から「養分を吸い取り」、「真」と「善」と結びつけていると説く(347)。だが、これは具体的な芸術論と切り離された、諸学問の性質についての一般論であろう。

中国芸術における儒家の担う「善」の役割を明確に論じたのは、一九六二年の「中国古代の音楽寓言と音楽思想」である。「孔子はただ音楽の形式的美を観賞するのではなく、むしろ音楽の内容的善をより重視する」(431)。ここで宗白華は古代の音楽思想を考察している。音楽の「善」を求める孔子は、「韶楽」という「極端でなく、刺戟的すぎず、簡素である」音楽を好んだ(431)。対照的に、荘子は「咸池の楽」という、「人々に恐れを抱かせ、力を抜いて、放心状態に導き入れて、茫然自失に至らせることによって、〝道〟と一つにさせる」ものを重視した(438)。また老子は「〔人為的な〕五音は人の〔自然の〕耳をして聾ならしむ」と言い、音楽に関心がない(440)。このように、音楽思想において老子・荘子の志向する「真」と対照的に、孔子が「善」を求める態度が明らかにされた。これは「初歩的探索」において定式化された儒家の「善」に近い議論である。

こうして整理すればわかるように、宗白華は中国芸術を論じる際に、「善」を考察する材料を儒家思想に求めるが、芸術的実践ではなく抽象的な芸術思想のレベルにおいてのみ成功した。それに応じて、儒家と相互補完するものとして位置づけられる道家も、形而上のレベルに限定されることになり、従って「初歩的探索」では実践的芸術と形而上的な哲学とが区別されたと考えられる。こうして、宗白華の「真・善・美」の図式が確立した。

二　儒家の「実」と道家の「虚」

中国芸術論について古典哲学と芸術的実践を分けて論じる新たな態度、そしてそれがもたらした理論的変化は、「虚」と「実」の問題に一層はっきりと示される。「虚と実の問題は、哲学的宇宙観の問題である。〔中略〕こうした宇宙観は芸術に現れると、芸術においても虚と実が結合せねばならないと要求する」（III, 455）。芸術は依然として宇宙観を反映するが、両者の次元は峻別され、それぞれの次元に虚と実が存在するとされる。また、宗白華は「先秦諸子は芸術に彼らの哲学思想を譬えて」いると言い、哲学思想と芸術の関係を、「譬え」と捉える（454）。ここに、古典哲学を直接芸術に応用することを止めるという彼の最終的立場が明示される。「哲学的宇宙観の問題」としての虚と実は次のように説明されている。

これは二派に分けて述べられる。一派は孔子・孟子、もう一派は老子・荘子である。老子・荘子は虚は真実と比べるとより真実であり、すべての真実の原因であり、虚空の存在なくして万物は生成できず、生命の活躍もなくなると考える。それに対し、儒家思想は実から出発し、例えば孔子は〝文質彬彬〟と言い、一方で内的な構造〔質朴など〕、他方で外的な表現〔洗練された教養・態度〕を求めている。また孟子も〝充実せるを之れ美と謂ふ〟と言う。（455）[67]

「文質彬彬」は、人間の理想的状態を意味し、その外面・内面それぞれに対し実在的な要求を規定する。「充実せるを之れ美と謂ふ」は、人は確実なよい道徳的品質（「善」）を人格全体に充実させ、広げていけば「美」となることを指す。こうした議論は、明らかに実践的芸術論と切り離されているであろう。

それに対し、芸術に見られる虚と実は、先秦時代の成立とされる『考工記』の「梓人筍虡を為る」という木匠（梓人）が楽器の台（筍虡）を製作する記述に即して説明されている。宗白華によれば、この木匠はたんに台を作るのではなく、その台に載る楽器を含む全体を考慮している。そこで、楽器の台に「虎や豹といった猛獣」を彫刻し、人々が楽器の音を聞く際に同時に猛獣の形態を見ることができるようにし、まるで猛獣が吼えているように感じさせる。

「木彫刻の虎や豹はより生き生きとしており、同時に鼓声も形象化し」、作品全体の作用が倍増する（454）。「ここで芸術家の作り出した形態は〝実〟であり、われわれの想像を喚起するのは〝虚〟である」（454）。つまり、目で確認できる木彫刻の猛獣は「実」、想像にある吼える猛獣は「虚」とされている。こうした解釈に続き、宗白華は次のように論ずる。

『考工記』に表されているこうした虚と実を結合する思想は、中国芸術の一つの特徴である。中国絵画は空白をとても重視する。例えば〔南宋の画家〕馬遠は〔中略〕常に画面の一部分しか描いておらず〔中略〕、残りの空白は塗りつくされていないが、海となり、天空となり、そこが「から」であるとは感じられない。空白のところにより意味がある。（454）(68)

中国絵画の空白表現は宗白華の初期の議論から一貫して重視されている。しかし、『考工記』への解釈を受ければ、ここでは想像としての海・天空が「虚」であり、それに対し、画面の空白はむしろ客観的に存在する「実」と考えられる。これは、いままで述べてきた、道家の「虚無」思想を用いて中国絵画の空白を解釈すること、すなわち「空白＝虚」の解釈とは異なっている。無論、以前の議論でも、画面の空白は無限な想像を喚起するものとされているが、ここでは、中国絵画のどのような部分が「虚」とされるかが異なる。こうした解釈の相違は根本的に言えば、宗白華の議論の枠組みの変更によって生じるものである。(69)

以上のように、「初歩的探索」では古典哲学は新たな仕方で参照されている。ところで、最終的に形而上的な宇宙観として位置づけられている古典哲学は、芸術を直接説明するものではないが、芸術との関係が依然として重視されている。「初歩的探索」の冒頭において、宗白華は中国美学を研究する際にまず注意すべき特殊の方法論について、以下のように述べる。

> 中国の歴史においては、哲学者の著作に美学思想があるのみならず、歴代の著名な詩人、画家、劇作者〔中略〕の残した詩文・絵画・演劇・音楽・書道の理論のなかにも、豊富な美学思想が含まれており、またそれらは往々にして美学思想史中の精華でもある。こうして、中国美学史を習うときに、材料がとりわけ豊富となり、関わる方面もとりわけ多くなる。(447)[70]

宗白華によれば、前近代の芸術論は古典哲学とともに、中国美学の内容をなしている。また、彼は芸術的実践を無視することの欠点について、「もしたんに文字に限るならば、われわれはこうした古代思想家の美学思想について往々にして具体的に、深く理解することができない」と言い、当時中国で徐々に発達してきた考古学の成果によって示された「生き生きとした古代の芸術形象」と「古代の文献資料」とを相互に参照しつつ、「文献資料への認識を深めること」の重要性を指摘した(448-449)。宗白華の目指す中国芸術を解明する理論は、このように古典哲学と芸術的実践が相互に影響するものとして体系化された。

附　中国美学における理論と体験——宗白華と鄧以蟄

宗白華の最終的立場は、古典哲学と古代芸術論を峻別しつつ、それら二つの素材がともに中国美学を支えているというものである。改めて言えば、ここでいう古典哲学は形而上的・抽象的な思想であり、古代芸術論は具体的な芸術現象を論じるものを意味する。宗白華の立場を理解するためには、古代芸術論や関連する芸術現象への重視が早期からあったことに注意すべきである。また、こうした芸術的実践への関心は、朱光潜や銭鍾書とは対照的に、宗白華の美学思想を特徴づけているとも考えられる。とはいえ、それに注力している彼のいわゆる美術史的考察はほとんど見られない。ここでは、彼の関連言説を参考資料として少し提示したい。

宗白華の著作の中で、美術史的な考察に最も近い文章は、一九五八年の「《遊春図》を論じる」（原題「論《遊春図》」）である。ここで論じられている作品《遊春図》は一九五二年または一九五六年に北京故宮博物院に寄贈されたもので、当時大きな話題となった。隋の画家、展子虔の伝称があるこの絵画作品について、宗白華は次のように論じる。

> 隋唐の豊富多彩かつ壮健有力な芸術と文化を、中国文化史上の濃郁な春の季節にたとえるならば、展子虔の《遊春図》は隋唐芸術の発展における最初の鳥の鳴き声であり、あらゆる春の息吹と人の心を打つ明媚な景色をもたらした。この「春」は唐代芸術の基調を定めた。(III, 278)(71)
>
> 中国山水画は六朝から萌芽したが、《遊春図》はまさに我が国に現存する最古の欠損のない優美な山水画であり、我が国の芸術史上において極めて大きな価値を持っている。(III, 278)(72)
>
> 彼〔展子虔〕は山水、人物、台閣を得意とし、壁画も少なからず描いた。彼の用筆は未だ六朝の意を脱し尽くしていないが、すでに仏教の悲観主義者の厭世的な情緒からは離れている。彼は精緻で強い線によって形を描き、最も青緑を主調とするのを得意とした。この《遊春図》のように青緑をもって輪郭を埋め、描かれている春山、花樹、殿閣、遊騎は、線は繊細で活気があり、色調は明快で麗しく、見る者を山川を愛し、生活を珍重する気持

にさせる。[73]（III, 279）

この他にも宗白華は著録資料や画家の伝記を要約し、美術史的事実を組み込んでいる。しかし、上記の引用から明らかなように、その論調に美術史学の求めている様式論的な分析などは見られない。本書にとって重要なのは、宗白華の美学思想が、こうした実際の芸術鑑賞を通じた感性的体験を出発点としたことである。彼は理論の基盤として中国芸術に感動を覚え、それを原動力としてより形而上的な分析へと進んでいき、同時にそうした感性的体験を文字によって保とうとする。なお、彼の文学作品のような記述は、今日の中国での美術史研究にも依然として大きなスタイル上の影響を与えていることを付言しておこう。

実際のところ、こうした美学思想と芸術実践との親和性は同時代の美学者、鄧以蟄（本書第四章第三節で詳述する）にも見られる。鄧以蟄は現在の中国美学研究のなかでは忘れられかけている存在だが、二〇世紀前期の美学界において（南方の）宗白華と「南宗北鄧」と並称された北方の代表的な美学者である[74]。宗白華にも鄧以蟄にも共通する芸術実践への関心は、実に中国美学の重要な側面であると考えられるため、ここでは鄧以蟄の議論にも簡単に触れておく。

鄧以蟄の「中国芸術の発展（敦煌文物展覧会のために執筆）——この観察から毛主席の『実践論』の真理を体験する」（「中国芸術的発展（為敦煌文物展覧会作）——従這個観察上体会毛主席的『実践論』的真理」、一九五一年、以下「中国芸術の発展」と略称する）では、次のような議論がなされている。

中国には精密で透徹した美についての理論がある。それは西洋の美学が哲学者による哲学系統に属する美学であり、歴史的発展から離れ、芸術そのものと永遠に干渉せず、人々の審美能力を養うことができず、ゆえにもっぱら唯心論的なものであるのとは異なっている。我々の理論は〔中略〕永遠に芸術の発展と相応しており、画史とはすなわち画学であり、決して「見当はずれな」話がなく、同時にわれわれ民族の極めて深く繊細な審美能力を養っている。それによって、われわれ民族が自然に対してよく体験する習慣を増進している。〔中略〕これら〔中国の芸術〕理論は、一方で当時の芸術的経験をまとめ、他方で芸術を導き前進させている。(75)

ここでは中国美学について、「画史とはすなわち画学である」という指摘がなされている。先行研究によれば、ここでいう「画史」は絵画に代表される芸術実践の歴史的経験であり、「画学」は実践および経験を理論的形態へと昇華する学問を指す。(76)中国では、芸術実践と理論的形態が一体化しているという見解がある。ちなみに「画学」という言葉は、宗白華の論考「中国画学」の題名にも見られ、この語によって中国絵画論を近代的学問として扱おうとする意図があったと思われる。(77)他には、鄧以蟄「題劉綱紀蔵明刊本〈王氏画苑〉」（一九五六）にも、歴史と理論を分けないことを中国の長所とし、対照的に「今日の美学は形而上的なものに流れてしまい、それで絵画に関することも形式に流れてしまった」(78)という問題を指摘する。王有亮（二〇〇五）もこのような見解を踏まえて、鄧以蟄の美学思想における「経験美学」と「形而上的美学」の区分、そして前者への肯定を指摘している。(79)このように、中国美学における芸術実践の重要性は、二〇世紀前中期の重要な美学者である宗白華と鄧以蟄に確認される。これも今日の中国美学に直結する重要な立場に他ならない。

一九五一年に著されたこの論述における西洋の唯心論的傾向への批判は、容易に理解できるであろう。重要なのは、西洋美学を歴史的文脈から離れたいわゆる形而上的なものとするのに対し、中国のそれを「芸術の発展と相応する」、「審美能力を養う」ものと鄧以蟄が強調していることである。

結　宗白華の「意境の誕生」と『ラオコオン』論の再考

本章では宗白華の中国芸術論の変遷について、芸術現象への古典哲学の応用を中心として論じてきた。彼は最初期の中国芸術論において、理想的な「美学」は芸術の個別性を踏まえつつ、宇宙観を反映するものであると論じ、主として道家・儒家の諸概念を参照しつつ、前近代の芸術論（気韻生動）や芸術現象（空白）を説明した。だが、一九五〇、六〇年代になると、宗白華は美学全体における古典哲学の役割を再考し、道家・儒家の古典哲学理論を直接に芸術現象に応用するのではなく、芸術現象については古代からの芸術論を参照し、芸術現象の背後の宇宙観として儒家と道家が相互補完するという体系を構築した。現在の中国美学研究では一般的に、古典哲学の芸術現象への応用は宗白華に始まるとされている。ところが、本章を通じて明らかなように、宗白華は最終的にはこの手法自体を採用しなかった。以降の中国美学研究では、例えば古典哲学の概念がいかに前近代の芸術論に受容され、さらに芸術現象への解釈に用いられるか、というより精緻な分析がなされてきた。より精確に評価するならば、宗白華の貢献は古典哲学の応用の枠組みを先駆的に提起し、初歩的に試みたことにあるであろう。

一方で、宗白華の美学思想全体を考察することによって、彼の『ラオコオン』論に対する理解がいかに深められるか、という本章の冒頭で提起した課題はいまだ未解決である。以下では、それについて検討し本章を閉じたい。

宗白華は一九五七年の『ラオコオン』論において中国の詩と絵画の共通性を主張する際に、王昌齢の詩やA・v・メンツェルの絵画などを引き合いに出しつつ、それらが鑑賞者に類似する感覚を与えうる理由について「意境」概念を用いて論じていた。この概念は、論考「意境の誕生」（一九四四）で論じられたものである。改めて「意境の誕生」概念を踏まえて彼の「意境」概念を確認しよう。彼によれば、一般的に「意境」と言う場合、それは人と世界が接触した結果を指すが、「芸術の意境」には次のような特徴がある。

宇宙・人生の具体を対象とし、それらの色相、秩序、リズム、調和を観賞し、それをもって自我の最も深い心の反映を垣間見る。実の景物を虚の境地に化し、形象を創り出して象徴とし、人類の最高の心を具体化し肉身化しているのは、「芸術の境地」である。芸術の境地は美に重きを置いている。(80)

こうした「芸術の境地」もしくは「芸術の意境」は中国芸術に限るとさらにいかなる特徴が見出せるのか。この論考の「道、舞、空白――中国芸術の意境の構造の特色」という一節が示すように、そこで鍵となるのは「道」「舞」「空白」といった概念である。「道」に関しては荘子思想が援用され、「空白」もすでに繰り返し論じられてきた。「舞」に関しては、心が生き生きとするリズムの問題と繫がっている。宗白華は言う。「中国の書法、画法はみな飛舞へ向かって」おり、書法には「宇宙万形における音楽」を表している (II, 372)。実際、一九三四年「画法の淵源」においても彼がリズムを論じる際にも、「舞」に多く言及している。

こうした説明を踏まえて、宗白華が『ラオコオン』論において「意境」を参照し詩と絵画の関係を論じる理由は次のように考えられる。すなわち、彼はかつて中国芸術一般に適用しうる「意境」という概念を摘出しており、この概念の下で自然に中国の詩と絵画が相互に通じているのであろう。『ラオコオン』論を仕上げた一九五〇年代後期に、宗白華はすでに古典哲学を直接芸術現象へ応用する立場から徐々に離れた。とはいえ、彼が具体的な芸術問題を分析し、中国の詩と絵画の関係を論じる際には、依然として一九四〇年代の「意境の誕生」の価値を意識していることが了解される。前述したように、「意境の誕生」は彼の思想全体の転換点である。この論考は現在でも宗白華思想の代表作とされており、また今日の研究成果から見れば、中国美学における古典哲学の役割を理論化した点で意義が大きい。

本書にとって重要なのは、朱光潜が主として西洋思想に立脚して芸術作品の可能性を検討し、レッシングによってなされた規定が適用し得ない中国芸術の表現を引き合いに出すことによって中国の詩画比較論の特徴を唱えるのに対して、宗白華は中国の思想的伝統に依拠し、詩と絵画を統括するより次元の高い原理（「意境」）を解明することを通じて、二つの芸術形式が共通しているという結論に至ったことである。つまり、先行研究ではしばしば朱光潜と宗白華の中国詩画同質論が同一視されてきたが、実際には彼らの理論的素地は大いに異なっている。こうして、朱光潜と比肩する中国美学のもう一人の大家である宗白華の視点から中国の詩画比較論ないし芸術論全体が形成された。俯瞰すれば、宗白華の美学思想では、初期の代表的な芸術の形態とされる絵画をはじめ、文学、書道、音楽といった諸ジャンルの相互関係が、一貫した問題意識を構成している。彼の援用したW・ペイターやゲーテの言説を含めて、それらはすべて広くパラゴーネ、もしくは『ラオコオン』論争の内容として考えられる。

第四章 「気韻生動」論の近代化——中国美学を再構築するための枠組み

序

朱光潜・宗白華が中国の詩画同質論を主張した際に、ともに中国の古代芸術論の肝心な概念である「気韻生動」を用いていることは、ここまでの論述で示すことができた。実際に「気韻生動」概念の検討は、二〇世紀前中期の中国では西洋の芸術論への批判的応答というより広い文脈において多くなされていた。それは元来絵画ジャンルで用いられるタームだが、中国では絵画と文学との親和性のゆえ、「気韻生動」は詩画比較論と深い関わりを持っている。そこで本章では、当時の「気韻生動」論に焦点を合わせて検討する。そうすることで、朱光潜・宗白華の用語法や彼らの美学思想を一層明確に位置づけることができるであろう。

「気韻生動」は六朝時代に謝赫によって人物画批評の基準として提唱されたもので、描かれる対象が「生き生きとしている」ことを意味するが、その後長きにわたる絵画史の展開のなかで、この概念の射程と解釈には大きな振れ幅が生じた。二〇世紀初頭に入ると、写実性に優れた西洋絵画の衝撃により、文人画に代表される中国の伝統的絵画は、社会改革運動家をはじめとする多くの論者による批判にさらされた。それに対し、一九二〇年代から中国絵画を再評価しようとする動きも起こり、「気韻生動」はその独自性を浮き立たせるものとして注目された。先行研究は、すでに当時の重要な論者（陳師曽、豊子愷、滕固、余紹宋、宗白華、鄧以蟄、銭鍾書等）の言説の内容・手法・思想的基礎を論

じ、近代における「気韻生動」概念に対する理解の多様性を示してきた。(1)

ところが、それらの理解それぞれの関係性によって示されうるような「気韻生動」解釈の発展過程は十分明らかにされてこなかった。先行研究は各論者の議論の前後関係には注目してきたが、ここではそれぞれの議論が示唆する認識の段階を考えてみたい。言い換えれば、今日の「気韻生動」観から当時の諸論がこの概念のいかなる側面を理解しえ、また理解しえなかったのかを説明するのではない。むしろ諸論を通じて「気韻生動」という概念形成の歴史的文脈に立ち戻りながら、この概念自身がいかに豊富な解釈可能性を開示してきたかについての変遷をたどることが重要なのである。「気韻生動」は前近代の概念であるにもかかわらず、前近代における形成過程の整理を含め、中国美学の肝心な概念として解釈されるようになったのは近代以降のことだからである。このような近代における認識の展開過程を解明することによって、当時の学術的進歩を真に把握できるであろう。

本章では、陳師曽（一八七六〜一九二三）、滕固（一九〇一〜四一）、鄧以蟄（一八九二〜一九七三）、そして宗白華という「気韻生動」概念の解釈に画期的転換をもたらした論者に注目して検討する。当時の論者の「気韻生動」考察は断片的な論述にとどまるものが多く、それぞれを個別に分析したとしても「気韻生動」論の展開を広く理解するには限界がある。それゆえ本章では、彼らの「気韻生動」論がいかに生成してきたかという個別的考察よりも、むしろ彼らの理解をマクロな観点から相互比較することによって、当時の学術界における「気韻生動」論の発展経緯を解明することを試みる。考察を進める際には、「気韻生動」を理解するために要となる二つの視点を用いる。一つは、「気韻生動」の在処――「生き生きとしている」のは、絵画に描かれた対象か、それとも画家か――という問題である。もう一つは、「気韻生動」と密接に結びついている「形似」、すなわち形態における類似との関係、つまり「気韻生動」は絵画の形態に依存するのかもしくは対立するのかという問題である。(2)

第一節　初期的用例――陳師曽「文人画之価値」（一九二二）

中国近代における「気韻生動」概念の初期の用例は、一九二二年の陳師曽による「文人画之価値」まで遡るとされている。李運亨・張聖潔（二〇〇八）は、陳師曽は中国において「理論的形式をもって」中国文人画を肯定する発端となった人物だと説く。(3) とはいえ、胡継華が指摘するように、陳師曽は中国の芸術精神の所在（「気韻生動」）を摘出しながらも伝統的文人画の強い理論的な弁護には至らなかった。(4)

陳師曽は篆刻家、画家、理論家として北京の画壇や絵画理論界を一九二〇年代に牽引した人物で、一九〇一～〇九年に日本へ留学した経歴を持っている。「文人画之価値」では二カ所で「気韻」概念が使われている。

（A）

〔文人画は〕純任天真、修飾を借りず、まさに個性を発揮し、独立した精神を振るうに足りるものである。〔中略〕ゆえに、謝赫の六法は、第一に「気韻」を重んじ、次に「骨法用筆」を強調し、まず大きな意義を明らかにし、基礎を定め、当門の棒喝とした。「因物賦形」〔応物象形〕・「随類伝彩」〔随類賦彩〕・「伝摹移写」〔伝移模写〕等に至っては、入門の方法、芸術造形の方便に過ぎず、入聖超凡の方法は、これらに拘るべきではない。(35)(5)

（B）

芸術の勝境は、表相のみをもって定めることはできない。〔中略〕「気韻」「骨法」を捨てて求めなければ、〔中略〕文人画の旨には達しないであろう。(36)(6)

引用（A）から見れば、陳師曽が「気韻」概念を用いる際に、その元来の文脈、いわゆる「画の六法」の枠組みに即していたことは明らかである。謝赫『古画品録』によれば、六法とは気韻生動、骨法用筆（筆遣い）、応物象形（形を取る）、随類賦彩（色遣い）、経営位置（構図）、伝移模写（名作の模写）を指す。[7] この六法について、陳師曽は「気韻生動」と「骨法用筆」を文人画の「個性」「精神」に関わる肝心なものとし、対照的に他の法則は便宜的に設置されたもので、芸術作品の本質と無関係であると言う。また、引用（B）を参照すれば、陳師曽は「気韻生動」を「表相」（絵画の物質的見た目）と対置されるものと考えていることがわかる。この「表相」には「形似」が包含されている。[8]

ところで、上記の引用（A）からは、「気韻生動」は文人画の「個性」「精神」の同義語と考えられるが、論考「文人画之価値」の中では「気韻」という言葉はこのほかには用いられていない。対照的に、「個性」「精神」といった言葉は幾度も現れる。この論考の冒頭には、

文人画とは何であろうか。それは画中に文人の性質を帯び、文人の趣味を含んでおり、画中に芸術上の工夫を考究せず、絵画〔の物質的存在〕の外に〔を超えて〕文人のもつ感想を多く見出せねばならない。これがいわゆる文人画である。[9]（34）

とあり、「性質」「趣味」「感想」が持ち出されている。別の箇所では、絵画の「理想と趣味」といった言い方もある（35）。こうして見れば、「気韻」はたんにそれらの言葉の言い換えに過ぎないように思われる。

広く知られているように、「文人画之価値」は、一年前に完成した白話の「文人画的価値」を、美術史家大村西崖（一八六八〜一九二七）との交流によって発展させたものである。[10] 前稿の「文人画的価値」は、主旨としては形よりも

精神を重視する点で一九二二年の「文人画之価値」と一致しているが、「気韻生動」という言葉は出てこず、ただ「趣味」「思想」「感想」といった語が用いられている。[11] 一方、大村西崖『文人画の復興』（一九二一）は、「気韻の真価」という一節を設け、そこで「文人画の尚ぶべき所以は、〔中略〕更に偉大なる一事なり。即ち気韻を主とするに在り」[12]と明言している。また「気」については、「即ち作者自身の感想に外ならず」[13]と解釈している。そこから、陳師曽は「気韻生動」という概念が文人画の特徴と合致すると考え、一九二二年の修正版にこの概念を導入したのではないかと推測できる。こうして、陳師曽は「気韻」の在処を作者の能力や気質に帰し、「文人画之価値」の結論として「文人画の要素は、第一に人品、第二に学問、第三に才情、第四に思想である」[14]と説く。

陳師曽の「気韻生動」への理解は、彼のもう一つの主著、一九二二年に済南で行った講義録に基づく『中国絵画史』からも推察しうる。彼はそのうちの第五章「南北朝之絵画」で謝赫の言説を取り上げるが、謝赫以降の「気韻」論の展開に関しては言及していなかった。またこの語彙を使用する際にもとくに理由を述べていない。例えば、李公麟（北宋の画家）、夏珪（南宋の画家）、董其昌（明末の画家）に対し、ただ優れた画家や作品を感覚的に称賛するためにこの言葉を用いたようである。[15]

総じて言えば、中国近代の「気韻生動」論の起点となる陳師曽の論は、この概念を未だ絵画批評の用語として術語化していないと考えられる。とはいえ、彼の議論は中国近代の「気韻生動」論の基本的方向を確かに定めた。「文人画之価値」は発表されるや否や、多くの反響を引き起こした。[16] 例えば「気韻生動」論の重要な論者の一人とされる余紹宋は、明らかに陳師曽の論を受け継いでいる。余紹宋は一九三七年の国立中央大学での講演「中国画之気韻問題」では、絵画は「必ず性霊や感想に基づいて形成され」、「〔画家の〕個性が表現されれば、気韻もおのずと発生する」とも述べている。[17]

第二節　美術史的考察——滕固「気韻生動略辨」（一九二六）

一　万物の生動と感情の結合としての「気韻生動」

陳師曽「文人画之価値」や『中国絵画史』の四年後、滕固は「気韻生動略辨」（一九二六）のなかで改めて中国美術史の発展に即して「気韻生動」概念の系譜を整理した。滕固は文学者、美術史家、美学者で、一九二〇年から日本に留学して日本語を修め、一九二一～二四年に東洋大学に在籍して芸術について広く学び、一九三一年からベルリン大学で美術史を学び博士学位を取得した。(18) 塚本麿充（二〇一六）が指摘する通り、彼はそれまでの中国の「画家＝美術史家」のモデル——前述の陳師曽はまさにこのモデルに属している——を克服し、H・ヴェルフリンの様式論を導入することで、中国近代の美術史の発展に大きな転換をもたらした。(19)

「気韻生動略辨」は滕固がドイツ留学以前、本格的に美術史家として活動する前のものであるが、美術史への関心、そして美学者としての鋭い視点を示している。この論考の中で、滕固は謝赫以降の、唐代の張彦遠『歴代名画記』、宋代の郭若虚『図画見聞志』、明代の董其昌『画禅室随筆』、清代の方薫『山静居論画』などの関連する言説を引きながら、「気韻生動」について論じている。この四つの文献はいずれも今日の研究でも重視されている。

まず張彦遠『歴代名画記』について、滕固は以下の箇所を引用する。

〔α〕古の絵画というものは、物体の「形似」をわきに置〔原文「遺」。版本により「移」に作る〕き、「気骨」〔骨気〕というものを尊んだ。「形似」を超えたものを絵画に求めたのである。〔β〕〔中略〕ただ、台閣樹石、輿車器物についていては、写し取るべき「生動」がなく、なぞらえるべき「気韻」もない。ただ配置や前後関係が問題になるだけである。〔中略〕鬼神や人物は、写し取るべき「生動」があり、「神韻」があってこそ完全に表現される。（64。滕固の引用の一部を省略する。〔α〕と〔β〕の表記は筆者。以下同様）[20]

これに対して滕固は以下のように評する。

〔αについて、〕彼〔張彦遠〕のいう「骨気」「気韻」「神韻」の三語の意義はほとんど同じであり、形似と対立している。「形似」は絵画の対象として扱う外的な形で、「骨気」〔＝気韻〕はその形の意義を表すもの、もしくは精神と呼ばれるものである。〔だが、〕彼のこうした二元的考察の結果は、未だ徹底的でないようである。この論は、絵画が後者〔意義、精神〕に依拠してその価値を保つことができるという一種の思想として尊ぶべきものであるが、しかしその後半の論〔β〕をみれば、この見解には大きな限界がある。彼が後半にあげる台閣樹石といった無生命のものを描くときには、気韻生動が実現できず、ただ鬼神人物において求められるという。彼の思想では、〔対象物に由来する〕気韻生動は絵画の材料となっており、未だ「自身の生命の再現」に基づくものとなっていないのである。（64-65）[21]

つまり滕固によれば、張彦遠の「気韻」と「形似」についての「二元的考察」は気韻の重要性を指摘したが、無生物には「気韻」がないと考えている点で限界がある。その不足は具体的に言えば、「気韻」を「いまだ自身の生命の再現に基づくものと見なしていない」点にある。では、彼の考える「気韻」が真に意味する「自身の生命の再現」とは何であろうか。

滕固は、張彦遠に続き、郭若虚、董其昌、方薫の論に注目する。滕固によれば、郭若虚の解釈の独自性は、「人品が高ければ、気韻も高くならねばならず、気韻が高ければ、生動も至らねばならない」とした上で、「気韻」を「全人格の現れ」、「他人が学ぶところでないもの」とする点にある（65）。また董其昌は、その考えを継承して「気韻は学ぶことができず、これは生まれながらに知るもので、おのずと天から授かるものだ」と言い、「気韻」を「生知」すなわち「先験的」〔アプリオリ的〕なものと捉える（65）。つまり、滕固の理解では、張彦遠はもっぱら対象の生命を重視するのに対し、郭若虚、董其昌は画家側の能力を大いに強調する。それに対し、それらを総括した方薫の論においてこそ、「気韻生動」の「真の意義がようやく現れた」という。

彼〔方薫〕の考えによれば、万事万物の生動のなかに、われわれの純粋な感情のリズム（気韻）も存在する。感情が激しくなるとき、この感情のリズムは自然に事物の生動と結合することになる。事物は対象、感情は自己である。自己を対象に移入させ、対象を精神化し、それによって内的な快感を醸し出す。これはLippsの感情移入説（Einfu〔e〕hlungstheories〔ウムラウトの欠落は原文ママ〕）と同じ主旨である。（66）[22]

「気韻生動」の発生は、画家の感情と対象の生動とを結合することに由来するものとされる。こうして、滕固の言う「自身の生命の再現＝表象」が対象と自身の感情の合致を要請することが明らかになった。また滕固による歴代の「気韻」論の整理に鑑みれば、前節で検討した「気韻」を画家の能力や素質に帰するような陳師曽の議論は、「気韻」論の一側面にすぎないことも了解される――西洋芸術論に反論するために、陳師曽は「気韻」概念への理解をその側面に特化させたのであろう。ちなみに、滕固が『歴代名画記』、『図画見聞志』、『画禅室随筆』、『山静居論画』に依拠しつつ「気韻」の発展を論じ、さらにその大成を『山静居論画』に見出したという論調は、のちの豊子愷「中国美術の現代芸術上の勝利」（一九三〇）にも継承されている。

留意すべきは、滕固の解釈は、ただ中国の古代芸術論を踏まえるのみならず、彼の〔中国ではなく〕芸術一般に対する理解とも関連していることである。同時期の滕固『中国美術小史』（一九二六）[23]の謝赫に関する一節を引用しよう。

> その〔画の六法の〕第一の「気韻生動」は、永遠に中国の芸術批評の最高の基準となった。今日の美学から言えば、気韻は Rythmus〔リズム〕、生動は Lebendigke〔i〕t Vital〔生き生きとした生命力〕で、ともに芸術上の最高の要件である。[24]（82）

ここで、「生動」に Lebendigke〔i〕t Vital が当てられていることは、考察のヒントとなる。滕固は二年前の論考、「芸術与科学」では、西洋芸術を含め芸術一般について「芸術の要素は〝動〟という字にある」（22）と主張し、その「動」は「内面的生命」であり、芸術家が彼らの「感情」に絵画の神髄を求めるべきであると言う（23）。また、より精確に言えば、「感情に求めるのではなく、感情によってもたらされた生動 Lebendiger〔Lebendige〕Aktivitaet〔生き生きとする活動〕に求めている」（23）という。この論述の仕方は、滕固の「気韻生動」解釈と類似している。「芸術与科学」は滕固が日本留学の成果を発揮し、一定程度成熟した美学思想を提示した著作と位置づけられており、[25]この段階での彼の「気韻生動」解釈もまた彼の芸術一般への態度から生まれたものと考えられる。

さらに、滕固が「気韻生動」にリズムや生き生きとした生命力という訳語を当てたことには、当時の英訳の影響が指摘される。例えば、岡倉天心は一九〇三年に、英文で執筆した *The Ideals of the East: With Special Reference to the Art of Japan* で「気韻生動」を「the Life-movement of the Spirit through the Rhythm of Things〔万物のリズムを通じての精神の生命ある動き〕」と訳しており、また一九〇五年にイギリスの H. A. Giles は *An Introduction to the History of Chinese Pictorial Art* で「rhythmic vitality〔リズム的な生命力〕」と訳している。[26]しかし、滕固によれば、気韻＝リズムの根源は作者の感情、すなわち外的自然ではなく人間にあるとされる。これは日本における論述と対照的であり、例えば天心の解釈によればリズムは「Things〔万物〕」に属し、したがって「harmonic laws of matter〔調和的な物質の諸法則〕」[27]、すなわち形而下的なレベルにあるとされる。滕固の議論は中国の「気韻生動」論の独特な発展を示唆している。彼の親友の宗白華は一九三〇年代に類似する立場から、リズムは宇宙生命〔「道」〕の動きであるとともに、人間の「心の感情・情趣＝心のリズム」でもあるという図式を打ち出している（本書第三章第四節の一を参照）。

二　文人画と院体画の関係から見る「気韻生動」と「形似」の関係

さらに、滕固は「気韻生動」と結びつけられてきた文人画について新たな考えを提示し、そこから新しい「気韻生動」解釈を生み出した。彼は『中国美術小史』（一九二六）で、文人画と院体画の交叉関係を論じる。院体画、すなわち宮廷に勤める職人画家の作品は、一般に士大夫の余技とされる文人画と区別される。前述の陳師曽の中国絵画を弁護する論では、院体画はそもそも取り上げられていない。

それに対し、滕固は『中国美術小史』（一九二六）において文人画の最も隆盛した元代に続き、明初の画壇においては再び「形似」を重視する思潮が台頭し、王履、戴進、唐寅、仇英という流れによって院体画が復興したことを指摘する（92）。そこで、滕固は「純粋な文人画」と「院体画の体制を参照する文人画」という新たな分類法を打ち出している。この考え方は後の「院体画と文人画の史的考察に関して」（一九三一）や、主著『唐宋絵画史』（一九三三）に引き継がれた、滕固の思想のなかで独創的な部分と言える。「院体画と文人画の史的考察に関して」では、文人画と院体画の区別について以下のように言う。

それは、士大夫と技術家の区別ではなく、同じ身分の士大夫の生活のなかに潜んでいる二種の異なる傾向の区別である。いま二つの名称を仮に作れば、前者は士大夫が規律や法則に拘ることに甘んじず、世事を軽んじて高蹈しようとする「高蹈式」[28]であり、後者は士大夫が科挙制度に束縛され、規則や法則の枠において行動するような「館閣式」である。（108）

滕固によれば、文人画と院体画は、双方とも士大夫による芸術の内部における傾向の区別に過ぎないという。そして、特に宋代では、この二式は「上下の差」がなく共存しており、その後元代から「高蹈式」の文人画が主流となり、院体画の「形似」と「格法」が崩れ、絵画史の転換点を迎えたという（108-109）。

滕固のこの議論の重要性は、それまでの「文人画―気韻」／「院体画―形似」という簡単な図式を破って、気韻を（陳師曽の主張するように）文人画が専有するものでないという見方を提供したことにある。彼はここで気韻について論じているわけではないが、「気韻」に類似する「意」などの概念に言及しており[29]、そこでの彼の理解を敷衍すれば、「文人画＝気韻」ではなく、（例えば南宋の）文人的院体画も「気韻」を持つことが可能で、他方で（王履のような）院体画の要素のある文人画も「形似」を有すると考えられる。この論法は、陳師曽が「気韻」を写実性が足りないと批判された文人画の擁護に持ち出したものとは大いに異なっている。

以上の考察を通じて、滕固の議論が近代における「気韻生動」理解の歴史的文脈を回復し重要な転換をもたらしたことが明らかになった。彼の議論によって、「気韻生動」概念の前近代における展開の輪郭は描かれたと言える。これに対し、中国前近代の芸術論に即するのみならず、近代的な芸術観から「気韻」について興味深い議論を提示したのは、鄧以蟄である。

第三節　哲学的美学的考察――鄧以蟄「気韻生動」（一九三五）

美学者の鄧以蟄は、書家の鄧石如（一七四三～一八〇五）の五世孫として、芸術実践の深い素養を持ち、絵画の鑑定なども多く行っていた。[30] 彼は一九〇七～一一年に日本へ留学し、早稲田大学で文学学士号を取得したのち、一九一七～二三年にコロンビア大学において哲学、美学を学んだ。現在、中国で「美学者」と称される多くの論者（例えば朱光潜や宗白華、滕固）は、当初は教育学、心理学、文学、あるいは芸術学（Kunstwissenschaft）、美術史を学んでいた場合が多いが、鄧以蟄はその中で珍しく、キャリア初期から哲学の下位分野としての美学を専門としていた。一九八〇年代、「思想を解放する」というスローガンの下で、鄧以蟄は中国思想界で早く注目されていた美学者であるが、彼の手稿は多く紛失し、現存するものも断片的な記述が多かったためか、その美学思想の研究が十分進んでいない。とはいえ、彼は「気韻生動」の考察にとりわけ注力した人物とされている。[31]

鄧以蟄の重要な「気韻生動」の考察は一九三五年の論考「気韻生動」（のちに「画理探微」に収録）、そして一九四一～四二年の「六法通詮」に見られる。[32] 後述するように、特に一九三五年の論考で、彼は独特な立場を打ち出している。

一　「形似」と相容れない「気韻」

論考「気韻生動」では鄧以蟄は明確に、「気韻生動」を「芸術の外」の「理」として捉え（205）[33]、「諸芸術のあいだには、ただジャンルの相違があるが、芸術の〔理想としての〕理は一致すべきである」（205）と述べる。彼の言う「理」を理解するためには、彼の芸術論全体に立ち戻って説明を加える必要がある。

彼は芸術を論じる際に、「体」「形」「理」という三つの基礎概念を導入する。「体」は実用性を持ち、かつ三次元の体積のある器物、「形」はその紋様、そして「理」は「物理〔物の理〕」もしくは「生命」である。例えば青銅器の場合、実用的な器物の「体」の上に紋様の「形」がある。商周時代には、紋様は器物のために描かれており、「体形一致」とされるが、秦漢時代に両者が分離し、紋様の「形」が芸術的なものとして独立しはじめた。さらに、漢代から唐代に至ると、作品制作は紋様の描写に満足せずに、「物理自身の模写」となったという(200)。そこに「気韻」が生じてくる。王有亮〔二〇〇五〕は上記の鄧以蟄の時期区分を、当時の画期的な美術史の書物、鄭午昌『中国画学全史』〔一九二九〕と比較している。そこから、両者の分期は大まかに一致しているが、鄭午昌はより事実の変遷に注目するのに対し、鄧以蟄はより概念〔体・形・理〕の変遷を重視する点で独特であると指摘する。[34] 概念の重視は実に鄧以蟄のアプローチを特徴づけている。また、本書にとって重要なのは、「気韻」は「形」を克服〔超越〕してから成立するものであり、「気韻」は「形似」のみならず、絵画の「形」によってすら左右されないという鄧以蟄の認識である。これを論証するための一環として、鄧以蟄は一般に「気韻」と緊密に関わるとされる幾つかの絵画表現を取り上げ、それぞれが「気韻生動」概念と厳密に一致しないことを論ずる。

彼は山水画ジャンル――鬼神人物の絵と異なり、山水画の描くところの山や川には生命がない――に注目し、「気韻」の在処を問う。まず、鄧以蟄は「光」の問題を取り上げる。確かに南宋の北派〔院体画派〕の画家は光の表現を重視するが、のちの南宗家〔文人画派〕は光を表現するための「渲染烘託」〔水墨などで輪郭を塗ってぼかす描法〕を「巧取」の技とし、正統的な方法としていなかった(214)。次に、重視されてきた「雲煙」に関しては、清代の唐志契の「気韻生動は煙潤と異なる」という見解を援用し、「気韻」でないとする(214)。さらに、よく「気韻」とともに言及される「空虚」も、「感情」「境地」に依拠する表現であり、明代の王紱の批判する「頼」〔ほかのものにたよる〕に当たるため、「気韻」ではないと言う(214-215)。また、「気韻」と最も緊密な関係を持つ「筆墨」であっても、「ただ形似を得る筆墨」もあるので、「筆墨」のみで「気韻」が保証されるわけではないという結論を下した(215)。以上のように、鄧以蟄は従来の絵画理論を引用しながら、「気韻生動」というものは「光」「雲煙」「空虚」「筆墨」の表現とは無関係であると主張する。

とはいえ、絵画作品の実態から考えれば、たとえすべての「光」「雲煙」「空虚」「筆墨」が「気韻」であるとは限らないとしても、「気韻」のある絵画にこうした要素が働いている可能性は否認できないであろう。鄧以蟄自身もこの議論の問題に気づいていたようであり、後の「六法通詮」（一九四一〜四二）では、歴代の画論に即しつつ、「気韻生動」が「意境」「古意」「筆墨」などである可能性を論じている（240-243）。しかし、これは前稿の結論と矛盾するものではない。鄧以蟄の一九三五年の推論の根拠は、「気韻生動」をほかの要素によって影響されえない「芸術の外」の「理」、すなわちある種の絶対的なイデア的存在と見なしていることにある。つまり、西欧の観念論美学の系譜の理論に従えば、あらゆる具象、存在物と無関係な「理」としての「気韻」は、しかしそれゆえに、あらゆる具象の中に具象を超越した観念として見出されるというロジックになっているのである。もし「六法通詮」だけを見れば、鄧以蟄の議論は古代芸術論を整理している点で他の論者と似たもののようであるが、彼の一九三五年の「気韻生動」論に見られる前提的枠組みとともに考慮すれば、彼の哲学的美学的な思索方法の独自性が端的に示されていると言える。

鄧以蟄の独自性はさらに言えば、気韻が何であるかを存在論的に問う姿勢である。これは中国芸術論の伝統的な思索の仕方、すなわち、中国芸術はいかなる場面において気韻が生じるか、もしくはいかにして気韻を獲得できるのかという陳師曽や滕固が行った考察と対照をなす。

中国の伝統的思索と西洋的芸術観の相違を理解するために、滕固がベルリン大学へ提出した博士論文の審査意見を参照しよう。李雪濤（二〇一七）はベルリン大学所蔵の関連資料を精読し、滕固の一九三二年に提出した博士学位論文 Chinesische Malkunsttheorie in der Tang und Sungzeit（唐宋時代の中国絵画理論）が、当時西洋で研究蓄積のほとんどなかった中国芸術論を精緻に論じた点で高く評価されているが、審査員A. E. Brinckmann教授からは「しばしば用いられている「気韻」(Rhythmus)はいかに分析されているのか」という批判的意見が出されていたことを明らかにしている。(35)ここで期待されていたのは、「気韻」そのものに属する性質の解明、例えば、気韻とはこうした性質を持つものである、という明確な定義のようなものであろう。滕固のこの博士論文はのちに、『唐宋絵画史』(一九三三)として中国語で出版された。前節で検討したように、その時期の彼は「気韻生動」に関する画期的な見解を打ち出しているが、「気韻」の性質などについては真正面から説明を施していない。しかし、もしも滕固の議論を弁護するならば、彼が無視して論じ漏らしたのではなく、そもそもこの問いは中国の伝統的な文脈にはなかったのである。

滕固の問題意識と対照的に、鄧以蟄はここでは西洋的な視点を導入して考察を行ったことが了解される。すでに多く指摘されるように、鄧以蟄に重要な影響を与えた西洋思想の中でも、とりわけヘーゲル思想が注目され、(36)さらに鄧以蟄はヘーゲルの「絶対精神」や「理念」を解釈するために「気韻生動」を持ち出している。(37)そのため、鄧以蟄の「気韻生動」解釈には、ヘーゲルの考える概念と客観的存在の統一としての理念の性質が反映されていることが考えられる。西洋美学の視点に基づいて生まれた「気韻」とは何か、を問う鄧以蟄の分析は、当時の中国の学術界でなされた極めて近代的な試みであった。

二　創作論と鑑賞論としての「気韻」

鄧以蟄は「気韻」が形に依存するものではないと主張するが、彼自身も認めるように、全ての絵画は造形芸術である限り、「形」が必要である。そこで、絵画の「気韻」はどこに存在するのかという疑問に対して、鄧以蟄は引き続き興味深い見方を提示する。絵画は「形」のほかに「なお二つの要因があり、一つは創作、一つは鑑賞」(211)、つまり「気韻」は作者と鑑賞者の側にあると言う。

「気韻」が創作側にあることは、欧陽脩『試筆』「鑑画」の次の一節に最もよく示されているとされる。

「蕭条澹泊」は、描きがたい「意」である。作者がそれを得ているとしても、観者は必ずしもそれを見出すことができない。従って、「飛走遅速」といった意の浅はかな物は見出しやすいが、「閑和厳静」といった趣の遠大な心は形を取りにくい。また「高下向背遠近重複」は画工の技術に過ぎず、鑑賞に通じた者の仕事ではない。(38)（215。鄧以蟄の引用の一部を省略）

鄧以蟄によれば、「気韻生動」は形（「飛走遅速」「高下向背遠近重複」）によって現れるのではなく、「蕭条澹泊」「閑和厳静」といった画家の「意」もしくは「心」にあるということになる。こうした「意」「心」はたとえ画家が持っているとしても、必ずしも観者に伝わるわけではないが、「気韻生動」が画家側にあることはまず保証されているという（215）。

他方、「気韻生動」は鑑賞者側にもあり、「画はそもそも観者のために興る」という原理に基づいて、画家の「意」「心」は真の鑑賞者に伝わると述べられている（216）。鄧以蟄は、清代の鄒一桂『小山画譜』の「気韻は第一に鑑賞者の言であり、作者の法ではない」という言葉を評して、「智でもあり愚でもある」と言う（217）。「愚」というのは、鄒一桂が「気韻」は作者の法でもあることをわかっていないからである（217）。「智」というのは、「鑑賞を画が完成した後のこととし、描いたときには未だ気韻生動がなく、従って気韻生動とは鑑賞者に属する」という事態を指摘しているからである（217）。鄧以蟄は鄒一桂の「作者—作品—鑑賞者」の三者の関係性のもとに芸術を考察するという視点に賛同するが、鄒一桂が気韻を（作者ではなく）鑑賞者のみと結びつけているのには賛同しない。鄧以蟄の見解では、気韻は作者とも鑑賞者とも関わっているからである。こうした考察は、やはり前述したように中国の伝統的芸術論に固有のものではない。「作者―作品―鑑賞者」という図式の考え方も、無論（鄧以蟄の認識の通り）中国の伝統的文献にも言及されてはいたが、それをもって前近代の言説を再整理するのはむしろ新たな芸術観に基づいている。鄧以蟄の「気韻生動」論には、この概念を用いて中国と西洋の芸術をさらに積極的に比較し、それによって中国芸術論の枠組みとしてのこの概念の意義を解明する側面がある。これに関して項を改めて検討することにしよう。

三　鄧以蟄によるレッシングへの応答

鄧以蟄「六法通詮」（一九四一～四二）には興味深い一節がある。

生動というものは、いきものに動作があることに由来するのである。およそ一つの動作の始めと終わりは、必ずその始終・前後の変遷があり、あるいは朝から暮れまで、春から秋まで、止むことができない。〔中略〕絵画というものは形であり、必ず目の前に静止的な形があって、然る後にそれを描くことができる。〔中略〕もし生動を絵画に取り入れることができるとすれば、それは朝暮・春秋の変動を一瞬の静止のうちに凝縮した後でのみ可能となる。(39)(246)

ここでは、「気韻生動」の「生動」について、行為や動的な変化の表現がポイントであるとされている。また、一連の動きを「一瞬の静止に凝縮する」ことはレッシングの「含蓄のある瞬間」という論点を想起させる。(40) 実際、同論考で鄧以蟄はレッシングの名にも言及している。

人物画が気韻生動を重視することは自明であるが、山水画はどうであろうか。〔中略〕例えば山水、樹石のような自然景物は、人物の生動するのとは異なり、手足の〔動きの〕連続性や、動作が呼応することがなく、ただ個々に孤立し、全く静止している。〔中略〕レッシングはそれをばらばらでまとまりのないものと考えた。それらはいかにして一つの全体を成し、完璧な構造として絵画に取り入れられるのであろうか。まずそれを一つの生動的なボディー〔原語「体」〕と見做し、人物のように扱えばよい。これは広川〔北宋の董逌〕が天地、生物をただ一つの気が運って化したものと考えたわけである。一つの気が天地、生物の間に運ることができれば、各々のものはそれによって連貫を成し、一つの生き生きとしたボディーとなる。ゆえに、画家は山水の位置を考慮する〔「経営位置」〕際に、まず気韻を重んじ、それによって山水を一つの生動的なボディーにさせると言うわけである〔後略〕(246-247)[41]

レッシングの理論に基づくと山水画は表現しにくいが、中国の芸術論によれば、万物を統括する「気運」や「気」――「気韻生動」の基礎――のゆえに、山水も生動的なものとなりうるという指摘である。ここでは謝赫の「六法」のうち「経営位置」も「気韻」のもとで包括されている。

さらに、鄧以蟄のレッシングへのより正面からの批判は、のちの「中国芸術の発展」(一九五一)に直接確認できる。

西洋人(例えば著名な一八世紀の文芸批評家のレッシング)は言う。「自然にはそもそも秩序や形式がないので、どうして描くことができようか。それでも、無理して自然の前に立ち、少し風景を描いてみる。」その心や視野の狭さは、実にかわいそうなものではないか！　実際、視覚は外界の現象を受け取り、一度受け取り、二度受け取り、二度三度、ついには無限に至る。人間の脳は、これらを一つの全景に総合して組み合わせることができないことがあろうか。宇宙の連続していないものを、いかにして連続させるのか。〔中略〕西洋人はまったく静的な観点を取るため、この問題への解決法がないが、われわれは動的、変化的、生的観点から自然を見ているので、〝山水〟という芸術の形態を発明した。これも古今の世界にほとんどない、われわれが誇りかつ重んずべき物である。(356-357)[42]

これは、一九五〇年代に中国の自国文化の価値を取り戻すためになされた西洋批判と考えられる。だが、ここで注目すべきは、西洋の芸術論を「静的」、対照的に中国のそれを「動的」と述べることは、一九一五年頃から一九二〇年代まで続いたいわゆる「東西文化論戦」の考え方とは相反するということである(本書第三章第三節を参照)。ここでの鄧以蟄の意図は次のようである。すなわち、中国芸術の発展史のなかで戦国時代を一つの転換点とし、そこに「静的な工芸的表現」から「動的な絵画的表現」への転換を確認した上で、その発展を異なる側面(「静」と「動」)の闘争によるいわゆる「弁証的唯物論的な発展規律」の一環として説明することである(357、361-362)。中国芸術の成功を強調するために、鄧以蟄は「気韻生動」を西洋絵画に欠けたものとしている。これは後述の宗白華と対照的である。

このようにして、鄧以蟄はレッシング思想を参照しつつ中国芸術論の特徴を主張した。鄧以蟄はレッシングのどの著作を援用したのか明言せず[43]、その箇所は管見の限り精確に特定できないが、その営みから読み取れるのは、当時の中国の論者にとって、レッシングの思想がもはや西洋芸術論の代表格として広く知られていたことであろう。

もっとも、鄧以蟄のレッシングに対する理解に大きな誤りはない。レッシングの風景画についての見解は、例えば『ラオコオン』第一九章の最後に言及されている。「絵画の中での本当の透視図法はただ風景画において偶然に発見された[44]」という。ここでの風景画は、人物や物語を描写する絵画と比較されており、後者では「たんに視覚経験に従って」、遠い場所のものが近い場所のものより小さく見えるが、一枚の絵画として透視図法を構成するものにははるかに及ばない(*Laokoon*, 119)。それに対し、透視図法が形成されるには、「一つの特別な視点(ein einziger Augenpunkt)、一つの明確な自然の視野（ein bestimmt natürlicher Gesichtskreis）が必要であり、古代絵画にはないものである」とされる（*Laokoon*, 119）。『ラオコオン』の未刊の遺稿にも「完全なる透視法を持つ絵画（die ganze perspectivische Malerei）は風景画から生まれた」という仮説が提出されている。また、古代絵画に上記のような視点がなかった理由について、レッシングは遺稿の中でも無生命の風景に美があることを繰り返し否認し、古代にはそれを取り上げて描写する作品が存在していないことを主張する。遺稿でレッシングは風景画に関して、画家は「原物の実際のサイズ（Lebensgröße）」を用いる必要があるため、「崇高な風景」を描写する際に、〔造形〕芸術には欠陥があると述べるように、彼は風景画を他のジャンルと同じように原物を元来のサイズで写した人物画のようなものであるべきだと考えている。鄧以蟄はこうした西洋の風景画理解に対して、中国の「気韻生動」論をもって反論したのである。

第四節　宗白華の「気韻生動」論の再考――中国美学の枠組みとして

以上の議論を踏まえて本節では、滕固や鄧以蟄と親密な交友関係を持っていた宗白華の「気韻生動」論にもう一度立ち戻ってその意義と独自性を浮き彫りにしたい。

まず、前章を通じて明らかにしたように、宗白華は「気韻生動」を中国固有の哲学思想、とりわけ「道」概念に基づいたものと捉えている点で同時期の他の論者と異なっている。鄧以蟄も「気韻生動」を中国芸術論を特徴づけるものと主張しているが、古典思想と結びつけることによって、中国芸術の理想としての「気韻生動」を理論的に基礎づけようとしたのは宗白華である。宗白華の美学思想は後に変節していくため、古典哲学と「気韻生動」との関係を最終的に体系化することはなかったが、この可能性の提起には重要な意義がある。彼の学生である葉朗はこの路線に従って、『中国美学史大綱』（一九八五）で「道」概念と関連する「気」や「象」、そして「気韻生動」の関連概念であるたものであることを明らかにした。(47)「気」や「韻」を摘出し、それらの関連をより精緻に論証し、中国芸術の理想とされる「気韻」が道家思想を踏まえ

また宗白華による、古典思想と結びつけられた「気韻」解釈は、「気韻」と「形似」の新たな関係を示唆している。宗白華によれば、「気韻」は宇宙の真相を志向するもので、その意味では最上の写実性を持っているという。前章でも引用したように、彼は中国絵画について「まことに形態における類似〔形似〕を極めてから」(II, 52)、気韻を得るものであると考えている。他方、陳師曽や滕固のいう絵画の写実性は、(気韻と対置される)形態もしくは「形似」のレベルでのそれを指す。つまり、宗白華は絵画の宇宙精神のレベルでの写実性を提起し、その写実性を絵画の「形似」の延長上にあると考え、「気韻」と「形似」の背反関係を逆転した。この捉え方は、のちの中国美学における「気韻」概念の扱いに決定的な影響を与えた。例えば徐復観『中国芸術の精神』(一九六六)は、「気韻と形似の関係は、〔気韻が〕形似を超えながら、再び対象の本質としての形似を表現しうるように復帰するというような関係である」と述べる。(48)また、李沢厚『美の歴程』(一九八一)は、「気韻生動」概念がいかに宋元時代に山水画のジャンルに拡大するかを論じる際、外面的な形似(いわゆる西洋の)と内面的な真実(宇宙・自然のそれ)を明確に区別し、中国絵画は自然を綿密に観察しつつ概括的に表現し、西洋絵画のような感覚的なイリュージョンではなく、想像によった真実を追求すると指摘する。(49)

さらに、「気韻生動」を西洋芸術論との比較において中国芸術論の一つの基本的枠組みとした意味でも、宗白華の議論は注意に値する。(50)宗白華は芸術実践を重視するが、それを論じる際にはまた常に中国と西洋を積極的に比較しながら進めている。

こうした宗白華の立場が端的に表現されているのが、「画法の淵源」(一九三四)である。宗白華によれば、中国絵画は終始「気韻生動」すなわち「生命の律動」を対象とし、筆法は物の「骨気」を取る「骨法用筆」を絵画の手段と

している。そのほかの、「応物象形」「随類賦彩」というような自然の形態や色彩を模倣すること、「経営位置」という調和・秩序・比例・均衡を検討することは、謝赫の六法においてそれほど重要な位置を与えられていない（II, 103）。一方、西洋の美学思想においては「自然の模倣」や調和・比例を問題とする「形式美」が中心的な課題とされている（II, 103）。宗白華は、近代西洋の『ファウスト』に代表される「生命表現」や「感情移入」の動きにも注目したが、古代ギリシャ以来の西洋芸術論の根底にある立場は中国のそれとは明確に異なると主張している（II, 103）。実際、ここで調和・比例と関わるものとされている「経営位置」に関し、宗白華はのちの「詩と画の空間意識」（一九四九）において、それは西洋の透視的原理に基づくものではなく、「大自然の全面的なリズムや調和」そのものを反映するものであると論じている（II, 425）。つまり、一見して外的な形態の調和や比例を求めるとしても、中国芸術論は本質上西洋のそれと異なっているというわけである。

興味深いことに、宗白華はまた「六分」と呼ばれる絵画の六要素を取り上げるインドの伝統的な芸術論にも注目している。すなわち、①「形相に関する知識」、②「量および質に対する正確な感覚」、③「形態に対する感情」、④「典雅および美の表示」、⑤「真の象に迫って似ていること」、⑥「筆および色の芸術的用法」という六つの要素である（II, 111）[51]。それらの要素に対して、宗白華は①②③⑤は自然の模倣を要求するものに他ならず、④は形式的調和を求めるもの、⑥は技術に属するものであると述べる（II, 111）。つまり、こうしたインドの伝統的芸術観は、西洋のそれに近いというのである。その理由として彼は、ギリシャ人とインド人が同じアーリア人であり、従って哲学思想や宇宙観に共通するものが多いことを挙げている（II, 111-112）。

留意すべきは、宗白華が「気韻生動」を中国芸術を超えた芸術一般の理想と見なし、西洋芸術にも認められるものであると主張していることである。古代ギリシャの彫塑から生まれた西洋絵画は、立体的な模写、そして光と陰を用いた形態的な凹凸の表現を重視し、とりわけ油絵はそれを追求しているという。素材の性質から見れば、むしろ「西洋の油絵が気韻生動を表現することは、実は中国の色彩と比べると簡単である」と指摘されている（II, 107）。それに対し、筆と墨を素材とする中国絵画は、形態の凹凸ではなく点や線の表現を工夫している。その結果、「幽淡的、微妙的、静寂的、洒落的」で「心的」な「気韻生動」に到達したという（II, 107-108）。宗白華の見解によれば、「気韻生動」は芸術の理想として西洋芸術にも存在することは否定できず、ただ二種の芸術それぞれに重要視される程度が異なっているのである。つまり、気韻生動は中国芸術に特有の特徴として捉えられるのではなく、むしろ中国でも西洋でもみられる芸術の一性質として普遍化され、両芸術を比較する際の有効な一観点として用いられている。さらに、このような比較を通じて、「気韻生動」は中国芸術の理論的枠組み、すなわち中国芸術の求める筆墨の表現や、境地のあり様といった諸々の具体的な特徴が発生するベースであることが示されている。

結　詩画比較論の異なるレベル

本章では、二〇世紀前中期の「気韻生動」論の進展の一端を見てきた。陳師曽は早くからこの概念を使用しはじめ、近代中国の「気韻生動」論の基本的方向を定めたが、滕固は美術史的文脈に立ち戻り、この概念の歴史における内実の変遷を明らかにした。また、滕固は文人画や院体画の関係を再解釈することで、単純化して捉えられてきた「気韻生動」と文人画との関係を見直すことができた。一方、鄧以蟄は芸術の最上の基準とされる「気韻生動」をある種のイデア的存在として「形」と峻別した上で、それを創作論と鑑賞論の二つの視点から考察した。中国近代芸術論においてはじめは「画の六法」の第一として注目された「気韻生動」概念は、こうして近代的な概念として再構築されたのである。

上述の論者たちの「気韻生動」論は、彼らの美学思想全般との密接な連関のなかで展開されている。例えば滕固は、まず（西洋芸術を含め）芸術の理想像――画家の生命と対象の生動との合致――を形成し、そうした理想を「気韻生動」に投影して解釈したと考えられる。また鄧以蟄は、中国の言説を踏まえたとはいえ、根本的に言えば中国芸術の文脈から離れた西洋の芸術観に基づいて「気韻生動」を解析しようとしたと言える。[52] これらの試みは、当時の中国芸術論研究が西洋思想を参照したことを如実に物語っている。

一方、こうした模索のなかでも、「気韻生動」は確実に中国芸術論を特徴づけるもの、ないし一つの基本的枠組みとして浮上しているのである。宗白華は一九三〇年代から「気韻生動」を中国の古典哲学と結びつけて解釈しようとした。また、一九五〇年代の鄧以蟄は、「気韻生動」を西洋絵画に欠けるものと主張している。王有亮（二〇〇五）が概説しているように、写実主義は文学革命や美術革命を含む五四運動以降の文化活動の基軸となり、一種の時代精神を形成するものとなった。しかし、西洋に由来する写実主義への過度な傾倒の結果、中国絵画がいかに自らの伝統を認識・継承すべきかという問題の展開はかえって妨げられてしまうことになった。王有亮によれば、その解決がようやく見出されたのは、宗白華、鄧以蟄の思考においてであったという。[53] これは的を射た見解である。

ちなみに、朱光潜も『詩論』において、西洋芸術とは対照的に、中国の絵画を見る時に我々が見るのは、一枚の物質的絵画ではなく、むしろ一枚の「気韻生動」の図であると主張している（本書第二章第一節）。「気韻生動」を中国絵画の本質をなすものと認識し、それを「形似」と別の次元で考慮しうるものとする点で、彼の見解は陳師曽や滕固のそれに近いであろう。

ここでは第Ｉ部の議論に関してまとめることにしよう。朱光潜・宗白華によってなされた『ラオコオン』への批判的応答を含めて、「気韻生動」論を枠組みとして構想された中国美学は、実に詩画比較論の異なるレベルの存在を示唆しているからである。

ここまでの考察から明らかなように、『ラオコオン』の議論では、詩と絵画はともに自然を模倣し、原像そのものを再現するという役割・目標を有していることが前提とされている。一方、「気韻生動」はこの前提自体を否認するものであることがわかる。「気韻生動」が求めるのは、物事の形態ではなく、その背後にある作者や宇宙の精神だからである。朱光潜・宗白華らのように、この概念に注目することで中国の詩画同質論を主張し『ラオコオン』の詩画異質論を批判する営みは、本質的には、模倣論を前提としない芸術観をもってレッシングの模倣論的芸術観と対決しているものと考えられる。『ラオコオン』第一九章の冒頭でレッシング自身も述べるように、ある論点に対する批判を行うには、必ずしも論敵の規定した前提を守らねばならないわけではない。その前提自体がそもそも疑問視されうるからである。[54] これに照らせば、朱光潜・宗白華らの反論の正当性は、レッシング自身もおそらく認めるところであろう。

しかし、朱光潜・宗白華の議論は単純な詩画同質論（詩と絵画の同質性だけを認める）でもないことに注意すべきである。精確に言えば、それは芸術の媒体の特性や具体的な表現のレベルでレッシングの詩画異質論の見解に同意した上で、〈芸術が気韻生動のように非再現的な境地を志向する〉という別のレベルでは詩と絵画が相互に共通していると主張するものである。ところが、芸術の求める境地を、一種の理想と言い換えるならば、詩と絵画のそれぞれの理想の共通性は、実際のところ、レッシングにおいても承認されている。そもそも『ラオコオン』という書物は、次のように始まっている。

> 絵画と詩を比較した最初の人（芸術愛好家）は、これらの二つの芸術が類似する効果（eine ähnliche Wirkung）を彼にもたらすことを、敏感に感じ取った人であった。彼は、これら二つの芸術が、ここにないものを現にあるものと思わせ、仮象を現実と感じさせるという作用があることを感じた。これらの二つの芸術はいずれもイリュージョンを形成させており（täuschen）、またこれらのイリュージョン（Täuschung）は彼に快いと感じさせた（gefällt）ので

ある。(Laokoon, 3)[55]

レッシングによれば、芸術に対して三つの立場がありうる。すなわち、「芸術愛好家」、「哲学者」、「芸術批評家」である（Laokoon, 3）。この三つの立場は芸術の扱い方が異なっているが、いずれも最初に「芸術愛好家」のように芸術を敏感に感じ取ってから、考察を行っていく。「芸術愛好家」は芸術を感じ取ることにとどまるが、「哲学者」は芸術にもたらされた感覚の本質を探る人、「芸術批評家」は詩と絵画それぞれを統べる規則を比較し思考しはじめる人と規定される（Laokoon, 3）。レッシングは自分のことを、「芸術批評家」に位置づける。彼は詩と絵画の規則について思考する人であるが、この思考は詩と絵画の共通点を感じ取ったことを前提としているのである。また詩と絵画のもたらしうる共通する「効果」は、二つの点から説明される。第一に「イリュージョンの形成」、第二にそのイリュージョンが受容者に「快いと感じさせる」という感性的体験を喚起しうることである。

こうしてみれば、朱光潜が『詩論』において解説したような詩と絵画の具体的な表現の次元での干渉関係に加え、レッシングの議論には、そもそも詩と絵画が芸術として同様の理想的効果を目指し、また達することができるという意味での共通性の認識が含まれているわけである。一般に『ラオコオン』は、最終的に造形芸術と言語芸術との区別を明確に画定した著作として理解されている。しかし、実際には、そもそもこれらの芸術が同等な効果を追求していることをまず確認し、その上で詩と絵画がそれぞれの効果を発揮するメカニズムを取り上げ、それらを比較対照するものであった。さらに精確に言うならば、レッシングは美的体験の次元において詩と絵画の共通性を承認するどころか、むしろ一八世紀の当時まで、芸術の範型と見なされてきた絵画――「詩は絵のごとく」という命法が文字通り示している[56]――に対し、詩はいかにして絵に追いつくことが可能かという問いに答えるべく論証に努めているのである。詩を範型としての絵画から解放しようとする『ラオコオン』の意図は、第一九章の以下の箇所において最も明瞭に見て取れる。

このような〔詩の記号が持つ表現の〕自由さ、このような能力を通してのみ、詩人は芸術家〔画家〕に追いつくことができる。また彼らの作品の効果が同様に生き生きとしているとき、彼らの作品は最も類似する。(*Laokoon*, 116)(57)

総じて言えば、レッシングによる詩と絵画の相違に関する論述は、一方で朱光潜や宗白華が正しく指摘するように、芸術媒体、もしくは記号の次元においてであり、他方で、レッシングは美的体験の次元では詩と絵画の共通性をあらかじめ承認しているのである。詩と絵画の比較はこのように『ラオコオン』において、記号を考慮せず単なる美的経験に、あるいは美的経験に注意せずただ記号に求められるのではなく、両者の総合作用にこそ求められるものとして設定されている。そこで、芸術の記号（芸術形式）と美的経験の関係について、先行者や同時代の論者と比べてより厳密に考え抜くことができたのが、一八世紀中葉の『ラオコオン』の意義であった(58)。

ここで重要なのは、中国の詩画比較論に鑑みることによって、詩画比較論の異なる検討レベルが開示されることである。つまり、レッシングの記号論的な検討のような各芸術ジャンルの内部に注目するレベルと、芸術諸ジャンルの区分の外部に存在する芸術一般の理想——それが模倣説に立つか否かにかかわらず——に注目するレベルが存在する。西洋の詩画比較論では、レッシング以降、ロマン主義の時代（バビット）やモダニズムの時代（グリーンバーグ）にも、異なる芸術形態への指摘によって『ラオコオン』がさまざまな視点から反省的に論じられてきたが、中国での「気韻生動」論という有力な枠組みと比較することで、詩画比較論に関する上述の二つのレベルにおける考察視点の相違が判然となる。芸術の各ジャンル内部のレベルと、それらの外部にある理想とされるレベルとの区別は、西洋の問題にも通用しうるものであろう。留意すべきは、現在でも中国の詩画比較論の主流は後者の立場（考察の視点）を取っていることである。例えば韓林徳（一九九五）は「気韻生動」に関連して「空間（画面）に時間（生命）の属性をもたらすべきである」[59]と論じている。だが、こうした議論には、レッシングの行った空間芸術と時間芸術の根本的な区別自体を取り消してしまう傾向がある。『ラオコオン』やそれをめぐる議論を中国の文脈において考察することの意義は、こうした近代中国の美学的言説を批判的に再検討することを可能にする点にも認められるべきである。

「気韻生動」は確かに中国美学思想の中心的な概念であり基本的枠組みでもある。しかしそれをもって、中国美学全体のあらゆる具体的な側面を抽象的に概括することには、中国美学の豊富な内実を単純化してしまう恐れもある。朱光潜や宗白華による中国美学の構築には図式的な側面もあったが、それによって近代中国美学の土台が整った。それを踏まえて、次の世代の銭鍾書は中国美学の可能性をより精緻に探索していく。

第Ⅱ部　二〇世紀中国美学の刷新——銭鍾書の文学論

第五章　銭鍾書による学問的枠組みの刷新

序　銭鍾書の経歴(1)

銭鍾書は、字は黙存、号は槐聚、一九一〇年に江蘇省無錫県（現在の無錫市）に生まれた。彼は朱光潜・宗白華より一三歳も若いが、彼らと比べてより伝統的素養を重視した家庭に育てられていた。銭鍾書を理解するためには、彼の家族、とりわけ彼の父で、著名な古典学者の銭基博（一八八七〜一九五七）について述べる必要がある。

銭氏は無錫の比較的大きな望族であった。銭基博は、無錫で有力な社会活動家の銭基厚を弟に持ち、また基厚の息子銭鍾韓は著名な機械、電気専門家である。他にも家族には鉄道や工業、科学計量学といった多くの分野での専門家が現れた。銭鍾韓は、銭鍾書の従兄弟として、大学に入学するまでともに教育を受けていた。のちに文系と理工系のどちらの進路を選ぶかにかかわらず、銭氏家族には中国古典文学の素養を重視する伝統があった。銭基博は幼少期からすでに、「四書」、『礼記』、『尚書』、『毛詩』、『爾雅』、『周易』、『周礼』などをすらすらと滞らずに暗唱することが要求されていた。

銭鍾書は銭基博の息子だが、生まれてから一三歳になる一九二三年までは、銭基博の長兄、銭基成に育てられた。当時四〇歳ごろの銭基成はいまだ息子を持っていなかったため、封建社会の伝統に基づき、弟の息子の銭鍾書を抱養することになったのである。銭基成の溺愛により、少年時代の銭鍾書は遊びに熱中し、また一種の何も怖れぬ豪胆さを身につけた。銭鍾書は塾にも通っていながら、いわゆる王道の中国古典文学ではなく、『西遊記』や『水滸伝』、『三国演義』、ないし家に認められていない『説唐』、『済公伝』、『七侠五義』といった小説を広く読むことに心酔していた。その読書生活については、『三国演義』における関公の八〇グラムの武器は、もしも『説唐』の世界になると、八〇〇グラムの武器を持つ主人公や、『西遊記』の世界では孫悟空の一万三〇〇〇グラムの金箍棒には勝てないのではないか、と幼少期の銭鍾書が考えていたという逸話がよく挙げられる。一九二〇年、銭基成が亡くなり、無錫県第二高等小学（東林小学）に入学した銭鍾書は、ようやく父の銭基博の厳しい古典教育を受けはじめた。それまでの銭鍾書のやや脱線していた生活は、彼ののちの学術思想に異色的な性格を付したであろう。

銭基博の学術成果には、経学に関する『経学通志』や、集部の著作に関する『韓愈志』や『韓愈文読』、『明代文学』、『江漢炳霊文談』、『読清人集別録』がある。また彼は、大部の『現代中国文学史』と『中国文学史』を著し、古今を網羅的に論究するその研究姿勢は銭鍾書に大きな影響を与えた。銭基博は多くの箇所で当時の有力な人物、梁啓超や胡適を批判していた。とりわけ『現代中国文学史』は、新文化が唱えられた風潮のなかで、伝統文学を称揚する独特な存在と言える。その批判的精神並びに旧文学への愛情は、銭鍾書にも継承されていた（本章第一節で詳述する）。

一九二三年、銭鍾書は小学校を卒業して、蘇州の教会学校である桃塢中学校に入学した。教会学校のため、英語の授業のみならず、多くの科目は英語で教えられている。そこで、銭鍾書は教科書ではなく、西洋の文学や哲学の書物を原典で多く読み、語学の天才を見せはじめた。中学期の銭鍾書が触れた中国古典は、『古文辞類纂』、『駢体文鈔』、『一八家詩鈔』などの巨著である。一九二七年、北閥軍は江蘇省・浙江省の一帯を占領し、『聖書』を学校の必修科目から排除すると命じており、それに対する抗議として桃塢中学校は休校することになった。これに従い、銭鍾書は無錫輔仁中学校に転校した。

無錫輔仁中学校は私立学校で、教会学校の桃塢中学校ほど設備がよくなかったが、理工系の授業をも重視し、それによって卒業生は国立大学に比較的入学しやすいという利点があった。当時は新旧学制の交替時期であり、(宗白華が経験した) 旧制度では、中学四年・大学予科二年・学部四年であるが、新制度は中学三年・高校三年・大学四年となる。新制度を採った無錫輔仁中学校で二年間を過ごした銭鍾書は、中国語や英語の書物をさらに大量に読み込み、それによって養った国語と英語の能力で一九二九年に清華大学に合格した。当時の清華大学の規則によれば、一科目が不合格であれば受け入れられないが、銭鍾書の数学は一五点しかなかった。しかし、あまりにも国語と英語の成績が優れていたため、当時の校長を務めていた羅家倫によって慣例を破って入学を認められた。そこで銭鍾書は、銭基博の望んでいる中国文学系ではなく、外国文学系に入学した。H・R・ハガードといった西洋の冒険小説を好きなだけ読める環境を得たかったからである。

清華大学に入学した銭鍾書はまもなく衆人の注目する対象となった。銭鍾書を極めて高く評価した諸教授のひとりに、比較文学の先駆者とされる呉宓 (一八九四～一九七八) が挙げられる。呉宓はハーバード大学留学経験を持ち、I・バビット (一八六五～一九三三) に師事していた (本書第七章第二節で詳述する)。呉宓は銭鍾書の才能を、当時清華大学歴史系の教授で中国近代を代表する陳寅恪 (歴史学者、文学研究者、語学研究者、一八九〇～一九六九) と並ぶものと評価している。また、銭鍾書が大学二年生として在学していたときに、外国文学系に講師の人手が一つ足りていなかったところ、呉宓は進んで銭鍾書を臨時教授として推薦した。当時哲学系の教授であった馮友蘭も銭鍾書の哲学の才能を高く評価した。もう一つ特筆しうるのは、二〇世紀の著名な古典学者である銭穆 (一八九五～一九九〇) は、一九三一年に出版した『国学概論』の序を銭基博に依頼したが、銭基博は銭鍾書に代筆させて、また推敲を重ねた上で一文字も変えずそのまま出版に付したことである。これは広く知られた美談となっている。その序を執筆した一九三〇年七月の銭鍾書は、まだ大学一年生の身分であった。後述するように、銭鍾書の先学への真正面からの批判や自らの見解の提示の数多くは、一九三三年に清華大学を卒業する以前に行われたものである。それは彼の才能、そして豪胆な性格にも負っていると言えるであろう。

清華大学を卒業した後も学校にとどまるよう何度も説き伏せられていたが、銭鍾書は一九三五年までの二年間、上海光華大学の外文系で西洋文学と文学批評を講じた。その着任の理由として、父の銭基博が同大学の中文系の主任であったこと、また、清華大学外文系を卒業してすぐには留学できず、必ず二年以上の仕事期間が必要であったことが挙げられる。銭鍾書は、父と同じ職場で教鞭を執りながら、留学準備をしていたのである。

一九三五年から三七年、銭鍾書はオックスフォード大学エクセター・カレッジに在学した。その期間中も、依然として授業よりも図書館で読書することに傾倒し、ほぼすべての時間をそこに費やしていた。彼はオックスフォード大学の著名なボドリアン（Bodleian）図書館を、「飽蠹楼〔バウデゥロウ〕」と音訳している。「蠹」は本の素材を食とする小さな虫であり、つまり銭鍾書は自分のことを本の虫、書物の世界の食いしん坊に譬えているのである。オックスフォード大学在学中の銭鍾書は、当時のイギリス大学の基本的要求となる三、四種の欧州言語を努めてマスターし、他方で、彼の持つ中国人文学の百科全集的な学識がそれほど重視されていなかったため、意気揚々とした清華大学での生活とは全く異なる経験をした。当時のオックスフォード大学にはすでに常設の漢学の教授席があったとはいえ、中国学はまだ浸透していなかったからである。オックスフォード大学の学術環境や蔵書の豊富さは無論銭鍾書に大きな影響を与えた。彼は「一七、一八世紀イギリス文学における中国（China in the English Literature of the 17th, 18th Century）」と題する論文を提出してB. Litt学位——高級文学学士、文学修士に相当する——を得た。また、オックスフォード大学の中文の准教授（readership）をも勧められたが、辞退していた。オックスフォード大学から離れた銭鍾書はまた、パリ大学でフランス文学研究を志したが、日中戦争が勃発したため一九三八年に帰国することにした。

帰国した銭鍾書は、馮友蘭の招待により再び清華大学に戻って、慣例を破って最も若い教授として教鞭を執った。だが、当時は戦争のために、国立清華大学は北京にはなく、国立北京大学・私立南開大学と合併し、一旦一九三七年一一月一日に湖南省長沙にて長沙臨時大学となり、さらに状況が悪化したため、雲南省昆明に移転し、一九三八年四月二日に国立西南聯合大学――「西南聯大」と略称されている――になった。その状況は一九四六年まで持続した。数多くの分野の代表的な研究者が集合し、西南連大では「欧州文芸復興」、「当代西洋文学」、そして一年生の英語を担当していた。またこの時期の銭鍾書はいくつかの散文を創作し、社会や学術界の滑稽な現象に皮肉を投げかけていた。本書の第一章第三節に論じた「釈文盲」もこの時期の産物である。だが、こうした気まぐれな批判臧否《ぞうひ》を含め、いかにも才気あふれた鋭い気性により、銭鍾書は学生から大いに歓迎された一方で、他の教授との同僚関係はうまくいかなかった。一九三九年の夏に、銭鍾書は西南連大から離れ、湖南省宝慶藍田にある国立師範学院（解放後、武昌に移転して華中師範学院となった）に転じて講じることになった。彼の父、銭基博も上海光華大学から転じていて、当時はそこの中文系主任であった。銭鍾書は外文系の主任となった。

一九四一年の夏に、銭鍾書は病気のためしばらく上海で療養していたが、真珠湾攻撃（一二月七日）が勃発し、共同租界も含む上海全域が日本軍の占領下に入ったため、上海から離れることができなくなった。上海で常勤がなかった彼は、上海震旦女子文理学院で『詩経』を講じたり、家庭教師を務めたりして生活を送っていた。

この時期における銭鍾書の活動に関してとりわけ二点が重要である。一つは、国立師範学院の時期（一九三九年）から『談芸録』を執筆しはじめたことである。『談芸録』は（朱光潜の批判する）伝統的な詩話の体例を取り、清代に流行した札記（読書ノート）の形式で文学・芸術作品の批評を行っている。陸文虎『管錐編談芸録索引』（一九九四）の統計によれば、この書物で触れた詩文は、中国語のものに限れば宋代の三六種、金・元代の一〇種、明代一五種、清代の約七〇種がある。一方、詩話の体裁を踏襲している本書は、（朱光潜の批判したように）各問題をばらばらに個人的経験に基づいて直感的に批評するにとどまるのではなく、諸思想の分析に明晰さを求めようとするものである。

銭鍾書は文言文の表現可能性における「弾性」、つまりそれがどのくらい新たな思想を取り込むことができるのかを検証しているのである。(2) 銭鍾書の実践から、古めいたものとされた詩話の形式と、進歩的な学術のあり方とされた西洋的な分析は必ずしも矛盾するものでないことが証明されている。この実践もまた、新文化運動以来、中国の伝統が真に活性化され捉え直された成果と考えられる。このような形式は、彼ののちの集大成の著作『管錐編』にも引き続いている。

藍田という物資に乏しい小さな鎮で、銭鍾書は粗末な紙を用いて毎晩一章を執筆し修正を加え続けた。『談芸録』は一九四一年、藍田から離れる際には半分以上仕上がっており、一九四二年までには全稿が完成したのだが、戦争中で出版は不可能であった。この間、銭鍾書は原稿の修正を重ね、『談芸録』が上海開明書店から出版されたのはようやく一九四八年になってからであった。銭鍾書が一九四二年に著したこの書物の序は、戦乱中の知識人の生活と思考の状況をよく表しているため、その最初の段落を書き下し文と拙訳によって引用したい。

『談芸録』一巻、賞析の作と雖も、実は憂患の書なり。始め稿を湘西に属し、甫めて其の半ばに就く。痾を養ひ沪に返り、行篋以て随ふ。人事は叢脞にして、未だ附益するに遑あらず。既にして海水群飛し、淞浜魚爛す。予親を侍ち眷を率し、兵罅に偸生す。危幕の燕巣の如く、枯槐の蟻聚に同じ。憂天は将に圧せんとし、避地之無し、門を出で西向して笑はんと欲すと雖も而れども敢へてせざるなり。愁を銷け憤を舒べ、往を述べ来を思ふ。無能の詞に託し、有涯の日を遣る。匡鼎の説詩頤を解くを以て、趙岐の乱思志に系るを為す。利病を掎摭し、積累遂に多し。濡墨は已に乾き、殺青計ること鮮し。苟くも六義の未だ亡びず、或いは六丁取る勿き所なれば。麓に蔵し閣に置き、以て貞元を待つ。時日曷ぞ喪ならん、清河俟つべし。古人固より伝心死せず、老我にして舌を捫ち猶ほ存す。方に将に是を継ぎ、復た談ずる有らん。

『談芸録』一巻は、賞析の著作だが、実は憂患の書物である。はじめ湘西にて稿をつづり、その半分を完成したばかりで、療養のため上海に戻り、荷籠に入れて持ち運んでいた。世の中の煩瑣なことで、執筆するいとまがない。しばらくして、万民が海水のように擾乱されて波が起き、民衆が魚のように海岸〔上海を指す〕に打ち上げられ腐爛していった。私は親の世話をするかたわら家眷を落ち着かせて、戦乱の合間を生きながらえた。まるで破れかかった幕の上にある燕の巣や、枯れて倒れそうな槐樹に集まる蟻のような境遇であった。憂いの立ちこめた天に圧倒され、これを避ける地はどこにもなく、李白のように門を出て西におおらかに笑おうとしてもできない。愁いや憤慨を解消し、過去のことを述べ将来を考える。無能の言葉に託すことによって、有限の日々を送っていく。匡鼎〔匡衡〕が綱紀によって『詩』を説いたように、本書は人々の一笑を博す一方、趙岐が困難の中で筆墨により思索をはしらせたように志を託す。詩文の優劣を指摘し批評し、多くの素材を集めてきた。初稿はすでに仕上げたが、脱稿はあまり考えていなかった。もし本書の扱う『詩』の六義が未だ滅んでおらず、あるいは六丁のような神異鬼怪からしても一顧の価値もないものと思われれば、しばらく棚に上げて蔵して、貞元のような盛明な時期が来るのを待とう。現況は痛恨の極みだが、黄河が清くなる時をあえて待とう。古人が物事を伝える心は死んでおらず、老いてもなお舌を持つように発言できると考えている。後世もまたこれを継いで、再び談ずること〔『談芸録』の仕上げ〕ができるであろう(3)。

また、『談芸録』序にあるもう一文の「東海西海、心理攸同し、南学北学、道術未だ裂けず」は、古今東西の学識に共通するものがあるという銭鍾書の学術立場を端的に表すものとして広く知られている。

この時期の銭鍾書の活動で特筆すべき二点目は、資料が極めて入手しにくい状況の中で、学術研究よりも、彼が想像力を発揮して文学創作を試みていたことである。『人・鬼・獣』となる四篇の短編小説を執筆した後、一九四四年から一九四六年、長編小説『囲城』（Fortress Besieged）を完成した。この小説のタイトルはフランスの諺「Le mariage est comme une forteresse assiégée, ceux qui sont dehors veulent y entrer, et ceux qui sont dedans veulent en sortir.（婚姻は囲まれている城のごとく、外にいる人は中へ、中にいる人は外へと望んでいる）」を踏まえており、日本では『結婚狂詩曲』と訳されている。一九四六年二月から鄭振鐸編『文学復興』で連載され、単行本として上海晨光出版社により出版された。

日中戦争の前夜を舞台とするこの小説は、ある知識人グループの生活を取り切り、彼らの視点から社会的大変動の中の人間生活を描写したものである。フィクションではあるが、その背景には社会や人間にまつわる洞察の鋭さや諸文化に関する教養の深さが透けて見え、その文体は至る所に生き生きとした諧謔を駆使している。そこでは、知識の価値が揺らぎ、学識が無用どころか嘲笑の対象とさえなってしまった時代に、学位や肩書きによって身を立てエリートを自任する者たちの世俗的な欲望と野心、その中にもまだ残る高邁な理想の追求、そしてそのような理想があっというまに指の間の砂のように流れ落ちてゆくさまが、高い密度で次から次へと容赦なく暴き出される。

極言すれば、この小説から窺えるのは銭鍾書の学問や世間への遊戯的態度である。おそらく朱光潜や宗白華が文化的アイデンティティーの模索をめぐって苦悩を経験したのに比べれば、銭鍾書は学問的には比較的自由に取り組んでくることができた。しかし、その自由があったからこそ、それと対照をなすように、現実世界では次々と苦境に巻き込まれ、戦争によって閉じ込められた時、彼は徹底的に学問の意義と人生のあり方に思索をめぐらせた。この作は当時大きな反響をおこし、現代中国で最も優れた小説の一つとされている。それは無類の碩学にして敏感な心をもつ銭鍾書の地点からしか観察・記録できなかった時代の風景であろう。この小説以降、銭鍾書は学者としてよりも、まず小説家として世に知られるようになったのである。

ようやく一九四五年九月に、八年にもわたった戦争が終わったが、物価の暴騰や物資不足などの理由で生活は未だ困難であった。そのため、一九四六年に銭鍾書は南京国立中央図書館の編纂業務を引き受けて、また同図書館の英文雑誌『書林季刊』の編集長となった。この時期に彼は上海と南京を往復して幾つかの英文文章を発表した。また一九四六年から三年間で曁南大学教授として、「欧米文学名著選」や「文学批評」、「シェイクスピア」、「英語分期文学」などを講じていた。

一九四九年に中華人民共和国が建国され、同年に銭鍾書は清華大学外文系の教授となり、一九五〇年以降『毛沢東選集』英訳委員会に参加し、英訳・編集などの仕事を務めはじめた。同委員会には重要な哲学者、論理学者である金岳霖もいる。(4)金岳霖は毛沢東「矛盾論」（一九三七）や「実践論」（一九三七）を、銭鍾書は（近代中国の文芸論に決定的な転換をもたらした）「延安文芸座談会における講話（在延安文芸座談会上的講話）」（一九四二）などを翻訳し、哲学、文芸理論、経済、政治といった分野での専門用語や翻訳全体の骨格を確定した。一九五三年以降、清華大学における文系学部が北京大学に帰せられ、銭鍾書は文学研究所（最初は北京大学、のちは中国科学院哲学社会科学部に属する、今日の中国社会科学院）に在籍していた。

一九五七年秋、父の銭基博の病状が重くなったため、銭鍾書は一旦北京から武漢へ移動した。この時期に銭鍾書は『宋詩選注』を執筆している。この書物は文学研究所編校の中国古典文学作品読本叢書の五冊目であったため、詩の選定や注釈の付け方に関してはある程度の制約があった。(5)銭鍾書はそうした制約の範囲内でとはいえ、詩を厳しく選び出し、そしてただ正確に注釈するのではなく、いわゆる芸術批評や美学の視点から考察を加えている。一説によれば、この書物は当時の政治運動に悖るところもあり、一九五八年に出版されてまもなく刊行停止となったとされるが、銭鍾書自身の証言はこれとは食い違っている。(6)『宋詩選注』の価値を理解するために、日本の漢学者小川環樹のコメントに留意すべきである。(7)小川は「宋代文学史は本書の出現によって、多くの部分が書き改められなければならないであろう」(8)と端的に述べる。また、今日の目線から見れば、銭鍾書の『宋詩選注』は歴史上の宋詩評価の空白を補ったものとしても位置付けられる。張文江（二〇一一）は銭鍾書『宋詩選注』以前の、清代の呉之振等『宋詩鈔』や厲鶚『宋詩紀事』、陳衍『宋詩精華録』といった少数の宋詩関連のものを取り上げた上で、それらはただ資料編纂にとどまっているか、もしくは評価に不正があるという問題点を指摘している[9]。

一九六九年四月から一〇月、銭鍾書は他の知識人とともに「工人解放軍宣伝隊」の「再教育」を受け、マルクス主義思想や毛沢東思想を学習することになった。一九六九年一一月、河南省の「五七乾校」で労働改造を受けていた。

一九七二年三月に北京へ戻ることができるようになった。そこから銭鍾書は『管錐編』を執筆し、一九七九年に初版、一九八二年にその増訂版を出版した。文言文による札記という形式を取る『管錐編』は、二〇世紀中国の人文学研究成果の一つの頂点をなしている。これは銭鍾書の読書経験に基づき、中国古典に立脚し、各書物の興味深い点を一、二文や二、三語取り出し、関連する古今東西の思考を俯瞰して検討するものである。考察対象となっている古典書物は『周易』、『毛詩』、『左伝』、『史記』、『老子』、『列子』、『易林』、『楚辞』、『太平広記』、『全上古三代秦漢三国六朝文』など、伝統的な四部分類でいう経史子集の全てにわたる一〇種である。また取り扱う分野は文学、歴史学、哲学、民俗学、心理学、文化学、人類学、言語学など、さらに参照する文献は古代ギリシャ・ラテン・英・米・独・仏・伊・西の各国言語に及んでいる。こうした性格を持つ『管錐編』はたんなる膨大な資料集のようなものではなく、古今東西の思想や学問の複数性に立脚した一つの学術的世界を開くものであった。各文献の細部を通じて、そのような広々とした学術的世界を見渡すことはまた、銭鍾書の学術思想の性格の面白さをよく表している。文体が類似する『談芸録』が主に宋代から清代までを扱うのに対し、『管錐編』は主に先秦から唐代までを扱うという差異があり、また『談芸録』は詩話を中心とするのに対し、『管錐編』は中国文化全体に対して批評しようとしている。

実際、『管錐編』は未完成のプロジェクトであり、一九七二年、七八年の銭鍾書の自序はそれを示している。また、友人の鄭朝宗宛ての手紙に、今後論じる予定の『全唐文』、『少陵《ママ》』、『玉渓《ママ》』、『昌黎《ママ》』、『簡斎《ママ》』、『荘子』、『礼記』などがある。[10] さらに『管錐編』の外編として、直接西洋言語で執筆する予定であった『感覚・観念・思想』は一〇種の西洋書物を踏まえ論じようとしたものであるが、結局完成できなかった。彼が論じる予定であった書物には、ダンテ『神曲』やモンテーニュの随筆、W・シェイクスピアの演劇が含まれていたことが知られている。

一九七八年九月、銭鍾書は中国学術代表団に参加し、イタリアで開催された第二六回の欧州漢学会、また一九七九年四月一六日から五月一六日、アメリカの諸大学（ハーバード大学、イェール大学、コロンビア大学、カリフォルニア大学バークレー校など）を訪問した。一九八〇年一一月一〇日には日本の京都大学を、二〇日には早稲田大学を訪れた。一九八二年に中国社会科学院の副院長となり（実質的な業務は免除されていた）、プリンストン大学の名誉文学博士やフランス政府からの中仏文化交流の貢献ゆえの受賞を辞退した。一九八五年には中国比較文学学会が成立し、銭鍾書は顧問として選定された。

『談芸録』の初版以降、銭鍾書は学術界でやや忘れられた存在であったことには留意すべきである。銭鍾書の名声が確立するきっかけとなったのは、一九六一年、C. T. Hsia（夏志清）が『中国現代小説史』（*A History of Modern Chinese Fiction*）において銭鍾書『囲城』を「中国現代文学における最も面白く、最も繊細に著された小説、もしかして最も偉大な小説でもある」と評したこととされるのが一般的である。[11] しかし、実際に銭鍾書の再発見、再評価が本格化するのは、一九七〇年代中期以降であったと考えられる。銭鍾書の小説のみならず、その学術思想全体の再評価にあたって特筆すべきは、アメリカの研究者 Theodore Huters（胡志徳）の『銭鍾書』（*Qian zhongshu*, Boston: Twayne Publishers, 1982）である。一九七八年に『『大公報』在港復刊卅周年記念文集』（上冊）が銭鍾書『管錐編』の五篇を収録したことも、学界の大反響を引き起こした。また一九七九年、厦門大学中文系主任の鄭朝宗が『管錐編』研究を志す大学院生を募集したことは、中国の『管錐編』学――この名称もこの著作の影響力を端的に示している――もしくは銭鍾書学が成立したメルクマールの一つとされている。

その後、国内・海外の銭鍾書研究は盛んになされてきた。例えば『管錐編』をめぐる断片的な翻訳や研究は、アメリカの研究者 Ronald Egan の *Limited Views: Essays on Ideas and Letters*（Harvard University Press, 1998）やドイツの研究者、Monika Motsch の *Mit Bambusrohr und Ahle: von Qian Zhongshus*〔銭鍾書〕*Guanzhuibian*〔管錐編〕*zu einer Neubetrachtung Du Fus*〔杜甫〕（Frankfurt am Main: Peter Lang, 1994）などが取り上げられる。日本では荒井健・中島長文・中島みどり共訳『結婚狂詩曲』全二冊（岩波書店、一九八八）の翻訳作業に伴って、一九七五年『飆風』一〇月号から訳文とともに関連論考が発表された。近年では、宋代詩文研究会による『宋詩選注』の日本語訳註（全四冊、平凡社、二〇〇四〜〇五）が刊行された[12]。

以上、極めて限られた紙幅ではあるが、銭鍾書の人生と学問について概説した。なお、彼を理解する上で重要な二つの側面を割愛したことに留意されたい。一つは、銭鍾書の詩作である。幼年時代からの漢学の学習を背景に、彼は文学研究者としてのみならず、文学創作者、さらに古典文学の創作者でもあった。現在『槐聚詩存』という銭鍾書の詩集が存在している。銭鍾書自身は、玉渓（晩唐の李商隠）と、簡斎（宋代の陳与義）の作法から多く取り入れていると述べている[13]。

もう一つは、彼が清華大学で知り合い、留学や戦争、政治運動を経験し生涯を伴った夫人である楊絳（一九一一〜二〇一六）のことである。楊絳は銭鍾書と同様に無錫の出身で、楊蔭杭（一八七八〜一九四五、早稲田大学学士、ペンシルベニア大学修士、著名な社会運動家、改革家）を父に持ち、蘇州の東呉大学――試験を受けた年に女性は清華大学に応募できなかった――を卒業後、清華大学研究院の外国文学専攻に進学した。一九三五年に銭鍾書と結婚し、一九三八年までともに英・仏に滞在した。上海震旦女子文理学院外文系教授や、清華大学西語系教授などをへて、中国社会科学院外国文学研究所に属した。特に英・仏・西の文学、また中国文学についても多く論じている。短篇小説や散文、喜劇台本なども数多く著しており、むしろ文学創作者としては銭鍾書よりも早く名声をあげていたのである。しかし、銭鍾書の名声が絶頂を迎える一九七〇年代中期以降になると、楊絳はあくまで銭鍾書の夫人という立場において言及されることが増えていく。実際、彼女は、家事を苦手とした銭鍾書の日常生活を支えるとともに、手稿・遺稿整理も含め、彼の学術・創作活動をも献身的に補佐していたのである。楊絳がこうした意味で銭鍾書の知的活動に不可欠な存在であったことが認められる一方、近年では、独立した研究者・創作者としての彼女の仕事もまた、少しずつ再評価の対象となってきている。楊絳を二〇世紀中国の重要な文学者にして理論家として詳述することは、また別の機会に譲ろう。

銭鍾書について、銭鍾書の小説『囲城』の日本語訳『結婚狂詩曲』の訳者の一人、荒井健が一九八七年に記した訳本のあとがきの冒頭を最後に紹介したい。

> 中国はいかなる意味でも大国で、大国には時として途方もない人物が生まれる。この小説の作者がまさしくそうした巨人なのだ。この人の本来のスケールは、たとえばボルヘス、バフチーンとならべてもひけをとらなかったはずで、ただ、二〇世紀後半における最も厳酷な一神教的社会に身を置いたため、稀有の才能が一二分には開花できなかった。これはもはや取返しのつかぬ損失である。[14]

荒井健は銭鍾書の才能が十分展開されなかったと述べるが、それは主に文学創作の面を指すと思われる。「訳後記」において、荒井健は銭鍾書の才能と学識であれば、研究とともに小説の創作をも同時に進め、むしろ両者を相互的に促進させることさえできたはずであるにもかかわらず、結局、『結婚狂詩曲』の次の小説が現れなかったのは「客観状況」が原因である、と記しているからである。[15] 上記の評と同様に、Theodore Huters は銭鍾書を、第二次世界大戦中に巨著『ミメーシス　ヨーロッパ文学における現実描写』（一九四六）を仕上げたE・アウエルバッハと類比的に言及している。続く David Der-wei Wang（王徳威）も銭鍾書を、アウエルバッハとバフチーンとともに危機の時期における文学批評の代表的研究者と並べている。[16]

他方、楊絳の小説『乾校六記』（一九八一）によれば、楊絳はかつて銭鍾書に「当時（中国に）残って離れなかったことを後悔していないか」と問うたが、銭鍾書は「時間が戻るとしても、以前と同じようにする」と答えたという。[17]また、銭鍾書の戦争中の執筆は、「読者大衆への一種の意図的な挑戦（a certain deliberate challenge to the reading public）」を含んでいることも指摘されている。[18]時代状況の混乱と分裂とはうらはらに、思想界が繁栄したという現象は西洋にもしばしばある。当時の中国美学の模索において、先行するもしくは同時代の優れた論者を意識しながら競争する中で、銭鍾書に特有の関心と才能がいかにして花開いたのかについて、以下では彼の『ラオコオン』論を中心に考察を試みる。

第一節　学問的枠組みの刷新――純粋な学問の探究へ

銭鍾書の読書手稿には、『ラオコオン』に関する詳細な記録が残っているが、[19]形になっている『ラオコオン』論は、一九四〇年の「中国詩と中国画」（中国詩与中国画）[20]と一九六二年の「『ラオコオン』を読む」（読《拉奥孔》）である。この二つの論考の当初の執筆時期には二〇余年の隔たりがあったが、のちに文集『旧文四篇』（一九七九）、そして『七綴集』（一九八五）に収録される際にどちらにも大きな修正が加えられた。そのため二つの論考の構成は類似しており、現在では基本的に姉妹編として認識されている。本書では『七綴集』を底本とし、銭鍾書の修正を重ねて思想が定まった稿を中心に考察する。また諸版本における異同のある箇所について必要に応じて示し、それによって銭鍾書の詩画比較論の形成を辿ってみる。

「中国詩と中国画」の冒頭から読んでいこう。

本論は文芸を批評するものではなく、文芸批評史上の一つの問題を解明するものである。それは中国の旧式の詩や旧式の画に対する何らかの評価を下すことを試みるのではなく、ただ中国の伝統的批評における詩と絵画に対してなされた比較と評価を明らかにしようとする。(『七綴集』一頁)[21]

「中国詩と中国画」は歴史上における詩と絵画の批評を扱うものである。対照的に、後の「『ラオコオン』を読む」は詩と絵画の作品そのものを考察していると考えられる。

この二つの論考は、銭鍾書の著作のうち多数を占める札記ではなく、少数に属するいわゆる近代的な論考の形式を持つものであり、また自らの学問の方法や態度にも触れている。これは詩画比較論のみならず、彼の思想全体を理解する上でも重視されている。前世代の学者と比べ、銭鍾書はただ新たな結論に辿り着いただけではなく、研究方法を意欲的に刷新しようとしてもいる。本節では、まず先学へ明確に矛を向けた銭鍾書の批判にフォーカスし、第二、三節では彼の二つの『ラオコオン』論をそれぞれ概観する。

一　周作人の文学論への批判

「中国詩と中国画」は前近代の文芸批評に注目している。文芸批評を行うには、まず当時の文芸の風潮を把握する必要があると銭鍾書は主張する。

風潮は創作〔行為〕におけるデュナミス〔潜勢態〕、作品の背景であって、作品そのものからはっきりと窺うことは必ずしもできない。当時の人が信奉していた理論を読み、彼らが具体的な作品に対してどのように良し悪しを評論していたか、いかなる基準を立て、いかなる要求を提起していたかを見れば、作者の周囲の風潮がいかなるものであったかは容易に理解することができる。まるで舞い上がっている砂や、麦の穂波、波紋において風の姿を見ることができるように。(『七綴集』二頁)[22]

風潮をキーワードとして論じる銭鍾書は、Huters (1982) が指摘するように、芸術形成の環境ないし「伝統そのものとその可変性 (mutability)」という、新文化運動以降の中国文化にとって極めて重要な論題に触れている。[23]

さらに、風潮と伝統との関係をめぐる議論について、銭鍾書の見解は独特なものであることに留意すべきである。というのも、銭鍾書は、「風潮は必ずしも作品そのものから窺うことができない」と述べているからである。具体的に、個々の作品は当時の風潮に積極的な影響を受けることもあるが、それに嫌悪を感じ、あえて風潮から「逃げる」もしくはそれを「矯正」しようとする可能性もあるという。[24] この指摘は、朱光潜『詩論』第五章「詩与散文」における、歴代の作者が詩と散文の形態を選択することについて「大概当時の風潮に決められている」[25] という主張、もしくは王国維にまで遡れる「一代には一代の文学〔文体を指す〕がある」[26] やそれを踏まえて文学革命を唱える胡適の考え方に対する一種の修正と考えられる。また、美術史家の滕固も「院体画と文人画の史的考察に関して」(一九三一) において、「一種の風格 (Stil) の出現は、ただ個々人に関わるのみならず、最大の力は社会の風潮によって決められている」と述べている。[27] 文学ないし芸術作品一般を左右する時代の風潮を重視するこれら見解のマクロ的な視点に対し、個々の具体例の差異にも注意を払うミクロ的な視点は、銭鍾書に独自のものである。[28]

銭鍾書によれば、「ある時期の風潮が長期間にわたって持続し、根本的に変動することがなければ、それは伝統となる」[29] といい、伝統の打破や新風潮の形成について以下のように認識している。

新しい風潮の交替的興隆はまた、常に互いに相反し、互いを補完する現象を伴う。それは一方では自身が斬新なものであり、相容れない元来の伝統とは異なることを強調するのだが、他方では、自身には深い背景があるのであってただ事ではないことを示し、古くからある別の伝統を見つけて自身の淵源としようとする。(30)

銭鍾書によれば、新文化運動以降の中国文化界では、新伝統はこのように旧伝統との複雑な関係において形成されている。ところが、新伝統を打ち立てようとする批評家には、「昔の伝統や風潮に理解が足りない」(31)ために、旧伝統に棹差す作品を「〝素人が話をする〟ように曲解し敷衍してしまう」という問題がある。この論考における銭鍾書の主旨は、中国の詩と絵画は融合し一致するべきであるという議論（いわゆる「詩画同質論」）が、こうした伝統的風潮に対する理解不足に由来するというものである。だが、その本題に入る前に、彼はこうした問題が発生する理由を説明するために、一世代前の重要な文学批評家を取り上げて批判を行う。

銭鍾書は、「われわれの学生時代にみられたように、〝中国文学改良〟を提唱する学者は心を尽くし智恵を絞って古代にまで遡る『中国白話文学史』を執筆し、また白話散文家は『〔中国〕新文学〔の〕源流』を語る際に遠く〔明代の文学流派〕「公安〔派〕」、「竟陵〔派〕」に遡った」(32)と語る。彼が例に挙げているのは胡適や周作人（一八八五〜一九六七）の論法である。二〇歳ほど年上の、当時すでに名高かった胡適と周作人の文学批評を、銭鍾書は「曲解」、「素人の話」と批判している。さらに中国の新文化の根拠を昔の伝統に求める行為を、「野生児が親を見つける」こと、「にわか成り金が家系図を作る」ことに譬えて風刺している。(33)

例えば彼は、「中国古代の文学批評には対立する二派があり、一派は〝道を載す〟、もう一派は〝志を言う〟ということをしばしば耳にする」(34)が、「実際には、中国の伝統においては、〝文は以て道を載す〟と〝詩は以て志を言う〟は主として異なる文体の機能を規定するものであり、〝文学〟の定義を概括するものではない」(35)と言う。この批判は明らかに周作人に向けられたものである。この立場は七年前に銭鍾書が発表した、周作人『中国新文学の源流』に対する書評（一九三二）や、「中国文学小史序論」（一九三三）からすでに表明されている。一九三二年の書評によれば、周作人は「文は以て道を載す」と「詩は以て志を言う」を「二つの相互に相容れない命題」と解釈し、文学の異なる二派と見なしている点で検討の余地があるという。その誤認の理由は、銭鍾書によれば、周作人が「文」を、中国の伝統を踏まえて「詩」や「詞」、「曲」と並列する「散文」という一ジャンルとして扱う代わりに、西洋でいう「文学」に相当する総括的概念へと拡張したこと、さらに「詩」を文学の代表的ジャンルと見なしたことにあるという。その結果、この二つの命題は、あたかも文学全体について語ったものかのように理解されてしまったのである。(36)

ところが、銭鍾書の批判は単に文学論において周作人との異なる観点を示すのみならず、二人の論者が全く異なる学問的枠組みをもつことをも意味している。というのは、周作人がのちに著した「自分にできること」（原題「自己所能做的」一九三七）は銭鍾書の批判に対する応答と捉えることができ、その内容から両者の文学を論じる際の意図の相違が判明するからである。(37)周作人は「自分にできること」において次のように言う。

私が当時この二つの言い方〔志を言う、道を載す〕を用いたとき、確かに主観的なところがあり、はっきりと述べていなかったが、私の考えでは、「志を言う」は『詩経』に代表され、「志」とは詩人各自の感情を指している。それに対し、「道を載す」は唐宋の散文に代表され、ここでいう「道」とは〔唐宋〕八大家に共通する教義であり、それゆえ両者はまったく異なるものである。今もし〔議論が〕いくらかややこしいならば、さらに説明を加えよう。すなわち、すべて自分の道〔＝自分の感情〕を載す〔作品〕は志を言うものであり、他人の志〔＝共通する教養〕を言う〔作品〕は道を載すものである。(38)

周作人は「詩」と「文」を論じる際に『詩経』と唐宋八大家の作品を念頭に置いており、銭鍾書の理解したように文学総体を指しているわけではない。したがって周作人の関心は、銭鍾書の批判にあるように、文学総体のスタイルの変化ではなく、「志を言う」作品（＝『詩経』）と「道を載す」作品（＝唐宋八大家の散文）それぞれの持つ文学観念の相違に向けられていた。また、周作人は「志」と「道」との区別を、伝統的用語法によらずに、ただ作者自身の意志・意図・感情を表すものとそうでないものの区別として用いていた。つまり、彼の言う「志」は人々各自の感情で、「道」は人に共通する教養である。周作人がみずから『中国新文学の源流』小序にも述べるように、彼の関心は「文学のスタイルの問題」ではなく、「文学上の主義あるいは態度」にあるのである[39]。それは政治的・社会的運動と深く関わっている文学論であろう[40]。

先行研究は、銭鍾書の批判は文学自体の考察として正鵠を射たものであるが、周作人の意図は胡適の白話と文言の分類を批判・修正し、新文学の正当性を主張するために「志を言う」ような文学を提唱することにあったと指摘する[41]。ここで注目したいのは、銭鍾書は『中国新文学の源流』に対する書評（一九三二）ではすでに周作人の意図や、その胡適批判における不適切な点を指摘していることである。銭鍾書は「周氏が〝志を言う〟を支持し、〝道を載す〟を退けるならば、それは周氏の〝文学自主論〟の結果である[42]」、「（周作人の理解に反して）公安派の論拠は決して胡適氏のそれほど綿密ではない[43]」と言う。つまり、銭鍾書は胡適と周作人の論争を知っており、あえて彼らと距離をとってその論争を考察している。さらに「中国詩と中国画」において、彼らを一律に括って「文芸批評を人為的に作った」論者と見なしている。興味深いのは、一九五六年、別の社会的・政治的運動を背景として二〇世紀前期の文学史を批評した劉綬松『中国新文学初稿』において、胡適と周作人がともに中国の文学史を「歪曲」した「反動」的な人物と捉えられていることである[44]。劉綬松の目的は、新文化運動の中国革命史上における意義を、（胡適の主張するような文学の形式の改良や、周作人の主張するような清代の文学運動の継承としてではなく）より高く評価するためである。それと対照的に、早くから胡適と周作人を並べて批判していた銭鍾書は、文学の改造・改革ないし社会的・政治的な立場を一切持たず、むしろ純粋な学問的考察を行うという立場をとった。そして、文芸批評を行うためには伝統的風潮に踏み込んで正しく理解すべきだという批判を、胡適・周作人に対して等しく向けたのである。

また留意すべきは、一九三二、三三年に、銭鍾書の父の銭基博は代表作の一つである『現代中国文学史』を仕上げており[45]、そこで同様に胡適を批判しているものの、銭基博と銭鍾書との文学観は明らかに異なることである。陳岸峰（二〇一四）が詳述するように、銭基博の著作は新文化運動が盛んであった中で、旧文人の立場として社会や文化の伝統的価値が直面した変化への悲憤を表すものである[46]。とりわけこの書物の一九三六年の増訂版において、胡適や新文化運動を意図的に攻撃していることが確認できる[47]。旧伝統の立場から、胡適を含め当時の新たな文学論を批判するという銭基博の態度自体は、銭鍾書と共通する側面もある。Huters（1982）が銭鍾書と周作人の論争について評するように、周作人が自らの新伝統を主張するために、中国の旧伝統には儒家の文学規範（「道を載す」）とは対立する別の規範（「志を言う」）があることを示そうとしたとすれば、銭鍾書はそのような規範は、周作人らの考えるほどバグベア（bugbear）ではないことを論証しようとしているのである。当時まだ二〇代前半の若者であった銭鍾書の文学伝統に対する寛容さ（八股文への部分的な肯定も含めて）は、一〇年も続いた偶像破壊的（iconoclastic）な運動のなかでは奇異なものと言える[48]。しかし、銭基博によれば、文学は現実と深く関わるものであり、したがって社会の現実を認識し改造するという実践的な影響力を持つことが重要であるという[49]。彼のこうした文学観は、同世代の文学研究者、とりわけ周作人に通じている[50]。これに対し、銭鍾書においては文学を社会的・政治的問題と完全に切り離し、文学それ自体の真相を探求すべきだとする立場が見て取れる。彼の旧文学に対する同情的態度は、旧伝統一般への懐古趣味的な心情の表現なのではなく、むしろ文学に対する正しい認識を求めるという理性的な動機に基づくものと考えられる。これは胡適・周作人のみならず、彼の文字通り一世代上の父とも一線を画した文学への態度であった。

二　形式・題材か作品全体か——詩画比較論の新起点

「中国詩と中国画」における銭鍾書の芸術観を直接語る部分は以上となるが、「文は以て道を載す」と「詩は以て志を言う」の二分化の欠点については、彼は「中国文学小史序論」において次のように論じている。

その欠点を追究すれば、それはみな芸術を論じる時に題材、体裁あるいは形式を二つの次元に分け、相互の関係を考慮していないことに由来している。題材と体裁の区別は、文芸の最もおおざっぱで表面的なところであり、それによってただジャンルを分類すること（classificatory concepts）のみはできるが、鑑賞・批評することとはそもそも無関係である。例えば杜甫の「秋興詩」と〔南宋の画家〕夏珪の「秋霖図」は、その題材から言えば同じ秋に属し、体裁から言えば七言律詩と水墨の大幅である。これは資料を編纂し目録を作る人の方便に寄与するにすぎず、杜甫の詩や夏珪の画の命脈・精神〔真髄〕とはなんら関係のないものである。[51]

ここで銭鍾書は詩と散文ではなく、詩と絵画を例としている。つまり、彼はこの議論を芸術一般に敷衍していたのである。

銭鍾書は芸術の鑑賞・批評について、形式・体裁と題材（内容）[52]をそれぞれ独立させて検討すべきではないと主張する。この論点を主張する際に、彼はA. L. Reidの論考「美と意義」とA. C. Bradley『詩に関するオックスフォード講義』第一篇「詩のための詩」を参考文献として提示している。[53]銭鍾書はそれらについて詳しく説明していないが、Bradley「詩のための詩」は詩の題材や内容、形式の区分ではなく、全体としての受容にこそ「詩的価値」（poetic value）があると述べている。[54]また、Reid「美と意義」はこの論考を踏まえながら、芸術作品における「形式」（form; expression）と「内容」（content; significance）は「同じものに属する、異なりながらも分離できない二側面であり[55]」、両者ともに「美的全体」（the aesthetic whole）である芸術作品を構成していると主張している。

ここでは銭鍾書は詩と絵画の関係を論じているのではないが、この議論を敷衍することで、詩画比較論についてもまた題材か形式という分離した視点から考察すべきではないという彼の考えを引き出しうるであろう。一方、朱光潜や宗白華は、西洋の詩や絵画が歴史や神話を主題とするのに対し、中国詩は静物・風景の表現、中国画は「気韻生動」といった動的な表現に長けていると言うように、中国の詩と絵画が西洋とは異なる題材を持つことを指摘する。彼らは、それゆえにこそ、中国には西洋と異なる詩画比較論が存在すると主張していたのであった。無論、彼らの議論はたんに中国と西洋の芸術の題材や形式のみを比較するという単純なものではないが、中国の詩画比較論の独自性を論じる上で題材や形式上の西洋との相違に着目する点で、銭鍾書の論とは対照的である。

むしろ、中国の詩ないし芸術一般の特徴と西洋のそれとの区別について、銭鍾書は明確に否定してもいる。例えば、「中国詩を語る（談中国詩）」（一九四五）では、

何人かの文学史家の意見によれば、詩の発展はまず歴史詩があり、次に演劇詩、最後に抒情詩が現れた。しかし、中国の詩はそうではない。中国には叙事詩がない。〔中略〕中国の最良の劇の詩は、最良の抒情詩より遥かに後に出現した。純粋な抒情詩、詩の精髄かつ最高峰は、中国の詩のなかで異常に早く現れた。〔中略〕この種の現象は中国文化のなかに少なからず見られる。例えば中国絵画で、客観的に写す技術がまだ発達していないうちに、早くも「印象派」、「後印象派」のような「純粋な画」のスタイルが存在した[56]。

と述べるように、まず、東西の芸術の形式における歴史的発展の前後段階の相違を一旦受け入れ、相互に形式的に類

似点を探りつつ議論を進めているが、

私は意図的に中国詩の内容を無視して論じてこなかったが、中国詩は西洋詩とあまり内容的な差異はない。ただ中国には社交の詩（vers d'occasion）が特に多く、宗教の詩はほぼないというだけである。例えば田園詩は——浪漫主義の神秘的な自然への恋ではなく古典主義的な自然の中での逍遥を描写する田園詩は——中国詩の特色と考えられるが、ローマのホラティウスの『諷刺詩』（*sermones*）巻二第六首以降、中国の田園詩と同じ型の作品が西洋詩壇を風靡していた。[57]

と言い、内容に関しては東西の相違を強く否定している。その結果、

中国の詩には特別に「中国らしい」ところは全くないのである。中国の詩はただ詩であり、詩であるべきである。それは「中国的」であることよりも重要である。[58]

と、銭鍾書は結論を下している。芸術を考察する際に、まずそれを芸術作品として考えることが肝心だということである。

要するに、銭鍾書の芸術観によれば、『ラオコオン』を参照しつつ自国の芸術文化を再検討する際に、題材や形式といった表面的な問題を東西の相違を指摘するための起点とすべきではない。むしろ題材や形式を総合的に考慮し一つの芸術作品とした上で、東西の比較を行うべきである。銭鍾書のこうした立場からの東西比較の視点における詩画比較論は、それまでの立場と異なっている。

第二節　「中国詩と中国画」（一九四〇）——南北二宗論モデルの提起

一　「中国詩と中国画」の構造

以下では、銭锺書の「中国詩と中国画」と『ラオコオン』を読む」について具体的に検討する。

「中国詩と中国画」では、銭锺書は前近代の批評史上において「正宗」・「正統」、すなわち最も認められてきた主流のスタイルに着目し、中国の詩と絵画の相違を論じている。「正宗」・「正統」は当時の芸術批評や芸術論での流行語と言える。例えば胡適「歴史的文学観念論」（一九一七）は「今日の時代における〝正宗〟」を探究し、その結論を白話文学に置いている。[59] 銭锺書の「正宗」・「正統」という言葉の使用もまた、五四新文化運動以来継続中であった、中国の伝統的芸術文化を再整理する動きの一環として捉えられるであろう。

「中国詩と中国画」は六つの部分からなり、本章の前節で確認した銭锺書の芸術観（風潮の認識の重要性）に関わる論述はその第一部分に当たる。その論述を受けて、銭锺書は芸術を批評する際に、もし「伝統への理解」が足りなければ、「錯覚」が生じてしまうと言い、例えば「われわれがいつも耳にする中国における詩と絵画の融合一致」といった主張はそうした「錯覚」の一例であるとする（『七綴集』五頁）。

それが「錯覚」にすぎないと論証するために、銭锺書は続く第二部分において、まず中国の詩と絵画の類似性をめぐる古代からの言説を整理する。彼によれば、その類似性を最初に明言したのは、宋代の郭熙『林泉高致』である。すでに唐代の張彦遠『歴代名画記』巻一「叙画之源流」では、「書画名を異にして体を同じくす（書画異名而同体）」とあるように書と画の共通性が指摘されていたが、とりわけ宋代の郭熙『林泉高致』第二「画意」が、「さらに先人がいうように、〝詩は無形の画、画は有形の詩。〟哲人はこれを多く語っており、それはわれわれが習っているところである」[60]と述べて以降、詩と絵画の緊密な関係は一種の命法となってきたという（『七綴集』五頁）。また、『宋詩紀事』巻五九にある銭鍪「次袁尚書巫山詩」に見られる、「〝画〟は〝有声〟によって、〝詩〟は〝無声〟によって知られている」というような例もある。この「声」は「音」ではなく、「語る」を意味するとされる（『七綴集』七頁）。つまり、絵画はそもそも語らないものであるが、語るようになれば優れているとされ、それに対しそもそも語る詩は、あえて無言であることで評価されるという事態を示唆している。黄庭堅「次韻子瞻、子由題憩寂自詞」にて画家は「淡墨で無声詩を作る（淡墨写作無声詩）」といい、周孚「題所画梅竹」にて「（詩人）東坡は戯れて有声画を作る（東坡戯作有声画）」というような例も挙げられている（『七綴集』六頁）。こうして、銭鍾書は中国の芸術的伝統における「〝無声詩〟すなわち〝有形詩〟と、〝有声画〟すなわち〝無形画〟との対比」（『七綴集』六頁）[61]の存在を確認した。さらに、彼によれば、こうした対比は西洋の伝統に見られるそれとほぼ変わらないものである。西洋には、例えばケオスのシモニデスの言う「画は黙せる詩、詩は語る画」という言葉がある（『七綴集』六頁）。そこで、銭鍾書はレッシングについて以下のように述べる。

レッシングは「詩画一律」に反対する彼の名著（『ラオコオン』）の中で、「ギリシャのヴォルテールのあの目を眩ませる対句（「絵は黙せる詩、詩は語たる絵」）」（die blendende Antithese des griechischen Voltaire）を引用し、そしてまさにその古代ギリシャの句によって、ついでに彼の敵視するヴォルテールを非難した。〔中略〕古代ローマの詩人ホラティウスの名句「詩は絵のごとく」（**ut pictura poesis erit**）は、後人の人が元来の文脈を捨てて自らの都合で解釈することによって、「詩はそもそも絵に通じる」と理解されるようになった。蘇軾「書鄢陵王主薄折枝」のいう「詩画はそもそも一律である」はそれと類似する事態である。詩と絵画が双子の姉妹であることは、西洋古代の文芸理論の一つの礎石であり、レッシングが一掃しようとする足枷でもある。その理由は、レッシングによれば、詩と絵画はそれぞれの面目や飾りがあり、「決して嫉妬深い姉妹ではない」(keine eifersüchtige Schwester) からである。(『七綴集』七頁)(62)

銭鍾書が正しく指摘したように、西洋の詩画比較論の伝統では、ホラティウスの言う「詩は絵のごとく」が、後人の誤解によって「詩はそもそも絵に通じる」になってしまったのである。つまり、ホラティウスはただ事実としての詩と絵画の部分的類似性を指摘していたに過ぎないのに対し、その言葉は後世においては一種の詩と絵画の根本的性質を説く原理もしくは命法として理解されていった。「詩はそもそも絵に通じる」が確立されれば「詩は絵のごとく」も成立するが、しかし後者から必ずしも前者の原理を導出することはできない(『七綴集』七〜八頁)。同様に、蘇軾の有名な「詩画はもともと一律である」は元来限られた事実を語るものであるが、後人によって「詩画一律」という原理として解釈されてきたという。

こうして、銭鍾書は詩と絵画の一致に関連する事実と原理のレベルを区別して、中国の伝統では、両者の原理的な一致はそれほど強く打ち出されていないことを主張する。彼の意図は、当時中国で流行った詩画同質論はもはや詩と絵画の事実的類似性ではなく、両者の原理的一致を論じるものとなってしまったため、それには批判の余地があると説くことであった。原理的一致への強調は、両者の事実的相違を覆い隠してしまうからである。

そこで銭鍾書の戦略は、前近代の批評史上においては、詩と絵画それぞれの主流のスタイルが異なっており、つまり事実として両者の相違性も存在することを論証することであった。それによって原理としての詩画同質論は自然と破綻することになる。この論考の第三部分以降は、その論証の本体に当たる。銭鍾書の論証において重要なのは、彼が前近代の絵画論における「南北二宗論」を取り上げ詩画比較論の枠組みとしていることである。彼は第三部分で、議論のモデルとしての「南北二宗論」が持つ意義を主張し、第四部分から第六部分で、それに即して主流の詩は「北宗」、絵画は「南宗」に相当することを論証し、それによって両者の相違を明らかにする。「南北二宗論」というモデルの提起は当時の芸術論のなかでも独特である。この提起からは、銭鍾書の学問的方法の斬新さが窺い知られるため、以下ではこの点に焦点を合わせて論じる。

二　民国初期の南北二宗論への批判

「南北二宗論」は明末にまとめられた、中国前近代の絵画論を史的視点から考察し、絵画の発展を禅宗の宗派にたとえ図式化したものである。銭鍾書の援用するように、明代の代表的な画家・書家・理論家である董其昌（一五五五〜一六三六）『容台別集』巻四には、「禅家には南北二宗があり、唐の時に初めて分かれた。画の南北二宗もまた唐の時に分かれた。これはたんにその人（の出身）が南か北かということだけではない」（『七綴集』八頁）[63]という。「北宗画」は唐代の画家李思訓、「南宗画」は王維が祖とされている。おおざっぱに言えば、北宗画は職人画家の作品とされ、それに対し南宗画は文人士大夫の余技としての絵画である。銭鍾書はまた董其昌の周囲の論者（莫是龍、陳継儒、王世貞）の画論を整理し、禅の南北宗に即して絵画を論じることが当時広く受け入れられていたと述べている。さらに、清代に文学や書道の分野でも、南北宗をもって流派を分けて論じる傾向があったことを指摘している（『七綴集』八〜九頁）。ところが、銭鍾書自身も述べるように、二〇世紀にこの「南北二宗論」の価値は一旦否認されていた。例えば、銭鍾書の引用した夏敬観『忍古楼画説』には以下のような批判がある。

> わたしは宋元以前の画論書を調べたところ、「南北宗」の説は見当たらなかった。南北の画派は確かに区別があるけれども、禅宗の名を剽窃して命名したものであり、「南」、「北」の字にはともに意味がなく、学識の優れた人の作ったものではなかろう。李思訓父子は唐の宗室であり、王維は太原祁県の人であり、みな北の人である。

〔また、董其昌の示した画家のなかで李思訓父子と王維のほかには〕ただ張璪だけが唐人で、ほかはみな宋人であり、どうして唐の時にすでに南北が分かれていたことがわかるであろうか。（『七綴集』九頁）(64)

絵画の南北宗の分け方は、唐代は無論、元代以前には見当たらないという。また、画家の出身地の南北とも関連しておらず、南北はたんに名義上の呼び方にすぎず、実質の意義がない。これらが夏敬観による南北二宗論批判の要点である。

留意すべきは、この引用自体が銭鍾書の文献学的考察の見識を示していることである。南北二宗論への批判は早く一九一二年頃の日本に見られ、中国においても一九三〇年代から盛んになった。(65)銭鍾書の援用した民国初年の『忍古楼画説』は中国では早い例だが、すでにその後の批判の基本的内容を含んだものとなっている。

これを説明するために、民国初期の南北二宗論批判の代表例、童書業の「中国山水画南北分宗説新考」（一九四一）(66)を見よう。この論考の成立時期は「中国詩と中国画」（一九四〇）よりやや遅いが、一九三五年の「中国山水画南北分宗説弁偽」を拡張し、また重要な先行研究（兪建華、啓功など）をふまえ体系的に論じたものである。そこで、童書業は文献的考察の立場から、中国前近代の絵画論を整理し、南北二宗論の内容的当否を検討している。彼の反対の重要な論拠の一つは、明代に流行った南北二宗論には、南宗と北宗を区別するいずれの基準に即しても、実際の中国絵画史にはそれに収められない反例が文献上で確認できるということである。(67)対照的に、銭鍾書の南北二宗論評価は、以下で示すように、その内容の史実との整合性を別として、その理論的枠組みの価値を肯定しようとするものである。

三　銭鍾書による南北二宗論の再評価

『忍古楼画説』ないしその類の批判一般に対する銭鍾書の反論は以下のようである。まず彼は、南北二宗論における画家の出身地問題に関しては、ある地域の名称をもってある属性の通称とすることは珍しい現象ではないと反論した。例えば、「江西」詩派の作者はみな江西出身ではない、と楊万里（一一二七～一二〇六）が述べていることを援用する。次に、唐代にはそうした南北の分け方がないことに関して、確かに絵画論には例はないが、詩文が「南北宗」概念で評論されるものは唐代にすでにあったと反論した（『七綴集』九～一〇頁）[68]。つまり、南北宗の分け方は唐代には芸術を論じることに応用されていたという。さらにこうした表面的な問題と比べ、根本的に重要なのは、董其昌のそうした南北を区分する手法は決して無意味ではないことである。

その理由は、銭鍾書によれば、「〝南〟、〝北〟という二つの地域を二種の思想方法もしくは学風と結び付けること」（『七綴集』一〇頁）[69]には伝統があるからである。彼はそうした論じ方を六朝時代まで遡り、文献学的に検討した。例えば『隋書』「儒林伝」は経学について、「大体南人は約簡にして、其の英華を得る。北学は深蕪〔深く雑草が茂って荒れるように、甚だ乱雑なこと〕にして、其の枝葉を窮む」（『七綴集』一一頁）[70]という。この評は「唐代以降、まるで南北の禅宗に対する決まり文句のようになったのである」（『七綴集』一一頁）[71]。要するに、銭鍾書の議論の力点は「南／北」の区別を、経学や禅学をふくめ思想一般に関わる区別と捉えることにある。彼によれば、南北宗の区別は宋・明の儒家が学問に関して「博観／約取」、「多聞／一貫」、「道問学／尊徳性」という分け方をしているのと同様に、思想の二種類の傾向を表すモデルである。それゆえ、南北二宗論と名付けることは、「画家の出身地を乗り越え、〔その流派の〕画風の特色を明らかにした」（『七綴集』一四頁）[72]点で意義があるという。

銭鍾書の南北二宗論に対する枠組みもしくは観念としての意義を評価することの特徴をさらに浮き立たせるために、類似する評価を行っている鄧以蟄の議論と比較してみたい。一九四〇年代初期に、ある講演会のために書かれた草稿（没後出版された）のなかで、鄧以蟄は「南北宗の区別は一種の哲学上の見解と主張であり、哲学的観念として見なすべきで、画家や批評家はみなこれをもって基準とすべきではない」[73]と言う。彼のいう「哲学的観念」は、「客観的現象に主観的観照を加え」、現象に対して「分析し、〔中略〕抽象し、一つの理論（Principle）とする」[74]というようなものである。これは一見して、南北二宗の区別を（現象ではなく）思考のモデルとして捉える銭鍾書の考えに類似するであろう。しかし、鄧以蟄の議論では、前近代の中国絵画思想について「外的な形態」と「内的な精神・感情」という二つの観念的方向があると定め、それぞれを北宗画と南宗画に帰している。その上で、南北宗の絵画の特徴を図式化し、それぞれの現象的特徴をまとめ、例えば南宗画の「円、混、暗」と北宗画の「方、角、明」のように対比している。鄧以蟄は南北宗の絵画の特徴をいわば感覚的に概括しているようである。彼は南北二宗論の重要性を感じ取ったが、それをさらに論理的に解析することには至らなかったのである。

これと比べると、銭鍾書は南北二宗論を中国の伝統に固有の思考モデルを踏まえた芸術論と見なした上で、その思想的価値を論証していた。ここでは、南北二宗論という個別の芸術論に対する彼の評価よりも、銭鍾書が中国芸術論を批評する際に、経学や禅宗と同様の批評の枠組みを発見したことの方が重要である。近来の論者が指摘するように、南北二宗論はたんなる一種の絵画理論ではなく、絵画史の構築でもあるからである[75]。このようにして、南北二宗論という枠組みの意義を見出した点で、銭鍾書は中国の詩画比較論に新たな思考法を提示した[76]。

第三節　「『ラオコオン』を読む」（一九六二）——詩画比較の新たな基準

一　「『ラオコオン』を読む」の構造

「中国詩と中国画」は芸術批評史の視点から詩と絵画の相違を論じているのに対し、「『ラオコオン』を読む」は作品としての詩と絵画に注目し、両者の表現手段の相違を考察している。この論考では、銭鍾書は『ラオコオン』の諸論点を直接取り上げ、正面から考察を加えている。

この論考は「中国詩と中国画」の構成とほぼ一致しており、五つの部分からなる。第一部分は方法論一般について述べ、第二部分は中国古代の詩と絵画の関係をめぐる言説を整理し、第三部分以降は議論の主体となる。

第一部分において、銭鍾書は「中国古代美学を探究する」方法について述べる。彼によれば、多くの論者は常に有名な著作（『礼記』、『詩品』、『文心彫龍』など）に注意を取られてしまっているが、そこに多くの「陳腐で、空虚な表現」があるのに対し、「むしろ詩、詞、随筆、小説、劇曲、ないし諺や訓詁において、往々にして不意に簡単な言葉の中で、透徹している見解を表し、人の精神や感覚に資することがある。それらを敷衍してみれば、文芸理論〔の検討〕にとても有益である」（『七綴集』三三頁）[77]。さらに、前者のような「体系的理論」と後者のような「断片的な思想」について、後者はより時間をかけた検証を経てこそ価値があると主張する。

思想史を振り返ってもよいであろう。数多くの厳密かつ周全の思想や哲学の系統は時間の消耗、腐食に耐えず、全体的に崩壊してしまったが、しかしそれらのなかでの個別的見解はまだ後世によって採用され、効力を失っていない。まるで膨大な建築物はすでに破壊を蒙って、人が住むこともできず、虚勢を張って人を脅かすこともできなくなるが、それを構成するいくつかの木石、煉瓦はまだ利用しうる良い材料であるようである。往々にして理論系統全体が残っている有価値なものはただ断片的な思想である。系統を離れて残った断片的な思想と、萌芽的に未だ系統になっていない断片的な思想は、両者同様にごみごみとしているのである。（『七綴集』三四頁）[78]

現在、数多くの論者はこの議論を踏まえ、銭鍾書の『談芸録』や『管錐編』における非体系的形式は彼が意図的に選択したものであると解釈している[79]。しかし注意すべきは、この論述は、一九八五年の『七綴集』版に添加された部分であり、一九七九年の『旧文四篇』版にはなかったことである。この部分の追加によって、『「ラオコオン」を読む」

の構成は「中国詩と中国画」と揃うようになった。また、この部分の論述と類似する見解が、宗白華の集大成の論考「初歩的探究」（一九七九）にも見られることに、加えて留意すべきである。宗白華はそこで、中国古代の芸術論にも（古典哲学と同様に）重要な美学思想があると主張し、重要な芸術論の著作――彼の例にも『礼記』、『詩品』、『文心彫龍』などがある――のほか、「詩文、絵画、演劇、音楽、書法、建築」といった諸分野の芸術理論にも着目すべきだ、と唱えているからである（本書第三章第五節参照）。銭鍾書は、宗白華のこうした言説から影響を受けたのであろう。つまり、早い時期から銭鍾書は札記の文体を選択したが、その文体の特徴に関しては、宗白華の見解から示唆を得てはじめて理論的に明示することができた、と言えるかもしれない。

だが、宗白華と異なって、銭鍾書はより明確に断片的な思想を重視している。彼がこうした断片的思想を通じて目指しているのは、東西の比較検討の新たな可能性だと考えられる。例えば、彼はディドロの言う「崇高な俳優を準備するのは、絶対的な感性の欠如である（C'est le manque absolu de sensibilité qui prépare les acteurs sublimes）」を、中国民間の言い方「まず無情を学んでから劇を学ぶ（先学無情後学劇）」と同等に考えている（『七綴集』三四～三五頁）。銭鍾書の求める東西の比較対照は、枠組みを単位とするものではなく、個々の断片的なもののレベルにおいてである。これは彼の思想を理解するために肝心である。ちなみに、銭鍾書はディドロの演劇論を引き合いに出す際に、「この間、我々の文芸理論家はディドロ『俳優に関する逆説』に関心があり、長い文章を書き論じている」というふうに話のまくらとしていたが、この「文芸理論家」は一九六一年に「ディドロ『俳優に関する逆説』」を執筆した朱光潜を指しているようである。(80)

続く第二部分では、銭鍾書は『ラオコオン』の中心的結論にあたる第一五、第一六章を次のように概観する。「絵画は〝物体（Körper）〟あるいは形態を表現することに、対して詩は〝行為（Handlungen）〟あるいは出来事を表現することに長けている」（『七綴集』三五頁）。(81)彼によれば、こうした見解は中国古代にも存在する。例えば、晋の陸機は

「物を宣（の）ぶるに言より大なるは莫し、形を存するに画より善なるは莫し」（張彦遠『歴代名画記』巻一「叙画之源流」の引用）という（『七綴集』三五頁）。「中国詩と中国画」においては、銭鍾書は古代中国の文献における詩と絵画の類似性を表す言説を整理したが、対照的にここでは、両者の差異をめぐる資料を検討している。現在中国の詩画比較論研究のなかでも、古代資料を援用する際には、基本的に銭鍾書がこの二つの論考で整理したものを踏まえている。(82) ところで、中国のこうした言説と比べ、レッシングの議論はさらに一歩進んで「物体」と「行為」をそれぞれ認識の二つの基本的範疇、空間と時間に結び付け、絵画を空間芸術として、詩を時間芸術として捉えていた、と銭鍾書は認識している。つまりレッシングによれば、絵画は空間内の物体を、詩は時間内の行為を表現することに優れているという（『七綴集』三六頁）。

『ラオコオン』を読む」は、『ラオコオン』のこの見解を基本的に承認した上で、レッシングが辿り着いた簡潔な結論に収められない実例を取り上げ、レッシングの議論を補強しつつ批判的に発展させようとするものである。第三部分では、銭鍾書は、空間内の物体を表現するという点においても、中国の詩には絵画以上に優れた表現をもつ例があると主張する。銭鍾書の提示した諸理論の内容のみならず、それらがいかに生み出されたのかを詳しく考察することは次節以降に譲り、ここではまず第四部分の内容を概観することにしよう。

第四部分において、銭鍾書は『ラオコオン』における絵画が出来事の最も「含蓄のある一つの瞬間」を表示すべきであるという見解を、文学作品にも応用できると主張する。

わたしが関心を持っているのは、それ〔含蓄のある瞬間を選ぶこと〕が言語芸術においても有効な手法となりうることは、また確かであるという点である。詩と文学は叙事する際に継起的であり、「行為」全体をそのまま、始まりと終わりを伝えることが可能であり、絵画のように事物の並列している場面の表示に限られているのではない。しかし、それは時々あえて「始まり」を示しているが「終わり」を示さずに、そのまま〔語りを〕終わらせて、読者を「言葉の外にその意味を得させている」のである。言い換えれば、「最も含蓄のある瞬間」というその規律は、〔絵画のみならず〕言語芸術にも適用できるのである。（『七綴集』五〇頁[83]）

具体的に、銭鍾書は西洋の叙事詩のみならず、ルネサンス期に遡る民間のバラード（cantastorie）から、短編小説、劇など、また中国の短編小説、長編小説、民間の劇というような、従来注目されてこなかった中国の世俗文学を扱った理論的文献を網羅して、各論拠の継承関係を整理しながら取り上げている（『七綴集』四九〜五六頁）。こうした手法を文学作品に応用することによって、以下のような効果が得られるという。

> レッシングのいう「最も含蓄のある瞬間」は、造形芸術のためのものであるが、知らず知らずのうちに、言語芸術へも一つの有用な概念を提供している。「山場に来ると少し間を置いて聴衆を引きつける」、「相手をじらす」〔といった、中国の民間の講談師が多く用いる技法〕は、まさにレッシング、ヘーゲルの理解しているその「瞬間」であろう。（『七綴集』四八頁[84]）

これは朱光潜「無言の美」論（本書第一章第一節）と比較すれば、銭鍾書はまず「含蓄のある瞬間」というレッシングの論点が絵画作品に限られているということを認識した上で、さらにそれを文学作品にも通用できると説く、という論述の展開が了解されるであろう。

以上、「『ラオコオン』を読む」の第四部分は、レッシングが絵画の特徴とした「含蓄のある瞬間」という表現の可能性は実際には詩にも適用できるという説明により、レッシングの結論を補強している。これは、レッシングの見解をそのまま継承した上で、その適用範囲を絵画から詩にまで拡大するという議論である。それに対し、第三部分では、銭鍾書はレッシングによって排除された詩の表現可能性を、再び詩の領分ないし詩の独自の領分へと取り戻すことを正当化しようとしている。

二　『ラオコオン』第一三、第一四章への注目

「『ラオコオン』を読む」の第三部分では、銭鍾書は、中国詩は空間内の物体を表現する際にも絵画以上に優れた表現を持つと主張する。彼の論点が具体的にいかなる内容を持つかを検討する前に、まずこうした論点がいかにして『ラオコオン』の受容を通じて生まれたのか、そしてそれがいかなる点で『ラオコオン』よりも進歩していると言えるのか、を考察することにしたい。

『ラオコオン』を受容する際に、その結論部にあたる第一五、第一六章を検討するのはごく当然のことであろう。朱光潜や宗白華もこのように論じてきた。しかし、すでに広く認識されているように、『ラオコオン』という著作の価値を、その第一五、第一六章のみによって概括することはできない[85]。銭鍾書の『ラオコオン』論の独自性は、『ラオコオン』の結論部のほか、第一三、第一四章にも注目している（『七綴集』五八頁）ことにあると思われる。『ラオコオン』におけるこの四章の構造関係を理解するために、まず、第一六章に示される全書の中心的結論をもう一度確認しよう。

もしも絵画が模倣のために詩とは全く異なる手段あるいは記号を用いる、すなわち、前者は空間内の形姿と色彩を、後者は時間内の分節音を用いる、ということが正しいならば、そしてさらに、記号が必ず記号によって表示されるものと適切な関係を持たねばならないとするならば、並列的に秩序づけられた記号はただ並列的に存在す

る対象、あるいはその部分が並列的に存在する対象を表現しうるのみであり、他面継起的な記号は、継起的に存在する対象、あるいはその部分が継起的に存在する対象を表現しうるのみである。(Laokoon, 94)(86)

この箇所は、議論の出発点としての模倣原理、イリュージョニズムの追求、記号論への関心の増大といった『ラオコオン』の理論的基礎、ないし当時の芸術論の諸特徴を集約的に反映している。しかし、こうした幾つかの理論的原理に基づき演繹的に導出した結論を、決して『ラオコオン』全書の縮小図と見なしてはならない。

実際には、この結論部に先行する第一三、第一四章は『イリアス』の具体的な場面を分析しており、それは演繹的な推論ではなく、(J・J・ヴィンケルマンによって導入された)視覚観察や鑑賞体験を基礎とする論法である。それに関して、『ラオコオン』第一三章の一節、『イリアス』第四巻、一〜四行の「宴会で評議する神々(die ratpflegenden trinkenden Götter)」に対するレッシングの考察を例として確認したい。まず、レッシングはもしこのシーンが絵画作品になれば、

開けはなった黄金の宮殿、最も美しく威厳に満ちた神々が、思い思いに寄りつどい、大杯を手に、永遠の青春の女神へーベーにかしずかれている。なんという建物(のすばらしさ)、光と影の交錯、表現の対照と多様(の見事さ)であろう。(Laokoon, 89)(87)

と述べ、次にこうした想定されうる豊かな絵画的表現と比べ、実際『イリアス』の原詩ではこの部分はただの四行しか書いていないと指摘する。

さて神々はゼウスをかこんで、座りながら集まって議論していた。黄金の広間で、彼らの中に尊ぶべきヘーベーは、甘露《ネクタル》(88)をついでまわった。神々は黄金の杯で、互いに乾杯していた。トロイアの国家を見おろしながら。（*Laokoon*, 89–90）

こうした比較に基づき、レッシングはここではホメロスが画家以下である（unter dem Maler bleiben）と言い（*Laokoon*, 90）、つまりこうした主題の表現において詩は絵画より劣っているという判断を下した。

この章に続く『ラオコオン』の第一五、第一六章の中心的結論に照らしてみれば、レッシングの議論は、『イリアス』のこの場面を空間内の並列的な対象（物体）として捉えた上で、一般にこうした対象を表現する際には詩ではなく絵画が優位に立つことから、この場面は詩ではなく絵画的な記号にふさわしいと結論するというものである。こうしてみれば、第一三章の『イリアス』の例は、後の結論部の例証になっているようである。だが、後の結論の一種の論拠となるべきこうした説明は、感性的記述にとどまっており明晰な論述にはなっていないのではなかろうか。つまり、前述の『イリアス』のシーンに関わる詩と絵画の表現は、レッシングはただ詩のほうが簡略であると述べているが、具体的に絵画表現がいかなる点で詩より優れているかは論じていない、という論述の飛躍もしくは限界があると言える。

よりわかりやすく言えば、例えば、後述する銭鍾書の視点に従えば、ここでは『イリアス』四行のなかで、色彩の黄金を表現するためには、絵画のように「光と影の交錯」や「表現の対照と多様」を示すのではなく、ただやむを得ず「黄金（*χρύσεος*）」という語を二回重複するしかない（「黄金の広間で（*Χρυσέῳἐν δαπέδῳ*）」、「黄金の杯で（*χρυσέοις δεπάεσσι*）」）という表現力の貧弱さを指摘することができるであろう。

レッシングの詩と絵画を比較する戦略は、まず詩と絵画の優れた作品を選定し、それらに基づき、同じく理想的効果を達成するために詩と絵画それぞれの表現のメカニズムを考察し、そこから原理的なルールを抽出するというものである。しかし、レッシングによる優れた詩と絵画の選定方法の説明は十分明確ではないように思われる。上述の『イリアス』の例のほか、『ラオコオン』全体には、例えば序論に述べるように、「われわれにここにないものを現にあるものと、仮象を現実と感じさせる（uns abwesende Dinge als gegenwärtig, den Schein als Wirklichkeit vorstellen）」ような作品や、「イリュージョンを形成させ、またこれらのイリュージョン（Täuschung）が鑑賞者に快いと感じさせる」というようなものが挙げられている（*Laokoon*, 3）。また、『ラオコオン』第二〇章には、芸術作品に直面する際に、「血液の優しい波動（die sanfte Wallung des Geblüts）」（*Laokoon*, 126）というような、鑑賞者に生理的変化を起こさせうるか否かによって作品の優劣を判断する基準が提示されている。

こうした感性的体験に基づくレッシングの基準と比べ、銭鍾書「『ラオコオン』を読む」は後述のように、〈物体と物体との相互関係や配置、全体の雰囲気、並びに単独の物体の色彩や明暗、形態に関する表現〉というより明確な視点を提示した。レッシングは絵画が形姿や色彩を記号として用いており、したがって物体を表現するにふさわしいと主張するが、しかしそのことから、物体の形姿や色彩の表現においても絵画が必ずしも詩に対し優位を占める、という結論は引き出せるわけではない。銭鍾書の見解では、芸術の性質を構成する記号のほか、改めて芸術の効果と関わる表現そのものに関して、形姿や色彩が、詩と絵画を比較する基準として設定されている。こうして銭鍾書の議論は『ラオコオン』から新たな理論を展開する可能性を切り拓いた。理性主義の記号論に基づく『ラオコオン』とは対照的に、銭鍾書は芸術効果に注目し、また美的体験の論理的説明を試みることで独自の詩画比較論を発展させたとも言えるであろう。

銭鍾書は具体的に『ラオコオン』第一三、第一四章について以下のように論じる。

レッシングによれば、「詩的絵画（ein poetisches Gemälde）」は「物質的絵画（ein materielles Gemälde）」に転換することができない。その理由は、言語と文字は行為の時間内の発展を叙述することができるのに対して、色と線は物体と様子の空間内における広がりのみを描写することができるからである。この言い方は間違っていない。しかし、上述した〔本章では後述する〕中国の先人の例に照らしてみれば、〔レッシングの言い方が〕不十分であることは明らかである。出来事の発展ではなく静止的な物体と様子を表現する「詩的絵画」であっても、必ずしも「物質的絵画」に変えることができるわけではない。(89)

ここで言う「詩的絵画」（原文を直訳すれば「詩歌の画」）における「絵画」は、イメージの意味に近い。誤解を招かないために、「ein poetisches Gemälde」を「詩による描写」、「ein materielles Gemälde」を「物質的（＝絵画による）描写」と訳すことも可能であることを附言しておく。銭鍾書によれば、詩が時間内の行為、絵画が空間内の物体を対象とすることに長けており、したがって詩における描写と絵画における描写が相互転換することができないというレッシングの結論は基本的に正しいが、詩が絵画以上に空間内の物体を表現することができる場合もあると補足的に主張する。彼は以下のように数多くの実例を取り上げてそれを論証する。

三　詩における物体表現の可能性

空間内の物体を表現するという点においても、詩には絵画以上に優れた表現をもつ例があると銭鍾書が主張する際、その論述は二段階に分けることができる。第一段階において、彼は中国詩のなかで、空間内の複数の物体を表現する例に注目している。例えば、遠く離れた二つの場面を同時に語ること、さらにそうした二つの場面を切り離さずに、内容面で相互に呼応させつつ描写することは、絵画には不可能であると論じている。これに関しては次章の第一節で具体的に考察したい。ここでは、複数の物体表現に関する銭锺書のもう一つの論点である、「情緒的雰囲気」の表現について見てみたい。「情緒的雰囲気」の表現における詩の優位性を指摘する際、銭锺書はE・バークの『崇高と美の観念の起源についての哲学的考察』（初版一七五七年、第二版五九年）第五部第七節[90]（『七綴集』五八頁）を論拠として次のように述べる。

〔詩は〕具体的な事物を描写する際に、抽象的あるいは概括的な字句を挿入することで、全てを包括する雄渾な気象をうみ出すことができる。例えば〔バークの論じる通り〕ミルトンが地獄のどんよりとして暗く凄惨な山、谷、湖、沼等を描写する際に、「死の宇宙（a universe of death）」の一言に総括したように。（『七綴集』三九頁）[91]

バークの立場では、「地獄」という物体を表現する際、その諸部分である「山」「谷」「湖」「沼」を各々描写するのではなく、「死の宇宙」という「抽象的」「概括的」な言葉を用いることを有効とする。しかし、留意すべきは、レッシングが求める明晰性を有する記号論の枠組みでは、各物体の詳細を記述することが基本とされており、こうした言語表現の可能性はそもそも考慮されていないことである。詩画比較論の文脈において、バークはレッシングと異なる立場をとっている。[92]

レッシングへ反論するためには必ずしもレッシングの枠組みを踏襲する必要はないであろうが、この議論とレッシングの枠組みとのずれに関しては、銭锺書は自覚している。この意識が彼の議論を朱光潜や宗白華のそれとは異なるものにしているであろう（第四章の「結」を参照）。そこで、銭锺書の第二段階の論述は、〈一つの物体そのものにまつわる表現〉に改めて対象の範囲を絞って、このような広々とした包括的な、複雑な景物でなくとも、「一つの静止的な簡単な物体」であっても、詩はしばしば絵画にはない効果をもたらしうると述べる（『七綴集』四〇頁）。銭锺書は具体的に詩の表現の長所を三つ挙げている。第一は、詩は実在していない「虚色」を表現しうることである。これに関しては次章の第二節で詳述したい。

第二は、詩は明暗を表現する際に、それらを同時に調和しうることである。その典型例は、中国古典詩における「黒い太陽」の表現であり、「両日並び出で、黒光天に遍し（両日並出、黒光遍天）」（『金楼子』第二篇「箴戒」）や、「倒巻する黒雲古林を遮り、平沙落日光ること漆の如し（倒巻黒云遮古林、平沙落日光如漆）」（鄧漢儀『詩観』三集巻一）（『七綴集』四二頁）といった句から確認できる。それについて、銭鍾書は「真っ黒かつ煌々と光るものとしてただ文字の芸術においてのみ存在することができる」（『七綴集』四三頁）[93]と言う。

第三は比喩表現である。銭鍾書によれば、この点に関しては、レッシング自身もすでに遺稿のなかで言及しているが、詳細には展開していなかったという。銭鍾書による比喩の重視は、「比喩はまさに文学の言葉の特徴である」（『七綴集』版）、もしくは「比喩は文学の言葉の根本である」（『旧文四篇』版）[94]といった表現から窺える。銭鍾書の比喩に関する論述では、比喩の骨子あるいはその趣は、二つの物体の間の「似ているようで似ていない」ところにあるとされることが重要である。これを説明するために、彼は南宋の詩人である巩豊（一一四八〜一二一七）の「芋洋嶺背聞雨声満山。細聴、嶺上槁葉風過之、相戛撃而成音、後先疏数中節、清絶難状。篷籠夜雨、未足為奇」という詩の次の一節を取り上げている。

> 一葉初めて自ら吟じ、万葉競って相い譴る。須臾にして風を聞かず、但だ雨の索索たるを聴く。是れ雨なれば亦た奇無く、雨の如くんば乃ち楽しむべし。（『七綴集』四三頁）[95]

この詩は、山の中で細かい雨が降っている際の音を記録したものである。雨のなかで、風の通った葉っぱの間にしずくが垂れる音が聞こえてくる。風がしばらく止まっても、葉っぱの揺れが完全にはやまず、そのしずくの音がまだ続く。その音は「索索」としており、詩人はそれを楽しんでいる。そうした葉っぱの間に落ち続けるしずくの音は、本当の雨であるならば、面白みがなくなってしまい、それが雨のようであるからこそ、楽しみであるとされている。銭鍾書によれば、この一節は「簡潔に比喩の性質と感情の価値を示している」（『七綴集』四四頁）。比喩の性質とは、

比喩に使われた物体の間に必ず類似するところがあり、そうでなければ一つのものに合わせることができない。一方、それらには必ず類似しないところがあり、そうでなければ、互いに区分することができなくなる。（『七綴集』四四頁）(96)

ということにある。また、比喩の感情の価値は次のような意味である。

〔比喩に使われた物体の間に、その〕差異が多ければ、あるいは大きければ、類似するところがますます強調されうる。〔物体の間が〕より遠く区別できれば、一つのものとして合わせることがさらに人を驚かせ、その比喩もますます新しい。（『七綴集』四四頁）(97)

この結論自体は驚くようなものではないかもしれないが、銭鍾書が自然現象をリアルに表現した詩的作品を通じてこれを絶妙に説明しているところが、彼の文学理論の醍醐味なのである。

銭鍾書は比喩の多くのパターンを取り上げているが、ここではそのうちの二種類に注目することにしたい。一つは、「物体を用いて物体を喩える（以物擬物）」（『七綴集』四六頁）場合である。例えば「晩山槖駝の如し（晩山如槖駝）」（許

承尧『疑厂詩』巻丁「蘭州赴京師途中雑詩」）（『七綴集』四六頁）というような句がある。つまり、夜の山は静かであり、その輪郭線がまるで駱駝のこぶのようである。これは、「冗談をする風刺画あるいは滑稽な絵画」（『七綴集』四六頁）でなければ、絵画にはできないこととされている。

もう一つは、異なる性質の間の比喩である。興味深い一例は、時間と空間に関わるもので、例えば晏幾道の「要し相思を問へば、天涯も猶ほ自ら短し（要問相思、天涯猶自短）」（「清商怨」）や、「静かに天涯を憶へども、此の情に比すれば猶ほ短し。（静憶天涯、比此情猶短）」（「碧牡丹」）といった句である（『七綴集』四五頁）。人への延々と続く思念は、時間的なものであるにもかかわらず、それが「天涯」、すなわち空間的広さに比べられ、さらにそうした比較によって空間は「短い」ものと見なされている。このような表現は、詩のみに可能であると銭鍾書は認識している。実際、中国詩における時空間の協働は、従来の修辞学研究において重視されている。例えば、黄永武『中国詩学——設計篇』は詩の中で、一句が時間、一句が空間というような交錯的な構成（「分設」と呼ばれる）に注目し、「空間の実景は雄健」、「時間の虚像は諧婉」を表すことに長けていると分析している。[98] しかし銭鍾書が提起したような、同じ句、そして一つの比喩の中での時間と空間の交叉的構造は取り上げられておらず、極めてユニークな見解であることを特筆しておきたい。

以上のように、銭鍾書の詩における物体表現の論点は、〈諸物体の総体としての表現〉と、〈一つの物体そのものにまつわる表現〉とに分類することができる。この分類において前者は後者の集合ではなく、物体自体の諸部分を考慮せず、物体と物体との相互関係や配置の問題、ないし雰囲気の表現を指している。また後者の場合、物体の色彩や明暗、そして比喩的表現が考察されている。そして、レッシングの理論的枠組みとの距離から言えば、前者はレッシングの枠組みを拡張するもの、後者はその枠組みを一旦踏まえた上で展開させようとするものと考えられる。

もう一度強調しておくが、レッシングは絵画が記号としての形姿や色彩を用いており、したがって物体を表現するにふさわしいと記号論的に主張するのに対し、銭鍾書の見解では、物体の形姿や色彩の表現においても絵画が必ずしも詩に対し優位を占めるわけではない。レッシングも直感的に対象の表現における「光と影の交錯」、「表現の対照と多様」の問題に注目しているが、これらを「物体」についてさらに具体的かつ詳細に思索し、詩と絵画の比較基準として明確に設定したのは銭鍾書である。こうして銭鍾書の議論は、中国の詩画比較論の新たな段階を開拓したのみならず、『ラオコオン』ないし詩画比較論全体に対する新たな考察の可能性をも提示することに成功したのである。

結　銭鍾書の中国詩画比較論の立場

ここでは、詩画比較論の主題に関する銭鍾書の立場を整理しておこう。

従来の先行研究では、銭鍾書の詩画比較論は朱光潜・宗白華、もしくは中国の主流的な意見と比べ、中国の詩と絵画の相違を主張する点で異質なものとされてきている。またそれが中国の芸術伝統と相反するとして批判されたこともある。(99) 本章を通じても、確かに銭鍾書の詩画比較論はそのようなイメージを与えるのであろうか。つまり「中国詩と中国画」では前近代の芸術批評において詩と絵画の主流的風格が異なること、「『ラオコオン』を読む」では詩と絵画は対象を描写する際に異なる長所を持つことが論じられている。しかし、こうした論述は決して単純に中国の詩画同質論を覆すためのものではない。銭鍾書の主張によれば、詩と絵画の関係を思索する際には事実問題と原理問題という二つのレベルが存在し、彼は前者のレベルにおいては詩と絵画の類似性を承認している。ただ、彼は事実のレベルにおける詩と絵画の一致を両者の原理的一致と見なす考え方に反対している。それによって、事実としての詩と絵画の不一致が看過される恐れがあるからである。彼の論旨をまとめるならば、事実として詩と絵画はより複雑な関係を有しており、両者が一致しないという重要な側面もある。(100) このように、より客観的事実に符合する詩画比較論が説明できるようになった。

ところで、上述の「中国詩と中国画」と「『ラオコオン』を読む」に対する考察から明らかなように、銭鍾書は後者の論考では前近代における詩と絵画の不一致の言説を整理したのに対し、むしろ前者の論考では詩画の一致や同調の言説を整理している。「中国詩と中国画」では、前近代の詩画一致の言説をこまやかに整理した後、詩と絵画の別のレベルでの不一致を論証することに、やや論述の流れにおける飛躍が感じ取れるであろう。その理由は、「中国詩と中国画」の、文集『旧文四篇』や『七綴集』に収録される際のものではなく、一九四〇年代に執筆された当初のバージョンでは、銭鍾書は別の立場を採用しているからである。この文章は一九四六年に『開明書店二〇周年記念文集』[101]——開明書店は朱光潜とその友人たちによって設立された出版社であることは想起されうる——に掲載される際に、「中国詩と中国画」はいまだ節を分けておらず、また論旨の流れは、編集者（葉聖陶）によるイントロダクションを見れば、次のようなものであった。

> 本文は中国の芸術批評史上の問題を取り上げている。我が国の芸術を論ずる者はいつも「即詩即画」、「詩画一律」を説く。しかし作者（銭鍾書）が詳しく引証し細かく分析したように、中国の詩と絵画の品評基準は似ているようで実は相反しており、詩と絵画の二つの芸術はそれぞれ「自らの位置を出ようとする思い（出位之思）」を抱き、「職分を越えて他人の仕事を横取りしようとする」（越俎代謀）姿勢をとっている。また、西洋美学および文評家の説を引いて、その考察の助けとしている。[102]

ここでは「出位之思（Andersstreben）[103]」は一つのキーワードである。銭鍾書の最終目標は、むしろ詩と絵画がそれぞれの領域を乗り越え、互いに交渉する可能性を論証することであった。こうした当初の意図を踏まえれば、この論考の最初における詩と絵画の類似性をめぐる言説を整理することも合理的であると考えられた。

当時、銭鍾書の論述の主旨はのちと同様に、前近代の詩は杜甫の風格、絵画は（杜甫の風格に該当する呉道之ではなく）王維の風格であると論証することであった。しかし、銭鍾書は続いて結論を次のように記した。「総じて言えば、絵画の芸術において、もし杜甫の詩の風格を用いて絵画を作るならば、ただ王維より地位の低い呉道之になる。反対に、詩の芸術において、もし呉道之の絵画の風格を用いて詩を作るならば、王維より地位の高い杜甫になりうる」といい、詩画の批評基準の相違を明らかにしながら、次のように述べる。

こうした相違に対し一つの解釈がある。一切の芸術は材料を用いてその表現の媒介とする必要がある。材料固有の性質は一方で利用に役立ち、表現を便利にさせるが、同時に障害をも生み出し、表現に制限を与える。そこで芸術家は常にこうした制限を越え、材料の束縛を受けないよう、無理に材料の性質とは相入れない表現の境地〔原文「境界」〕を表現しようとする。例えば絵画の媒介材料は色と線であり、具体的な形象の痕跡〔原文「迹象」〕を表示しうるが、大画家はあえて迹象を細かく描くのではなく、「写意」しようとする。また詩の媒介材料は文字であり、感情を抒べ意思を伝えることができるが、大詩人はあえて「志を言う」のではなく、詩に絵画の作用を兼ねることを求め、読者に色相を与えようとする。詩と絵画はそれぞれ本来の位置を跳び出そうとする企てがあるのである。(104)

ここで銭鍾書は、詩と絵画の干渉に注目し、それを優れた芸術作品にふさわしいものとして大いに称賛している。この論述は、いかにも『詩論』（一九三〇、四〇年代）における朱光潜の考察と類似しているであろう（本書第二章第一節を参照）。銭鍾書は中国の伝統における詩と絵画の評価基準の相違を精緻に論じた上で両者の共通性を主張し、またこの論考の導入部も両者の共通性をめぐる言説の整理からはじめていることから明らかなように、銭鍾書の根本的立場は中国の詩と絵画の共通性を唱えることにあった。実際、とりわけ海外の論者を中心とする先行研究では、銭鍾書「中国詩と中国画」の早い版本に注目し、その立場は中国の詩と画の共通性を主張するものと見なす例は少なくない(105)。本章において重要なのは、この段階の銭鍾書の立場が朱光潜のそれと近かったことである。

また、当時の銭鍾書は「境界」、「迹象」、「写意」といった伝統的芸術論の用語を多く用いており、それものちの記述の仕方と大いに異なっている。伝統的用語をもって伝統的芸術論の状況を説明することは、一種のトートロジー的な解釈になってしまうとも考えられる。例えばその典型は、中国芸術の西洋芸術に対する特徴について、「気韻生動」があり、「境界」に達しているというような説明である。朱光潜・宗白華による説明の類がこれに近い。対照的に、本章で見てきた銭鍾書の一九六〇年代以降(106)の考察では、これらの伝統的用語の意味を自明視して用いることをやめて、中国芸術の特徴についていわばより西洋的な明晰性を求めるような説明を行っている。これは、中国の詩と絵画の関係の判断（両者の一致・不一致）を含めて中国美学が新たな段階に転換したしるしと考えられる。また、この転換は、朱光潜・宗白華と銭鍾書の世代的な差によって発生したもののみならず、銭鍾書が自らの考察を深めたという経緯があったことが重要である。

「中国詩と中国画」と比べ、芸術作品を直接考察する『「ラオコオン」を読む』では、銭鍾書は本格的に中国の詩と絵画の作品表現というレベルでの相違を検討した。彼は、詩の空間内の物体表現に関して、〈諸物体の総体としての表現〉と〈一つの物体そのものにまつわる表現〉に分けて考察している。次章から、上述の二つの観点を、それぞれ一例を取り上げて具体的に考察したい。

第六章　銭鍾書の文学論

序

本章では、銭鍾書の詩における〈諸物体の総体としての表現〉について、彼の李白「洞庭湖西に秋月輝き、瀟湘江北に早鴻飛ぶ」や杜甫「楚江巫峡雲雨を半け、清簟疏簾弈棋を看る」をめぐる解釈を取り上げたい（第一節）。また、〈一つの物体そのものにまつわる表現〉に関しては「虚色」論という詩における色彩表現に関わる議論を主題化して考察する（第二節）。

第一節　詩における「対象の錯綜した関係」

一　李白「洞庭湖西に秋月輝き、瀟湘江北に早鴻飛ぶ」

李白の句から見よう。これは「陪族叔、刑部侍郎曄、及中書賈舎人至游洞庭湖五首」という連作の一首に登場する。この連作は李白が彼の親戚（族叔）、友人の李曄（刑部侍郎曄）、賈至（中書賈舎人至）と共に洞庭湖を遊覧したことを記述している。洞庭湖は湖南省にあり、その近くにある「瀟水」と「湘江」が合流する一帯の景色は「瀟湘」と称される。この句は、洞庭湖の西に輝く秋月と、瀟湘の北に素早く飛んでいった水鳥という二つの物体を描写するものである。

る。それについて、銭鍾書は以下のように論じる。

〔この詩は〕、同一の時間で空間が異なる景物を関連させて並べ、互いにひきたたせ合う。〔中略〕画家がたとえ小さな画面に千里の世界を描けたとしても、「〔洞庭〕湖西の月」と「〔瀟湘〕江北の鴻」を紙上にともに明らかに表せば、両者はただ平板に並べられるのみである。詩句の表しているような区別の錯綜した関係を描くことはできないのである。(『七綴集』三九頁)(1)

洞庭湖の西の秋月と瀟湘の北の水鳥との間には、極めて広い地理的距離があるため、それは一般に有限な画面には表現できない。だが、たとえ画家がそうした千里の世界を表現できたとしても、それは詩による表現に劣ると言う。なぜなら、銭鍾書によれば、詩の表現では、これらの景物は「錯綜した関係」を有するが、絵画になると、〔まさにレッシングの主張するように並列的な記号によって〕「平板に並べられる」からである。

李白のこの句が絵画によって表現し尽くせないという銭鍾書の見解は、明末清初の画家、程正揆（一六〇四～一六七六）と董其昌（一五五五～一六三六）の次の会話に依拠している。

「洞庭湖西に秋月輝き、瀟湘江北に早鴻飛ぶ。」華亭〔董其昌〕はこの句を詠うことが好きであり、「〔この句は〕言うことができるが、描くことができない」と言っていた。私〔程正揆〕は、「あえて描いてもできるかもしれないが、ただ詩らしくなくなる」と言った。華亭が大笑いした。果たして是か非か。(『七綴集』三八頁。銭鍾書による『青渓遺稿』巻二四「題画」の引用)(2)

これを踏まえればわかるように、銭鍾書は前近代の画家の指摘を参照し、さらにこの句における「詩らしい」ところは対象の「錯綜した関係」にあると議論を展開させている。だが、「錯綜した関係」とは何かについて、銭鍾書はそれ以上説明していない。それを理解するために、この句についてより広範囲の資料から確認し考察を加える必要がある。

李白のこの詩は、七五九年（乾元二年）の秋に作ったものとされている。(3)当時、彼は長安（現在の西安）の朝廷から僻遠の地（「夜郎」、現在の貴州）に流される途中で、同じく左遷された李曄、賈至とともに飲酒し唱詩していた。同じ詩の連作のなかで、

洛陽の才子（賈誼、ここでは賈至を指す）湘川に謫せられ、元礼（李曄）同舟す月下の仙。長安を記し得て還た笑わんと欲すも、知らず何処か是れ西天。（洛陽才子謫湘川、元礼同舟月下仙。記得長安還欲笑、不知何処是西天。）

があり、李白が友人の左遷に同情していることがわかる。

また、李白が賈至に贈った詩のなかには、「賈生（賈至）西望して京華を憶へ、湘浦に南遷して怨嗟莫し」（『全詩』巻一七〇「巴陵贈賈舎人」）がある。(4)つまり、洞庭湖の西や瀟湘江の北は長安のことを指し、そこには左遷地に流された人々の朝廷への思念が託されているというわけである。

中国詩のなかで、「秋月」や「早鴻」は一般に思念と関連している。清代の王琦の注釈によれば、「瀟湘江北に早鴻飛ぶ」は、唐初の盧照鄰の「霜雰に早鴻落つ」を踏襲しているという。(5)盧照鄰のこの句も、やはり友人への思念を託すものである。李白の詩が制作されたとき、彼ら（李白、李曄、賈至）は洞庭湖の風景を眺めているが、長安のことを思っている。同時であるが、左遷地の洞庭湖と都の長安との二つ空間が念頭に置かれており、そこにこの詩の真の意

味が生じてくる。この句についての歴代の批評には、例えば明代の高棅『唐詩品彙』によれば「劉雲：自ら是れ悲壮なり」[6]、唐汝詢『唐詩解』によれば「意は必ず堪えざる者有り」[7]と評されている。こうした悲しみの由来についてはこれまで説明されてこなかったが、銭鍾書の解釈を踏まえるならば、それは目の前の風景と心の志向する場所との緊張関係によって生じたものと考えられるようになる。これが銭鍾書の言う「対象の錯綜した関係」であろう。

二　〝話分両頭〟、〝双管斉下〟――『詩経』「巻耳」の再考

重要なのは、銭鍾書はこうした表現手法を一つのパターンと見なし、これをもって『管錐編』において『詩経』「巻耳」を新たに解釈することである。

銭鍾書はこの詩を、巻耳という植物を摘み取る婦人が遠方で労役している夫を思念するものと説明し、この詩の見どころは、繰り返される一人称「我」の用法にあると言う[8]。詩は、以下のように四節からなる。

采采巻耳　　巻耳を采り采る
不盈頃筐　　頃筐に盈《み》たず
嗟我懐人　　嗟《ああ》我人を懐うて
寘彼周行　　彼の周行に寘《お》く

陟彼崔嵬　　彼の崔嵬に陟《のぼ》れば
我馬虺隤　　我が馬虺隤たり
我姑酌彼金罍　　我姑《しばら》く彼の金罍に酌みて

維以不永懐　　維《こ》れ以て永く懐わざらん
陟彼高岡　　彼の高岡に陟れば
我馬玄黄　　我が馬玄黄たり
我姑酌彼兕觥　　我姑く彼の兕觥に酌み
維以不永傷　　維に以て永く傷まざらん

陟彼砠矣　　彼の砠に陟れば
我馬瘏矣　　我が馬は瘏み
我僕痡矣　　我が僕は痡む
云何吁矣　　云何せん吁《ああ》(9)

最初の節は、婦人が一人で巻耳（オナモミ）を摘みながら、遠く離れた夫への思念を嘆じている。第二節から第四節までは、馬が険しい道を歩き疲れている状況など、労役の実態を詠っている。そこで、銭鍾書は、第一節にある「我」は婦人、対して第二から第四節の「我」は夫であると指摘している。つまり同じ詩のなかで、婦人も夫もそれぞれ一人人称で発話している。銭鍾書はこうした表現の可能性について胡承珙『毛詩後箋』巻一を援用する。

凡そ詩のなかの「我」という字には、その人の自称の「我」もあり、他の人の代わりに「我」と言うこともあり、一篇の中で、並んで現れても差し支えない。(10)（『管錐編』一一六頁、銭鍾書による『毛詩後箋』の引用）

銭鍾書は続いて説く。

詩を作る人は必ずしも詩の中に詠われた人であるとは限らない。婦人と夫のいずれも詩中の人であり、詩人は彼らに代わって彼らの事柄を述べている。それゆえに、それぞれのことを「我」と言うのである。(『管錐編』一一六頁)(11)

こうして、『詩経』「巻耳」は「男女二人が二つの場所にいるが、事柄は時を共にして」おり、前近代の書物を批評する人はこれを「双管斉下（物事が同時に両面から起こる）」もしくは「話分両頭（話が二つの方向に分かれて進行する）」と称したという（『管錐編』一一七頁）。さらに、こうして男女双方にともに「我」を使うことによって、「まるで互いの心情、心の声を知っているようである（如見肺肝而聆欬唾）」と述べる（『管錐編』一一九頁）。詩におけるこのような表現は、ただ表現しうる物事の量を拡大したのみならず、表現される対象たちの相互関係に関する効果も得た点で、重要である。

これに類似する手法について、銭鍾書は他にも多くの中国詩を取り上げている。また、彼は「『ラオコオン』を読む」において、「中国の旧詩は言葉が洗練されており、散文や白話小説のように「その時」「この時において」という言葉で事態を説明する必要がない」と言い、時間の指示を省略したまま場面の転換が可能であると指摘している（『七綴集』五八頁）。この言明はまた新文化運動以降の潮流（旧詩への反対）にあまり同調せず、旧文化への思索をめぐらせた銭鍾書の立場を示しているであろう。

三　杜甫「楚江巫峡雲雨を半け、清簟疏簾弈棋を看る」

続いて、銭鍾書の杜甫についての解釈に目を向けてみよう。銭鍾書は蘇軾の友人である参寥（詩僧の道潜、一〇四三～一一〇六?）の、杜甫の詩「七月一日題終明府水楼」第二首の末句に関する評を取り上げている。

「楚江巫峡は雲雨を半《わ》け、清簟疏簾に弈棋を看る。」この句は、画に描くことができるが、しかし恐らくその通りには描けないであろう。（『七綴集』三七頁、銭鍾書による『津逮叢書』本『東坡題跋』巻三「書参寥論杜詩」の引用）(12)

杜甫は水辺の楼閣から眼前の景色や人々の活動の様子を記述している。すなわち、水に面した「楚江」と「巫峡」に雨や雲がかかり(13)、竹の寝具とすだれのある部屋で囲碁を観戦するという場面である。参寥は、この句が詩的表現の通りに絵画へ転換できないというが、その理由を詳しく述べていない。

この句に関する歴代の註釈では、浦起竜（一六七九～一七六二）は「この一結句は瀟洒の極みであり、詩全体の趣を高めている」と高く評価している(14)。何焯（一六六一～一七二二）はもう少し詳しく、「この二句はただ簡略に触れただけであるが、水楼はまるで画のようで、これこそ高手である。その場に一人の旧知もなく、老人は応酬することもできず、黙って囲碁を観戦するその心情を推し量ることができよう。〔だが〕文字になると興ざめな気持ちを表さない点で素晴らしい」と述べ、当時（公暦七六七年、唐大暦二年）、よその土地に知り合いがおらず孤独感を覚えている杜甫が、目の前の景色をなお美しく記しうることを賞賛している(15)。だが、ここでは杜甫の描写が「画のよう」である、という漠然とした印象が表明されるにとどまっているのである。

これらの印象批評的な注釈とは対照的に、銭鍾書はこの詩句を次のように分析する。

自然の変化しつつ荒々しい力を宿している景色のありさまが「賓」であり、外と隔たれた小さな部屋内部の人間の活動が「主」であるが、「囲碁をする」のではなく、「囲碁を観る」であり、「観る」ことが句の主眼を占めている。その傍観している第三者が「主」のなかの「主」である。〔この句を〕絵画にすると、自然の景色を閉じた部屋の様子よりも強調しやすくなるか、あるいは逆に小さな部屋が自然よりも目立つかである。たとえ両者のバランスがよく取れたとしても、あの「囲碁を観る」人の傍観、その特別な位置は「描くことができない」ものである。(『七綴集』三九頁)(16)

この句において囲碁を観戦する人の存在が最も肝心であるという。つまり、この人は囲碁に参加していないゆえに、自然の雄大さと室内の人間活動の有閑さという対比を同時に感じ取っているのである。この句で語られている対象として、「自然」、「小さな部屋」、「囲碁をする人々」、「囲碁を観戦する人」が存在する。銭鍾書によれば、それらは平等な位置を有するものではなく、「主」と「賓」というヒエラルキー的関係にあると言う。こうした「主」と「賓」の関係について、銭鍾書はさらに閻若璩『潜丘札記』巻二における文章に関する「四つの賓主」、すなわち「主の中の主」、「主の中の賓」、「賓の中の主」、「賓の中の賓」の区別を援用している(『七綴集』五八頁)。こうしてこの詩における諸物体の相互関係に注目し、自然の景色を「賓」、小さな部屋における活動を「主」、さらに囲碁を傍観している人を「主の中の主」の位置にあると指摘することで、銭鍾書はこの詩の優れたところを解明している。これは前近代の主観的印象を述べた批評とは異なる、銭鍾書独自の理論的分析を組み入れたものであろう。

以上、銭鍾書は〈諸物体の総体としての表現〉に関して、詩は離れた空間に属する物体の相互関係、そしてその関係によって喚起される感情(悲壮感、男女の愛情など)を表しうることを論じている。このように、彼は詩は絵画に対する表現の優位性を持つという主張に至った。

第二節　「虚色」論の構造——古今東西思想の交渉

一方、〈一つの物体そのものにまつわる表現〉について、銭鍾書は重要な「虚色」論を提示する。「虚色」論は、彼の『ラオコオン』論の中でも目立つ論点として従来注目されてきた。また、金福年「現代漢語顔色詞運用研究」（二〇〇三）のように、これを『ラオコオン』論の文脈から独立してより広範な文学作品の実践的批評に応用した例も現れた。さらに、「虚色」論は広く「虚」論として考えられ、銭鍾書の思想全体においてもすでに重要な議論であるとして一般的に認識されている。(17) しかし、先行研究では、銭鍾書の他の多くの見解をめぐる考察にも見られるように、「虚（色）」論はその形成された文脈が十分検討されてきたとは言えない。

「虚（色）」を理解するために、まず「虚」概念は中国古典芸術論のキーワードであり、多種多様な意味で用いられることを強調しておきたい。例えば宗白華の中国芸術論でも「虚」が重視されている。それは主として形而上的な道家思想の特徴、もしくは観者の無限な想像を喚起しうる作品の現象を記述するものと考えられている（本書第三章の第三節と第五節を参照）。また、陳佳君『虚実章法析論』（台北：文津出版社、二〇〇二）は修辞法の視点から、中国前近代のテクストを踏まえて形而上的な領域から現象の領域に至るまでの文学における「虚」の機能を体系的に論じている。そこには、読者の想像力を誘うという「虚」の基本的な内容のほか、例えば、語るテンポの「急」に対する「緩」、記述する際の「詳」に対する「略」、具体性に対する抽象性という意味も論じられている。しかしそれらに対し、銭鍾書の「虚色」論は個別の修辞法を分析することによって解明できるものではなく、古今東西の学識を融合して組み立てられた総合的な文学理論として捉えられるべきものである。その構造を踏み込んで考察し吟味することで、彼の文学理論に含まれる美学思想の奥深さや重層性をはじめて理解することができる。

一　「虚色」の提起――蘇軾の牡丹描写

一言でいえば、「虚色」は、字義と異なる色を表現する修辞法を指す。銭鍾書はこれを説明するために複数の例を引き合いに出しているが、なかんずく蘇軾の名句、「一朶の妖紅、翠にして流れんと欲す（一朶妖紅翠欲流）」（『蘇文忠詩合註』巻一一「和述古冬日牡丹」、『七綴集』四〇頁）が重要である。この句は、冬の雪景の中の一輪の赤い牡丹の鮮やかさを表現しているが、「紅」のほかに「翠」も用いている。この「翠」は本当に緑色を指すのではなく、「乃ち鮮明の貌にして、色に非ず（乃鮮明貌、非色也）」という。つまり、この「翠」は牡丹の赤色を「いっそう引き立たせる」ためのもので、「鮮明であるさま」と解釈されている（『七綴集』四〇～四一頁）。訓読するならば「あざやか」になるであろう。

留意すべきは、このような解釈は銭鍾書の独創ではなく、彼自身が提示するように南宋から清代までの注釈にすでに見られることである。銭鍾書がこの句に注目したのは、「『ラオコオン』を読む」を文章化する以前の手書きノート（『容安館札記』）まで遡ることができる。そこで、「翠」をめぐる注釈について、南宋の高似孫『緯略』と陸游『老学庵筆記』を参照している。それらは清代の馮応榴『蘇文忠詩合註』に引用されているものを引き写している。一方、そして『七綴集』（一九八五）では、『升庵全集』を除いて『蘇文忠詩合註』と『困学紀聞』を提示するようになった（『七綴集』四〇頁）。以上の経緯に鑑みて、この句の解釈に関する銭鍾書の長年にわたる思考が了解される。

一方、高似孫『緯略』によれば、陸游『老学庵筆記』は高似孫の解釈に従っており、基本的に「翠」が「鮮明であるさま」と解釈される理由を、（蘇軾の出身地）四川省の方言としている[18]。王応麟『困学紀聞』はこうした解釈の存在にも注意を払いながら、古来の文学作品における「翠」、もしくは類似する語（例えば「萃」）の修辞的用法を論じている。[19]他方、楊慎『升庵全集』は、上記の解釈のほかにも多くの説を提起するが、記述が雑駁であるため最終的に銭鍾書の参照対象から排除されたと考えられる。[20]ところで、銭鍾書の着眼点は、この「翠」という言葉がなぜ緑色でない意味として可能であるかにあるのではなく、こうした「翠」が具体的に詩においていかに機能しているかということにあると考えられる。銭鍾書は、字義通りに機能する「紅」を「実色」、そうでない「翠」を「虚色」と規定して、詩における「虚色」表現のメカニズムを考察していく。

ちなみに、中国詩で物事を描写する際に赤色と緑色を合わせて使う例は多く存在し、蘇軾に特有のものではない。例えば、『旧文四篇』では、李商隠「石榴」の「碧桃紅頰一千年」も取り上げられている。

「碧桃紅頰一千年」、「碧」であり「紅」でもあることは、文字における自己矛盾の仮相をなしている。「碧桃」は常套句であり、「仙桃」「仙果」のことを言うと等しく、従って「碧」は虚色で、実色の「紅」と衝突しないのみならず、それをいっそう引き立たせて眼を射るようにさせる。そしてその表現は、外のものを引っ張って来て対照をなすのではなく、まるで物体がそれ自身の影によって際立たせられるように、同じものの虚実の両面というわけである。[21]

この「虚色」についての解釈は『七綴集』におけるそれと極めて類似している。しかし『七綴集』では、この解釈は蘇軾の例に対してなされており、李商隠のこの例は削除されている。その理由はおそらく、「碧桃」の使用法には「常套句」、つまり定番化され硬直した言葉としての側面があるため、「虚色」理論の活性を制限してしまう恐れがあると思われるからかもしれない。それに対して、蘇軾の用例はより創造性のある「虚色」の可能性を提示している。いずれにせよ、こうした修正の痕跡から見れば、銭鍾書は数多くの詩から「虚色」の発想を構築し、思索を重ねたことが明らかであろう。

二　『ラオコオン』の記号論による捉え直し

では、銭鍾書の「虚色」論はどのようなものであろうか。まず、彼が応答しようとするレッシングの用語法から捉え直してみたい。

すでに述べたように、レッシングの用語法は啓蒙主義的美学の記号論に裏付けられている。すなわち、記号を媒体とする芸術は、記号／記号表示されるもの、という構造で論じられている。この構造に従えば、銭鍾書の考える字義通りに捉えられない「虚」の表現は、記号と記号表示されるものとの類似性――記号論的に言えば記号の「自然性」――を欠いているという事態を指すことになる。

このように「虚」の表現を記号論的に捉えることで、銭鍾書とレッシングとの立場の根本的な相違は見出されうる。というのは、レッシングの記号観においては、記号と記号表示されるものとの類似性が要求されているからである。レッシングによれば、記号とは一般に混然とした認識（感性的直観）を判明（対象の諸部分の分析的認識）にする手段である。しかるに、芸術の理想である美の在処は前者にあるがゆえに、判明性をもつ言語的記号がいかにして感性的直観をもたらすかが課題とされる。そこで、享受者の感官に記号表示される対象物がいわば直接表象されることが求められる。言い換えれば、望まれるのは記号それ自体ではなく記号表示されるものの認識であり、従って記号自体はいわば透明でなければならない。これは美的イリュージョニズム(22)と呼ばれる考え方である。それに対し、銭鍾書はむしろ「虚色」論においては、記号が記号表示されるものとは異なる認識をもたらす可能性に注目している。

こうした彼の記号観を念頭に置いた上で、「虚」という概念の内実やその表現のメカニズムについて考察することにしたい。

三 「虚」概念の構築——汪中・『孟子』・ルソー

銭鍾書の考える「虚」という概念は次のように説明されている。まず、彼は前近代の修辞学における「虚数」論を重要な理論的根拠としている。「『ラオコオン』を読む」において、銭鍾書は清代の汪中の『述学』内篇一「釈三九」上篇を参照し、詩文の表現には「実数」と「虚数」があり、「この重要な修辞法は数字以外に、例えば色を表す字にも広げられる」(『七綴集』四〇頁)と言う。汪中「釈三九」は、数字「三」と「九」について、実際の数量として確認できる場合とたんに数の多さを表現する場合とに区別されるということを述べたものである。例えば古代の男子の成人儀式である「三加」は前者、『論語』「季文子、三たび思いて而る後に行う」は後者である。[23] 一方、『管錐編』「毛詩正義」二六則において、銭鍾書は「虚数」を修辞法と認めるのはより早く一六世紀の楊慎から見られることを詳述している。だが、汪中の理論がとりわけ重要である理由は、「釈三九」中篇の「曲」(換喩)と「形容」(誇張)に関連する議論に示されるように、数字に限らずより広い範囲の修辞法に拡大したことにあるという。銭鍾書によれば、「虚」の修辞法は「事柄を述べたり情を抒べたり、あらゆるところに存在する」からである(『管錐編』一六五頁)。

「虚(数)」論を整理した上で、銭鍾書はさらにその思考方法を『孟子』思想にまで遡ることができると主張する。彼は『孟子』「万章」の「文を以て辞を害せず、辞を以て志を害せず(不以文害辞、不以辞害志)」という命題に注目する(『管錐編』一六五頁)。これは『詩経』について、一つの文字に拘わって一句の意味を、また一句に拘わって詩全体の意味(詩人の志)を誤ることがないよう説くものである。銭鍾書によれば、従来の研究では、『孟子』における「辞」と「志」の関係が真に示唆しているところを十分理解できなかったという。

その関係について、銭鍾書は次のように論じる。

文学の言葉というものには、「虚」であるが「偽」でないもの、「誠」であるが「実」でないものがある。言葉の「虚」「実」と「誠」「偽」とは、互いに関連しつつも同じものではなく、別々のものである。（『管錐編』一六六頁）[24]

ここでは「虚」概念のほかに、関連する「偽」「誠」「実」という諸概念も持ち出されている。これら諸概念について、「誠／偽」は「発話者の心の意を示し、孟子のいう〝志〟」に関わり、「虚／実」は「言われた事物を検証する」ことに関わると銭鍾書は説明する（『管錐編』一六六頁）[25]。言い換えれば、「虚／実」は記号と記号表示されるものとの関係に関わる――両者の類似性があれば、「実」、そうでなければ「虚」となる。しかし、注意すべきは、記号と記号表示されるものが類似していない場合、発話者の「志」は「誠」と「偽」両方の可能性があるが、銭鍾書の考える「虚」は必ず「誠」と結びついていることである。

言葉における「虚」は、「偽」ではない。対象物〔との関係〕を問えば「実」ではないが、〔発話者の〕本来の心が「誠」でないわけではないのである。（『管錐編』一六六頁）[26]

「虚」の記号の成立は、発話者の「誠」を要件とするという。また、この「誠」が具体的に何を意味しているかについては、銭鍾書がこの箇所の脚注に提示したJ‐J・ルソー『孤独な散歩者の夢想』（一七七六年から執筆されはじめ、一七八二年に出版）「第四の散歩」の「虚構（fiction）」と「嘘（mensonge）」という対概念から推察できる。ルソーは「第四の散歩」において「嘘の倫理学的な考察」を行っている。具体的には、嘘の成立条件や種類、事実と異なることを述べられた言論の善悪の評価基準について論じている[27]。銭鍾書の参照する「嘘」と「虚構」の区別は、以下の一節に見られる。

自分の利益のための嘘をつくことは詐欺、他人のための嘘をつくことは欺瞞、人を傷つけるために嘘をつくことは誹謗中傷であり――これが最も卑怯な嘘である。自分にも他人にも何の得にも損にもならない嘘をつくことは、嘘をつくことではない。これは嘘ではなく、ただの「虚構」である。(28)

ルソーによれば、「嘘（mensonge）」もしくは「嘘をつくこと（mentir）」と、そうでない「虚構（fiction）」との区別は「誰々のため」という利益の関与があるか否かという判断基準によっている。利益と関わらないような言論は「虚構」であり、その典型例は書物の世界にあるとされる。(29)だが、発話行為の様々な場面、事態を考慮すれば、一つの言論が結果として物事に与える影響に即してそれに利益の関与があるか否かを判断することは極めて難しい。そこで、ルソーは「嘘」と「虚構」を峻別するために、言論の結果としての反響ではなく、発話者の道徳観と関わる「意図」という基準を提示する。すなわち、「心から真実を求める気持ち」さえあれば、事実に反していても「虚構」と認めるという。(30)

銭鍾書の議論に立ち戻ると、ルソーのいう「嘘／虚構」は「偽／虚」に相当するであろう。すると、「嘘＝偽」から峻別される「虚構＝虚」の成立が発話者の道徳的な意図を要件とすること、また銭鍾書のいう「誠」はその意図の利害的無関心性を指すことも明らかになる。これを踏まえれば、前述した蘇軾の牡丹を描写する句の場合、詩人は「翠」を用いているが、それは読者に牡丹が緑であると誤解させたり、間違った情報をわざと教えたりすることを意図したもの（「偽」）ではなく、たんに牡丹の赤色を伝えようとしたもの（「誠」）ということが了解されうる。

以上、銭鍾書は汪中の古典詩論の「虚数」論に基づいて「虚」概念を構築し、さらに『孟子』思想や西洋のルソー思想を援用し再解釈することで、「虚」は事実に反しているが、発話者の意図によって「偽」ではなく「虚構」として保証されていると主張したことが明らかになった。

四　芸術家の意図の役割

詩的言語に関して、銭鍾書は記号と記号表示されるものが類似していない場合を設定することにおいてレッシングの記号論と異なっているが、これはまた発話者（芸術家）のあり方に対する捉え方の差異につながっている。

レッシングは『ラオコオン』において繰り返し芸術作品の形成に関する芸術家の役割に言及しているが、彼の理解する「芸術家」は基本的に美的イリュージョニズムの枠組みにあるものである。それは、イリュージョニズムが依拠している模倣説[31]の用語で言えば、原像を模倣し、模像において美を実現する技術的専門家を指す。レッシングの考える模倣は、単なる複写の意味ではないが、所産としての模像は芸術家自身の精神的個性ではなく、原像の本来的形相や構造によって規定される。それに対し、銭鍾書の議論においては、例えば元来自然界の赤い牡丹には存在しない「翠」の要素を、芸術家の創造によって作品に反映させる事態が賞賛される。

『ラオコオン』の成立した一八世紀中葉から末葉の西欧においては、イリュージョニズムの美学はなお支配的でありつつも、近代的芸術観への転換期にあたり、芸術家の立場、またそれに即応する享受者（読み手、聞き手）の立場を組み込みつつあった[32]。レッシングの立場はより伝統的な芸術観に属しているが、銭鍾書の援用したルソーはまさにこの転換過程を体現する作者である。

ルソーの著書は基本的にはイリュージョニズムに従っているが、そこから精神的個性を持つ近代的意味での芸術家の存在も読み取れる点で、新たな芸術観の形成を予告している。例えば彼の自伝的な小説である『告白』は彼の人格存在の集約と考えられること、また『新エロイーズ』や『エミール』は作中人物と作者自身を同化させ、前者を通じて後者の個性を読者に直達させるような仕掛けがあることがすでに論じられている[33]。しかし、これらはイリュージョニズム、すなわち読者がテクストを実話として信じ込まなければならないことを必須の前提とするものであり、作者の存在は作品の構造によって示唆されている。

それに対し、銭鍾書は、イリュージョニズムの構造を持たない「虚」の成立における作者の「誠」を論じる際に、ルソーの「第四の散歩」に注目している。(34)「第四の散歩」は、『告白』の関連箇所をより論理的に展開し、嘘をつくことの多種多様な場面を分析し、書物の成立を嘘もしくは虚構の例として考察するものである。ここでは、書物の正当性(イリュージョンが嘘でなく虚構であること)は作者の意図に求められている。これは例えば寓話の文体について、真理を直観的に認識させる目的から規定すべきだと強く主張するレッシングの立場とは明確に異なる。(35)つまり、ルソーの議論はイリュージョニズムの枠組みから脱していないが、書物の性質を規定しうる作者の意図の役割を重視している。この点からみれば、銭鍾書はルソーのこの箇所の独自性を見出し、さらに作者の意図がイリュージョニズムの不在の場合に発揮されうることをより明確にしたと言える。

興味深いことに、銭鍾書は『孟子』の引用箇所(「文を以て辞を害せず、辞を以て志を害せず」)の直後の「みずからの心意をもって詩人の志を迎えること(以意逆志)」を引用していない。「以意逆志」は、『詩経』の解釈法として銭鍾書の時代に直結する清代の考証学の展開にあたっても重要な役割を果たしていた。具体的に、「記述の表面上の字義に拘泥せず」、「テキ〔ク〕ストの文字表現を揺さぶる譬喩や寓意などの修辞に阻害されることなく」、「作品全体にあらかじめ投射された作者の意図」もしくは「字句の背後にまで回り込んで作者の真意を読み解く」というふうに理解されている。さらに、『孟子』に注した後漢末の趙岐はすでに『詩経』の範囲に限らず、普遍的な解釈法としての可能性を「以意逆志」に見出していたと言う。(36)実際、銭鍾書は『管錐編』「左伝正義」第三「隠公元年」において、清代の考証学を代表する戴震(一七二四～七七)の解釈法を批判しており、「字義→義理」と解釈すべきところを、実は作者の志を探るのに「義理→字義」という実践がなされていると指摘する。つまり、引用しなかった「以意逆志」についても、銭鍾書は熟知していたわけである。

銭鍾書の関心は別のところにあるであろう。すなわち、前述したように、「文を以て辞を害せず、辞を以て志を害せず」における「志」と「辞」の関係の解明にある。銭鍾書は歴代の『孟子』思想を敷衍した書物がその真意を突き止めていないと非難した際に、引き合いに出している例は後漢の『論衡』語増篇、芸増篇、儒増篇や、唐代の『史通』暗惑篇であった。続く銭鍾書は、南朝の文学論『文心彫龍』「誇飾」は「文辞」が誇張になっていてもその「義」を妨げないと論じているが、未だその理由を解明していないと説く。[37]これら批判を鑑みれば、銭鍾書の論旨は次のように理解されうるであろう。すなわち、「以意逆志」の解釈法としての応用可能性を列挙するのではなく、むしろ「志」と「辞」の関係というその応用を支えるものについてさらに一歩進んで考察することである。さらに、その考察を、（経書の解釈ではなく）純粋な文学論や芸術論のレベルで行うという意図も窺える。要するに、詩に対する解釈をそれに先行する経書によって担保する代わりに、詩自身における言葉と作者の意図の役割がここで論じられているのである。

五　「虚」表現のメカニズム――レッシング・エルトマン

続く修辞法としての「虚（色）」のメカニズムについて検討しよう。「虚色」の作用について銭鍾書は言う。

詩人が事物を描写・記述するとき、しばしばまるで（虚色・実色を含め）二三種の色が調和あるいは衝突しているように書いており、読者の心眼を刺激する。（『七綴集』四〇頁）[38]

「心眼」という言葉は、「肉眼」との対比において捉えられるが、ここで銭鍾書の用法は『ラオコオン』の原著の用語に近い。[39]

レッシングは同書第一四章において、詩人ミルトンがただ「盲目」という点でホメロスに類似するだけで詩は優れていないとする言説に反対し、まさに肉眼の喪失によってこそ優れた詩が書けたと言う。その際に、彼は対概念「肉眼（das leibliche Auge）」と「心眼：内なる眼（das innere Auge）」を用いている。

しかしながら、私が肉眼を持っているかぎり、私の肉眼の領域が同時にまた私の心眼の領域でもあるとするならば、私はそうした制限から解放されるために、肉眼の喪失に大きな価値をおくであろう。（*Laokoon*, 91）[40]

レッシングによれば、ミルトンは心眼の範囲を肉眼の制約を越えて拡大したために、詩作に優れているという。この「心眼」は、朱光潜が後に仕上げた『ラオコオン』中国語訳の訳注にも指摘されるように、肉体的視覚と対比される「想像力」に相当する。[41]

銭鍾書の言う「虚色」もまた想像力に訴えるものであり、その性質は以下のように説明される。

仮にある画家が蘇軾の「冬日の牡丹」を題材とするならば、彼はただ一輪の赤い牡丹あるいは一輪の極めて生き生きした赤い牡丹のみを描くことができるが、赤くて「翠」の花を描くことはできない。たとえ彼が描けるとしても、そう描くべきではない。というのは、「翠」はここで「紅」とは全く別の範疇に属する色の字だからである。（『七綴集』四一頁）[42]

「虚色」は視覚的に実践可能であるとしても、視覚的に実践すべきでないとされる。その理由は銭鍾書によれば、「虚色」には「感情の価値（Gefühlswert）」のみがあり、「直観の価値（Anschauungswert）」がないことにある。[43]「感情の価値／直観の価値」の対概念に関して、銭鍾書は自注に言語学者エルトマン（K. O. Erdmann, 一八五八〜一九三一年）の『言葉の意味』（初版一九〇〇年、第二版一九一〇年）を提示している。銭鍾書は『言葉の意味』の理論を重視しているため、彼が詳細に論じていない箇所も含めてこの著作を確認してみよう。

エルトマンは同書第四章「言葉の付随的な意味と感情の価値」において、「感情の価値」を説明している。彼は一つの言葉の「意味」には、「概念的内容」以外に、聞き手に「心的作用」を与える部分も存在することを指摘する。[44]そうした部分は、「言語的表現にとっての不可欠な手段であり、諸文体のあらゆるより繊細な作用の基礎となる」。[45]その中に、「感情の価値」という、「〔聞き手の〕反応として生じるあらゆる感情」を喚起するものが論じられている。[46]エルトマンはさらに言葉の意味を幾つかの場合に分類しているが、銭鍾書が「虚色」の説明に用いるのは、「話し手」の意図によって決められる「感情の価値」である。[47]エルトマンの例に従えば、ある「酔っ払った（betrunken）」人を、「ほろ酔い気分の（benebelt）」もしくは「泥酔した（besoffen）」と言う際、聞き手は客観的な事態のみならず「話し手の心的状態」をも同時に了解できる。つまり、二つの言葉はいずれも同じ概念的内容〔「酔った」〕を持つが、話し手の「好意的な」あるいは「荒っぽい」という異なる「感情の価値」を有する。[48]

またエルトマンは、露骨に言明したくない事柄を語る際に話し手の感情の価値を表すため、その言葉の「直観的な内容」を減らす手段についても論じている。例えば、「妊娠している」ことを婉曲的に「別の状況にいる（in anderen Umständen sein）」というようなものである。[49]ここでは、感情の価値と言葉の直観的内容との間には一種の相反がすでに見られる。

「感情の価値」と「直観の価値」の対立の可能性に関する明確な論述は、『言葉の意味』第六章「直観的な表現法」においてなされている。「直観的表現」とは、話し手が聞き手の「想像力を刺激し」、結果として「それ〔想像力〕は明晰かつ生き生きとした幻覚（Phantasie）や記憶力によるイメージを産出させる」ことを指す[50]。ここでいう「幻覚」はレッシングのいう「イリュージョン」より範囲が広く、「感性的なもの」に加えて比喩のような「非感性的なもの」をも含む[51]。「直観の価値」と「感情の価値」の対立について、エルトマンはゲーテの「生命の黄金の樹は緑色なのです」を取り上げ、「緑」は「まだある種の直観の価値を持っている」のに対し、「黄金」はたんに「言葉の感情の価値」に基づき「メタファー」として用いられていると述べる[52]。このゲーテの例は、銭鍾書『ラオコオン』を読む」にも援用されており、さらに「黄金」は西洋詩では「貴重、良い、美しい」という意味で用いられることが附言されている（『七綴集』四二頁）。

以上の考察に鑑みながら銭鍾書の「虚色」論に立ち戻ると、レッシングの用語法（心眼）からすれば「虚色」の受容器官は享受者の想像力であり、またエルトマンの理論から「虚色」は概念的内容を持たず、直観的イメージを喚起しない「感情の価値」のみを持つものであることが明らかになった。

六　享受者の想像力の役割

レッシング、エルトマン、銭鍾書という三人の論者はいずれも、享受者の想像力の働きを重視している。レッシングは、芸術の効果の達成は享受者の想像力によると明言し、『ラオコオン』第六章に「芸術作品の内に我々が美しいと見出すもの、これは、我々の目ではなく、我々の想像力が目を通じて美しいと思うのである[53]」と言う。『ラオコオン』の中には、詩的言語は「直観の価値」を持たず、たんに「感情の価値」が享受者の想像力に作用するという、「虚色」論と類似するような論述もある。第一二章において、レッシングは芸術の表現対象を「目に見える（sichtbar）」ものと「目に見えない（unsichtbar）」ものとの二種に分けるが、後者は詩的表現においてのみ成立すると述べる。例えば、ホメロスは不可視な神々を描写する際に、「雲」や「霧」を用いて神々の存在を示している。読者

はそれらを、真の「雲」や「霧」ではなく、不可視な神々の象徴として想像すべきであるという。(54)

しかし、レッシングとエルトマン・銭鍾書の決定的な相違はイリュージョニズムを理論的枠組みにするか否かという点にある。『ラオコオン』の中心的結論が述べられる第一五章では、レッシングは議論の範囲を「詩人も画家も共に用いることのできる目に見える事物のみ」に制限し、上記のような例は除いている。(55) 彼はイリュージョンの枠において、人為的約束事として働いている詩的言語の象徴性を止揚しなければならないからである。(56)

もう一度『ラオコオン』の中心的結論を確認しておこう。

もしも絵画が模倣のために詩とは全く異なる手段あるいは記号を用いる、すなわち、前者は空間内の形姿と色彩を、後者は時間内の分節音を用いる、ということが正しいならば、そしてさらに、記号が必ず記号によって表示されるものと適切な関係を持たねばならないとするならば、並列的に秩序づけられた記号はただ並列的に存在する対象、あるいはその部分が並列的に存在する対象を表現しうるのみであり、他面継起的な記号は、継起的に存在する対象、あるいはその部分が継起的に存在する対象を表現しうるのみである。(*Laokoon*, 94)

注意すべきは、ここで論じられる「記号と記号表示されるものの適切な関係」は、イリュージョンの形成と表裏一体をなしており、その規範は視覚によって即時に原像に到達しうる絵画の形態にあるとされることである。レッシングの最終目標は、そうした絵画の形態との比較において詩の形態がとりうる可能性の価値を高めることである（第四章「結」を参照）。従って、詩を模倣原理に基づく絵画の対比物として精確に設定するため、象徴性はまさに詩的言語が克服せねばならない本質的な欠陥ということになる。

それに対し、銭鍾書やエルトマンは詩的言語を論じる際に、絵画を範型とするイリュージョニズムの枠組みによらず、むしろ詩ならではの言語的特徴を発揮させようとする立場をとる。実際、『「ラオコオン」を読む』の結論部において、銭鍾書は次のように言う。

レッシングは詩と絵画がそれぞれの特徴を持っており、詩の表現可能性は絵画より〝さらに広い〟と認めている。〔中略〕〔もしも私の議論に一理があるならば、〕詩の表現可能性はレッシングの考えたそれと比べて更に幾らか広いかもしれない。（『七綴集』五七頁）

レッシングがすでに注意している問題であるが、イリュージョニズムの枠組みに収められなかった詩的表現について、銭鍾書はその枠組み自体を問いに付すことで、正当的に承認されうる可能性を発展させたのである。

銭鍾書はさらに、エルトマンが論じた修辞法の言語学的構造を応用するのみならず、「虚色」のもつ鑑賞上の効果をも重視している。すなわち、蘇軾の牡丹を描写する句について、「試しに〝翠にして流れんと欲す〟を同義の〝粲にして流れんと欲す〟に改めたら、この句は平淡無味となり、〝色〟が暗澹としてしまう」という（『七綴集』四一頁）。[57]「翠」は作者の意図する「きわめて鮮やか」であることを意味しており、概念として鑑賞者はただ赤い牡丹のイメージを受け取る。しかし、その赤さはたんに自然界にある牡丹のそれではなく、想像力により虚色「翠」と実色「紅」が衝突する、芸術家の創造した表現効果として受け取っているのである。こうして、レッシングが正面から扱っていない詩的言語の表現可能性を、銭鍾書はエルトマンの理論を踏まえながら「虚」論として結実させ、詩的言語の根本をなすものとして再評価したのである。

七　詩的言語の本質としての「虚」

銭鍾書は『管錐編』「毛詩正義」二六則において、「虚」は詩を鑑賞し解釈する際の基本事項であると主張する。この則で銭鍾書は『詩経』衛風「河広」を論じている。「河広」は、宋国へ嫁いだ女性が黄河をはさんだ対岸の衛国へ来てしまい、宋国への思念のゆえ、滔々とした黄河はまるで「小舟」あるいは「刀」すら収められないくらい狭いもののようだと詠うものである。黄河をごく狭いものとするこの「虚」表現に対し、銭鍾書は次のように説く。

もしこのような人がいるならば、すなわち詩の言葉に依拠し実際の地形を考訂し、広さ・大きさを測って〔詩的表現が現実的でないことを証明しようとする〕、〔中略〕ならば、愚かな者〔「痴人」〕である。そのような人に向かっては夢を説くことができない。その人に夢を説くことができなければ、また詩を説くこともできない。〔むしろ〕そういった人には詩を読むなかれと勧められないのは大変残念である。（『管錐編』一六四〜一六五頁）[59]

「痴人の前では夢の話をしない」は、愚者に対して夢の話をしても誤解を生ずるばかりで何の役にもたたない、という意味である。[60]詩における「虚」表現を理解できない人は、詩を読まなくてもよいと皮肉を投げかけている。この見解を裏返せば、銭鍾書によれば、「虚」こそが詩を詩たらしめる徴表ともいえるであろう。

銭鍾書はこうして「河広」に見られる誇張の手法を「虚」として説明しているが、一方で、比喩表現についても「虚」論を応用しているように見受けられる。

『管錐編』「毛詩正義」三三則において、『詩経』鄭風「有女同車」における、男性が馬車に乗り合わせた女性の美しさを賛嘆する「顔は舜華（英）の如し」という句について、再びエルトマンの言語学理論が参照されている。「舜華（英）」はムクゲの花を指す。銭鍾書は女性の容貌をムクゲに喩えることについて、女性の美を賛嘆する「感情の価値」を理解すべきであり、植物の実態という「直観の価値」に拘るべきではないと述べる（『管錐編』一八一〜一八二頁）。彼は明代の謝肇淛の評に賛同している。

ムクゲは〔中略〕朝に開き夜に散ってしまい、婦人の容貌が衰えやすいことはこのようである。詩に「興」〔詩人の発想〕を託すことは、纖細かつ婉曲なことである。（『管錐編』一八一頁、銭鍾書による『五雑俎』の引用）[61]

詩の長所は、こうした「感情の価値」が「直観の価値」によらずに表せる点にあるという。銭鍾書は詩文における慣用的な「杏のような面、桃のような頬」や「玉のような肌、雪のような皮膚」等の表現についても同様に解釈している（『管錐編』一八二頁）。彼は比喩表現が「虚」であるとは明言していないが、「感情の価値」によっている点では、「虚」と共通するものとして考えられるであろう。銭鍾書の文学思想の要所は比喩論にあることがすでに多く指摘されているが[62]、比喩表現が根本的に「虚」論と関わると解釈することができるならば、「虚」論こそが彼の文学観を特徴づけるものともいえるかもしれない。

「河広」の誇張、「有女同車」の比喩、蘇軾が牡丹を表現する「翠」の「虚色」は、いずれも銭鍾書の「虚」の枠組みにおいて理解することができる。のみならず、彼は文章そのものを「虚」と捉える立場を取っていることも窺える。彼は『孟子』「尽心」における「尽く書を信ずれば、則ち書無きに如かず」という文を取り上げ、『書』のテクスト自体についても「虚」を考えられることを示している（『管錐編』一六六頁）。興味深いことに、銭鍾書自身の著書『管錐編』に関して、彼の「虚」論を援用しつつ分析する学者も現れる[63]。

銭鍾書は「虚」を「夢のなかでの悲歓」や「蜃気楼」、「鏡のなかに映っている花」、「灯りのそばに現れた影」に喩え、文学の世界において反映される別種の真実として捉えた（『管錐編』一六六頁）。この点において、記号による仮象を現実に対する「錯誤」や「欺き」として否定する西洋のイリュージョニズムによる芸術論とは、きわめて対照的である。

結　西洋の影響下の中国修辞学の展開

銭鍾書は『ラオコオン』への批判的応答として重要な文学理論を提示した。上記の二例、とりわけ「虚色」論は、古今東西にわたる諸論点の再解釈によって構築された総合的な理論であり、銭鍾書の学問の特徴を凝縮的に体現している。つまりそれは一方で、二〇世紀の中国文化の再評価を背景に、蘇軾詩の注釈から出発し、汪中の「虚数」論や『孟子』の価値を再発見しつつ、『詩経』を代表とする古典文学を新たに解釈し、他方で朱光潜にも引けをとらない美学への造詣によって西洋思想を総覧し、『ラオコオン』の芸術観との適切な対比物となりうるバークやルソー、エルトマンらの思想を駆使し、発展させている。このような論点もしくは言葉のレベルでの東西思想の交渉のありさまは、本書の第Ⅰ部で論じた朱光潜や宗白華と比べ、中国における西洋思想の受容ないし伝統文化の反省的展開が新たな段階に入ったことを如実に物語っている。

ここでは銭鍾書の文学論について、修辞学の視点から近代中国の学問状況について補足的説明を付け加えたい。レッシングと銭鍾書の議論における最も先鋭的な対立点の一つ、詩的言語の価値論における修辞学の位置の相違と考えることができるからである。

中国における学問としての修辞学は、近代において西洋の影響によって誕生し発展してきた。周振甫『中国修辞学史』（一九九一）は、中国では古来「修辞」を論じていたが、西洋の影響のもとではじめて「修辞学」が検討されたと言う。二〇世紀前期の代表的な論者は、一九二〇年代に活動した唐鉞（一八九一〜一九八七）、一九三〇年代に活動した王易（一八八九～一九五六）や陳望道（一八九一～一九七七）、そして一九四〇年代の銭鍾書を取り上げている。周振甫によれば、唐・王・陳はともに西洋思想に啓発され、中国の修辞学に関して分類を行い体系的に構築したが、銭鍾書は彼らの分類になかった例や可能性をさらに多く取り上げて発展させたという。さらに、銭鍾書の修辞学の検討は「文芸的」なものであり、従来の「言語的」なものを超えている部分があると周振甫は指摘する。(64) つまり、銭鍾書の議論は、ただ西洋を含めて従来の修辞学のカテゴリーを増やしたのみならず、修辞学の分析の仕方自体を新しくしたものであると考えられる。

この見解は、「虚色」論を通じて十分理解されうるであろう。一方、このような見解に照らして、本章第一節で扱った詩における「対象の錯綜した関係」表現をいかに捉え直すことができるであろうか。ここで、銭鍾書の議論の多くが、実際に漢詩の対句的構造に関わるものであると考えることを試みたい。それによって、対句もしくは修辞学において「構成の反復」と呼ばれる手法に関する他の研究を参照し、銭鍾書の独自性をさらに暴き出すことが可能である。

中国二〇世紀の代表的な修辞学の著作、陳望道『修辞学発凡』（一九三二年初版、一九六二年一回目改訂、一九七五年二回目改訂）には、「発話中、字数が等しく、文の構造が類似する二つの句が、対となって並べることができているものは、すべて対偶辞と呼ばれる」(65)という指摘がある。その形式は「句調上の反復」の一種、いわゆるシンメトリーであり、二句が内容的にコントラストをなすものも一貫するものもあると論じられている。(66) 一方、日本における修辞学の重要な研究書、佐藤信夫・佐々木健一・松尾大『レトリック事典』（二〇〇六）は西洋の修辞法「構成の反復」――「文、節、句」等の繰り返し――の考察において、(67) そうしたシンメトリーは日本的な感性には合わないが、漢詩の「対句」表現には見られると論じる。(68) そして、「「対」のなかには、対比だけでなく、「ペア」すなわち似たもの同士の組みあわせが含まれる、という点にも注意が必要であろう」と述べている。(69) これらの例からもわかるように、現在の主流な修辞学の考察のスタイルでは、文の構造の説明に重点が置かれる。

一方、銭鍾書は李白詩（対句）における現実の洞庭湖と理想の長安、そして「巻耳」（節と節の反復）における野作業の婦人と労役の夫、というような二つの対象や場面の関係に注目しているが、彼の論述によれば、それらの対は一種の単純なコントラストをなすものではなく、対における双方は完全に正反対な関係を有するのではなく、むしろ心情や思念の存在によって一貫していることが解明されている。句あるいは節同士はコントラストとなってはいるが、それらがともに同じ芸術作品に属しているゆえ、深く相互に関係していることを銭鍾書は認識しているであろう。銭鍾書の言う諸対象の間の「錯綜した関係」は、単純に「対比」もしくは「ペア」の関係によっては説明しきれないものである。

とはいえ、上に参照した著作は辞書的性格を有しており、それらをもって銭鍾書の論述と比較するには不公平なところもある。そこで、中国詩の修辞法における形式と内容の両面に注目し考察しようとした例も見てみよう。例えば、陳佳君『虚実章法析論』は詩における時空間の交錯――銭鍾書の論じる李白詩はそれにも該当するであろう――に関して考察を試みている。陳佳君はそこで、とりわけ詩によって想像力を喚起すること、そしてそれによって詩の統一性を失わないことが肝心であると述べている。そのうち、先学（劉勤操）が提起した、同じ詩の中で異なる時空間カットを組み合わせて用いるという「モンタージュ的手法」と呼ばれる技法に関する論述は、特に重要とされている。

モンタージュ的手法を用いて生活画面を組み合わせるときには、決して気ままに、無秩序に行うのではなく、何らかの生活の論理や美学の原則に従い、プロットの展開や読者の心の動きの順序を踏まえ、異なる生活の場面を、リズムの調和した、構成が厳密で秩序立った一つの芸術の全体としてつなげるべきである。（陳佳君『虚実章法析論』による劉勤操『写作方法一百例』の引用）(70)

これはまったく妥当なことを述べているが、「一定の生活のロジックや美学の原則」、もしくは「プロットの発展や読者の心理活動の順序」がいかにして具体的な作品に反映されるかについては未だ不明である。これも漢詩の考察において困難とされているところであろう。つまり、文の構造などに関する言語学的説明や、詩全体に関する心理学的説明が概説的になされたとしても、結局「この詩」そのものの優れた特徴をいかにして明晰に記述できるかという課題である。それに対し、銭鍾書の議論は一つの突破口を示していると言える。それは、理論もしくは理論化を目指しているものの、常に具体的な作品の内容に踏み込んで感性的にも吟味し考察することに由来するかもしれない。

ところで、留意すべきは、銭鍾書による杜甫詩における視点の存在などの説明は「『ラオコオン』を読む」の初版（一九六二）にあるものではなく、のちに『七綴集』に収録される際に補ったものだということである。初版では、銭鍾書はただ詩の例を取り上げることにとどめていた。その段階では李白詩やその分析も存在していなかった。つまり、銭鍾書の詩に関する踏み込んだ分析は、朱光潜や宗白華ないし他の修辞学研究といった一般的な分析とそれほど違わない段階から徐々に発展を遂げた経緯があったのである。

第七章　銭鍾書の『ラオコオン』論の形成背景――呉宓の受容

序

ここまでの論述によって、銭鍾書の『ラオコオン』論の要点は、文学論に見出されうることが明確になった。一方、銭鍾書の『ラオコオン』への着眼点は、絵画、もしくは絵画と文学との関係ではなく、もっぱら文学を重視する点が特徴的であるが、文学に注目した『ラオコオン』受容については、中国では二〇世紀初期以来の歴史的文脈が存在する。文学への関心は、『ラオコオン』の中国における受容の最大の特徴であり、また同時に近代中国美学の発展の重要な特徴であるとも考えられる。このような特徴を説明するために、本章では、中国の文化的伝統を用いて『ラオコオン』を最初期に受容した、一九二九年の呉宓の論を取り上げる。呉宓の『ラオコオン』受容は批判的な発展を十分に見せるに至らなかったが、確実に文学への関心を示していたからである。加えて、『ラオコオン』に言及した中国の最も早い例とされる一九一〇年の単士厘の論述も検討したい。それによって中国の『ラオコオン』論の輪郭をより完全な形で提示する。

第一節　単士厘『帰潜記』（一九一〇）とゲーテ

単士厘（一八六三〜一九四五）が『ラオコオン』に言及したのは、一八九九〜一九〇九年にかけて外交官の夫とともに欧洲を遊歴した際に、イタリアを中心に実見した古代ギリシャやローマの芸術作品等についての感想をまとめた紀行文『帰潜記』（一九一〇）である。その中で、彼女はヴァチカン美術館で見た群像《ラオコオン》について、直観的な描写を行った上で、関連する神話、西洋の考古学・美学における代表的な議論を総合的にふまえつつ記している。単士厘自身の文化的素養を背景に、とりわけ芸術や学術的活動に重きが置かれたこの紀行文は、中国の女性知識人が執筆した海外旅行の記録の先駆的な事例とされてきたものでもある。[1]

ところが、著作『ラオコオン』の内容に実質的には触れた単士厘は、記述の上ではレッシングの名前を明記していない。さらに、彼女の記述内容には、レッシングのほか、ヴィンケルマンやゲーテの影響が確認できる。ここからは、当時の中国の論者が西洋思想に関して十分な知識を持つ以前より、漠然として広く西洋の諸論述の影響を受けていた姿が読み取れる。[2]

まず、単士厘の群像《ラオコオン》に関する描写を見てみよう。群像を目の前にした彼女は、主役の父ラオコオンとともに、二人の息子にも着目している。「父は〔中略〕一見すれば力強いものであるが、大蛇に足を囲まれ腰に噛みつかれており、ふるっても脱出することができない」と言い、他方で「上の息子は一瞬で噛みつけられており」、「下の息子は〔中略〕すでに瀕死の状態である」[3]と述べている。さらに、この群像の最も素晴らしいところを次のように表現する。

最も感服するのは、一つの像、一つの主題のなかで、三種の時間を含んでいるというところである。父がいままさに嚙みつかれ、上の息子が嚙まれようとするのに対し、下の息子はすでに嚙まれている。〔中略〕この作品は群像と名付けられており、それもまた三人、三種の時間を一つの像にそろえるということである。(4)

単士厘は父のみならず、二人の息子の様子にも目を配り、三人を一つの全体として捉えた上で、そこに現れている三種の時間様態に、群像《ラオコオン》の見どころを見出している。ここで重要なのは、こうした読解の仕方は、レッシングではなく、古典期のゲーテの論述に近いことである。レッシングの考察においては、この群像に対する着眼点は基本的に主役の父のみに置かれているからである。

他方、ゲーテは「ラオコオンについて」（一七九八）(5)においてこの群像について次のように述べる。

一人目は蛇にまかれて抵抗力もなくなり、二人目は抵抗しながらも傷つき、三人目には逃げる望みが残っている。この第一の場合は年下の息子、第二の場合は父親、第三の場合は年上の息子である。(6)

さらに、この三人は、過去、現在、未来の三つの時間にも対応しているとゲーテは解釈する。すなわち、すでに瀕死の年下の少年は「持続する苦しみ、あるいは過ぎ去った苦しみへの関与」を持つ一方で、いままさに嚙まれている父ラオコオンは「現在の苦しみの予期せぬ知覚」を有している。そして蛇から逃げようとする年上の少年は「迫りくる災厄に対する不安な予感」があると言う。(7)群像《ラオコオン》について、三人を全体として捉え、さらにこの三人の間の諸々の「関係（Verhältnisse）」、「等級（Abstufungen）」、「対立関係（Gegensätze）」(8)に注目し考察を加える点に、ゲーテの独自性が見られる。

続く群像に関する美学の議論では、単士厘は、レッシングやレッシングの批判するヴィンケルマンの立場については明確に述べておらず、したがってどの部分の見解がレッシングによるものであるかは明らかにされていない。詩文における神官ラオコオンは口を大きくあけて叫んでいるが、群像はそう見えないという有名な論題をめぐる、ヴィンケルマンとレッシングの観点が以下のように記述に混在している（ヴィンケルマンとレッシングの観点をそれぞれ表す〔α〕と〔β〕の注記は筆者による）。

〔β〕詩と文というものは、「縦」において時間を描写するものであるゆえに叙述の芸術である。彫刻と絵画は、「横」において一つの瞬間を描くものであるゆえに造形の芸術である。〔中略〕この二者〔詩・文と、彫刻・絵画〕は目的が同じでありながらも、〔表現の〕方向が異なっており、必ずしも一致させる必要はない。もし彫刻のなかで、その口を大きくさせ叫ばせるならば、そのまま滑稽の状態をなすだけであり、美はどこに求めることができるであろうか。〔α〕ある人は、ラオコオンが叫んでいないことが彼の勇敢さを見せるためのものとする。〔β〕ある論者は、適度の叫びは勇敢さを損なうことがないけれども、ただ人の嫌悪を引き起こす状態であるゆえ、たんに観者の同情を得ることしかできず、芸術〔表現〕にとって避けるべきものだとする。(9)

引用文の冒頭で総評の役割を担っている〔β〕は、言語芸術と造形芸術それぞれを時間の芸術と空間の芸術と規定するという『ラオコオン』の中心的な結論（第一五、一六章）を踏まえたものであり、単士厘の言う「縦」と「横」は、レッシングの用語に置き直すならば「継起的（aufeinanderfolgend）」と「並列的（nebeneinander）」のことであろう。また、言語芸術と造形芸術の区別は、目的ではなく、目的へ到達する手段にあるという点で、『ラオコオン』の意図を正しく受け止めたものと言える。群像における父ラオコオンが叫んでいない理由を、「美を求める」という芸術の目標に悖るとするのも、レッシングの芸術観を特徴づけるところである（それについての明記は同書第二、二〇、二一章など）。他方で、叫ぶことが人物表現として勇敢さを損なうという（α）の観点は、ヴィンケルマンの『ギリシャ芸術模倣論』（一七五五）に由来するものである。すなわち、苦痛を耐え忍び、叫ばないことは人物の偉大なる精神を示すというヴィンケルマンの考えである。これに反して、レッシングは、ホメロスの詩を含め古代ギリシャの悲劇のなかで英雄の偉大な魂と苦痛の叫びは両立するが、苦痛ゆえに激しく変形した形態は古代の造形芸術を支配する最高の規則である「美」と相容れず、避ける必要があると主張する（『ラオコオン』第一、二章）。これもレッシングがヴィンケルマンの見解を批判し、『ラオコオン』の議論を始めた出発点である。ここで、単士厘はヴィンケルマンとレッシングの対立する観点を区分していない。

以上のように、単士厘の記述は書物『ラオコオン』というより、むしろ群像《ラオコオン》にまつわる諸問題を紹介した点で重要であると考えられるであろう。

第二節　呉宓「レッシング誕生二百周年記念」（一九二九）

中国において『ラオコオン』の要点を明確に整理した初期の例は、呉宓の「ドイツ大批評家兼演劇家レッシング誕生二百周年記念」（原題「徳国大批評家兼戯劇家雷興誕生二百年紀念」、以下「記念」と略称する）とされている。さらにこの論考で呉宓は、レッシングの理論に当てはまりうる実例として中国詩も取り上げた。それによって、中国近代初期の比較文学の動きが現れる一方で、中国の独特な『ラオコオン』論の枠組みが設定された。

銭鍾書の人物紹介をした箇所でも触れたように、呉宓は銭鍾書の清華大学での師である（本書第五章序を参照）。呉宓は一九二一年にハーバード大学で修士学位を取得し、東南大学で西洋文学系の教授となり[10]、一九二五年、清華大学の成立と同時にそこの研究員主任になり、中国における比較研究の学問構築につとめていた。呉宓が銭鍾書を高評すると同時に、銭鍾書も以下のように呉宓の重要性を論じている。

> 私の世代の若い中国の学生は、彼〔呉宓〕に大いに負っている。彼は最初に「文学の連続性」を強調し、そして比較文学の研究にはわれわれの「古い」文学をもその範囲に含める必要があると主張している。彼は一五年前〔一九二二年頃〕に中国で活動していた批評家たちのなかでただ一人、ヨーロッパ文学史に関する「大局的な」学識を持っている論者である。(11)

当時の呉宓は、旧文学の擁護者の一人として非難を受けていたが、一方、銭鍾書によれば、呉宓は正しく伝統的文学の価値を認め、さらに比較文学の分野では、ヨーロッパ文学史と中国文学史を比較する能力を持っている希少な論者であるという。現在では、呉宓は中国での比較文学を切り開いた最初の人物と目されている。銭鍾書は東西の比較対照を自らの学問の特徴としつつ、呉宓に続いてさらに別の境地にまで引き上げたという継承関係があると言える。

呉宓の「記念」は前半でレッシングの生涯を振り返り、後半の紙幅を全部『ラオコオン』紹介に割いている。この論考の冒頭には、ゲーテの『ラオコオン』に対する賞賛が援用されている。すなわち、『詩と真実』の第二部（一八一二年、一七六四～七一年の記録）に収録される、「『ラオコオン』によって長らく誤解されてきた(12)〝詩は絵のように〟がいっきょに除去され、造形芸術と言語芸術との相違が明らかになった」という評価である（「記念」1）。呉宓は『ラオコオン』を詳細に紹介する理由に、レッシングの生涯における最高傑作であり、文学批評史や美学史においても重要な書物にほかならないにもかかわらず、「なおそれについて中国国内にいまだ十分には紹介されてこなかった」（「記念」12）との認識を挙げている。呉宓もまた『ミナ・フォン・バルンヘルム』（一七六三～六七）の重要性に言及したが、その中国語訳はすでに出版されていたため、内容を簡潔に概観するにとどめている（「記念」8-10）。『ラオコオン』に関して呉宓は、ウェルギリウスの詩と群像《ラオコオン》に見られる口の描写の仕方の差異をめぐる、ヴィンケルマンの見解をレッシングが批判したことの動機を明確に記す（「記念」12）。また『ラオコオン』の主要観点を次のように要約している。すなわち、絵画及び彫刻は空間芸術であり、詩は時間芸術であること、それぞれの用いる記号（前者は色、輪郭線、立体、後者は音）や表現する対象（前者は理想的な自然のうちの一瞬すなわち物体、後者は進捗している過程すなわち行為）が異なる、ということである（「記念」13）。呉宓は、これらの点を踏まえつつさらに中国芸術を反省している。

以上（の結論）は皆自明の理である。その明らかなことはほとんど証明を俟たない。これに即してみれば、「即詩即画」という論は、もしも詩と絵画の対象、また作用（働き方）が互いに代替できるものとして理解するならば、この説は論ずるまでもなくすぐ破綻してしまうであろう。（「記念」14）[14]

この言論を通じてまた、「即詩即画」もしくは詩画同質論といった論調が盛んになされた当時の状況が了解されうるであろう。

また上述の『ラオコオン』の中心的結論のほか、呉宓は同書のいくつかの重要な理論にも注目する。すなわち、造形芸術が表現すべき「含蓄のある瞬間」（原書第三、一六、一九章）や、詩のみが用いる象徴の表現（第一〇章）あるいは不可視的な表現（第一二章）、詩の持つ醜を表現する手段（第四章）[15]、造形芸術の特徴である形態の美に対し「美の効果」「動態的美」から対象を描写する詩の手段（第二一章）といった論点である（「記念」14-18）。これら呉宓の着眼点は、『ラオコオン』の内容を比較的幅広く押さえているであろう。

さらにそのなかで、彼は特別にレッシングの文学に関する見解を評価し、詩が「美の効果」「動態的美」から対象を描写するという観点について多くの紙幅を割いて論じている。

〔詩が〕「様式の美」〔物体美 körperliche Schönheit〕を放棄すべきだという原理は、実に『ラオコオン』の中で最も重要な貢献である。レッシングは実に文学〔表現〕の一つの窮境を見出した。歴代の文学家の多くはそこに踏み込み、脱出する方法がわからなかった。〔レッシングは〕この窮境をただ発見したのみならず、さらにその出口を指示したのである。（「記念」18）[16]

ここで、「様式の美」もしくは「物体美」を放棄する文学表現の「出口」とはすなわち、継続する『ラオコオン』第二一章に論じられているような、「美の効果」「動態的美」から表現する手法である。また、レッシングの考える「物体美」とは何か、そしてそれが絵画の対象として必要であるとレッシングが考えているのはなぜなのかを理解するために、呉宓は『ラオコオン』第二〇章から次の言説を引用する。

物体美はさまざまな部分の調和的効果から生まれ、またこうしたさまざまな部分は一遍に見渡されることができる。それゆえ、〔物体美は〕こうした部分が並列していることを要求している。また、その各部分が並列していることは、美術〔絵画〕作品の特質であるゆえに、ただこれ〔絵画〕のみが、物体美を模倣することができるのである。一方、詩人は物を構成する各部分をただ継起的に示すゆえに、美を求めるために、彼は完全に物質的美を描写することを放棄する。彼〔詩人〕はこれらの各部分を、もし時間的に前後に配列するならば、それが並列される時に生んだ効果を生むことができないことを知っている。彼〔詩人〕が各部分を一つ一つ順に述べた後、たとえ精神を集中させて全文を回顧するとしても、調和的なイメージを得ることは到底できないことを知っている。こうして口、鼻、眼がともに生んだ効果は、人類の想像によって表示される物ではない。心が類似する部分の類似的な組合せを自然や美術〔絵画〕の中に求めることを除けば。(「記念」17)[17]

こうした理由に基づき、レッシングは並列的な要素に由来する物体美を、絵画芸術の専有対象とし、文学芸術の対象から排除した。本章にとって重要なのは、これに対する批判は朱光潜『詩論』にも見られること(本書第二章第一節)、さらにこの箇所は宗白華にもそのまま援用され、『ラオコオン』における代表的な一節としている(『宗白華全集』III, 290)ことである。またここで提示された文学の解決案となる『ラオコオン』第二一章(「美の効果」「動態的美」)は、朱光潜によっても同書の要点と明言されている(『朱光潜全集』VI, 340)[18]。これら議論の先行的提示は、一九二〇年代末の呉宓に遡ることができる。

また呉宓の『ラオコオン』受容を考える際に重要なのは、レッシングが論述に用いた古代ギリシャ・ローマの詩に代わって、中国詩をもって説明することである。例えば、レッシングは詩の「美の効果」を説明するにあたって、ホメロスによるヘレネの美の描写を例に挙げ、ヘレネの美を見たトロイア方の長老の驚愕に着目する(『ラオコオン』第二一章)。それに対し、呉宓は漢代の詩「陌上桑」を挙げている。「羅敷」とは、桑の葉をつみ蚕飼いする女性の美しさをうたう民間の詩である。

行く者は羅敷を見れば、担を下ろし髭須を捋き。少年は羅敷を見れば、帽を脱して帩頭を著わす。耕す者は其の犂を忘れ、鋤く者は其の鋤を忘る。来り帰りて相怨怒するは、但だ羅敷を観しに坐《よ》る。(「記念」18)[19]

つまり、この女性の美しさは、顔など具体的な様子について一つも語られていないが、道行く人、若者、仕事をする人の反応から、生き生きとした美人のイメージが伝わってくるというのである。

この論述は、『ラオコオン』の要点に鑑みつつ中国詩を意識的に再考するという比較検討の先例である。レッシングの見解を説明するために「陌上桑」が援用されたことは、朱光潜の『ラオコオン』中国語訳の第二一章の末尾になされた彼の要約の註釈にも、そして『西洋美学史』の関連箇所（『朱光潜全集』VI, 341）にもそのまま継承されている。(20)このように、呉宓が後続の中国における『ラオコオン』論の着眼点や基本的な枠組みを提供したことは了解されうる。この枠組みの独自性はさらに、呉宓のハーバード大学での師であったI・バビットの名著『新ラオコオン——芸術境界の混乱について』（一九一〇、以下『新ラオコオン』と略称する）と比較すれば明らかになる。この点については次節で確認することにしよう。

なお、『ラオコオン』における文学論に呉宓が注目したことの背景には、当時の中国の文壇に対する危機感があったことを附言しておきたい。レッシングの生きた時代にドイツ文学がフランスに追従し、ドイツ民族の感情と特性を表しそこなったのと同様に、当時の中国もっぱらヨーロッパ文学を模倣し、自国の創造力を喪失しているという問題意識があったと呉宓は言う（「記念」2）。中国の文学論を捉え直そうとする試みが、最初期の『ラオコオン』受容の動機として存在したのである。

第三節　バビット『新ラオコオン』（一九一〇）との比較

新人文主義思想を唱えるバビットは、呉宓の生涯の学術的思想に軸を与えている人物であり、また一九二〇年代では、その思想がより広い中国の学術界において歓迎されていた。バビットに直接学んだ学生には、呉宓のほか、著名な文学批評家、翻訳者の梁実秋（一九〇三〜八七）も含まれる。梁実秋は一九二四年から一九二五年、ハーバード大学でバビットの授業「一六世紀以降の文芸批評」に参加することで、ロマン主義から古典主義に近い立場に転換したとされ、中国におけるバビット思想の最も忠実な信奉者の一人と目されている。一九二七年から上海で梁実秋は、『学衡』雑誌に発表されたバビットの資料を、呉宓に調査依頼して集めて『バビットと人文主義』（「白璧徳与人文主義」）として新月書店より出版した。また、一九二二年から一九三一年には、詩人である聞一多（一八九九〜一九四六）が芸術観を古典主義に次第に傾倒させ、一九二八年の「ラファエル前派主義（先拉飛主義）」において詩と絵画の混乱についてバビット『新ラオコオン』をも直接援用した。聞一多と緊密な交流を持っていた鄧以蟄もバビットから影響を受けたであろうと推測されている。[21] 朱光潜が『詩論』の中で直接バビットの名を挙げているのも、こうした動きを背景としてのことであると考えられる（本書第二章第一節）。

一方、呉宓は「記念」の最後でバビットの著書に直接言及している。

> レッシングは詩の対象は行為にあると語るが、感情については無関心である。彼にとって、芸術の目標は理想的な自然を模倣することにある。彼の芸術論は、実はアリストテレスの旧套から抜け出していない。そこで彼は「偽古典主義」を覆して「真の古典主義」に帰ろうとするのである。レッシングは偽古典主義における芸術ジャンルの混乱を一掃した。その後また、ロマン主義における芸術ジャンルの混乱も存在した。そこで、バビット教授の『新ラオコオン』が現れた。（「記念」18[22]）

上述の引用における、『ラオコオン』が古典主義の枠組みから抜け出せていないという批判、そしてロマン主義において芸術ジャンルに混乱が起こり解決されなかったことの指摘は、バビットの『新ラオコオン』の理論的主幹をなすものである。だが、レッシングが実際には人の感情や、とりわけいわゆる美的体験にある程度関心を持っていたことは、本書の朱光潜・銭鍾書についての論述を通じてすでに明らかにされてきたと言えよう。

ここでは、バビットの議論についても確認してみよう。彼はレッシングのミメーシスの枠組みにおいて動いている議論を明確に批判する際に、多くの紙幅を割いて、『ラオコオン』の成立に先行する知的状況を説明している。つまり、理想的な人間の行為を芸術の対象とするという、ルネサンス期にまで遡るアリストテレス的な正統教義をレッシングが継承している、とバビットは指摘しているのである。(23) これを踏まえてバビットがレッシングに加えた批判の代表的なものとして、次の箇所が挙げられよう。

例えば彼〔レッシング〕は、現代の我々の考え方から見れば、言葉の示唆に富む力（suggestiveness）について十分考慮していない。彼はそれらの言葉を一種の受動的な素材と見なしすぎており、また詩人は自分が言葉をどう組み合わせるかについて意識的、意図的であると見なしすぎている。(24)

ここでの「示唆に富む力」とは、想像力を発揮し言葉自体以上に何かを暗示、表現することを指す。バビットによれば、レッシングは絵画芸術に関して「含蓄のある瞬間」の選択、すなわち想像力の役割に注意したが、(25) 文学芸術におけるそれは十分に考慮していない。ちなみに、上記のバビットによるレッシング批判からもわかるように、レッシングが言葉を「受動的な材料」と見なしていることや、想像力を絵画芸術には認めているが文学芸術には認めていないという批判は、朱光潜『詩論』においてもほぼ踏襲されている（本書第二章第一節を参照）。

バビットは、文学が対象に関する「美の効果」を表現しうるという『ラオコオン』の見解に注目しているが、(26)『ラオコオン』のその文学論に批判の肝心な部分の矛先を向けている。これに照らして考えれば、呉宓はまさに『ラオコオン』における文学論の部分をその最大の貢献とする点で、バビットと異なる独特な着眼点を持つことが明らかになるであろう。そこから、中国での『ラオコオン』受容の一つの重点である、文学論への関心が定まったと考えられる。

結　中国の『ラオコオン』論における文学論への関心

聶振斌（一九九一）が指摘するように、西洋美学の中国での紹介、研究、参照は、文学というジャンルと最も密接に結合している。この主張の重要な例として、梁啓超の「小説界の革命」、王国維の文学批評、胡適の文学研究、魯迅の文学理論、朱光潜の詩論などが挙げられる[27]。本論を通じて検討してきた中国の『ラオコオン』論においても、文学への関心はまた顕著である。しかし、それはただ文学をめぐる重要な論争や考察が行われていることを意味するだけではない。本章では、『ラオコオン』受容という視点から、まず朱光潜や宗白華の多方面（哲学的美学、絵画論、古典哲学など）からの試みを明らかにし、それを踏まえた銭鍾書が文学論によって一つの到達点に至ったことを見極めた上で、その受容史全体を改めて回顧することでその文学的脈略を浮き彫りにする、という流れを辿っている。このことからわかるように、近代中国美学における文学的関心は、文学以外の諸分野でも思考の一つの軸となっているようである。言い換えれば、それは一種の視点もしくはアプローチですらあり、近代中国の多種多様の考察を特徴づけているのである。近代中国でなされた美学的、美術史的検討はつまるところ、西洋的な基準で見られるそれではなく、文学化された美学的、美術史的検討と見なすことができるかもしれない。

ちなみに、聶振斌の重視した朱光潜の『詩論』（もしくは詩に関する理論一般）について、少なくともそのなかの『ラオコオン』論としての中国詩の考察は、中国の詩的伝統に踏み込んだものより、むしろ西洋芸術論に対する防衛のために受動的に打ち出したものと言えるであろう[28]。これに対し、本章を通じて強調したい朱光潜の文学へのより深い関心には、彼の一九六〇年代以降の考察、例えば『ラオコオン』中国語訳を完成させるために発揮した文学への理解なども含まれる。中島隆博は朱光潜の西洋思想研究の展開経緯を考察した上で、中国的モダニズムの性格を問うた際に、朱光潜の諸学問の素養の土壌の上に「文学」が開花したと結論づけている。(29) 着眼点が異なるが、本章で考える朱光潜の文学への関心はこのような次元のものに近い。

さらに本書が明らかにしたように、「文学」の重要性は、ただそれが中国美学の内容を提供するのみならず、中国美学の表現にも決定的な影響を与えているということである。とりわけ宗白華の美学思想はその美しい文体と分かち難く結びついており、その文体によってまず人の心を魅了した（本書第三章序を参照）。また朱光潜・宗白華は概ね新文化運動以降に提唱された現代語で執筆しているのと対照的に、銭鍾書は文言文を多く用いている。彼は前近代の詩話や札記の形式をとることにより、それらを論理的分析にも用いることができることを示し、一方で、そうした形式の感性に訴えやすい特徴をも利用していると考えられる。Theodore Huters が銭鍾書『談芸録』を評して指摘するように、その一つの際立った特徴は、論理的証拠（logical proof）を提示するのみならず、感情を動かす例証（affective example）をも多用していることである。西洋美学史上における初期ロマン派を代表するF・シュレーゲルは、文学批評論について、「文学はただ文学によってのみ批評されうる」、つまり批評それ自体が文学でなければならないと主張している。(30) これは銭鍾書の営みの説明にも合致している。銭鍾書の文学論は個々の文学作品を個別に考察していることに特徴があり、さらにその考察自体も文学的な性格を有する。ここでいう文学的な性格とは、書き方の明晰性に欠ける文体ではなく、人々の感情を動かす文学への理解を基にした表現である、ということを意味している。五四新文化運動以来、中国の学問的な構築とともに、文体の模索の中で、美学の領域はこのように文学と関わってきたのである。

中国の『ラオコオン』論は、このように西洋の学術界における『ラオコオン』研究の諸方向――古典学、記号論、美術史、インテレクチュアル・ヒストリー等々(31)――と比べても、文学によって特徴づけられている。またこの批判的受容は、中国近代の美学者の三巨頭、朱光潜・宗白華・銭锺書の理論全体にも放射されており、中国美学の近代的展開の一つの骨格を浮かび上がらせている。

終章　二〇世紀中国美学

本書では、朱光潜・宗白華・銭鍾書を中心に、一九二〇年代から六〇年代の中国美学の生成過程について、『ラオコオン』をめぐる論争を視点に考察した。『ラオコオン』論争に注目する理由は、詩画比較論（パラゴーネ）が中国美学の重要な課題であり、また上記の論者たちの『ラオコオン』論が実質的に幅広く中国美学の各問題に触れていたからである。以下では、詩画比較論をめぐる諸論者それぞれの立場、および彼らが近代中国美学全体の生成過程にいかなる形で寄与していたのかを振り返りつつ、今日の中国美学のアイデンティティをいかに理解しうるのかについて、本書の立場を明確にする。

第一節　近代中国美学における詩画比較論

中国の詩画比較論に関して、朱光潜・宗白華はともに、『ラオコオン』の見解に反論する形で、中国芸術の特徴として詩と絵画の共通性もしくは同質性を強調した。彼らは類似する結論に至ったが、その論述における『ラオコオン』の役割は異なる。朱光潜は基本的にレッシング思想の考察に重点を置き、レッシングの規定を適用し得ない中国芸術の表現を引き合いに出すことによって、いわば西洋思想を理論的素地として中国の詩画同質論を導出した。この立場は彼の一九三〇、四〇年代の論述で確立され、一九六〇年代にも保持されていた。一方、宗白華の直接的な理論的根拠は、主として中国思想の内部に求められた。一九三〇年代から、宗白華は中国の詩と絵画を含めあらゆる芸術を統括する高い次元の原理を模索したことによって、中国の詩と絵画が同等な境地に達しうる、つまり事実上の詩画同質論と同じ結論をすでに得ていたが、一九五〇年代にレッシング思想を検討することによって、それを定式化したのである。言い換えれば、『ラオコオン』は、朱光潜の美学的営みにおいては出発点であるのに対し、宗白華の場合は彼の思想を明確な形に落とし込むための一つの契機であった。

朱光潜・宗白華は『ラオコオン』の援用の仕方を異にしているが、本書にとって重要なのは、彼らの中国美学思想を具体化する過程には、『ラオコオン』が決定的な影響を与えたことである。そもそも、詩と絵画が同質であるか否かが問題となるには、まず前提としてそれらが異質なジャンルとして区別される段階を経ねばならない(1)。朱光潜・宗白華が中国の詩画同質論を提起したとき、まず詩と絵画を区別する思想が必要であったが、そのような思想は、中国前近代の芸術論には目立った形では存在しなかった。こうした意味では、『ラオコオン』は中国近代の詩画比較論の展開に不可欠な刺激であった。現在でも中国詩画比較論の主流とされる朱光潜・宗白華の見解は、西洋思想によって裏付けられ成立していたのである。

一方、銭鍾書は、早期の一九四〇年代では同様に中国の詩画同質論の立場を主張していた。しかし一九六〇年代以降、とりわけ中国の文化的伝統の考察を深めたことによって中国文学の豊かな表現力を再評価するに至り、中国詩の持つ絵画にはない表現の可能性を主題として議論を展開した。それによって中国の詩画異質論が誕生する。とはいえ、銭鍾書は中国の詩と絵画の共通性を否定しているわけではなく、関連する文献資料をも精緻に整理していた。詩と絵画の共通性について銭鍾書が反対したのは、それを全ての現象を支配する原理にまで高めるという点においてであった。彼の議論を通じて、詩と絵画の類似と相違という客観的事実に符合するより複雑な関係が説明できるようになった。加えて銭鍾書は、レッシングが注力しなかった具体的な作品論のレベルにおける詩と絵画の関係の精緻な考察も行った。

注意すべきは、銭鍾書の思想の発生には、彼が反論しようとする対象であるところの、朱光潜・宗白華の議論に見られる気韻生動論に代表されるような中国の詩画比較論の原理的な枠組みを、まず確立する必要があったことである。そういった、あらゆる事実における相違を捨象して中国芸術の理想を端的に示そうとする理論が強調されたことで、初めて銭鍾書はこれに反発することができたのである。これはまた、銭鍾書が朱光潜・宗白華の学問的系譜に基づいていたことを表している。銭鍾書がそれまでの学問と一線を画しているのは事実だが、その出現条件を整えたのは朱光潜・宗白華の議論であることに留意しなければならない。

こうした中国の詩画比較論の文脈における原理的レベルと事実的レベルの二層構造は、翻って西洋の『ラオコオン』論争を捉え返すためにも寄与しうる。というのも、西洋の詩画比較論では「気韻生動」のような原理レベルを論じるものは目立っていなかったからである。宗白華が自らの見解の論拠としたW・ペイターの言説（「すべて芸術は絶えず音楽の状態に憧れる」）は存在したとはいえ、より前景化されていた議論は、大雑把に言えば、美的体験・美的知覚（ヴィンケルマンやゲーテ）や、記号・媒体（レッシングやバビット、グリーンバーグ）といった視点による現象に関わる分析である。中国の多くの論者が関心を寄せた原理的レベルでの詩画比較論は、こうした意味では、逆照射のように西洋での論争にも新たな視点を与えるものと言える。これは今後の課題としたい。

いずれにせよ、今日でもなお盛んに議論される中国の詩画比較論の理論的基礎は、朱光潜・宗白華・銭鍾書の『ラオコオン』論によって打ち立てられており、これが近代中国における『ラオコオン』論争の最も直接的な意義であることは確かであろう。

第二節　近代中国美学の生成過程

さて、中国の『ラオコオン』論から見た近代中国美学の生成過程はいかなるものであろうか。そこには古今東西の諸思想の重層的交渉と、関連する学問分野からの要素の借用という二つの主要な課題が交錯している。この二点を踏まえて本書の内容を改めて整理することにしたい。

まず、古今東西の諸思想の交渉について、朱光潜と宗白華の主要な業績は西洋または中国の思想探究に見出されたが、彼らの考察の中ではもう一方の思想が常に作用していたことが重要である。またその作用は、ただ一方が他方に援用されるという単純なものではなく、重層的・往復的な相互作用であった。

第一、二章で考察したように、朱光潜は『ラオコオン』の中国語訳を含め、西洋の哲学的・美学的思想を中国に紹介した最も重要な人物と考えられるが、彼の最初期の美学論文である「無言の美」は『論語』を出発点としており、また中期の最大の学術的成果は中国の詩学理論を真正面から探究した『詩論』である。とはいえ、彼は「無言の美」において中国芸術論の伝統的問題（言意関係論）を論じるために、東西双方の思想をともに援用した。そこでは、『ラオコオン』は、彼の社会的・人生的問題を解決するツールとしての美学を裏づけるために、参照されていた。また、彼が中期に詩論を考察する際に参考にしたモデル（レッシングのほか、クローチェなど）は西洋的なものであり、とりわけ詩画比較論はほぼ完全に『ラオコオン』の考察から導出されたと言える。『ラオコオン』における論点を説明するために中国の文化的伝統から例を挙げることも重要であり、この営みは後期まで続いた。さらに、彼の伝統文学の素養一般は、『ラオコオン』中国語訳に透けて見える。

続く第三章を通じて解明されたように、宗白華の一九三〇年代から一九六〇、七〇年代までの模索は、中国の古典哲学・伝統芸術論・芸術現象の三者の関係を一貫する主題としていた。しかし、中国芸術論を展開し始める以前の彼は専ら西洋哲学や文学に心酔しており、ドイツ語を本格的に学び中国における正式な西洋美学関連の授業を担当した最初の人でもあった（本書第三章序を参照）。また彼の中国芸術論の解釈の根底に横たわっているのは、シュペングラー、リーグル、デッソワールなどの理論的枠組みであった。これら西洋思想の役割を理解するために重要なのは、一方では西洋思想は彼が中国思想に改めて目を向ける動機となり、他方では中国思想を考える際に自国の伝統になかった視点を提供した、という二重の刺激となったことである。

こうした一方の思想への反発が他方の思想の発生を刺激し、同時に後者の思想を裏付ける根拠にもなったという事態は、「気韻生動」概念の近代化過程にも明瞭に確認できた。第四章で論じたように、この概念の近代的検討は、まず西洋への防衛的反駁（陳師曽）から始まり、次に自らの古典的文脈を少しずつ取り戻し、さらに近代的に展開したという深化の過程があった。しかし、その古典的文脈の回復や独自の近代的展開のためには西洋思想が参照されていたのである。これは滕固が感情移入説、鄧以蟄が形而上的イデア的な見方を主要な論拠としたことに顕著に見出される。宗白華はさらに「気韻生動」をもって西洋芸術の表現の可能性を捉え返そうともした。

朱光潜・宗白華ないし同時代の学者たちは、主として東西の思想の一方を軸としつつ、双方を同時に参照するという仕方で考察を展開したのである。その学問参照の仕方には、東西の学識の関係における一種の奇妙なねじれた構造が見られる。これは、諸々様々の思想を眼前に新たな学問を打ち立てようとするが、その理路として東西どちらかの思想を中心に据えなければ進められないという、近代中国美学のあり方が模索された段階の苦境をも示すものであるかもしれない。これに対して、次世代の銭鍾書の東西思想の参照はより自由であった。

銭鍾書の特徴は学問考察の重点が東西のどちらにも偏っていない点にある。第五章で概観したように、彼は東西を問わず、芸術作品は芸術である点で普遍性のあるものだという立場をまず明確化した。すなわち、東西の芸術作品の形態や歴史には相違があるものの、ともに芸術作品である以上は形式と題材によって成り立っており、それゆえ、ともに考察することが可能である。またそうした立場から、銭鍾書は、芸術論を完全に芸術の問題に還元し、芸術の外部にある政治的・社会的環境からの影響を切断しようとした。銭鍾書の美学的論法は、例えば第六章で扱った「虚色」論の解釈に明瞭に示される。つまり、「虚色」はレッシングへの反論として中国独自のものと主張されたわけでも、東西の一方に依拠し他方を取り入れるように論じられたわけでもない。「虚」という概念は、東西双方の思想から同等の距離を保つ銭鍾書によって新たに練り上げられた、汪中や孟子、ルソー、エルトマンなどの思想を関連づけるトポスと考えられる。このトポスにおいて、古今東西の学識はそれぞれの元来の枠組みにおける身分を持たず、新たな秩序のなかで機能している。銭鍾書における諸思想の交渉はこのようにして、朱光潜・宗白華の着目する大きな枠組み単位ではなく、個々の論点もしくは言葉の単位で行われる。これにより、従来は中国と西洋という二つの歴史的文脈の相違に束縛され相互比較が不可能だとみなされてきた芸術論を脱構築する契機が現れた。また、銭鍾書のそれらの参照は、彼自身は詳らかに言及していないものの、各文脈を無視した恣意的なものでもないことが了解された。

近代中国美学において多くの思想が参照・援用されていたという実態はまた、中国での美学という学問領域が自然と多分野からの養分を汲み取っていることを物語っている。

朱光潜の考える美学は、彼が繰り返し表明したように、「第一に文学、次に心理学、第三に哲学」の交差点において立ち上がったものであり（本書第一章序を参照）、また実際にも教育学を踏まえていた。一方、宗白華思想の基礎には芸術学（Kunstwissenschaft）や文化形態学が明確にあり、そして芸術実践、美術史への関心が強い。一方、当時の「気韻生動」論の重要な論者は、陳師曽のような画家、滕固のような美学者・美術史家双方の身分を有した者、鄧以蟄のような芸術実践の素養を持つ哲学者らであり、ここからは美学と美術史の境界線が曖昧であったことも窺える。

銭鍾書は幅広い領域（哲学や美学のほか、エルトマンのような言語学など）の学識を持っていたが、彼の学問が最も結実した領域は文学であった。近代中国における美学思想の生成に文学が重要であったことは、第七章で示されるように、二〇世紀前期からの多くの論者にも確認できた。さらに、文学の影響は内容のみならず、それを表現する記述の仕方（文体）にも窺える。宗白華の美学思想の重要な部分がその文体の美しさにあることはまず想起される。また、朱光潜・宗白華が拒否した詩話、文言文といった形式は、銭鍾書において新たな形で駆使され、それにより新たな学問が可能となった。

総じて言えば、古今東西の諸思想や諸学問分野の交錯する当時の学術的状況の中で、朱光潜・宗白華はそれぞれ東西双方の学識を広く踏まえて中国美学の体系的枠組みを形作ることに貢献し、さらに銭鍾書はそれに依拠しつつ文学論を一つの中心として中国美学の内実を改めて肉付けていったのである。

第三節　今日の「審美学」へ向かって

ここまで見てきた一九二〇年代から六〇年代にかけての中国美学は、今日の中国美学にいかに連結しているのかという問いに答えることが、本書の最後の課題である。序章で問題を提起した、中国美学の独自性を強調するためにしばしば持ち出される「審美学」の問題を考えてみよう。

「審美（学）」をもって中国美学の本質を語る動きは、主として一九八〇年代（思想解放運動）以降に見られる。多くの美学概説書のタイトルからも了解されるように、「審美」という語は近現代までも包括する中国美学の総体を指している。[2] ここでは、「審美（学）」の定義における二点に着目したい。第一に、「審美（学）」では「美」というものが前もって存在するものではなく、人の審美的活動・意識・創造の存在を介して生じてくるものとされること（前掲、朱立元主編『美学大辞典』）、第二に、それによって中国美学が西洋思想から区別されるということである。第二点に関しては、日本語で書かれたごく少数の近代中国美学の研究、臧新明「中国の近代美学の形成」(『美学の事典』所収、二〇二〇)や楊冰「中国美学における詩の心(境界)：明治期日本の中国思想研究による影響を中心に」(二〇一七)にはっきりと述べられている。彼らは中国美学の性質を主として近代(西洋影響以後)または前近代(西洋影響以前)という基準から区別し、前近代の中国美学全般に関して「審美」というタームを用いて論じる(3)。しかし、本書で論じてきた一九二〇年代から六〇年代の中国美学の実態には、「審美」に関わるこの二点から明らかに逸脱するものが多く存在していた。

第一の点に関して、「美」が審美的活動によって生じたという主張は、確かに、朱光潜の初期の立場に見られる。すなわち、当時の彼は芸術を創造して美に至ることで理想世界を切り開くという考えを持っていた。しかし、この立場は後期の朱光潜自身によって猛烈に批判された。一方、一九三〇年代の方東美の思想では、美はアプリオリに宇宙に含まれる(本書第一章第二節を参照)。これは今日の「審美(学)」の定義と相反している。

また、宗白華や銭鍾書の論述は別種の「審美」的要素を示している。宗白華思想のとりわけ前期では、審美的直観・体験は宇宙精神を獲得する手段として位置づけられている。彼は宇宙における美が芸術の現象に反映されうる、もしくは芸術によってそれを体現しうると考えた。しかし、美と芸術との因果関係は主題として論じられていなかった。また彼の考えから察し得るように、おそらく美は必ずしも先行的なものでないことは否定されていないであろう。

銭鍾書に関しては、彼が朱光潜の初期の審美的な文学批評の仕方を批判したことがまず想起される。しかし、彼自身もまた作品に沈潜し吟味する営みを通じて美学思想を形成したという意味で、彼なりの審美的考察も存在したと言える。興味深いことに、彼は一九八〇年代に、美学を研究する人を二種類に分けている。すなわち、「主に理論に関心を持ち、それによって美的事物への関心も生まれる」タイプと、「美的事物に関心があり、それでまた理論への関心も生じる」タイプである。そして彼は自身が第二のタイプに属すると述べる(4)。ここから窺えるように、彼においては、美と芸術との関係ではなく、（美と芸術がすでに結合した）美的対象と理論との関係こそが問題とされていたのである。

こうしてみれば、今日の主流的な定義における、美の存在に関わる客観性・主観性をめぐる視点は、あくまでも中国美学のある一側面に特化した見方に過ぎないと考えられる。近代中国美学の生成過程では、美と芸術との（一様でない）存在論的関係のほか、その体現のあり方や、それを説明するための理論との向き合い方といった諸問題も等しく重要であった。

続いて、第二の点についてはどうであろうか。「審美（学）」をもって西洋美学と中国美学を区別する主張は、前節のまとめ、すなわち朱光潜・宗白華・銭鍾書らの美学思想に東西双方の作用が認められたことによって、根本から揺らぐことになるであろう。多くの先行研究は、朱光潜や宗白華、銭鍾書らの思想に中国と西洋の学問が共存することを認め論じてきた。それでも、中国美学を総体として論じる際には、彼らを含め中国美学の西洋と峻別される特徴が圧倒的に強調される。銭鍾書以降の中国美学では、いわゆる中国美学の「本土化」がさらに進んでいった。しかし、これは近現代中国美学に存在する西洋由来の要素や啓示を消し去ることになりかねない。

「中国美学」のうち、中国独特の部分と西洋由来の部分との二分法は、美学という学問自体の理解とも関わっている。中国哲学の専門家である中島隆博は、「中国」と「哲学」の複合語としての「中国哲学」について、「中国の材料を対象として行われた（普遍性のある）哲学的探究」と、「西洋学問である哲学の中国での展開」という二つのアプローチがあると指摘する。前者、すなわち「中国的な哲学」は、西洋の哲学とよく似たものが中国にもあると理解するものを指す。後者、すなわち「中国における哲学」は西洋の哲学を中国という場所で実践しているというものである。さらに、中島はこの二つの立場はいずれも西洋哲学＝普遍を前提にしていることが問題になると指摘し、対照的に中国の概念を哲学的に普遍化するという方向を求めている(5)。この見解は、中国美学を思考する上でも大いに役立つ。現在支配的な中国美学の捉え方は、近代を分水嶺としていわゆる前近代の「中国的な美学」と近代以降の「中国における美学」を峻別する点で、学問の実践の場としての中国と、その内容の提供源としての中国を対立させている。

本書の内容に鑑みれば、「中国的な美学」と「中国における美学」という二つの立場にこだわるならば、前者の主柱は宗白華、後者の主柱は朱光潜によって打ち立てられたと言えるかもしれない。ここからは少なくとも、この二つの立場それぞれに存在する東西の学問的交渉がある以上に、この二つの立場は相互排斥的なものではなく、事実として同時進行的に中国美学を形成していたということが明らかになる。中国美学について、近代／前近代という区別とは別に、近代の中でも西洋的影響を受ける割合や仕方には異なる立場があり、しかし中国という場で中国美学を一つの重要な思想的源とする、もしくはしようとする衝動は近代に一貫して存在したのである。

一方、本書を通じて、『ラオコオン』論争という視点からは、近代中国における東西対話の可能性が見えてきた。ライプニッツ＝ヴォルフ学派の哲学的枠組みを踏まえつつ、ホメロスに代表される多くの具体的な芸術作品を分析する『ラオコオン』は、客体としての芸術作品に対する記号論的な考察だけでなく、美的体験や想像力の作用といったいわゆる「審美的活動」をも重視した。西洋の後世の理論家も、こうした諸側面を継承し発展させてきた。『ラオコオン』論争はそもそも中国美学を刺激する豊かな思想的素材を内包していたのである。このような意味で考えれば、「審美（学）」はもはや東西を峻別するための要素ではなく、むしろ共有されたこの要素の働き方や割合の検討こそが、東西を再び見渡す鍵となるかもしれない。これは今後の課題としたい。

近年、日本では近代日本における「美学」に焦点を合わせた研究が台頭してきている。稲賀重美は、一九世紀後半以降に日本に移入され制度的に成し遂げられた「美学」と呼ばれる分野は、「近代日本思想」の一翼を担う学問的営為であったのかを探るべく、西洋と日本の学問領域（美学、芸術学、文学、美術史、音楽史などの相互的関係）や担い手（各分野の理論的研究者と実践家）の範囲規定の相違に注目する。(6) 中国は、諸学問の近代化が日本よりやや遅れている。

中国の一九二〇年代から六〇年代にかけての段階について、審美学への再考を含め、本書を通じて主張したいのは以下のようなことである。過去には存在しなかった「美学」を探究するために、近代中国の知識人は、時代の激動の中で自己の伝統を反省し、そこから時代を生きるヒントを汲み取ろうとした。その努力が結果的に新たな伝統を生み出すことになった複雑な過程を等閑視するべきではない。今日のいわゆる中国美学は、前近代以来の伝統的な美学それ自体でもなければ、西洋思想に立脚した現代美学でもなく、西洋を参照した二〇世紀中国がそれと比肩しうる、もしくは異なる何かを古代中国の中に改めて認めていくという、近代における一連の傾向によって成立している。それは近代中国が古代中国に対して向けたある種の態度、眼差し、読解の仕方であった。この約半世紀をマクロ的な観点からひとくくりに考えるべきではなく、クローズアップすれば、その中により多様な局面ないし学問的な刷新を見出すことができる。一九五〇年代もしくは八〇年代以降に言説が定型化していった今日の中国美学の枠組みの根底には、近代中国美学の根本的な前提条件を決定した、一九二〇年代から六〇年代にかけての美学の生成過程が存在しているのである。

あとがき

本書は、二〇二三年九月に東京大学に提出した博士学位論文に基づいたものだが、その扱った対象は中学時代以来熟知してきた、青年期をともに過ごした人物たちでもある。最初に修士論文で銭鍾書を取り上げ、彼の捉え難い学問を解明するために、その後は朱光潜や宗白華など、彼を取り巻く学問的環境を補完しようとする中で視野を広げてきた。銭鍾書は中学時代に最も好んだ小説家であり、博士論文の構想や執筆を通じて、かつて親しんだ書物を再び読み返すことができた。このことが、日本（特に美学の分野）ではほとんど紹介されることのない人物や書物について考察し続け、研究成果に結実することのできた原動力であった。

異なる文化圏で、しかも学術界で紹介されたことのない研究対象を扱うのは容易なことではない。修士課程の後半以降、学会での発表や投稿に挫折し、一時は諦めようかとさえ思った。この研究が可能になったのは、多くの師友のご指導と励ましのお陰であった。修士・博士課程の指導教員の小田部胤久先生にはとりわけ負うところが大きい。賜ったご教訓は数多いが、二点を書き留めたい。

一つは、私の銭鍾書研究があまり認められなかった時、先生から「研究とは周囲のためにするものではなく、百年後の人と対話するために行われるべきものだ」という言葉をいただいたことである。研究を始めたばかりの当時、もっぱら他人の評価を求め、それによって自己肯定しようとしていた自分には、非常に強い影響力を持つ言葉であった。これは現在でも、研究が一種の流行、名誉や地位や金銭の道具ともなりうることを目睹する中で、研究の姿勢を常に正してくださる教訓である。

もう一つは、一旦博士論文を完成させた段階で、先生から朱光潜や宗白華などをやや低く評価していたのではないかと指摘されたことである。現在の基準をもって過去の学問を厳しく審判するのではなく、暖かい目線で歴史の中に隠されたものを救い出そうとすることが研究者の仕事である、とおっしゃった。その段階の自分は、さまざまなことを評価するというより、銭鍾書の立場に立脚して、それ以前のものを未完成状態と見なしていた。これはそもそも自分の中で銭鍾書を一種の到達点として設定していたことに起因する。

銭鍾書はとても難しい人物である。その天才性に加え、何事にも極端に厳しい傾向と高いプライドが相まって、彼の人生には夫人楊絳を除いて親しい友人はいなかったと思われる。カリフォルニア大学バークレー校を訪れた際、銭鍾書の研究者 Theodore Huters 先生と話す機会があった。銭鍾書に友人はいなかったのではないか、と私が尋ねると同感が得られた。面白いことに、Huters 先生は二度銭鍾書（二回目は楊絳にも）に会って話をしたことがあるが、銭鍾書その人のことはあまり好きではないようであった。ちなみに、Huters 先生は最も優れた銭鍾書研究者の一人であり、私はそこからテクストそのもの以上に、研究には時代感覚が重要だということを私淑した。

銭鍾書は諸学問を新たなレベルに引き上げたが、それは先達の学問を土台としてのことである。しかし、その引用の仕方は、ある意味、先人の痕跡をうまく隠そうとしているとも言える。中国の文化的伝統は「古典」の重要性を強調するが、銭鍾書はしばしば複数の古典を混ぜ合わせ、さらにその中の一語を同義語に置き換えるなどして、他の人々にわかりづらくしているようにも思える。本研究を通じて、彼が特に初期の頃、他の論者たちを相当程度参照していたこともわかった。

一方で、最近では年齢を重ねたこともあってか、朱光潜に対する理解が深まってきた。彼は裕福な家庭に生まれた銭鍾書とも、若くして一気に学界で有名になり詩人的気質で悠々としていた宗白華とも異なり、何より努力家であった。この点に関して、博士論文の副査、私が東洋文化研究所で特任研究員として働いていたときの上司でもあった中島隆博先生と話す機会に恵まれた。中島先生は日本において朱光潜の思想に正面から向き合った希有な研究者でもある。中島先生は朱光潜の学問にはもっと奥深いところがあるかもしれず、努力家の朱光潜の学問人生に同感されたところが多い、とおっしゃった。このことも私に研究対象を考え直させた。銭鍾書のような、「万事具準」（全ての条件が揃った）という条件下で生まれることのできた人物よりも、朱光潜のような人生がよりリアルなように感じられた。

朱光潜や宗白華を含む、本書に登場した複数の論者を再解釈しようとしていた頃、第一四回東京大学南原繁記念出版賞に応募した。この機会に、テクストの処理以上に、研究者としての根本的姿勢を考え直すこととなった。また幸運にも南原賞を受賞し、審査員の先生方、中でも田中純先生の詳細な講評（『ＵＰ』、二〇二四年三月に掲載）は、本研究をさらに見直す契機を与えてくださった。私の中で予感的に存在していたいくつかの論点は、先生方の評価と指摘を通じ、明確に浮かび上がってきたのである。本書の最後の全体的改稿は、そういった視点をお借りし、記述にアクセントを付け直すものであった。

上記のような研究対象としてきた人物をめぐる思考の変化には、中学時代以来の自分の成長が示されている。しかし、今も変わらず、二〇世紀前中期の学者の魅力は彼らの学問と人生との密接な関係にあると考え続けている。中学生以来、西洋のものも前近代のものもいろいろと読んだが、それでも二〇世紀前中期の中国の文化的雰囲気には魅了される。自分なりのフィルターはあるかもしれないが、民国期の学者たちは戦乱や社会的動乱の中でも自分の学問を生きていた。人文系の研究は、技能的な部分だけでなく、人生体験を含むものだと研究を始めた当初から現在に至るまで一貫して考えている（もしくは期待している）。上記の『ＵＰ』に掲載された拙文「受賞のことば」でも、研究課題の挫折ののち、広範な読書を通じて研究を見直したことを記した。そのきっかけとなったのはゲーテとヘッセである。論理的で明晰性がある論考というばかりではなく、人々の心に響く学問を行いたいと思うようになった。今日のアカデミアの中でどのように研究を行うべきかは、難しい課題であり、本書第五章で銭鍾書の『囲城』について説明した際も、もう一度この小説を通して考えさせられた。

すでに述べたように、本書の成書にあたっては、数多くの方からの学恩に感謝しなければならない。博士論文主査の小田部胤久先生のほか、副査は三浦俊彦先生、吉田寛先生、宇佐美文理先生、中島隆博先生にお世話になった。そのなかで、美学研究室の先生方に加えて、中国哲学の先生方の視点も重要であり、特に宇佐美先生の中国芸術思想史の研究には独特な示唆を受けた。宇佐美先生は私の京都大学での日本学術振興会特別研究員としての受入教員であり、それ以前に修士二年で先生の東京大学での集中講義を受けて以来、中国の美術や芸術思想に惹きつけられるようになったとも言える。

私はこの論文執筆のために意識的に「チーム」を作ってもいた。本研究は複数の分野に跨ることを特徴としており、各分野の専門の先輩や友人たちに大いに助けられた。先生方には恥ずかしくてお見せできないような文章や相談も持ちかけ、忌憚なき率直なコメントをいただいた。これら友人たちは将来、間違いなく各分野の傑出した研究者になると信じている。一緒に研究を続け、かつて助け合ったことをお互い栄光に思えればと約束し合った。友人の苗字だけを挙げれば、飛田さん・上田さん・杉野さん（美術史や哲学、日本語や英語、フランス語の細かい訂正のほか、研究方法なども教わった）、武さん・朱さん（中文）、劉さん（古典ギリシャ語）。また大先輩の瀬尾さんにもドイツ語訳の訂正をいただいた。

また本書の編集担当、東京大学出版会の中野さんに感謝しなければならない。中野さんとは他のご縁で（私が企画したシリーズイベント「東洋美学の生成と進行」）、本書のプロジェクトに先立って複数回の打ち合わせができた。研究成果の書籍レベルでの仕上げ、大先生との共同研究を行う際の姿勢などを含め、若手研究者の私を常に導いてくださった。

最後に、旅行好きの私はこの研究を遂行する過程で多くの場所に調査に出かけた。論文を一旦書き終えた頃、ようやくバチカンで群像《ラオコオン》を実見した。感嘆を禁じえず、最も感銘を受けたのはその優雅さであった（年上の息子は左手で大蛇に抵抗するが、まるでほこりをそっと払うかのような動作にも感じ取れた)。執筆順から言えば本文の最後に完成した第二章第三節は、レッシングが住んでいた町、ヴォルフェンビュッテルにあるレッシングハウスに二ヶ月間泊まって資料を集めながら執筆した。また本書冒頭の段落は、ハーデンベルク(ノヴァーリスの故郷)にて書いたものである。

自分の研究が書籍として世に出て批判的な目線にさらされることは恐ろしくもあるが、本書が今後への土台であるとともに、私の二〇代後半の記念物となるのは確かであろう。

初出一覧

いずれも本書の執筆に際して大きく手を加えて再構成した。その他はすべて書き下ろした。

「朱光潜の「ラオコーン論」——中国近代の詩画比較論の発展の一考察」『美学藝術学研究』（東京大学人文社会系研究科美学芸術学研究室紀要）第三八号、二〇二〇年——**第一、二章の朱光潜部分に関して『ラオコオン』訳を除いた全体、第七章を概観した論考**

"The Relationship Between Humans and the Cosmos in Modern Chinese Aesthetics: A Comparative Study of Zhu Guangqian and Fang Dongmei," Special Issue of *Comparative and Continental Philosophy* "Environmental Crisis and the Aesthetics of Nature," Edited by Tanehisa Otabe, and Sean J. McGrath, 2025. ——**第一章**

「宗白華の中国芸術論における儒家と道家の応用」『美学』（日本美学会）第七二巻二号、二〇二一年——**第三章（第一節、第四節三、附論を除く）**

「二〇世紀前期中国の「気韻生動」論」『日本中国学会報』（日本中国学会）第七四号、二〇二二年——**第四章（第三節三を除く）**

「銭鍾書「中国詩与中国画」と「読『拉奥孔』」——二〇世紀中国の詩画比較論研究」『野草』（中国文芸研究会）第一〇六・一〇七号、二〇二二年——**第五章**

「空間内の諸物体の相互関係をめぐる文学論——銭鍾書『ラオコーン』を読む」」美学会第七二回全国大会口頭発表、二〇二一年——**第六章第一節**

「銭鍾書の「虚色」論の構造――東西思想の交渉」『日本中国学会報』（日本中国学会）第七三号、二〇二一年――第六章第二節

著者略歴

1993 年　中国上海生まれ.

2016 年 7 月　同済大学外国語学部日本語学科卒.

2019 年 3 月　東京大学大学院人文社会系研究科修士課程修了.

2022 年 9 月　同博士課程単位取得満期退学.

2023 年 9 月　博士号取得（文学）.

東京大学東洋文化研究所東アジア藝文書院特任研究員，独立行政法人日本学術振興会外国人特別研究員（PD・京都大学）を経て，2024 年 10 月より北海道大学大学院メディア・コミュニケーション研究院専任講師.

二十世紀中国美学

『ラオコオン』論争の半世紀

2025 年 3 月 31 日　初　版

［検印廃止］

著　者　丁 乙

発行所　一般財団法人　東京大学出版会

代表者　中島隆博

153-0041 東京都目黒区駒場 4-5-29

https://www.utp.or.jp/

電話 03-6407-1069　Fax 03-6407-1991

振替 00160-6-59964

装　丁　山田和寛（nipponia）

印　刷　株式会社精興社

製　本　牧製本印刷株式会社

ISBN 978-4-13-016053-7　Printed in Japan

人名索引

事項索引

【た】

【な】

【は】

【ま】

【や】

【ら】

【わ】

注

序　章

（1）　例えば、日本美学会編『美学の事典』（丸善出版、2020）に所収の臧新明「中国の近代美学の形成」によれば、1920〜30年代の「日本経由の美学移入」、時期を明確化していないが30〜50年代と思われる「「中体西用」による美学の確立期」、50〜20世紀末の「「己学為体」の美学」、21世紀以降の「美学の「本土化創新」」という時期区分に関して、第二段階（「中体西用」）では、美学は中国の現代学問の体系における一分野として確立したが、その基本構造、命題、概念は西洋的なものであり、中国の文化的伝統は単に実例として適用されるにすぎなかったという。それに対し、第三、四段階（「己学為体」、「本土化創新」）はより中国の文化的状況に踏み込んで、中国ならではの美学を打ち出すことができたとされる。

（2）　第一世代の美学者は蔡元培（1868〜1940）、梁啓超（1873〜1929）、王国維（1877〜1927）を指す。なお、ここでの順番はただ生年に従い、個々人の美学的考察の前後に従うものではないことを断る。

（3）　朱光潜「従我怎様学国文説起」『我与文学及其他』（III, 444）。

（4）　最初に中国で発表された哲学的論考として、梁啓超「近世第一大哲康德之学説」（1903）、馬君武「唯心派巨子黒智児学説」（1903）、厳復「述黒格爾惟心論」（一説によると、1906もしくは1907）が挙げられている（賀麟『五〇年来的中国哲学』北京：商務印書館、2002、96頁や、李俊文「百年来西方哲学在中国的発展」『江西社会科学』2014年第10期所収、6頁などを参照）。

（5）　王攸欣『選択・接受与疏離：王国維接受叔本華　朱光潜接受克羅齊　美学比較研究』（北京：生活・読書・新知三聯書店、1999）を参照。

（6）　レッシングが絵画と彫塑を区別せずに論じていることはしばしば批判されている。本書はその問題には立ち入らないが、後述の議論では中国の論者たちがこの混同に気づいていたことを示す。『ラオコオン』における詩画比較論の概要については、小田部胤久『西洋美学史』（東京大学出版会、2009、第10章）を参照。

（7）　西洋の詩画比較論に関して Rensselaer W. Lee, *Ut Pictura Poesis, The Humanistic Theory of Painting*（邦訳はレンサレアー・W. リー「詩は絵のごとく――人文主義絵画論」（中森義宗編『絵画と文学――絵は詩のごとく』中央大学出版部、1984））

を参照。

（8）最新の総括的な論集としては Avi Lifschitz and Michael Squire（eds.）, *Re-thinking Lessing's Laocoon*, Oxford : Oxford University Press, 2017 がある。

（9）中国における詩と絵画の関係の緊密性に関しては、宇佐美文理『中国絵画入門』（岩波書店、2014）の第 6 章が参考になる。

（10）『朱光潜全集』全 20 巻（安徽教育出版社、1987〜93)、林同華主編『宗白華全集』全 4 巻（安徽教育出版社、1994)、『錢鍾書集』全 7 種（生活・読書・新知三聯書店、2001〜07)、銭鍾書の読書ノート『容安館札記』（商務印書館、2003）など。

（11）羅傑鸚「他山の石を鳥瞰する ── レッシング『ラオコオン』の中国における受容と研究の歴程」（「鳥瞰他山之石 ── 莱辛『拉奥孔』在中国的接受与研究歴程」『新美術』第五期、2007）と盧白羽「中国におけるレッシング研究」（盧白羽「莱辛研究在中国」『同済大学学報（社会科学)』第 29 号、第 2 期、2018）は中国の『ラオコオン』受容に関する重要な俯瞰的研究である。羅傑鸚は 21 世紀初頭までの『ラオコオン』受容の輪郭や関連する研究史を網羅的に提示し、その受容の起点を 1910 年前後の単士厘『帰潜記』に遡っている。盧白羽は、中国におけるゲルマン文学研究の発展という視点から、レッシングの受容史について『ラオコオン』を含め、レッシングの著作の紹介の経緯や主要内容を論じている。だが、本書で取り上げた魯迅『欧州文学史』（上海：商務印書館、1918）と楊丙辰の『ラオコオンの原序』訳（雷興著・楊丙辰訳「拉敖康的原序」『沈鐘』1927 年第 11 期所収）は先行研究には言及されていない。

（12）現代の代表的美学者である葉朗は『美学的双峰 ── 朱光潜、宗白華誕辰』（葉朗主編『美学的双峰 ── 朱光潜、宗白華誕辰』安徽教育出版社、1998 所収）において彼らを「美学の双峰」と称している。

（13）宗白華の『ラオコオン』論はそれほど重視されてこなかったが、方霞「レッシングと宗白華の詩画観の異同を論じることを試みる」（方霞「試論莱辛与宗白華詩画観的異同」『科教文彙（中旬刊)』2007 年第 1 期所収）のように、宗白華の受容の基本論点を整理することもなされてきた。

（14）この点に関して優れた研究としては、中島隆博「美学にとって「中国」とは何か ── 朱光潜の中国的モダニズム」（中島隆博『危機の時代の哲学 ── 想像力のディスクール』東京大学出版会、2021 ならびに高柳信夫編『中国における「近代知」の生成』東方書店、2007 所収）を参照。

（15）この基本的立場に引き続いた研究は、呉俊「銭鍾書のレッシング『ラオコオン』に対する超越 ── 兼ねて銭鍾書の学術への貶めを評する」（呉俊「銭鍾書対莱辛『拉奥孔』的超越 ── 兼評対銭鍾書学術成就的貶低」『貴州教育学

院学報（社会科学）』2002年第5期、第18巻所収、57〜59頁）や邱敏「銭鍾書が『ラオコオン』を論ずる」（邱敏「銭鍾書論『拉奥孔』」『美術教育研究』2016年第12期所収、29〜30頁）などが挙げられる。

(16) 彫刻家、文芸理論家王朝聞（1909〜2004）は彫刻作品が物語の頂点を表現すべきでないと考え、またこの点において『ラオコオン』におけるいわゆる「含蓄のある瞬間」を重視した。彼の『ラオコオン』をめぐる見解はしばしば論じられてきたが、近現代美学一般の理論的構築というよりは実践的な面での貢献が大きく、また彼の理論は主に1950年代以降に見られるものであるため、本書では取り上げない。

(17) 朱立元主編『美学大辞典』上海辞書、2014、2頁。この項目は「審美学」と「美学」との関係を中心に説明するものである。すなわち、西洋語に対する中国語訳の問題もあるが、「美学」という名称には「美」がまず客観的に存在するのに対し、「審美学」という名称には人の審美的活動・意識・創造が存在してから「美」が生じる、という相違が含意されているという。なお、日本におけるこの学問の訳語の問題に関しては、佐々木健一『美学辞典』（東京大学出版会、1995）3頁をも参照できる。

(18) 主要な美学書のタイトルからわかるように、「審美」という言葉の使用は1980年代以降に見られる。初期の例には王朝聞『審美談』（北京：人民出版社、1984）や周憲『中国当代審美文化研究』（北京：北京大学出版社、1997）が挙げられる。

(19) 劉石「『詩画一律』の内容」（「“詩画一律”的内涵」『文学遺産』2008年第6期所収、117〜127頁）。劉石の立場と類似する論として、蔣聡聡「中国比較文学の失語症──〔銭鍾書〕「『ラオコオン』を読む」を例として」（蔣聡聡「中国比較文学的失語症──以《読〈拉奥孔〉》為例」『重慶文理学院学報（社会科学版）』第28巻第4期、2009所収、67〜72頁）などもある。

(20) 劉石「西方詩画関係与萊辛的詩画観」『中国社会科学』2008年第6期所収、160〜161頁。

(21) 前掲、劉石「『詩画一律』の内容」128頁。

(22) 李沢厚「宗白華《美学散歩》序」『美学散歩』（李沢厚『美的歴程』三聯出版社、2009〔1981〕）1〜5頁。

(23) 例えば臧新明「中国の近代美学の形成」（前掲、日本美学会編『美学の事典』所収）が中国美学を概観する際に銭鍾書を取り上げない理由もこの点にあるであろう。また近代中国美学の重要な人物と輪郭に関する既存の重要な研究、聶振斌『中国近代美学思想史』（北京：中国社会科学出版社、1991）によれば、王国維、蔡元培、梁啓超、呂澂、魯迅、朱光潜、宗白華、鄧以蟄、蔡儀が挙げられていることからもこれを説明している。また、銭鍾書の思想家の

身分に関して直接論じている、夏中義「説銭鍾書是“思想家”為何這様難 ── 以《管錐編》為例」（『南方文壇』第6期、2018所収、13～19頁）などもある。

（24）「大学問家的学問跟他整個的心情陶融為一片，不僅有豊富的数量，還添上了個別的性質；毎一個瑣細的事実，都在他的心血里沉浸滋养，長了神経和脈絡，是你所学不会、学不到的」（『写在人生辺上・人生辺上的辺上』北京：三聯書店、2002所収、78～79頁）

（25）例えば張文江『銭鍾書伝 ── 営造巴比塔的智者』上海：復旦大学出版社、2011、26頁。

（26）原典からの引用を重視することは、指導教員の小田部胤久先生のご教示に負うところが大きい。前掲、小田部胤久『西洋美学史』「はじめに」の末尾も参照いただきたい。

第1章

（1）朱光潜の経歴に関しては、彼自身の「作者自伝」（1980）（『朱光潜全集』巻1所収）や「従我怎様学国文説起」（1940年頃）（『朱光潜全集』巻3所収）に述べられている。重要な先行研究として、王攸欣『朱光潜学術思想評伝』（北京：北京図書館出版社、1999）、銭念孫『朱光潜与中西文化』（1995）、朱式蓉・許道明『朱光潜：従迷途到通径』（上海：復旦大学出版社、1991）、蒯大申『朱光潜後期美学思想論述』（上海：上海社会科学院出版社、2001）が挙げられる。英語による総括的論文は、Tae-Shik Shimのエディンバラ大学に提出した博士論文「The Aesthetic Thought of Zhu Guangqian（1897-1986）」（2008）がある。日本語論文は、葉朗著・大山潔訳「朱光潜と李沢厚の美学論争」（『美学芸術学研究』［東京大学美学芸術学研究室紀要］第16号、1997、149～157頁）、単世聯著・桑島由美子訳「一九四九年以後の朱光潜 ── 自由主義からマルクス主義美学へ」（『言語と文化』［愛知大学語学教育研究室紀要］、第14号、2006、119～152頁）、前掲、中島隆博「美学にとって「中国」とは何か ── 朱光潜の中国的モダニズム」（2007）、佐藤普美子・河谷淳「朱光潜『悲劇心理学』における悲劇論の検討」（『駒澤大学総合教育研究部紀要』第12号、2018、1～20頁）など。

（2）今日の樅陽県に属する。

（3）桐城中学は古文の名家、学者呉汝綸（1840～1903）によって創立されたもので、創立当初は古文のみならず、むしろ進んで西洋学の導入を目指していたが、朱光潜が入学した頃、呉汝綸亡き後の桐城中学が重視していたのは西洋学ではなく、桐城派の古文であった。

（4）『我与文学及其他』の増訂版自序（1943）によれば、「従我怎様学国文説起」

はその出版に近い年に仕上げたものであるという（III, 335）。

(5)「這類文章没有什么文学価値，人人都知道。但是当作一種写作訓練看，它也不是完全無用：在它的狭窄範囲内，如果路走得不錯，它可以启発思想，它的形式尽管是呆板，它究竟有一個形式。我从一〇歳左右起到二〇歳左右止，前後至少有一〇年的光陰都費在這种議論文上面。這訓練造成我的思想的定型，注定我的写作的運命。我写説理文很容易，有理我都可以説得出，很難説的理我能用很浅的話説出来。這不能不帰功于幼年的訓練。但是就全盤計算，我自知得不償失。在応該発展展想象的年齢，我的空洞的脳袋被歪曲到抽象的思想工作方面去，結果我的想象力変成極平凡，我把握不住一個有血有肉有光有熱的世界，在旁人脳里成為活躍的戯景画境的，在我脳里都化為干枯冷酷的理。」（『我与文学及其他』「従我怎様学国文説起」III, 440-441）

(6)「依我所知，這派文章大道理固然没有，大毛病也不見得很多」（『我与文学及其他』「従我怎様学国文説起」III, 443）

(7) 中国公学は1906年に日本からの留学生が創立した学校で、他方、上海大学は共産党が幹部を育てるために創立した学校である。

(8)『一般』は1926～29年、『中学生』は1930～37年、中断して1939年から復刊して1952年まで継続していた。

(9) エディンバラ大学が朱光潜にとって第一希望でないことは、王攸欣「従朱光潜佚文考其赴英及帰国経歴」（『新文学史料』2017年第3期所収、77～81頁）が指摘するように、長らく等閑視されてきた朱光潜の文章「上海からロンドンへ（从上海到倫敦）」（正編、続編はそれぞれ『寰球中国学生会周刊』1926年4月10日第239期と、4月17日第240期に掲載されている）の中で語られている。

(10) その転校の理由に、のちに朱光潜の夫人となる奚今吾が勉強していることも指摘されている。例えば王攸欣『朱光潜学術思想評伝』41頁。

(11) 例えば『呉宓日記』第5巻（北京：三聯書店、1998）によれば、1月14日から28日、ロンドン滞在中に朱光潜について10回言及していた。これに関して、王攸欣『朱光潜学術思想評伝』（39～41頁）が提示している。

(12)「我原来的興趣中心第一是文学，其次是心理学，第三是哲学。因為歓喜文学，我被逼到研究批評的標準、芸術与人生、芸術与自然、内容与形式、語文与思想諸問題。因為歓喜心理学，我被逼到研究想象与情感的关系、創造造和鑑賞的心理活動以及趣味上的個別差異；因為歓喜哲学，我被逼到研究康德、黒格爾和克羅齊諸人討論美学的著作。這么一来，美学便成為我所歓喜的幾種学問的聯絡線索了」（『文芸心理学』「作者自白」I, 200）

(13) 例えば「美学的最低限度的必読書籍」（1936）（VIII, 399）、「朱光潜教授談美学」（1981）（X, 530）、「我学美学的経歴和一点経験教訓」（1981）（X, 569-

570)。

(14)　朱光潜自らの記述によれば、当時の「京派」は、北京での知識人、とりわけ彼の友人沈従文が編集する『大公報』「文芸副刊」と朱光潜が編集する『文学雑誌』によって集められた人々を指している。朱光潜「従沈従文先生的人格看他的文芸風格」(1980)(X, 491)。

(15)　これらの交友関係について、王攸欣『朱光潜学術思想評伝』(54 頁)と、蒯大申『朱光潜後期美学思想論述』(284〜285 頁)の提示する人物には若干の差異があり、本書では両者が言及した重要な人物を提示する。

(16)　例えば、銭鍾書の散文「猫」(『人・鬼・獣』に収録)に見られる 1930 年代の北京の名流たちの社交的集合に対するアイロニー的描写はよく知られ、そこで登場する人物は現実における林語堂(作品中の袁友春)、周作人(陸伯麟)、沈従文(曹世昌)、朱光潜(傅聚卿)に相当すると考えられている。なお、これら人物が趙元任、林語堂、沈従文、梁思成、林徽音とされていることもある。『訳海』1986 年第 3 期に掲載される E. 岡恩(Edward M. Gunn)著・張家訳「美国作者評銭鍾書」(田蕙蘭・馬光裕・陳珂玉選編『銭鍾書楊絳研究資料集』華中師範大学出版社、1997、147〜167 頁、150 頁)を参照。またのちに見るように、銭鍾書は胡適や周作人をも批判している(本書第五章第一節を参照)。つまり銭鍾書の批判や揶揄は、朱光潜が位置する北方の学者グループ全体になされたものとして受け取ることができる。他方、1950 年代以降、長年北京大学の美学研究室で講じていたにもかかわらず、朱光潜と宗白華の間での相互的言及は不自然なほど少なかった。そこに考えられる要因は、1948 年頃、政治的雰囲気が変化した時期に発言力のあった(宗白華の親友)郭沫若が、朱光潜や(朱光潜の親友)沈従文に対して政治的立場から猛批判を行い、後者たちの実際的な人生的運命に影響を与えたことがあるかもしれない。郭沫若の批判に関しては前掲『朱光潜后期美学思想論述』6 頁を参照。

(17)　『文学雑誌』創刊号(1937 年 5 月)に銭鍾書「談交友」、第 1 巻第 4 期(1937 年 8 月)に銭鍾書「中国固有的文学批評的一個特点」が掲載された。

(18)　朱光潜の陶淵明認識は『朱光潜学術思想評伝』76〜78 頁などを参照。

(19)　肖学周『朱光潜評伝』安徽:黄山書社、2018、18〜22 頁。

(20)　「自己検討」(1949)(X, 538)。

(21)　胡継華『宗白華　文化幽懐与審美象徴』(北京:文津出版社、2005)2〜3 頁が指摘するように、1980 年代以降、美学は人々が啓蒙を受けたしるしのみならず、日常生活や実業界での流行語となり、散髪屋やレストランでも「美学」という語を使うようになった。胡継華は、祝東力『精神之旅』(北京:中国広播電視出版社、1998)第 3 章を参照している。

(22)「我自以為我的解放後実際上不到二十年的工作比起解放前大半生的工作遠較重要」「関於我的『美学文集』的幾点説明」(1982)(X, 567)。

(23) 蒯大申『朱光潜後期美学思想論述』110〜111頁。

(24) なお、蒯大申『朱光潜後期美学思想述論』115頁が指摘するように、『西方美学史』はある意味で美学大討論の産物、つまりその刺激によって当時の美学研究の不足に痛感し発端したものとも言える。

(25) 王攸欣『朱光潜学術思想評伝』107頁。

(26)「孔子有一天突然很高興地対他的学生説：“予欲無言。”子貢就接着問他：“子如不言，則小子何述焉？”孔子説：“天何言哉？ 四時行焉，百物生焉。天何言哉？”這段贊美無言的話，本来从教育方面着想。但是要明了無言的意蘊，宜从美術観点去研究」(I, 62)

(27)『論語』に代表される儒家思想の基本的立場では元来、言と意の関係ではなく、言と行（行為）の関係が問題とされていた。だが、陽貨篇は言の有限性を示すものとして言と意との関係の議論にも転用され、言意関係論の主要論者、魏晋時代の欧陽建、王弼・荀粲などによって参照された。前近代の言意関係論に関しては、蜂屋邦夫「言尽意論と言不尽意論」(『東洋文化研究所紀要』86号、1981、105〜151頁）や、中島隆博『残響の中国哲学　言語と政治』（東京大学出版会、2007）第2章を参照。

(28) 王一川「“顧忌”下的救心方案――朱光潜早期跨文化芸術美学探索」(『文芸争鳴』2016年第11期）12頁。

(29) 西洋芸術論における模倣説は、芸術作品がイデアの自然界における反映を再現するという理論である。ここでは芸術作品には芸術家の意図や性格は反映しない。芸術家の考え方を前面的に打ち出そうとする芸術観は、19世紀初頭以降のものである。

(30) 易蓮媛「従《拉奥孔》看朱光潜問題意識的転変――一個理論旅行視角」(『美育学刊』2013年第5期）72頁を参照。また王攸欣『朱光潜学術思想評伝』26頁も述べるように、この段階の朱光潜は中国の伝統的審美趣味の論証に西洋の美学観点や芸術作品を参照するにとどめていた。

(31) 絵画と写真とを比較し、絵画のほうがより芸術性をもつと主張することによっていわゆる模倣的な写実主義を批判する動きは、1920年代に多く見られる。本書第三章第一節で扱う陳師曽もこの主張を提起する重要な論者である。

(32)「雕刻塑像本来是無言的，也可以拿来説明無言之美。所謂無言，不一定指不説話，是注重在含蓄不露」(I, 65)

(33)「要説明雕刻上流露和含蓄的分別，希腊著名雕刻《拉奥孔》(Laocoon）是最好的例子。相伝拉奥孔犯了大罪，天神用了一種極惨酷的刑法来懲罰他，遣了一条悪蛇把他和他的両個兒子在一塊絞死了。在這種極刑之下，未死之前当然

有一種悲傷慘戚目不忍睹的一頃刻，而希腊雕刻家並不擒住這一頃刻来表現，他只把将達苦痛極点前一頃刻的神情雕刻出来，所以他所表現的悲哀是含蓄不露的。倘若是流露的，一定帯了挣扎呼号的様子。這個雕刻，一眼看去，只覚得他們父子三人都有一種難言之恫；仔細看去，便可発見条条筋肉根根毛孔都暗示一種極苦痛的神情。德国莱辛（Lessing）的名著《拉奥孔》就根拠這個雕刻，討論美術上含蓄的道理」（I, 66）

（34）易蓮媛「従《拉奥孔》看朱光潜問題意識的転変」72 頁。

（35）近代中国でカントの「美の無関心性」に依拠し、芸術の作用を宗教と比較して論じた先例は、蔡元培の「以美育代宗教」（1917）が知られている。

（36）易蓮媛「従《拉奥孔》看朱光潜問題意識的転変」72 頁。

（37）近現代の新儒家（New-Confucianist）は一般に、先秦時代の儒家（Confucianist）、宋明時代の新儒家（Neo-Confucianist）とは区別され、西洋思想の衝撃に直面し伝統的文化の振興を求めたスクールを指す。彼らはいわゆる国粋主義や復古派とは異なり、科学をはじめ西洋近代の諸価値に理解を示し、西洋哲学の影響を受けた理論体系を目指している。

（38）王一川「“顧忌”下的救心方案」9〜10 頁。

（39）黄克剣・呉小龍編『張君勱集』（北京：群言出版社、2013）110 頁。なお、張君勱に関する引用と解釈は、ジェローム・B. グリーダー著、佐藤公彦訳『胡適　1891〜1962 ── 中国革命の中のリベラリズム』（藤原書店、2018）211〜220 頁を参照している。

（40）黄克剣・呉小龍編『張君勱集』110〜112 頁。

（41）宗白華は「説人生観」（1919）や「新人生観問題的我見」（1920）を発表している。

（42）そもそも朱光潜の「煩悶を除去する」は、社会活動家・音楽理論家である王光祈（宗白華の友人）に反駁するものとして執筆された。王光祈は人生の各段階に「煩悶」があり、人間は目下の生活に集中すべきだという解決案を与えている。それに対し、朱光潜のいう「煩悶」とは、当時の社会的環境に身を置くことによって不可避的に生じるものであり、とりわけ青年という人生の中で最も生命力がある時期に創造の衝動が現実に抑圧されて生じる特殊な感情を指している。

（43）王一川のほか、朱式蓉・許道明『朱光潜：従迷途到通径』（上海：復旦大学出版社、1991）も朱光潜の前期思想を宗白華と同様に検討している。

（44）林毓生著、穆善培訳『中国意識危機』（貴州：貴州人民出版社、1988）45〜51 頁を参照。または章清『学術与社会』（上海：上海人民出版社、2018）157 頁を参照。

（45）「無言の美」は同書の附録として収められた。

（46）「談美！ 這話太突如其来了！ 在這個危急存亡的年頭，我還有心肝来“談風月”么？ 是的，我現在談美，正因為時機実在是太緊迫了。〔中略〕我堅信中国社会鬧得如此之糟，不完全是制度的問題，是大半由于人心太壊。我堅信情感比理智重要，要洗刷人心，〔中略〕先要求人生美化」（II, 5–6）

（47）朱光潜の教育者としての側面は従来の研究では看過されてきたが、近年では肖学周『朱光潜評伝』（安徽：黄山書社、2018）第 2 章が論じている。肖学周は「時局を批評する」ことも彼の社会への教育的関心による（55〜61 頁）ことに留意すべきであると述べている。なお、肖学周は朱光潜の時局への批評を 1937 年、日中戦争勃発以降としているが、20 年代の論考にもすでにこうした意識があったと考えられる。

（48）なお、Edmund Clarence Stedman ed., *A Victorian Anthology 1837–1895*, Kessinger Publishing, 2010 によれば「Where the heart lies, let the brain lie also」となっている。

（49）「厳格地説，離開人生便無所謂芸術，因為芸術是情趣的表現，而情趣的根源就在人生；反之，離開芸術也便無所謂人生，因為凡是創造和欣賞都是芸術的活動，無創造、無欣賞的人生是一個自相矛盾的名詞」（II, 90–91）

（50）以下、方東美の『中国人生哲学概要』と『中国人の人生観』に関する引用は原則的に方東美先生全集編纂委員會編『東美全集』における『中国人生哲学』（台北：黎明文化事業、1980）から（書名、頁数）で示す。

（51）「言無言、終身言、未嘗言、終身不言、未嘗不言」『荘子』寓言第 27。

（52）例えば黄克剣「荘子「不言之辯」考繹」（『哲学研究』2014 年第 4 期、39〜49 頁）や、常森「論『荘子』「卮言」乃「危言」之訛 ―― 兼談荘派学人「言無言」的理論設計和実践」（『安徽大学学報（哲学社会科学版）』2018 年第 5 期、33〜43 頁）を参照。

（53）「天地之大美即在普遍生命之流行変化，創造不息。聖人原天地之美，天人合一之道，相与浹而俱化，換句話説，天地之美寄于生命，而生命之美形于創造」（『概要』53）

（54）「君子黄中通理、正位居体、美在其中、而暢於四支、発於事業、美之至也」（『概要』54）日本語訳および註釈は今井宇三郎『易経』上巻（明治書院、1987）176〜183 頁を参照した。

（55）言意関係論においては後漢以降、儒家・道家思想が融合しつつ展開されてきた。

（56）例えば、白偉偉「方東美対原始儒道時空観念的闡釈 ―― 以対西方時空意識的批判為契機」（東南大学美学系修士学位論文、2014）を参照。

（57）「諸位！ 我們中国的宇宙，不只是善的，而且又是十分美的。我們中国人的生命，也不僅僅富有道徳価値，而且又含有芸術純美。這一塊滋生高貴善性和発揚美感的中国領土，我們不但要从軍事上、政治上、経済上，拿熱血来保衛，

就是従芸術的良心和審美的真情来説，也得要以死生従之，不肯譲人家侵略一絲一毫！」（『概要』56）

（58） 実際に、方東美は科学と玄学、もしくは科学と人生観の論争について 1927 年に講演を行い、その内容を『科学哲学与人生』として 1936 年に出版した。

（59） 魏群・宛小平「従比較朱光潜与方東美悲劇観之異同看芸術和道徳的関係」（『東洋学』78 号、1997、58〜80 頁）や、王偉「桐城美学家朱光潜与方東美美学思想的比較」（『瀋陽大学学報』第 22 巻第 4 期、2020、516〜520 頁）などを参照。

（60） 「色盲決不学絵画，文盲却有時談文学，而且談得還特別起勁。于是産生了印象主義的又喚作自我表現或創造的文学批評。文芸鑑賞当然離不開印象，〔中略〕他〔這些鑑賞家〕会怒喊，会狂呼，甚至于会一言不発，昏厥過去 ── 這就是領悟到了"無言之美"的境界。他没有分析 ── 誰耐煩呢？ 他没有判断 ── 那太頭巾气了」（銭鍾書（1945）『写在人生辺上　人生辺上的辺上　石語』49 頁）

（61） 王懐義は「意象」の問題に着目して銭鍾書の朱光潜批判を検討している。王懐義「銭鍾書対朱光潜意象美学観的批評 ── 20 世紀中国美学史上一樁被忽視的公案」（『文学評論』2021 年第 5 期）32〜33 頁を参照。

（62） 朱光潜「欧州近代三大批評学者（一）── 聖伯夫（Sainte Beuve）」（1927）、VIII, 209-210；「『創造的批評』」（1935）、VIII, 374-383；「談書評」（1936）、VIII, 423-427 などを参照。また王攸欣『朱光潜学術思想評伝』67〜71 頁はこの問題を論じている。

（63） 銭鍾書「談中国詩」（1945）『写在人生辺上　人生辺上的辺上　石語』163 頁。

（64） 「関於"無声勝有声"那個境界，陳西禾先生《瑪婷》的序文里説得甚妙」（銭鍾書「談中国詩」（1945）『写在人生辺上　人生辺上的辺上　石語』168 頁）

（65） 「由於対別人言語的反応，由於静默，由於浅笑或低嘆，由於無中吐出的字眼，由於面部表情及姿態的暗示，毎個人物都向観衆洩露出心頭的隠微。他還有一種特異的才能，就是対於「静默」的悟解与駆使。我們在楽曲里往往聴到「此時無声勝有声」的間歇，他劇本中就有的是這種間歇」（拜爾納著、林柯訳『瑪婷』（『文化生活叢刊』第 29 種、文化生活出版社、1947）3 頁）

第 2 章

（1） 『詩論』「後記」（III, 331）

（2） 第 11、12 章「中国詩はどうして『律』の道を歩んだのか」（「中国詩何以歩上『律』的路」）上・下、第 13 章「陶淵明」が追加された。

（3） 第 3 章に「中国と西洋の詩の情趣においての比較」（「中西詩在情趣上的比較」）、第 12 章に「詩の韻律を弁護する」（「替詩的韻律辯護」）が増訂された。

（4）例えば、前掲、王攸欣『朱光潜学術思想評伝』208 頁。

（5）「在目前中国，研究詩学似尤刻不容緩。第一，一切価値都由比較得来，不比較無由見長短優劣。現在西方詩作品与詩理論開始流伝到中国来，我們的比較材料比以前豊富得多，我們応該利用這個机会，研究我們以往在詩創作与理論両方面的長短究竟何在，西方人的成就究竟可否借鑑。其次，我們的新詩運動正在開始，這運動的成功或失敗対中国文学的前途必有極大影響，我們必須鄭重謹慎，不能譲它流産。当前有両大問題須特別研究，一是固有的伝統究竟有幾分可以沿襲，一是外来的影响究竟有幾分可以接收。這都是詩学者所応虚心探討的」（III, 4）

（6）ここで詩の実践的創作や引用にある「新たな詩の運動」が具体的に何を指しているかはやや不明である。伝統的な旧体詩（漢詩）に対する白話や俗語を取り入れた新たな詩体を模索する営みは、1910 年代後期の新文化運動から始まったが、1930 年代以降戦争の勃発により詩の内容と表現の模索が新たな段階に入ったのである。当時の詩の運動に関して、朱光潜と親しい交流を持つ朱自清『新詩雑話』（1944）における「新詩的進歩」も当時の新詩の発展と変化について述べ、例えば表現の抽象の度合いの抑制や、農村運動の流行りによる題材の増加などを指摘している。また宗白華『流雲』（1923）の出版以降、しばらく重要な作品がなく、新たな発展は 1930 年代以降の徐志摩、戴望舒、梁宗岱を待たなければならないとされている。以上に関しては、胡継華『中国文化精神的審美維度 ―― 宗白華美学思想簡論』（北京：北京大学出版社、2009）51 頁を参照。

（7）「如果図画和詩所用的模仿媒介或符号完全不同，那就是説，図画用存于空間的形色，詩用存於時間的声音，如果這些符号和它們所代表的事物須互相妥適，則本来在空間中相並立的符号只宜于表現全体或部分在空間中相並立的事物，本来在時間上相承続的符号只宜於表現全体或部分在時間上相承続的事物。全体或部分在空間中相並立的事物叫做“物体”（body），因此，物体和它們的看得見的属性是図画的特殊題材。全体或部分在時間上相承続的事物叫做“動作”（action），因此，動作是詩的特殊題材」（III, 141）

（8）「在它的並列的組合中，図画只能利用動作過程中某一頃刻，而它所選択這一頃刻，必定要它最富於暗示性，能把前前後後都很明白地表現出来。同理，在它的承続的叙述中，詩也只能利用物体的某一種属性，而它選択這一種属性，必定能喚起所写的物体的最具体的整個意象，它応該是特応注意的一方面」（III, 143）

（9）「芸術家在変動不居的自然中只能抓住某一頃刻。尤其是画家，他只能従某一観点運用這一頃刻。他的作品却不是過眼雲煙，一縦即逝，須耐人長久反復玩味。〔中略〕最合式的選択必能使想象最自由地運用」（III, 143-144）

（10）「他在欧洲是第一個人看出芸術与媒介（如形色之与図画，語言之於文学）的重要関連」（III, 147）

（11）「克羅斉要着重芸術是心的活動這層道理，所以把翻訳在内的意象為在外的作品（即伝達）這件事実看得太軽。在他看，心里直覚到一種形象或是想見一個意象，就算尽了芸術的能事。真正芸術家都是自言自語者，没有心思要傍人也看見他所見到的意象。」（I, 362）日本語訳は前掲中島隆博『危機の時代の哲学』253 頁を参照。なお中島はこの引用をもって 1949 年以前の朱光潜も社会への関心が強かったことを主張している。

（12）「実験美学と文芸心理学」は初期の「審美心理学」から引き続いた朱光潜の関心であり、『文芸心理学』を参照するならば、「美感経験」とも称されている。

（13）ちなみに「物体美」の定義に注目し『ラオコオン』を批判している事例として、Rensselaer W. Lee, Ut Pictura Poesis, The Humanistic Theory of Painting, New York : Norton, 1967, p. 215 が挙げられる。

（14）これに関しては前掲佐々木健一『美学辞典』の「表現」の項目を参照。

（15）「芸術受媒介的限制，固無可諱言。但是芸術最大的成果往往在征服媒介的困難。画家用形色而能産生語言声音的効果，詩人用語言声音而能産生形色的効果，都是常有的事」（III, 150）

（16）「“文人画”的特色就是在精神上与詩相近，所写的並非実物而是意境，不是被動地接収外来的印象，而是熔鑄印象於情趣。一幅中国画尽管是写物体，而我們看它，却不能用莱辛的標準，求原来在実物空間横陳並列的形象在画的空間中仍同様地横陳並列，換句話説，我們所着重的并不是一幅真山水，真人物，而是一種心境和一幅“気韻生動”的図案」（III, 150-151）

（17）「莱辛認為画家応当挑選全部“動作”里最耐尋味和想象的那“片刻”（Augenblick），千万別画故事“頂点”的情景。一達頂点，情事的演展到了尽頭，不能再“生発”（fruchtbar）了，而所選的那“片刻”仿佛婦女“懐孕”（prägnant），它包含従前種種，蘊蓄以後種種。這似乎把莱布尼兹的名言応用在文芸題材上来了：“現在懐着未来的胚胎，圧着過去的負担”（Le présent est gros de l’avenir et chargé du passé）」（『七綴集』48 頁）

（18）啓蒙主義的美学の系譜に関しては、小田部胤久『象徴の美学』第 1 章を参照。レッシング『ラオコオン』における「含蓄のある瞬間」とライプニッツの「微小表象」との関係については、前掲小田部胤久『西洋美学史』第 6 章を参照。また『ラオコオン』に関する記号論的評価は、David E. Wellbery, *Lessing's Laocoon : Semiotics and Aesthetics in the Age of Reason*, Cambridge : Cambridge University Press, 1984 参照。なお、この著には小田部胤久の明快な書評「ダヴィッド・E. ウェルベリ『レッシングのラオコオン――理性の時代における記号

論と美学』」(『美学』37巻4号、1987)がある。

(19)「訳の後記」の内容から見れば、それはやや早く発表した2つの小論、「『ラオコオン――詩と絵画の限界について』(抄訳)訳の後記」(1960年12月、原題「拉奥孔――論絵画和詩的界限(節訳)訳後記」)と、「レッシングの『ラオコオン』」(1961年1月、原題「莱辛的拉奥孔」)を総合したものであることがわかる。

(20) 蒯大申『朱光潜后期美学思想論述』16頁が指摘するように、自分の反動的な経歴のほか、その経歴や思想の根本を探って自己批判するのは、当時の自己批判のパターンであった。1951年の朱光潜は、49年と比べすでにそのような文化的批判の動きに一層なじんでいた。

(21)「超脱政治、道徳以及一切実際生活」、「只把人生世相和文芸作品当作一幅図画去欣賞」(X, 20)

(22)「発揮個人自由，信任情感想象去発泄，去造空中楼閣」(X, 20)

(23)「把我養成一個不但自以為超政治而且自以為超社会的怪物」(X, 20)

(24)「各人所見到的世界多少是個人自己創造的世界，文芸的世界就是文芸作者所創造的世界，其所以要創造這個世界，那不過是要表現自我，従而令人在情感上得到安慰」(「私的文芸思想的反動性」(1956) V, 15)

(25) 朱光潜は美学の観点からその間違いを論証しようとしている。彼はまず、「マルクス・レーニン主義」によれば、真の芸術は「具体的形象」と「抽象的概念」との弁証的統一的関係にあり、もし後者から前者を孤立化・絶対化するならば、唯心主義の形而上的な見方になってしまうと述べる。これら唯心主義の思想家はまさにこのようにして、「世界観やあらゆる思想を芸術に機能できないようにし」、また「芸術から社会内容や人的理想・願望を完全に剝離させ」、「芸術の社会や人生に対する実際の効用を否定してしまった」。こうした形式主義は「西洋資産階級文芸の退廃の時代の特色である」と言う(V, 21-26)。結論として、それらは「反現実主義および反人民の本質」を持つものである。

(26)「於是愛好山水和山水詩就成為封建時代騒人墨客中的一種風気，名士的一種招牌，甚至成為粉飾太平的一種点綴」(X, 231)

(27)「徳国啓蒙運動家莱辛在『拉奥孔』里曽提出詩画異質的論点」(X, 233)

(28) 宗白華「関於山水詩画的点滴感想」(『文学評論』1961年第1期)16〜17頁。実際、朱光潜「山水詩と自然美」が発表された雑誌も同様に『文学評論』であり、それは1961年初頭に「文学上の共鳴問題と山水詩問題の討論」を行っていた。なお、中国山水詩の考察に関する日本における動きについて、宇佐美文理『中国藝術理論史研究』(創文社、2015)第8、9章を参照。

(29)「一種体裁或風格既已奠定，就成為一種風尚，一種伝統，尽管時過境遷，還

本着習慣勢力，長久維持它的統治地位」（X, 231）

（30）第三部はドイツ古典美学やロシア美学、「感情移入説」、クローチェを扱っている。

（31）「因此德国啓蒙運動領袖們從萊辛和赫爾德以至歌德和席勒等人看出德国当前的反封建、反教会的人物首先要從政治的統一来解決，而按照他們的歴史唯心主義的想法，政治的統一可以不假道於政治革命，只要通過建立統一的德意志民族文化就可以実現。這是要了解萊辛和他的継承者，首先就要了解的一点」（『拉奥孔』233 頁）

（32）ゲーテの後の自伝『わが生涯から —— 詩と真実』の第 2 部（1812）、すなわち 1764〜71 年の記録に見られる。ゲーテのレッシングに対する評価に関しては、Wilfried Barner, *Goethe und Lessing : Eine schwierige Konstellation* Wallstein Verlag, Göttingen, 2001 を参照。

（33）「indem dieses Werk uns aus der Region eines kümmerlichen Anschauens in die freien Gefilde des Gedankens hinriß. Das so lange mißverstandene ut pictura poesis war auf einmal beseitigt, der Unterschied der bildenden und Redekünste klar, die Gipfel beider erschienen nun getrennt, wie nah ihre Basen auch zusammenstoßen mochten. Der bildende Künstler sollte sich innerhalb der Grenze des Schönen halten, wenn dem redenden, der die Bedeutung jeder Art nicht entbehren kann, auch darüber hinauszuschweifen vergönnt wäre. Jener arbeitet für den äußeren Sinn, der nur durch das Schöne befriedigt wird, dieser für die Einbildungskraft, die sich wohl mit dem Häßlichen noch abfinden mag. Wie vor einem Blitz erleuchteten sich uns alle Folgen dieses herrlichen Gedankens, 」（DW VIII, 345-346）

（34）1977 年末に執筆された附記で朱光潜は、この書物が 1960 年代に『西洋美学史』を編纂するために訳し、1965 年にすでに訳し終わったが、ようやく現在出版することができるようになったと記す。また『ラオコオン』は、完結した結果のみを示す書物ではなく、その生成過程についても遺稿などを通じて窺える点で特殊かつ重要であると述べている。

（35）原文には誤植があり、G. Petersen となっている。

（36）朱光潜『拉奥孔』186 頁で述べるように、遺稿に関する中国語訳は、基本的に Bornmüller 版を踏まえており、後者の形式にも従い箇条書きとなっている。

（37）朱光潜はどの巻かについては記していない。

（38）『拉奥孔』250〜251 頁。

（39）この意見書は、張福生「私の心の中での緑原先生」（張福生「我心目中的緑原先生」『新文学史料』2010 年第 2 期、33〜41 頁）に収録されている。張福生は 1977 年 9 月から文学出版社に務め、90 年代に偶然に緑原の意見書を発見し、その内容を抄録していた。

（40）張福生「我心目中的緑原先生」34 頁。

（41）同上。
（42）この意見はのちにレッシングの 10 巻本（どの版本か不明 —— 筆者注）に照らして、さらに馮至（作者、翻訳者、1905〜93）の見解にも反駁された。同上 35 頁。
（43）同上 35 頁。
（44）同上 34〜35 頁。なお、別の記録資料によれば、銭鍾書と馮至はともに『ラオコオン』がとても訳し難い書物であると認めているようである。同上 36 頁。
（45）ちなみに、Phillimore は先行する英訳をほとんど参照していないと述べている。彼によれば、Beasley の訳は 1859 年に現れたが、彼が訳する際には閲覧することができなかった。また、1874 年にアメリカにて Miss Frothingham の訳も出版されたが、それも彼自身の訳がだいぶ完成した後に手元に届いた（同上 29-30 頁）。
（46）同上 34 頁。
（47）『拉奥孔』251 頁。
（48）例えば『ラオコオン』第 17 章では、レッシングは明言せずにブライティンガー『批判的詩学』（1740）を踏まえているが、それについての指摘は、朱光潜の訳文では、「『批判的詩学』巻 2、第 807 頁を参照」と注をつけている。しかし、この注は何の版本の『批判的詩学』かを示していない。一方、Bornmüller, p. 112 ではその出典について「第 407 頁を参照」と指摘するが、Petersen, p. 368 ; Phillimore, p. 260 ; Beasley, p. 115 では「第 807 頁」となっている。Hoyer, p. 205 ではその出典を挙げているが、頁数を示していない。Steel, p. 62 では注がなかった。このような点から、諸版本の間の参照関係も多少想像されうる。
（49）「我們德国人比起世界上任何一個其他民族都更在行」（『拉奥孔』4 頁）
（50）「這里還要補充一句：演員不可能把肉体的痛苦表現得惟妙惟肖，或是很難辦到這一点」（『拉奥孔』25 頁）また『ラオコオン』第 4 章の最後に現れる「Illusion」も同様に処理されている。
（51）これは英訳、「Let us add that the actor can only with difficulty, if at all, 」（Steel, 18）、「If we add, that it is with difficulty, if at all, ……」（Beasley, 24）に影響されており、すなわち「if」の部分を前にもってきて訳すつもりであった。
（52）「我們近代欧洲人比起古代人有較文明的教養和較強的理智」（『拉奥孔』8 頁）。興味深いことに、斎藤訳（19 頁）でも「文明開化の後代の洗練されたヨーロッパ人」となり、「文明開化」が用いられている。ただ、斎藤訳はそれを「klug」に対応させており、一方、朱光潜のいう「文明」は「fein」に対応している。なお、斎藤訳では 2 つの形容詞の比較級が訳されていない。

（53）「這個看法否定了想象的感性基礎，是不正确的」（『拉奥孔』86頁）

（54）『ラオコオン』第18章を参照。レッシングによれば、ギリシャ語の語順では主語と最初の述語がくっついており、形容詞が後に来るので、多くの形容詞があっても読者がその主語について混乱することがないという。

（55）"milk and ivory and apples typify its whiteness and delicate forms"（Steel, 80）; "the images of milk, and ivory, and apples, are called up by its whiteness and delicate shape"（Beasley, 150-151）; "milk and ivory and apples typify its whiteness and delicate forms"（Phillimore, 80）.

第3章

（1）宗白華の経歴に関しては、林同華主編『宗白華全集』（全4巻、合肥：安徽教育出版社、1994）は重要な資料集であり、また林同華『宗白華美学思想研究』（瀋陽：遼寧人民出版社、1987）、鄒士方『宗白華評伝』（新版）（香港：香港新聞出版社、2013）、王徳勝『宗白華評伝』（北京：商務印書館、2001）、雲慧霞『宗白華文芸美術思想研究』（北京：中国社会科学出版社、2009）といった重要な研究書が挙げられる。日本を含め海外での紹介はいまだ少ない。

（2）もしくは「導淮〔淮河の通流をよくするの意であろう〕測量局」とされている。鄒士方『宗白華評伝』（新版）2頁によれば「沙田局」だが、同書6頁にて「導淮測量局」と記す。また王徳勝『宗白華評伝』3頁によれば「導淮測量局」、胡継華『中国文化精神的審美維度——宗白華美学思想簡論』44頁によれば「沙田局」という。

（3）「湖山的清景在我的童心裏有着莫大的勢力。一種羅曼蒂克的遥遠的情思引着我在森林里，落日的晩霞里，遠寺的鍾声里有所追尋，一種無名的隔世相思，鼓蕩着一股心神不安的情調；尤其是在夜里，独自睡在床上，頂愛听那遠遠的簫笛声，那時心中有一縷説不出的深切的凄凉的感覚，和説不出的幸福的感覚結合在一起；我彷佛和那窓外的月光霧光溶化為一，漂浮在樹杪林間，随着簫声、笛声孤寂而遠引——這時我的心最快楽」（「我和詩」1937）（II, 150）

（4）この文集は宗白華の1949年前後の22篇の文章からなる。上記の1923年に彼が執筆した南京時代の追憶はのちに37年、47年に複数回にわたって発表され、この文集にも収録されている。

（5）「他們従宗白華的那些流蕩着楽意舞韻的文字中，直接感受到他那種詩化的思考，再従他的文与思中接触到一個超邁、瀟灑、従容而又一往情深的心霊。那是一種多麼特異的感受啊！ 経歴"文革"中的離乱、飽受権力淫威、到那時依然惊魂未定的心霊，読着這麼一些文字，宛如砂漠中的遠行人幸運地喝到一口清醇的泉水」胡継華『宗白華——化幽懐与審美象徴』（北京：文津出版社、2005）3頁。なお、胡継華のこの記述は彼の『中国文化精神的審美維度——宗白華

美学思想簡論』（北京：北京大学出版社、2009）にもみられる。後者は前者の内容を細かい表現を修正した上で基本的に踏まえて、1章を変更して、2章を追加した著作である。本書ではこの2つの書物を必要に応じて参照する。

(6)　ただその時の毛沢東は北京で、対して宗白華は上海で活動していたので直接交流はなかった。1940、50年代になってようやく団体関連の機会で彼らは面会した。

(7)「他書中引用自然間現象作譬喩的非常之多。他那種愛在自然中活動，又寓于偉大的理解能力，若生在現在，知道了許多科学実験的方法与器具，恐怕不也是一個大科学家呢！（中略）我們模範他的学者人格，再具着精密的科学方法，抱着豊富的科学知識，向着大自然間，作自動的研究，発揮自動的思想」（「読書与自動的研究」1920）（I, 214）

(8)　胡継華『中国文化精神的審美維度』53頁。

(9)　例えば宗白華「自徳見寄書」（1921）（I, 335-337）。

(10)　胡継華『中国文化精神的審美維度』53頁。

(11)　朱自清『詩集』導言、趙家璧主編『中国新文学大系詩集』第8集（上海：良友図書印刷公司、1935）4頁。

(12)　鄒士方『宗白華評伝』91、97頁、胡継華『中国文化精神的審美維度』57頁。

(13)　王徳勝『宗白華評伝』64頁。

(14)　なお、宗白華自身も『美学散歩』を整理した際に諸論考の前後関係に注意を払っておらず、執筆年や出版年の順で示していない。

(15)　この論考は宗白華の1960〜63年の手稿、1963年に北京大学の中国美学史講座に基づき、当時助手を務めていた葉朗が整理したものである。それゆえ本書ではこれを彼の1960年代の思想と見なしている。

(16)　孫宗美「"意境"与道家思想——中国現代美学研究範例論析」（『武漢大学学報（人文科学版）』第67巻第6期、2014）。

(17)　金浪「儒家礼楽的美学闡釈——兼論抗戦時期朱光潜与宗白華的美学分野」『文芸争鳴』第11期、2016。

(18)　宗白華が多く論じている荀子や『易』も儒家に関わる思想だが、本書ではこれらについては触れない。

(19)　ちなみに、宗白華がこの論考を『美学散歩』（1981）の最初の作品として選んだことから、彼がこの文章を重視していることが窺える。

(20)　序章の注6を参照。

(21)「萊辛的意思是：並不是道徳上的考慮使拉奥孔雕像不像在史詩里那様痛極大吼，而是雕刻的物質的表現条件在直接観照里顕得不美（在史詩里無此情況），因而雕刻家（画家也一様）須将表現的内容改動一下，以配合造型芸術由于物質表現方式所規定的条件。這是各種芸術的特殊的内在規律，芸術家若不注意

它，遵守它，就不能実現美，而美是芸術的特殊目的」(III, 289)

(22) 「這詩里的境界很象一幅近代印像派大師的画，画里現出一座晨光射人的香閨，日光在這幅画里是活躍的主角，它从窗門跳進来，跑到閨女的床前，散発着一股温暖，接着穿進了羅帳，軽軽撫摩一下榻上的楽器 ── 閨女所吹弄的琴瑟蕭笙 ── 枕上的如云的美髪還散開着，楊花随着晨光春日偸進了閨房，親昵地躲上那枕辺的美髪上。詩里並没有直接描絵這金閨少女（除非云髪二字暗示着），然而一切的美是帰於這看不見的少女的。這是多么艶麗的一幅油画呀！」(III, 289)

(23) A. v. メンツェルの作品が 1956 年に北京で展示されていた。

(24) 「詩和画各有它的具体的物質条件，局限着它的表現力和表現範囲，不能相代，也不必相代。但各自又可以把対方尽量吸進自己的芸術形式里来。詩和画的円満結合（詩不圧倒画，画也不圧倒詩，而是相互交流交浸），就是情和景的円満結合，也就是所謂“芸術意境”」(III, 295)

(25) 朱光潜のこれら概念（「境界」「意境」「心境」）の使用に感情移入説の影響があったことについては、『詩論』第 3 章「詩的境界 ── 情趣与意象」を参照。また朱光潜と宗白華のこれら概念の使用に関する概説は、聶振斌『中国近代美学思想史』（北京：中国社会科学出版社、1991）294〜301、316〜324 頁が参照できる。

(26) 「中国絵画里所現的最深心灵究竟是什么？答曰，它既不是以世界為有限的円満的現実而崇拜模倣，也不是向一無尽的世界作無尽的追求，煩悶苦悩，彷徨不安。它所表現的精神是一種“深沉静默地与這無限的自然，無限的太空渾然融化，体合為一”」(II, 44)

(27) 「美学的研究，雖然応当以整個的美的世界為対象，包含着宇宙美、人生美与芸術美；但向来的美学総傾向以芸術美為出発点，甚至以為是唯一研究的対象。〔中略〕各個美術有它特殊的宇宙観与人生情緒為最深基礎」(II, 43)

(28) 王一川「徳国“文化心霊論”在中国 ── 以宗白華“中国芸術精神”論為個案」（『北京大学学報（哲学社会科学版）』第 53 巻第 2 期、2016）60〜61 頁を参照。

(29) 胡継華『中国文化精神的審美維度』26〜27 頁を参照。

(30) 同上 27 頁を参照。

(31) 「美学者，常拿幾個美的原則為標準（如希腊之画等），或拿幾個方法来批評，此皆不可一概施於芸術。因芸術系進歩随各時代而不同也，故必須独立始可，其出発点注重於芸術普遍的問題，最后目的則在得到包括一切芸術的科学，故此為普通的，而非特別的（如音楽図画等専門一事者）」(I, 511)

(32) 胡継華『中国文化精神的審美維度』33 頁。

(33) 同上 37 頁。

(34)「它所啓示的境界是静的，因為順着自然法則運行的宇宙是雖動而静的，与自然精神合一的人生也是雖動而静的。它所描写的対象，山川、人物、花鳥、虫魚，都充満着生命的動 —— 気韻生動。但因為自然是順法則的（老、庄所謂道），画家是默契自然的，所以画幅中潜存着一層深深的静寂」（II, 44）

(35) 例えば牛広宝「以伝統“芸術心性論”会解西方美学」『求是学刊』2001 年第 3 期。

(36)「東西文化論戦」は『新青年』と『東方雑誌』との論争に代表され、東西の相違を新旧の文化の相違に重ね、のちには東西の文化が調和しうるか否かといった問題を取り扱っている。林毓生ら『五四：多元的反思』（香港：三聯書店、1989）や坂元ひろ子『中国近代の思想文化史』（岩波書店、2016）139～147 頁を参照。宗白華自身も、1921 年『民鐸』第 2 巻第 5 号に掲載された李石岑宛の手紙においてこの見解を支持している（鄒士方『宗白華評伝』84～85 頁）。

(37) 20 世紀中国絵画の批判と再評価については潘公凱著・石井理ら訳『中国現代美術の道』（左右社、2020）を参照。

(38)「此宇宙生命中以一貫之之道，周流万匯，無往不在〔中略〕老子名之為虚無：此虚無非真虚無，乃宇宙中混沌創化之原理；亦即画図中所謂生動之気韻。画家抒写自然，即是表現此生動之気韻；〔中略〕実絵画最後之対象与結果也」（II, 50–51）

(39)「中国人感到〔絵画中体現出的〕這宇宙的深処是無形無色的虚空，而這虚空确実万物的源泉，万物的根本，生生不已的創造力。老、庄名之為“道”、為“自然”、為“虚無”，儒家名之為“天”。万象皆从空虚中来，向空虚中去。所以紙上的空白是中国画真正的画底。〔中略〕中国画底的空白在画的整個意境上並不是真空、乃正是宇宙霊気往来，生命流動之処。〔中略〕這無画処的空白正是老、庄宇宙観中的“虚無”」（「中国画学」II, 45）

(40) 王前「中国の現代哲学」（『世界哲学史 8』筑摩書房、2020）を参照。馮友蘭『中国哲学史』（北京：中華書局、2014［初出 1931］）については、宗白華は 1946～52 年の中国哲学史・老子部分の手稿でも参照し重視している（II, 706）。宗白華自身の古典哲学の手稿が現存するが、その執筆年代については 1928 年（I, 648–660）と 1930 年代中期（本章前掲注（17））の両説が提示されている。なお、宗白華と馮友蘭との交友関係は、1930 年代からともに中国哲学会の常務理事であったことが挙げられる（王徳勝『宗白華評伝』78 頁を参照）。

(41) 馮友蘭『中国哲学史』上、54 頁。

(42) 中島隆博『『荘子』── 鶏となって時を告げよ』（岩波書店、2009）第 3 章を参照。

（43）「画幅中飛動的物象与“空白”処処交融，結成全幅流動的虚霊的節奏。空白〔中略〕溶入万物内部，参加万象之動的虚霊的“道”」（II, 101）

（44）ウォルター・ペイターのこの句は1888年に出版された第3版『ルネサンス』「ジョルジョーネ派」に出典がある。本書で援用した日本語訳はウォルター・ペイター著、富士川義之訳『ルネサンス――美術と詩の研究』（白水社、1993）141頁を参照。

（45）前掲胡継華『中国文化精神的審美維度』223～224頁。

（46）とりわけ宗白華の親友、田漢、郭沫若の用例が目立っていること、また当時の新詩運動と密接に関わっていること、さらにその理論化過程において朱光潜の1930、40年代の貢献が最も重要であると指摘されている。胡継華『中国文化精神的審美維度』229～236頁。

（47）「中国楽教失伝，詩人不能弦歌，乃将心霊的情韻表現於書法、画法。書法尤為代替音楽的抽象芸術」（II, 101-102）

（48）「古代封建礼楽生活之形式美也早已破滅。民族的天才乃借筆墨的飛舞、写〔中略〕〔胸中的〕自由的超脱的心霊節奏」（II, 100）

（49）楽教については前述した胡適『中国哲学史大綱』と馮友蘭『中国哲学史』がすでに論じている。また、小穴晶子『なぜ人は美を求めるのか――生き方としての美学入門』（ナカニシヤ出版、2008）86～87頁もわかりやすく説明している。

（50）「砉然向然，奏刀騞然，莫不中音：合於桑林之舞，乃中経首（尭楽章）之会（節也）」（II, 368；宗白華による引用のうち一部を省略した）『荘子』第3。現代語訳は金谷治訳注『荘子』全4冊（岩波書店、1971～75）、第1冊「内篇」、94頁を参照し宗白華の原文に即して一部改めた。

（51）前掲、小田部胤久『西洋美学史』第11章を参照。なお、同書第14章では、シェリングの主張する芸術と自然の精神の競合、芸術と自然との相互嵌入的構造も述べられており、これも模倣説に基づいて展開されている。

（52）徐復観『中国芸術精神』（北京：九州出版社、2014）61～62頁。葉朗『中国美学史大綱』（上海：上海人民出版社、2017）20～121頁。

（53）「使知（理智）索之而不得。使離朱（色也，視覚也）索之而不得。使喫詬（言辯也）索之而不得。乃使象罔，象罔得之」（371；宗白華による引用のうち一部を省略した）『荘子』第12。現代語訳は金谷治訳注『荘子』全4冊、第2冊「外篇」、106頁を参照。

（54）1960～63年の研究手稿でこの箇所を再び論じる際には、真理は「ただ『形態があるような、ないよう』な虚構的な形態」によって得られると宗白華は明言する（III, 546）。ただし、1960年代に彼の最終的結論は「真と美、形式と内容が弁証的に結合した」（546）ことにあり、（芸術現象に「道」概念を

応用するのではなく）芸術の本質という芸術論を問題としている。これも本章第 5 節で述べる宗白華の最終的立場を示している。

(55)　葉朗『中国美学史大綱』131 頁。

(56)　徐復観『中国芸術の精神』58〜66 頁。

(57)　『荘子』第 4。訳語・解釈は金谷治訳注『荘子』内篇、114 頁を参照。

(58)　「西洋画在一個近立方形的框里幻出一個錐形的透視空間，由近至遠，層層推出，以至於目極難窮的遠天，令人心往不返，馳情入幻，浮士德的追求無尽，何以异此？——中国画則喜歓在一竪立方形的直幅里，令人抬頭先見遠山，然后由遠至近，逐漸返於画家或観者所流連盤桓的水辺林下。『易経』上説：“無往不復，天地際也。”中国人看山水不是心往不返，目極無窮，而是“返身而誠”，“万物皆備於我”」(148)「身に返りて誠なり」「万物皆我に備はる」は『孟子』尽心章句上に出典がある。一般に、「身に反して」すなわち「反省する」という意とされるが、ここで宗白華はより文字通りに自然が鑑賞者の身に戻るという意で使っているのであろう。

(59)　葉朗『中国美学史大綱』113〜114 頁。

(60)　同上 110〜119 頁を参照。また前掲、李沢厚『美的歴程』173〜178 頁は北宋山水画において、自然に居住できるような感覚が求められると論じている。

(61)　金浪「儒家礼楽的美学闡釈 —— 兼論抗戦時期朱光潜与宗白華的美学分野」(『文芸争鳴』第 11 期、2016) 46 頁。

(62)　同上 43〜44 頁。または胡継華『中国文化精神的審美維度』33〜37 頁を参照。

(63)　前掲王攸欣『朱光潜学術思想評伝』83 頁。

(64)　同上 82〜83 頁。

(65)　「但是実践先於理論，工匠芸術家更要走在哲学者的前面。先在芸術実践上表現出一個新的境界，才有概括這種新境界的理論」(III, 454)

(66)　宗白華はこの論考では道徳と宗教を区別していない。それらを区別したのは 5 年後の「略談敦煌芸術的意義与価値」(1948) である。

(67)　「這可以分成両派来講。一派是孔孟，一派是老荘。老荘認為虚比真実更真実，是一切真実的原因，没有虚空存在，万物就不能生長，就没有生命的活躍。儒家思想則従実出発，如孔子講“文質彬彬”，一方面内部結構好，一方面外部表現好。孟子也説“充実之謂美”」。(III, 455)

(68)　「『考工記』所表現的這種虚実結合的思想，是中国芸術的一個特点。中国画很重視空白。如馬遠就〔中略〕常常只画一個角落〔中略〕剰下的空白並不塡実，是海，是天空，却並不感到空。空白処更有意味」(III, 454)

(69)　本章の第 1 節に指摘したように、葉朗『中国美学史大綱』は道家の「無」がいかに芸術現象に反映されているのかを論じる際に、この箇所を引き合いに出している。これは宗白華に対する適切な理解ではない。

（70）「中国歴史上，不但在哲学者的著作中有美学思想，而且在歴代的著名的詩人、画家、戲劇家〔中略〕所留下的詩文理論、絵画理論、戲劇理論、音楽理論、書法理論中，也包含有豊富的美学思想，而且往往還是美学思想史中的精華部分。這様，学習中国美学史，材料就特別豊富，牽渉的方面也特別多」（III, 447）

（71）「如果我們把隋唐的豊富多彩、雄健有力的芸術和文化比作中国文化史上的濃春季節，那麼，展子虔的這幅《遊春図》，便是隋唐芸術発展里的第一声鳥鳴，帯来了整個的春天的気息和明媚動人的景態。這“春”支配了唐代芸術的基本調子」（III, 278）

（72）「中国山水画在六朝已経萌芽，《遊春図》正是我国保存下来的第一幅完整優美的山水画，它在我国芸術史上具有極大的価値」（III, 278）

（73）「他擅長山水，人物，台閣，也画過不少壁画，他用筆雖未尽脱六朝遺意，但已擺脱了仏教的悲観者出世情調。他用細緻遒勁的線条描絵形象，尤長於以青緑作主調。如這幅《遊春図》使用青緑勾填，所画春山花樹，殿閣遊騎，線条纖細活発，色調明快秀麗，看了令人喜愛山川，珍重生活」（III, 279）

（74）現在一般に、朱光潜・宗白華は中国近代の「二大美学者」と呼ばれているが、さらに鄧以蟄を加えて「三大美学者」と称することもある。実際、朱光潜よりも鄧以蟄は早く評価されてもいた。五四運動前後、鄧以蟄の『晨報副刊』にて発表された一連の美学の論文が結合し『芸術家的難関』として北京古城書店より出版された。これら文章は同じ時期の宗白華の『時事新報』「学灯」にて発表された美学の論文と呼応していることに由来するとされている。宗白華と鄧以蟄の五四運動前後の美学思想は蔡元培を除けば当時の中国美学を代表する論者とされている。王有亮『「現代性」語境中的鄧以蟄美学』（北京：新華書店、2005）「導言」1 頁を参照。

（75）「中国有精辟底美的理論。不像西洋的美学慣是哲学家的哲学系統的美学，離開歴史発展，永遠同芸術本身不相関渉，養不成人們的審美能力，所以尽是唯心論的。我們的理論〔中略〕永遠是和芸術発展相配合的；画史即画学，決無一句“無的放矢”的話；同時，養成我們民族極深刻、極細膩的審美能力；因之，増我們民族的善於対自然的体験的習慣。〔中略〕這些理論，一方面総結了当時芸術経験，他方面又引導着芸術前進」（『鄧以蟄全集』360〜361 頁）

（76）宋学勤「鄧以蟄対西方美学的借鑑和再闡釈及当代啓示」『中国文芸評論』2021 年第 5 期、55 頁。

（77）例えば、1917 年の康有為『万木草堂蔵画目』における「画学」はまだ前近代の意味、すなわち絵画に関する認識・学問を指すが、宗白華のここでの用語法は明らかに近代的な絵画の学問を目指している。この論考の紹介する 2 冊の書物のうち、鄭昶『中国画学全史』は絵画学問の近代化を示す重要なも

のである。中国の芸術（論）の近代化において「書画」概念から「絵画」概念への転換については、塚本麿充『北宋絵画史の成立』（中央公論美術出版、2016）序論参照。

（78）「如今之美学流于形而上，則絵事即流于形式」（『鄧以蟄全集』378頁）

（79）王有亮『「現代性」語境中的鄧以蟄美学』（北京：新華書店、2005）31頁。

（80）「以宇宙人生的具体為対象，賞玩它的色相、秩序、節奏、和諧，借以窺見自我的最深心霊的反映；化実景而為虚境，創形象以為象徴，使人類最高的心霊具体化、肉身化，這就是“芸術境界”。芸術境界主於美」（II, 361）

第4章

（1）例えば、曽肖「気韻範疇在現代化進程中的多維闡釈 —— 以宗白華、鄧以蟄、銭鍾書、徐復観為例」『学術研究』2018年第1期、164〜170頁。また、前掲、宇佐美文理『中国藝術理論史研究』第1部第1章の注釈（6）では日中の重要な言説を網羅的に提示し論じている。

（2）本書では「気韻生動」に関するもう一つの重要な論点、「気韻生動なり」か「気韻は、生動なり」か（「気韻」と「生動」はそれぞれ意味を持つか、同義語か）という問題を主題としない。この問題は基本的に訓詁学的考察に重きが置かれており、また本書の扱う時代はこの問題の踏み込んだ考察には至らなかったからである。この問題についての代表的な検討は1960、70年代の銭鍾書に見られ、彼は「気韻は、生動なり」に賛成している（銭鍾書『管錐編』巻4、2109〜2127頁）。

（3）李運亨・張聖潔「朽者不朽 —— 写在『陳師曽画論』出版之前」、李運亨・張聖潔・閆立君編注『陳師曽画論』（中国書店、2008）所収、4頁。

（4）胡継華『宗白華　文化幽懐与審美象徴』110頁。

（5）以下、陳師曽「文人画之価値」の引用は呉暁明編著『民国画論精選』（杭州：西泠印社出版社、2013）により、頁番号のみを示す。「純任天真，不假修飾，正足以発揮個性，振起独立之精神，〔中略〕故謝赫六法，首重気韻，次言骨法用筆，即其開宗明義，立定基礎，為当門之棒喝。至于因物賦形，随類傅彩，伝摹移写等，不過入学之法門，芸術造形之方便，入聖超凡之借径，未可拘泥于此者也」（35）

（6）「芸術之勝境，豈僅以表相而定之哉？〔中略〕舍気韻骨法之不求，〔中略〕蓋不達乎文人画之旨耳」（36）

（7）宇佐美文理「『古画品録』訳註」（『信州大学教養部紀要』第27号、1993）を参照。また宇佐美文理『中国絵画入門』42〜43頁にわかりやすく説明されている。

（8）陳師曽は「世俗の人のいわゆる文人画は、芸術は深く考究されておらず、形

態は正しくなく、画家のきまりを失い、随意に塗り付けて、「醜奇」を「能」とし、「荒率」を美とする（世俗之所謂文人画，以為芸術不甚考究，形体不正確，失画家之規矩，任意涂抹，以醜怪為能，以荒率為美）」（34）と言い、絵画の精神が重要であると主張することから、彼が「気韻」と「形似」を対立関係として捉えていたことが確認できる。

(9)「何謂文人画？ 即画中帯有文人之性質，含有文人之趣味，不在画中考究芸術上之工夫，必須于画外看出許多文人之感想，此之所謂文人画」（34）

(10) 羽田ジェシカ・甲斐勝二・間ふさ子「陳師曽（衡恪）「文人画的価値」訳注」（『福岡大学人文論叢』第48巻第4号、2017、1〜18頁）の第一部分を参照。

(11) 前稿版の引用は陳師曽「文人画的価値」、郎紹君・水天中編『二〇世紀中国美術文選』上巻（上海書画出版社、1999）所収のものによる。

(12) 大村西崖『文人画の復興』（巧芸社、1921）27〜28頁。

(13) 同上、28頁。

(14)「文人画之要素，第一人品，第二学問，第三才情，第四思想」（38）

(15) それぞれ陳師曽『中国絵画史』（杭州：浙江人民美術出版社、2013）第76、72、129頁を参照。

(16) 例えば陳半丁、余紹宋、胡佩衡、秦仲文といった人物がある。成佩「陳師曽関於文人画的理論」（『美術研究』2005）62頁を参照。

(17)『民国画論精選』202〜211頁。余紹宋は、陳師曽に注目されなかった謝赫以降の各時代の論をも取り上げたが、この概念の発展や用法の系譜を描いてはいない。

(18) なお、滕固は、朱光潜よりも早くクローチェの思想を中国へ紹介した第一人者であり、またベルリン大学で美術史専攻において博士学位を取得した最初の中国人であることを付言しておこう。

(19) 塚本麿充『北宋絵画史の成立』（中央公論美術出版、2016）の序論を参照。

(20) 以下、滕固の言説の引用は『滕固芸術文集』により、頁番号のみを示す。「古之画或遺其形似，而尚其気骨，以形似之外求其画〔中略〕至于台閣樹石，車輿器物，無生動之可擬，無気韻之可侔，直要位置向背而已。〔中略〕鬼神人物，有生動之可状，須神韻而後全」（63。滕固による『歴代名画記』の引用）

(21)「他〔張彦遠〕所謂“骨気”、“気韻”、“神韻”三語，其意義略同，与形似相対立的。“形似”是画的所対之外面的形；“骨気”等的三語是涌現其形的意義，或可以名之為精神。他這様二元的考察之結果，似尚未免不徹底。所可貴之処，就是画依于後者，而保持其価値的一種思想；然而転過来，観其後半，這個見解上有一個重大的限制了。他在後半所挙：画台閣樹石等的無生物，気韻生動不会実現，惟在鬼神人物上求索。他的思想以気韻生動為画的材料，未以為根

据自身所有的生命之再現」(64-65)

(22)「照他的意思：万事万物的生動之中，我們純粋感情的節奏(気韻)，也在其中。感情旺烈的時候，這感情的節奏，自然而然与事物的生動相結合的了。事物是対象，感情是自己；以自己移入対象，以対象為精神化，而釀出内的快感。這是与 Lipps 的感情移入説(Einfuhlungs-theories)同其究竟的了」(66)

感情移入説をもって中国近代の「気韻生動」論を検討することの重要性はすでに指摘されており、その考察を展開させた人物は滕固を継承した豊子愷とされている。だが、西洋思想由来の感情移入説を導入した気韻生動の解釈は、中国近代の美学の発展の重要な側面を示すが、必ずしも「気韻生動」の理解に貢献したとは言い難いため、本書では主題として取り上げない。陳師曽『文人画之価値』(1922)の末尾にも「近世美学家の唱える」ところの「感情移入」を援用し、文人画が「感想」「精神」を有するからこそ成立しうると述べており、感情移入説を(思想的基礎を無視して)一般的な見解として用いている。朱光潜も『詩論』(1930、40年代)のなかで気韻生動の理解に感情移入説、さらにその思想的基礎となるヘーゲル思想を念頭に置いているようであるが、「気韻」や「気」ではなく「生動」を重視している点に、伝統的文脈からの乖離が窺える(李雷「「気韻生動」与「感情移入」」『美学与美育研究』2021年第5期、82〜89頁を参照)。なお、日本でも「感情移入」をもって「気韻生動」を(思想的に正しく突き止めるより)翻訳し解釈する動きがあった。稲賀繁美「感情移入と気韻生動とのあいだ――発散と収束：重訳の重畳と訳し戻しの逸脱とのあいだ」(『比較文学研究』第107号、2022)34〜51頁を参照。

(23) この著作は滕固が1926年に上海美術専門学校で行った講義に基づいたものである。

(24)「其第一義気韻生動，永為中国芸術批評的最高準則。在現今美学上説，気韻就是 Rythmus，生動就是 Lebendigket Vital，都是芸術上最高的基件」(82)。原文のスペルミスはママ。

(25) 呉鍵「芸術何以「科学」:「科玄論戦」語境中滕固「芸術学」之辨」(『芸術学研究』2021年第5期、95〜101頁)を参照。

(26) 李雷「二〇世紀上反期「気韻生動」概念的跨語際実践」(『文芸研究』2021年第2期、134〜144頁)を参照。

(27)「芸術というものは、彼〔謝赫〕にとっては、調和的な物質の諸法則――それがつまりリズムなのだが――のなかにこちらからそちらへと動いているところの、あの大いなる宇宙のムード(気)だからである(For art is to him the great Mood of the Universe, moving hither and thither amidst those harmonic laws of matter which are Rhythm.)」Kakuzo Oakakura, The Ideals of the East: With Special Refer-

ence to the Art of Japan, p. 37. 日本語訳は岡倉天心著、浅野晃訳『東洋の理想』（角川書店、1955）50 頁を参照した。

(28) 「不是士大夫与工技的分別；乃同一身分的士大夫生活之中，潜存着両種不同的傾向之分別。我現在仮定二個名称：前一種是士大夫不甘囿于規矩法度，而傾向于玩世高蹈的“高蹈型式”；后一種是士大夫被科挙制度所束縛，進退于規矩法度之中的“館閣型式”」(108)

(29) 例えば、滕固は王履の「意在形，取意舍形，無所求意；意溢乎形，失其形者，意云何哉」を援用している（109)。

(30) 絵画作品の実物鑑定について、実際に鄧以蟄は美術史専攻出身の滕固を批判している。鄧以蟄「滕固著『唐宋絵画史』校後語」(1957)、『鄧以蟄全集』（安徽教育出版社、1998）386〜387 頁。

(31) 劉綱紀「中国現代美学家和美術史家鄧以蟄的生平及其貢献」、『鄧以蟄全集』収録、432〜469 頁、1982 年執筆。また鄧以蟄は 20 世紀後期、例えば社会的に影響力の大きな美的論争に参加していないためか、一旦学界から忘れられていた。劉綱紀に引き続き、王有亮『「現代性」語境中的鄧以蟄美学』（北京：新華書店、2005）は鄧以蟄をとりわけ中国美学の構築における「理論的系統的研究」の先駆者と位置づけて再評価している。

(32) 前掲、王有亮『「現代性」語境中的鄧以蟄美学』は現存する『鄧以蟄全集』における、本書の取り上げた論考のほかの関連言説にも目を配り、「書法之欣賞」(1933〜44)、「辛已病餘録」(1941)、「中国芸術的発展（為敦煌文物展覧会作）── 従這個観察上体会毛主席的『実践論』的真理」(1951) を論じている。

(33) 以下、鄧以蟄の言説の引用は『鄧以蟄全集』により、頁番号のみを示す。

(34) 王有亮『「現代性」語境中的鄧以蟄美学』49〜59 頁。

(35) 李雪濤「有関滕固博士論文的幾份原始文献（中）」『美術研究』2015、47〜52 頁。なお、この論文にはドイツ語の審査意見の原文が載せられていないので、本書の日本語訳は李氏による中国語訳に基く筆者の重訳である。

(36) そのほか、ヴィンケルマンやクローチェの芸術における「理念」や「精神」をめぐる思想が挙げられる。劉綱紀「中国現代美学家和美術史家鄧以蟄的生平及其貢献」(1982、『鄧以蟄全集』435 頁所収）や、宋学勤「鄧以蟄対西方美学的借鑑和再闡釈及当代啓示」51〜61 頁）などを参照。

(37) 宋学勤「鄧以蟄対西方美学的借鑑和再闡釈及当代啓示」52〜53 頁。

(38) 「蕭条澹泊，此難画之意，画者得之，覧者未必識也。故飛走遅速意浅之物易見，而閑和厳静趣遠之心難形，若乃高下向背遠近重複，此画工之芸耳，非精鑑者之事也」(215。鄧以蟄による欧陽脩の引用)

(39) 「夫生動者，乃縁生類之有動作也；凡一動作之起訖，必有其始終先後之変遷，

其或従朝至暮，自春徂秋，莫之能止也。〔中略〕画者形也，必其眼前有静止之形，然後能画之。〔中略〕若使生動能入画，必縮朝暮春秋之変動於一瞬之静然後可」（246）

（40） 王有亮『「現代性」語境中的鄧以蟄美学』71 頁はこの部分について、レッシングの含蓄のある瞬間やヘーゲルの（レッシングを踏まえて提示した）絵画の一瞬を捉える必要性を主張する見解に触れて論じている。

（41）「人物画重気韻生動，此知之矣，山水画則何如？〔中略〕自然景物如山水樹石，一反人物之生動，無手足之連貫，動作為呼応，而為個個孤立，全然静止，〔中略〕藍興以之為散漫無章之物，将如何使之成一全体，而有完美之結構以入画耶？ 必先視之為一生動之体，如人物焉而後可，此広川之所以視天地生物特一気運化爾。得一気運天地生物之間，則物物皆借之成連貫，而為一活体矣。故画家経営山水位置，首重気韻，即所以使山水成一生動之体耳〔後略〕」（246～247）

（42）「西洋人（譬如：有名的一八世紀文芸批評家莱辛）説“自然本来就没有秩序，形式，如何画法？ 後来，勉強站在自然面前，画点風景”。其心胸之窄，眼光之小，実在可怜得很！ 其実，目官是接受外界的現象的，一次接受了又二次，二次又三次，以至于無限次；人還有脳子，這些次豈不能綜合組織起来成一全景嗎？ 宇宙間不聯貫的東西，如何聯貫起来？〔中略〕西洋人一切采取静的観点，所以対這個問題没発辦；我們用動的、変的、生的観点来看自然，所以発明“山水”這項芸術形式，也是古今世界絶無僅有的例子，値得我們驕傲和重視」（356～357）

（43） なお、鄧以蟄は I. バビットから影響を受けたことが推測される（本書第 7 章を参照）が、後者の『新ラオコオン』はレッシングの風景画に関する議論に焦点を絞って論じている（e.g., *The New Laokoon*, p. 47, p. 97）。

（44）「daß man auf das eigentliche Perspectivische in den Gemälden nur gelegentlich durch die Scenenmalerei gekommen ist」（*Laokoon*, 120）

（45）『ラオコオン』の遺稿に関して Lessing, Gotthold Ephraim, *Laokoon*, *Werke*, Hg. von Wilfried Barner［et al.］, Bd. 5, Bibliothek deutscher Klassiker, Frankfurt am Main: Deutscher Klassiker Verlag, 1985-2003 から引用する。*Werke*, *260*.

（46） *Werke*, *262*.

（47） 前掲、葉朗『中国美学史大綱』第 1 章を参照。

（48）「気韻与形似的関係，是由形似的超越，又復帰於能表現出作為対象本質的形似的関係」（徐復観『中国芸術精神』196 頁）

（49） 前掲、李沢厚『美的歴程』174～175 頁。

（50） 宗白華は主に中国芸術論を検討しているが、終始西洋との比較を行っている。聶振斌『中国近代美学思想史』330～335 頁を参照。これも宗白華の貢献が

決して中国のものに限っていないことを示している。

（51）ここで宗白華自身の注に提示されるように、彼は1930年に執筆された呂鳳子「中国画与仏教之関係」（『金陵学報』）を参照している（II, 111）。

（52）鄧以蟄は「気韻生動」の発生について漢代の芸術における楚風や道家の汎神論との関わりを論じているが（それぞれ『鄧以蟄全集』240、281、343頁）、しかし前者は様式論に依拠する美術史的説明に近いもので、後者はごく簡潔な指摘にとどまっている。

（53）王有亮『「現代性」語境中的鄧以蟄美学』204頁。またこの部分に関して王有亮は聶振斌『中国近代美学思想史』197、198〜199頁を参照している。

（54）『ラオコオン』第19章の冒頭に、ホメロスの著名な盾に関する描写に対する（J. C. Scaliger, Charles Perrault, L. Terrasson）批判への（L. Boivinによる）再反駁の非必要性が説かれている。

（55）「Der erste, welcher die Malerei und Poesie miteinander verglich, war ein Mann von feinem Gefühle, der von beiden Künsten eine ähnliche Wirkung auf sich verspürte. Beide, empfander, stellen uns abwesende Dinge als gegenwärtig, den Schein als Wirklichkeit vor ; beide täuschen, und beider Täuschung gefällt」（*Laokoon*, 3）

（56）西洋18世紀における芸術の規範的形態としての絵画に関しては、佐々木健一『フランスを中心とする18世紀美学史の研究』（岩波書店、1999）第3章参照。

（57）「Durch diese Freiheit, durch dieses Vermögen allein, kömmt der Dichter dem Künstler wieder bei, und ihre Werke werden einander alsdenn am ähnlichsten, wenn die Wirkung derselben gleich lebhaft ist ; ……」（*Laokoon*, 116）

（58）フリードリヒ・フォルハルト「ゴットホルト・エフライム・レッシングの『ラオコオン』：ドイツにおける美学の始まりに寄せて」［桑原俊介訳］（『美学芸術学研究』第32号、2014、153〜169頁）を参照。

（59）韓林徳「応使空間（画面）能表現時間（生命）的属性」、韓林徳『境生象外：華夏審美与芸術特徴考察』（北京：三聯書店、1995）47頁。

第5章

（1）この部分の記述は主に、Theodore Huters, *Qian Zhongshu*（Twayne Publishers, 1982）、田蕙蘭・馬光裕・陳珂玉選編『銭鍾書楊絳研究資料集』（華中師範大学出版社、1997）、孔慶茂『丹桂堂前　銭鍾書家族文化史』（武漢：長江文芸出版社、2000）、張文江『銭鍾書伝――営造巴比塔的智者』（上海：復旦大学出版社、2011）などを参照している。

（2）張文江『銭鍾書伝』140頁に提示された、柯霊「促膝閑話中書君」（『読書』1989年第3期）を参照。

(3)　「『談芸録』一巻，雖賞析之作，而実憂患之書也。始属稿湘西，甫就其半。养痾返沪，行篋以随。人事叢脞，未遑附益。既而海水群飛，淞濱魚爛。予侍親率眷，兵罅偸生。如危幕之燕巣，同枯槐之蟻聚。憂天将圧，避地無之，雖欲出門西向笑而不敢也。銷愁舒憤，述往思来。託無能之詞，遣有涯之日。以匡鼎之説詩解頤，為趙岐之乱思系志。掎摭利病，積累遂多。濡墨已乾，殺青鮮計。苟六義之未亡，或六丁所勿取；麓藏閣置，以待貞元。時日曷喪，清河可俟。古人固伝心不死，老我而捫舌猶存。方将継是，復有談焉」この短い序に用いられている諸々の典故について、陳子謙「「談芸録・序言」箋釈」(『文学遺産』1990 年第 4 期）は詳細に注釈を付けており、本章の訳はこれを踏まえている部分が多い。

(4)　金岳霖に関しては、王前「中国の現代哲学」(前掲『世界哲学史 8』所収）を参照できる。

(5)　王水照、内山精也「関于「宋詩選注」的対話」(『文史知識』1989 年第 5 期)。前掲『銭鍾書楊絳研究資料集』380 頁から再引用。張文江『銭鍾書伝 —— 営造巴比塔的智者』72～73 頁も参照。

(6)　Theodore Huters, *Qian zhongshu*, p. 57 の注 21 が示すように、銭鍾書が 1979 年にアメリカを訪問した際に、Huters がこの問題に関して直接確認を取ったところ、銭鍾書は当時『宋詩選注』があまり見られなかった理由として、第一に、印刷数が少ない（1 万 5000 冊）こと、第二に、この書物が広く大学の教材とされたことを挙げたという。

(7)　前掲孔慶茂『丹桂堂前』162 頁は、当時の「左派的」環境の中で、『宋詩選注』は一旦猛烈に批判されていたが、小川環樹の高評によって中国国内の評価も変わっていたと指摘している。

(8)　小川環樹「[書評] 銭鍾書「宋詩選註」」(『中国文学報』(京都大学文学部中国語学中国文学研究室紀要）第 10 冊、1959）165 頁。

(9)　張文江『銭鍾書伝』72 頁。

(10)　鄭朝宗「「管錐編」作者の自白」『海浜感旧集』(増訂版）(厦門大学出版社、2014）124 頁。

(11)　Theodore Huters（胡志徳）本人との交流によれば、彼は C. T. Hsia『中国現代小説史』における評価を読んだにもかかわらず、銭鍾書を真に認識したのは 1972 年頃に台湾で偶然に『囲城』を見て以降であった。また張文江『銭鍾書伝』序によれば、1970 年代以前、銭鍾書はそれほど知られていなかったようである。

(12)　日本ではまた銭鍾書の散文や小説を中心に杉村安幾子の一連の研究（2008～12）や、緑川英樹による「談芸録」を中心とする原典の精読・考察、基盤研究（C)「中国古典詩学の新たな可能性 —— 銭鍾書「談芸録」を手がかりと

して」（2017〜2020）が挙げられる。銭鍾書は日本における中国詩・中国芸術論の研究でもしばしば引用されている。例えば、前掲宇佐美文理『中国芸術理論史研究』がある。

（13）Theodore Huters, *Qian zhongshu*, p. 102 注 11。銭鍾書の文言文は駢文と散文を兼ねていることを自ら述べている。

（14）銭鍾書著、荒井健・中島長文・中島みどり訳『結婚狂詩曲』下巻（岩波書店、1988）321 頁。

（15）1988 年 9 月 24 日『文芸報』にて掲載された中国語訳を参照している。荒井健著、頼教芳「機智幽黙、綽約有余 ──『囲城』訳後記」（『銭鍾書楊絳研究資料集』287〜289 頁）。

（16）王徳威（David Der-wei Wang）「危機時刻的文学批評 ── 以銭鍾書、奥爾巴赫、巴赫金為対照的闡釋」『華東師範大学学報（哲学社会科学版）』（第 51 巻第 4 号、2019）29〜41 頁。

（17）楊絳『乾校六記』74 頁。この問答を提示したのは、張文江『銭鍾書伝』81 頁。

（18）Theodore Huters, *Qian Zhongshu*, 1982, p. 37.

（19）『銭鍾書手稿集』（北京：商務印書館、2015）、「外文筆記」第 3 輯第 15 冊、85 号。

（20）「中国詩与中国画」は最初に『国師季刊』第 6 期（1940）、のちに『責善半月刊』第 2 巻第 10 期（1941）に発表され、さらに『開明書店二十周年記念文集』（1947）にも収録されており、銭鍾書の極めて重視する論考である。なお、その執筆は 1939 年に遡ることができるようである。

（21）「这不是一篇文芸批評，而是文芸批評史上一個問題的澄清。它并不対中国旧詩和旧画試作任何估价，而只闡明中国伝統批評対于詩和画的比較估价」（『七綴集』1 頁）。以後、同書からの引用は書名とページのみを示す。

（22）「風気是創作里的潜勢力，是作品的背景，而従作品本身不一定看得清楚。我們閲読当時人所信奉的理論，看他們対具体作品的褒貶好悪，樹立什么標準，提出什么要求，就容易了解作者周遭的風気究竟是怎么一回事，好比従飛沙、麦浪、波紋里看出了風的姿態」（『七綴集』2 頁）

（23）Theodore Huters, *Qian Zhongshu*, p. 29.

（24）『七綴集』2 頁。

（25）「大半取决於当時的風尚」朱光潜『詩論』（北京：中華書局、2012）104, 113 頁。

（26）一代に一代の文学があるという考え方は王国維以前にすでに提起されたことに関して、蔣寅「一代有一代之文学 ── 関於文学繁栄問題的思考」（『文学遺産』1994 年第 5 期）を参照。

（27）『滕固芸術文集』（上海：上海人民美術出版社、2003）104頁。

（28）例えば、孔令偉『風尚与思潮：清末民国初中国美術史的流行観念』（杭州：中国美術学院出版社、2008）は清末・民国初期の中国美術史について当時の社会的・観念的風潮を主題とし検討しているものであり、それは銭鍾書『中国詩与中国画』の引用を出発点としている。

（29）「一時期的風気経過長時期而能持続，没有根本的変動，那就是伝統」（『七綴集』2頁）

（30）「新風気的代興，也常有一個相反相成的現象。它一方面強調自己是斬新的東西，和不相容的原有伝統立異，而別一方面，要表示自己大有来頭，非同小可，向古代別找一個伝統作為淵源所自」（『七綴集』2〜3頁）

（31）「批評家対旧伝統或風気不很認識，就可能“説外行話”，曲解附会。」（『七綴集』4頁）

（32）「我們自己学生時代就看到提倡“中国文学改良”的学者煞費心機写了上溯古代的《中国白話文学史》，又看到白話散文家在講《新文学源流》時，遠追明代“公安”、“竟陵”両派」（『七綴集』3頁）

（33）「野孩子認父母」「暴発戸造家譜」（同上）

（34）「我們常聴説中国古代文評里有対立的両派，一派要“載道”，一派要“言志”」（同上）

（35）「事実上，在中国旧伝統里，“文以載道”和“詩以言志”主要是規定各別文体的職能，并非概括“文学”的界説」（同上）

（36）前掲『写在人生辺上　人生辺上的辺上　石語』248〜249頁。

（37）同時代の周作人批判において、この二分法に注目したものは他にないことが先学によって指摘されている。銭鍾書のこの文章は陶明志編『周作人論』（天馬書店出版、1934）に収録されており、周作人が読んだことは確実である（余斌「銭周過招」『書城』第27期、2008）。

（38）「我当時用這両個名称的時候的確有一種主観，不曾説得明了，我的意思以為言志是代表《詩経》的，所謂志即是詩人各自的感情，而載道是代表唐宋文的，這所謂道乃是八大家共通的教義，所以二者是絶不相同的。現在如覚得有点纏夾，不妨加以説明云：凡載自己之道即是言志，言他人之志亦是載道」（周作人「自己所能做的」、『秉燭後談』（石家庄：河北教育出版社、2002）所収、4頁）

（39）「文体的問題」、「文学上的主義或態度」（周作人『中国新文学的源流』（北平：人文書店、1934）3頁）

（40）周作人自身は政治と文学を区分して考えようと主張しているが、結果として、彼の文学発展に関する論述は完全に政治史の変遷に乗っかっていると言える。Theodore Huters, *Qian Zhongshu*, pp. 22–23を参照。

（41）羅崗「写史偏多言外意 ── 従周作人《中国新文学的源流》看中国現代“文学”観念的建構」（『中国現代文学研究叢刊』第 3 期、1995）、劉瑜「── 由《中国現代文学研究叢刊》几篇文章看周作人《中国新文学的源流》読解的“誤区”」（『中国現代文学研究叢刊』第 6 期、2012）、張軍「胡適、郭沫若、周作人的新文学史叙事策略及話語権之争」（『中国現代文学研究叢刊』第 11 期、2018）を参照。この 3 つの論考はいずれも銭鍾書の反論に言及している。そのうち、羅崗は銭鍾書が周作人の意図を誤解したと述べているが、張軍は反対の意見を示している。本書は張軍の意見に近い。

（42）「至于周先生之主“言志”而絀“載道”，那是周先生“文学自主論”的結果」（銭鍾書「『中国新文学的源流』」、『写在人生辺上　人生辺上的辺上　石語』248〜249 頁）なお、ここで「文学自主論（autonomy）」は銭鍾書による周作人の「文学のための文学」という主張を指す用語である（『写在人生辺上　人生辺上的辺上　石語』247 頁）。

（43）「公安派的論抛断無胡適先生那様的周密」（銭鍾書「『中国新文学的源流』」、『写在人生辺上　人生辺上的辺上　石語』250 頁）

（44）劉綬松『中国新文学初稿』（北京：作家出版社、1956）2 頁。なお、劉綬松が胡適と周作人の相違にもかかわらずともに批判することを取り上げていることを知ったのは、陳岸峰『文学史的書写及其不満』（香港：中華書局、2014）110 頁の提示による。

（45）陳岸峰『文学史的書写及其不満』77〜78 頁によれば、銭基博『現代中国文学史』は最初に 1932 年に無錫国専の学生によって資金を集めて『現代中国文学史長編』という名で出版されたが、1933 年に上海の世界書局によって正式に『現代中国文学史』として出版された。

（46）陳岸峰『文学史的書写及其不満』68 頁。

（47）同上、84〜90 頁。

（48）Theodore Huters, *Qian Zhongshu*, p. 16.

（49）この考え方は、銭基博『現代中国文学史』の他に、彼の『中国文学史』にも窺える。陳岸峰『文学史的書写及其不満』103〜107 頁を参照。

（50）この点に関して、陳岸峰『文学史的書写及其不満』73 頁は当時フランスの文学史家 H. テーヌの中国での影響を指摘している。

（51）「究其所失，均由于談芸之時，以題材与体裁或形式分為二元，不相照顧。而不知題材、体裁之分，乃文芸最粗浅之迹，聊以辨別門類（classificatory concepts），初無関於鑑賞評騭之事。譬如杜甫《秋興詩》，夏珪《秋霖図》，論其取材，同属秋令，論其体制，一則七言律詩，一則水墨大幅：足資編目録立案巻者之方便而已，与杜詩、夏画之命脈精神，有何関渉」（『写在人生辺上　人生辺上的辺上　石語』103〜104 頁）

（52）銭鍾書は「題材」と「内容」を同等に用いることがある（「中国文学小史序論」『写在人生辺上　人生辺上的辺上　石語』103頁を参照）。しかし、厳密にいえば、「題材（subject）」は作品の外部にあるもの、「内容（content）」は作品の表現と関わるものという区別が考えられる。銭鍾書が参照した文献（A. L. Reidの論考「美と意義」とA. C. Bradley「詩のための詩」）にもこうした区別が窺える。だが、これら区別は本研究の論旨と関わらないため、基本的に同等に捉えることにする。

（53）『写在人生辺上　人生辺上的辺上　石語』104頁。

（54）Andrew Cecil Bradley, "Poetry for Poetry's Sake," *Oxford Lectures on Poetry*, Clarendon Press, 1901.

（55）「Two inseparable but distinguishable aspects of one thing」Louis Arnaud Reid, "Beauty and Significance," *Proceedings of the Aristotelian Society. New Series*, London : Williams and Norgate, 1928-1929, p. 150.

（56）「据有幾個文学史家的意見，詩的発展是先有史詩，次有戲劇詩，最後有抒情詩。中国詩可不然。中国没有史詩，〔中略〕中国最好的戲劇詩，産生遠在最完美的抒情詩以後。純粋的抒情詩，詩的精髓和峰極，在中国詩里出現得異常之早。〔中略〕這種現象在中国文化里数見不鮮。譬如中国絵画里。客観写真的技術還未発達，而早已有"印象派"、"後印象派"那種"純粋画"的作風」（『写在人生辺上　人生辺上的辺上　石語』55頁）

（57）「我有意対中国詩的内容忽而不講。中国詩跟西洋詩在内容上无甚差異；中国社交詩（vers d'occasion）特別多，宗教詩幾乎没有，如是而已。譬如田园詩──不是浪漫主義神秘地恋愛自然，而是古典主義的逍遥林下──有人認為是中国詩的特色。不過自從羅馬霍瑞斯（Horace）《諷訓集》（sermones）巻二第六首以後，跟中国田園詩同一型式的作品，在西洋詩卓然自成風会」（『写在人生辺上　人生辺上的辺上　石語』59～60頁）

（58）「中国詩并没有特特別別"中国"的地方。中国詩只是詩，它該是詩，比它是"中国的"更重要」（『写在人生辺上　人生辺上的辺上　石語』60頁）

（59）胡適「歴史的文学観念論」、胡適著・季羨林主編『胡適文存』一集（合肥：安徽教育出版社、2003）所収、31頁。

（60）「更如前人言："詩是無形画，画是有形詩。"哲人多談此言，吾人所師」（『七綴集』5頁）

（61）「"無声詩"即"有形詩"和"有声画"即"無形画"的対比」（『七綴集』6頁）

（62）「萊辛在他反対"詩画一律"的名著里，引了"那個希腊伏爾泰的使人眼花繚乱的対照"（die blendende Antithese des griechischen Voltaire），也正是那句希腊古詩，順手又把它所敵視的伏爾泰掃上一筆。〔中略〕古羅馬詩人霍拉斯的名

句：“詩亦猶画”（ut pictura poesis erit），経後人断章取義，理解作“詩原通画”，仿佛蘇軾「書鄢陵王主薄折枝」所謂：“詩画本一律。”詩、画作為攣生姉妹是西方古代文芸理論的一塊奠基石，也就是萊辛所要掃除的一塊絆脚石，因為由他看来，詩、画各有各的面貌衣飾，是“絶不争風吃醋的姉妹”（keine eifersüchtige Schwester）」（『七綴集』7頁）

（63）「禅家有南北二宗，唐時始分。画之南北二宗，亦唐時分也，但其人非南北耳」（『七綴集』8頁。銭鍾書による董其昌『容台別集』巻四の引用。銭鍾書の引用の一部を省略した）

（64）「余考宋、元以前論画書，未見有“南、北宗”之説。夫南、北画派誠有別，然必剿襲禅宗之名以名之，而“南”、“北”字均无所取義，蓋非通人所為。李思訓父子為唐宗室，王維太原祁人，均北人也。只張璪唐人，余皆宋人，安見唐時已分南北乎？」（『七綴集』9頁。銭鍾書による夏敬観『忍古楼画説』の引用）

（65）日本での研究状況については、古原宏伸編『董其昌の書画』研究篇（二玄社、1981）序説を参照。また、発刊時点までの重要な論考を網羅した論集としては、張連・古原宏伸編『文人画与南北宗』（上海：上海書画出版社、1987）を参照。近年、王洪偉『民国時期山水画南北宗問題学術史』（北京：清華大学出版社、2014）はこの問題を踏み込んで検討している。また、張郁乎『画史心香　南北宗論的画史画論淵源』（北京：北京大学出版社、2010）が南北宗論を再検討する出発点は民国時期のそれに対する批判である。

（66）筆者はこの文献を確認できなかったが、『旧文四篇』版にある、「民国初年から反対する人が現れた（原文「民国初年有人開始反対」）」（『旧文四篇』8〜9頁）という一文からみれば、この文献の年代を推定できる。『七綴集』には「近年、董其昌の分類を反対する人が現われてきた（原文「近年来有人反対董其昌的分類」）」（『七綴集』9頁）と文を改めている。

（67）童書業「中国山水画南北分宗説新考」『童書業絵画史論集（下）』（北京：中華書局、2008）448頁。前掲、王洪偉『民国時期山水画南北宗問題学術史』も論じるように、当時の代表的な議論としては滕固や傅抱石の見解も重要であるが、それらの批判の中でとりわけ童書業の重要性が群を抜いており、またそれが最も文献的考証に重点を置いている点で銭鍾書の議論の性質に近く、良い比較対象となっている。

（68）なお、楊万里の「江西」詩派に関する言説は銭鍾書「中国文学小史序論」にも、作者の情報と作品の風格との必然的関係がないことを論証する際に援用されている。銭鍾書は、宋の風格の詩と宋人の詩とは別物だということを説明している（「中国文学小史序論」、『写在人生辺上　人生辺上的辺上　石語』97頁）。

（69）「把“南”、“北”両個地域和両種思想方法或学風連系」（『七綴集』10頁）

（70）「大抵南人約簡，得其英華；北学深蕪，窮其枝葉」（『七綴集』11頁。銭鍾書による『隋書』「儒林伝」の引用）

（71）「簡直是唐后対南、北禅宗的慣評了」（『七綴集』11頁）

（72）「超出了画家的籍貫，揭出了画風的特色」（『七綴集』14頁）

（73）「南北宗之分是一哲学上之見解与主張，須当哲学的観念看，画家与批評家皆不能以之作標準也」（『鄧以蟄全集』341頁）

（74）「対客観之現象加以主観之観照」、「分析之〔中略〕抽象之，以成一理論（Principle）」（『鄧以蟄全集』341〜342頁）

（75）張郁乎『画史心香　南北宗論的画史画論淵源』9頁。

（76）本書は「中国詩と中国画」の第四部分以降を扱っていないが、銭鍾書が南北二宗論に即して分析した中国前近代の詩と絵画の実態には、今日の美術史学の成果に照らせば賛成し得ない箇所もあることを附言しておこう。

（77）「倒是詩、詞、随筆里，小説、劇曲里，乃至謡諺和訓詁里，往往無意中三言両語，説出了精辟的見解，益人神智；把它們演繹出来，対文芸理論很有貢献」（『七綴集』33頁）

（78）「更不妨回顧一下思想史罷。許多厳密周全的思想和哲学系統経不起時間的推排銷蝕，在整体上都垮塌了，但是它們的一些個別見解還為後世所采取而未失去時效。好比庬大的建筑物已遭破壊，住不得人、也唬不得人了，而構成它的一些木石磚瓦仍然不失為可資利用的好材料。往往整個理論系統剰下来的有価値東西只是一些片段思想。脱離了系統而遺留的片段思想和萌発而未構成系統的片段思想，両者同様是零砕的」（『七綴集』34頁）

（79）例えば孔慶茂『丹桂堂前』111頁はこれをもって『談芸録』の文体を、張文江『銭鍾書伝』152〜153頁はこの議論をもって『管錐編』の文体を、それぞれ説明している。

（80）朱光潜「狄徳羅『談演員的矛盾』」（1961）は『朱光潜全集』巻10、259〜266頁に収録されている。なお、銭鍾書のディドロの演劇論に関する記述は初版の「読『拉奥孔』」（1962）ではなく、『七綴集』に収録される際に追加されたものである。

（81）「絵画宜于表現“物体”（Körper）或形態，而詩歌宜于表現“動作”（Handlungen）或情事」（35頁）

（82）例えば前掲の葉朗『中国美学史大綱』である。

（83）「我感興趣的是，它可能而亦确曽成為文字芸術里一個有效的手法。詩文叙事是継続進展的，可以把整個“動作”原原本本、有頭有尾地伝達出来，不比絵画只限于事物同時並列的一片場面；但是它有時偏偏見首不見尾，緊臨頂点，就收場落幕，讓読者得之言外。換句話説，“富于包含的片刻”那個原則，在

文字芸術里同様可以応用」(『七綴集』50頁)

(84)「莱辛講“富于包含的片刻”，雖然是為造型芸術説法，但無意中也為文字芸術提供了一個有用的概念。“務頭”、“急処”、“关子”往往正是莱辛、黒格爾所理解的那個“片刻”」(『七綴集』56頁)銭鍾書によれば、ヘーゲル『美学』は造形芸術を論じる際に、レッシングではなくレッシングが批判しているヴィンケルマンをよく援用しているが、実際にはレッシングの見解を暗に踏まえているという(『七綴集』48頁)

(85)例えば、フリードリヒ・フォルハルト「ゴットホルト・エフライム・レッシングの『ラオコオン』：ドイツにおける美学の始まりに寄せて」〔桑原俊介訳〕(『美学芸術学研究』32、2014)参照。

(86)「Wenn es wahr ist, daß die Malerei zu ihren Nachahmungen ganz andere Mittel, oder Zeichen gebrauchet, als die Poesie ; jene nämlich Figuren und Farben in dem Raume, diese aber artikulierte Töne in der Zeit ; wenn unstreitig die Zeichen ein bequemes Verhältnis zu dem Bezeichneten haben müssen : so Können neben einander geordnete Zeichen, auch nur Gegenstände, die neben einander, oder derenTeile neben einander existieren, auf einander folgende Zeichen aber, auch nur Gegenstände ausdrücken, die auf einander, oder deren Teile auf einander folgen」(*Laokoon*, 94)この引用の訳語は、前掲小田部胤久『西洋美学史』第10章を参照した。

(87)「Ein goldner offener Palast, willkürliche Gruppen der schönsten und verehrungswürdigsten Gestalten, den Pokal in der Hand, von Heben, der ewigen Jugend, bedienet. Welche Architektur, welche Massen von Licht und Schatten, welche Kontraste, welche Mannigfaltigkeit des Ausdruckes !」(*Laokoon*, 89)

(88)「Οἳ *δὲ θεοὶ πὰρ Ζηνὶ καθήμενοι ἠγορόωντο* | *Χρυσέῳἐν δαπέδῳ, μετὰ δέ σφισι πότνια Ἥβη* | Νέκταρ *ἐοινοχόει: τοὶ δὲ χρυσέοις δεπάεσσι* | *δειδέχατ' ἀλλήλους, Τρώων πόλιν εἰσορόωντες*」(*Laokoon*, 89-90；レッシングによる『イリアス』の引用)『イリアス』該当箇所の日本語訳は、呉茂一訳(平凡社、2003)、松平千秋訳(岩波書店、1992)、土井晩翠訳(冨山房、1995)を参照した。

(89)「莱辛認為，一篇“詩歌的画”(ein poetisches Gemälde)不能転化為一幅“物質的画”(ein materielles Gemälde)，因為語言文字能描叙出一串活動在時間里的発展，而顔色線条只能描絵出一片景象在空間里的鋪展。這句話没有錯，但是，対比着上面所引中国古人的話，就見得不夠周到了。不写演変活動而写静止景象的“詩歌的画”，也未必就能転化為“物質的画”」(『七綴集』38頁)

(90)原典には誤植があり、「第四部第七節」となっている。

(91)「描写具体事物時，挿入一些抽象或概括的字眼，産生包挙一切的雄渾気象，例如弥爾頓写地獄里陰沈凄惨的山、谷、湖、沼等，而総結為一個“死亡的宇

宙”（a universe of death）」（『七綴集』39頁）

（92）バークとレッシングの詩画比較論については、小田部胤久『西洋美学史』第10章や、西村清和『イメージの修辞学』（三元社、2009）第1章を参照。

（93）「只能黒漆漆而又亮堂堂地在文字芸術里立足存身」（『七綴集』43頁）

（94）「比喩正是文学語言的擅長」（『七綴集』43頁）、「比喩是文学語言的根本」（『旧文四篇』36頁）

（95）「一葉初自吟，萬葉競相譳。須臾不聞風，但聴雨索索。是雨亦無奇，如雨乃可楽」（『七綴集』43頁）

（96）「所比的事物有相同之処，否則彼此無法合攏；它們又有不同之処，否則彼此無法分辨」（『七綴集』44頁）

（97）「不同処愈多愈大，則相同処愈有烘托；分得愈遠，則合得愈出人意表，比喩就愈新穎」（『七綴集』44頁）留意すべきは、銭鍾書の言う比喩の持つ「感情の価値」は、後述する「虚色」論においても重視される「感情の価値」とは異なるものであることである。比喩の持つ「感情の価値」は、比喩の効果によって生じたものであり、それをもって比喩表現の良し悪しを評価することができるものの、あくまで一種の付随物に過ぎない。それに対し、「虚色」論における「感情の価値」はその理論の成立を支える不可欠な要素である。なお、「虚色」論をより広義的な修辞法として捉えるならば、比喩論との境界線が曖昧となることも否めない。

（98）陳佳君『虚実章法析論』（台北：文津出版社、2002）176頁から再引用。また、同書の第4章第3節「時空交錯的虚実」は関連する論点を網羅的に提示し論じている。

（99）序章で言及した劉石の批判を参照。

（100）なお、芸術諸ジャンルの比較について、異なるレベルでの比較は異なる結果をもたらすという意識表明の早い例は、滕固に見られることを附言すべきである。滕固は「詩・書・画三種の芸術の連関関係」（1932）では、「その〔中国の詩と絵画の〕結合は外的な手段〔文字・音声、線・色彩〕ではなく、内的な本質にある」と説く。ここでいう「内的な本質」は、芸術の志向する根本的な表現対象や、達しうる芸術効果（「宇宙の生き生きとしているリズムや、人間の心の呼吸と血脈の流動」）を意味している（滕固「詩書画三種芸術的連帯関係」、『滕固芸術文集』59頁）。

（101）この論考に基づき、銭鍾書は1948年4月1日に台湾大学にて講演も行った。肖伊緋「一次鮮為人知的演講 —— 銭鍾書在台湾的故事」（『台声』第24期、2020）を参照。

（102）「本文拈出以中国芸術批評史上之問題。吾国談芸者常言「即詩即画」，「詩画一律」。作者詳徴細剖，以明：中国詩画品評標準似相同而実相反；詩画両芸

術各抱出位之思，彼此作越俎代謀之勢；并引西方美学及文評家之説，以資考鏡」（前掲『開明書店二〇周年記念文集』154 頁）

（103）ドイツ語の提示は浅見洋二「「詩中有画」をめぐって——中国における詩と絵画」（『東洋学』78 号、1997）60 頁による。

（104）「這種参差有一個解釈。一切芸術，要用材料来作為表現的媒介。材料固有的性質，一方面可資利用，給表現以方便，而同時也発生障碍，予表現以限制。于是芸術家総是想超過這種限制，不受材料的束縛，強使材料去表現它性質所不容許表現的境界。譬如画的媒介材料是顔色和線条，可以表示具体的迹象；大画家偏不刻画迹象而用画来「写意」。詩的媒介材料是文字，可以抒情達意；大詩人偏不専事「言志」，而要詩兼図画的作用，給読者以色相。詩跟画各有跳出本位的企図」（『開明書店二〇周年記念文集』168 頁）

（105）例えば、『文芸報』1988 年 9 月 24 日に掲載された阿蘭・帕諾伯著、燕漢生訳「銭鍾書的作品在法国」は、この論考を評価する際に、それが中国芸術論の中で西洋の詩と絵画の類似性をめぐる言説と共通しているものを取り上げていることに注目している（田蕙蘭・馬光裕・陳珂玉選編『銭鍾書楊絳研究資料集』285〜287 頁）。また、Theodore Huters, *Qian Zhongshu*, pp. 31-32 や、潘建偉「論芸術的「出位之思」—— 従銭鍾書『中国詩与中国画』的結論談起」（『文学評論』2020 年第 5 期）216〜224 頁もそのように考えている。前掲、浅見洋二「「詩中有画」をめぐって」（60〜61 頁）は銭鍾書ののちの修正に注意したが、この一節を重視している。

（106）「『ラオコオン』を読む」（1962）の初版から詩と絵画の関係に関する銭鍾書の新たな態度が窺えるため、それを変化点としよう。

第 6 章

（1）「把同一時間而不同空間里的景物連系配対，互相映襯，是詩文里所謂“話分両頭”、“双管斉下”的例子；尽管作画者的画面有尺幅千里的気象，使“西湖月”和“江北鴻”都赫然紙上，両者也只会平鋪並列，而“画不像”詩句表示的分合錯綜的関係」（『七綴集』39 頁）

（2）「“洞庭湖西に秋月輝き、瀟湘江北に早鴻飛ぶ。”華亭愛誦此語：“説得出、画不就。”予曰：“画也画得就、只不像詩。”華亭大笑。然耶否耶？”」（『七綴集』38 頁）

（3）安旗主編『李白全集編年注釈（上、下）』（成都：巴蜀書社出版社、2000）1344〜1347 頁を参照。

（4）辛文房『唐才子伝箋証』（中華書局、2010）巻三「賈至」を参照。

（5）李白著、王琦注『李太白全集』（中華書局、1977）955 頁を参照。

（6）高棅編『唐詩品彙』（中華書局、2015）七言絶句巻二　正宗「李白」を参照。

（7）裴斐・劉善良編『李白資料彙編』（中華書局、1994）金元明清之部「明　唐汝詢」。

（8）『管錐編』116頁。

（9）訳語は、『橋本循著作集　第二巻　詩経国風』（法蔵館、2017）12〜15頁を参照。

（10）「凡詩中『我』字，有其人自『我』者，有代人言『我』者，一篇之中，不妨並見」（『管錐編』116頁。銭鍾書による『毛詩後箋』の引用）

（11）「作詩之人不必即詩中所詠之人，婦与夫皆作詩人，詩人代言其情事，故各曰『我』」（『管錐編』116頁）

（12）「"'楚江巫峡半雲雨、清簟疏簾看弈棋。'此句可画、但恐画不就尔。"」（『七綴集』37頁）

（13）清代の張溍の注釈によれば、「半雲雨」の意味は「半雲半雨」、すなわち雨が降りそうで降っていない様子である。張溍著、聶巧平点校『読書堂杜工部詩文集注解』（齊魯書社、2014）詩集註解巻之一四「七月一日題終明府水樓二首」原註、909頁。

（14）清代の辺連宝は従来の批評をまとめ、「浦〔起竜〕云：一結瀟灑之極，使全首増致」と記す。辺連宝著、劉崇徳主編、韓勝・李金善・張瑋副主編『杜律啓蒙』（中華書局、2007）七言巻之二「七月一日題終明府水樓二首」二1427〜1428頁。

（15）「二句只略帯。水楼便如画図。此為高手。挙座無一旧知。一老莫為酬和。黙坐観棋。情味可知。妙在写来仍不見其敗興意」（何焯著、崔高維点校『義門読書記』第五六巻「杜工部集」近体、1210頁）

（16）「大自然的動蕩景象為賓，小屋子里的幽閉人事為主，不是"対弈棋"，而是"看弈棋"，"看"字是句中之眼，那個旁観的第三者更是主中之主。写入画里，很容易使動蕩的大自然盖過了幽閉的小屋子，或使幽閉的小屋子超脱了動蕩的大自然，即使賓主而者烘托得当，那個"看棋"人的旁観而又特出的地位也是"画不就"的」（『七綴集』39頁）

（17）例えば、鄭朝宗「研究古代文芸批評方法論上的一種範例――読『管錐編』与『旧文四篇』」（前掲、田蕙蘭・馬光裕・陳珂玉選編『銭鍾書楊絳研究資料集』377〜395頁所収）は、銭鍾書の集大成の著作『管錐編』における特に際立った文学批評の範例を示すものを八つ取り上げる際に、この「虚」論に言及している。

（18）高似孫『緯略』巻一〇、王雲五主編『叢書集成初編』（上海：商務印書館、1939）173頁。陸游『老学庵筆記』巻八、張海鵬校『学津討原』第一五集（上海：商務印書館、出版年不明）。

（19）王応麟『困学紀聞』巻一八（『四部叢刊』子部、上海：商務印書館、1935）。

（20）楊慎・楊有仁編修、趙開美校正、陳邦瞻重校、王藩臣・蕭如松同校『升庵全集』巻六三（出版地、出版年不明）。

（21）「「碧桃紅頬一千年」，是「碧」又是「紅」構成文字裏自相抵牾的仮象。「碧桃」是個落套名詞，等於説仙桃、仙果，所以「碧」是虚色，不但不跟実色「紅」抵牾，反而把它襯托，使它愈射眼；並且不是拉外物來対照，而彷彿物体由它本身的影子来陪襯，原是一件東西的虚実両面」『旧文四篇』（上海：上海古籍出版社、1979）33〜34頁。

（22）イリュージョニズムの術語化については、小田部胤久『象徴の美学』（東京大学出版会、1995）319頁参照。なお、銭鍾書は中国の古典芸術論においてもイリュージョニズムへの追求が存在することを指摘している。『管錐編』「太平広記」八六則を参照（『管錐編』1124〜1126頁）。

（23）汪中『述学』内篇一「釈三九」上篇（『四部叢刊』集部、上海：商務印書館、20世紀）。

（24）「蓋文詞有虚而非偽、誠而不実者。語之虚実与語之誠偽，相連而不相等，一而二焉」（『管錐編』166頁）

（25）「徴夫言者之心意，孟子所謂“志”也」、「験夫所言之事物」（『管錐編』166頁）

（26）「言之虚者也，非言之偽者也，叩之物而不実者也，非本之心之不誠者也。」（『管錐編』166頁）

（27）ルソー『孤独な散歩者の夢想』［永田千奈訳］（光文社、2017）271〜277頁参照。

（28）「Mentir pour son avantage à soi-même est imposture, mentir pour l'avantage d'autrui est fraude, mentir pour nuire est calomnie ; c'est la pire espèce de mensonge. Mentir sans profit ni préjudice de soi ni d'autrui n'est pas mentir : ce n'est pas mensonge, c'est fiction」（Jean-Jacques Rousseau, *Les rêveries du promeneur solitaire*, p. 47）. 訳語は前掲、ルソー『孤独な散歩者の夢想』の永田訳80頁を参照した。

（29）Jean-Jacques Rousseau, *Les rêveries du promeneur solitaire*, p. 48.

（30）*Ibid*, pp. 48–51.

（31）銭鍾書は『談芸録』一五則で西洋の模倣説について述べ、さらに中国古代の芸術論における模倣説の存在についても論じている（『談芸録』154〜157頁）。

（32）西洋の近代芸術観形成における芸術家の立場の誕生については、小田部胤久『芸術の逆説』（東京大学出版会、2001）第3章、前掲、佐々木健一『フランスを中心とする一八世紀美学史の研究』第7章を参照。

（33）佐々木健一『美学辞典』150頁や、前掲佐々木『フランスを中心とする一八世紀美学史の研究』第7章を参照。テクストを通じてルソーの意識を再構成

する研究にはジャン・スタロバンスキー『ルソー　透明と障害』[山路昭訳]（みすず書房、1993）が挙げられる。

（34）銭鍾書は早期からルソーの著述に親しんでいた。例えば、1940 年代までに完成された「読《伊索寓言》」はルソー『エミール』における寓話論を論じている（『写在人生辺上　人生辺上的辺上　石語』32〜36 頁）。

（35）レッシングの『寓話論』に見られる模倣観については、福田覚「自然模倣説における真理媒介の構造（1）：レッシング〈詩学〉に潜在する模倣説の輪郭」（『研究報告（京都大学大学院独文研究室）』第 6 号、1993）を参照。

（36）「以意逆志」の他、類似する解釈法には「好学深思」や「虚会」がある。濱口富士雄『清代考拠学の思想史的研究』（国書刊行会、1994）162〜173 頁を参照。また石井剛「近五〇年以来日本学術界的戴震研究総述」（『比較哲学与比較文化論叢』第 13 輯、2019）3〜46 頁を参照。

（37）『管錐編』165 頁。

（38）「詩人描叙事物，往往写得仿佛有両三種顔色在配合或打架，刺激読者的心眼」（『七綴集』40 頁）

（39）銭鍾書は『談芸録』一五則にも「心眼」を用いるが、「精神」の同義語としている（『談芸録』154 頁）。朱光潜も、1930 年代の「我們対于一棵古松的三種態度——実用的、科学的、美感的」の中で、実用性や科学的・論理的思考と区別される「美的直観」のための器官として「心眼」を用いる（『談美』北京：開明出版社、1994、9 頁）。

（40）「Aber müßte, so lange ich das leibliche Auge hätte, die Sphäre desselben auch die Sphäre meines innern Auges sein, so würde ich, um von dieser Einschränkung frei zu werden, einen großen Wert auf den Verlust des erstern legen」（*Laokoon*, 91）

（41）朱光潜訳『拉奥孔』86 頁。レッシングは想像力の役割を作者側（ミルトン）に置くのに対し、銭鍾書はそれを読者側に求めるという違いがあるが、これは問題とはならない。『ラオコオン』は読者の想像力の役割についても論じており、また『ラオコオン』の成立の背景である同時代の詩画比較論、ブライティンガー『批判的詩学』（1740）にも「das Auge der Seele（心の眼；心眼）」を享受者側の想像力とする用例があり（Johann Jacob Breitinger, *Critische Dichtkunst*. 2 Bde. Zürich 1740. Reprint ; Stuttgart 1966, p. 22.）、銭鍾書は『批判的詩学』抄訳で、これを想像力を心眼と呼ぶことの先例として指摘している（『写在人生辺上　人生辺上的辺上　石語』416 頁）。

（42）「設想有位画家把蘇軾《冬日牡丹》作為題材，他只画得出一朵紅牡丹花或鮮紅欲滴的牡丹花，画不出一朵紅而“翠”的花；即使他画得出，他也不該那様画，因為“翠”在這里和“紅”并非同一范疇的顔色字」（『七綴集』41 頁）

（43）『七綴集』42 頁。原文には誤植があるため、「Anschaungswert」となっている。

（44）Karl Otto Erdmann, *Die Bedeutung des Wortes: Aufsätze aus dem Grenzgebiet der Sprachpsychologie und Logik*, Leipzig: H. Haessel, 1925, pp. 105–106.

（45）「Sie sind ein unentbehrliches Mittel des sprachlichen Ausdrucks, auf dem alle feineren Wirkungen des Stils beruhen」*Ibid.*, p. 107.

（46）*Ibid.*, p. 107.「感情の価値」は「気分的内容（Stimmungsgehalt）」とも呼ばれる。そのほか、言語には「付随的な意味（Nebensinn）」もあるという。これは言葉が聞き手に習慣的または無意識的に引き起こす、あらゆる付随的もしくは副次的な観念を指す。

（47）ほかに「概念の性質」に含まれる感情の価値もある。例えば、「殺人（Mord）」という語にぞっとし、憤慨を呼び覚まされるようなことがそれに当たる（*Ibid.*, pp. 109–110）。

（48）*Ibid.*, p. 110.

（49）*Ibid.*, p. 113.

（50）「sie deutliche und lebhafte Phantasie-und Erinnerungsbilder erzeugen」*Ibid.*, p. 196.

（51）*Ibid.*, pp. 211–212.

（52）*Ibid.*, p. 215.「Und grün des Lebens goldner Baum」（『ファウスト』第Ⅰ部 2038～2039 行）。訳語は和田孝三訳『ファウスト』（三省堂書店、2012）を参考にした。

（53）「was wir in einem Kunstwerke schön finden, daß findet nicht unser Auge, sondern unsere Einbildungskraft, durch das Auge, schön」（*Laokoon*, pp. 54–55）

（54）*Laokoon*, pp. 98–104.

（55）*Laokoon*, p. 112.

（56）「象徴（symbol）」という言葉については、佐々木健一『美学辞典』139 頁が指摘するように、18 世紀中葉に至るまでもっぱら数学的記号を指すだけで、美学的な用例は見当たらない。レッシングの場合、「象形文字（Hieroglyphe）」、「象徴的記号（symbolische Zeichen）」という語を用いている。また、ここで留意すべきは、『ラオコオン』は詩的言語の象徴性を含む享受者の想像力の役割に注意を払い、イリュージョニズム以降の芸術論の新たな起点をなしている点である。これについては前掲のフリードリヒ・フォルハルト「ゴットホルト・エフライム・レッシングの『ラオコオン』――ドイツにおける美学の始まりに寄せて」［桑原俊介訳］や福田覚「自然模倣説における真理媒介の構造（1）：レッシング〈詩学〉に潜在する模倣説の輪郭」を参照。

（57）「試把“翠欲流”改為同義的“粲欲流”，那句詩就平淡乏味，暗淡減“色”了」（『七綴集』41 頁）

（58）「誰か河を広しといふ、すなわち刀をも容れず」（「河広」）に対し、銭鍾書は「刀」は「舠」に通じ、「小舟」を意味するが、「剣」あるいは「刀」として

も解釈できると言う。(『管錐編』164 頁)

(59) 「苟有人焉，抝詩語以考訂方輿，丈量幅面，〔中略〕則痴人耳，不可向之説夢也。不可与説夢者，亦不足与言詩，惜乎不能勧其毋読詩也」(『管錐編』164〜165 頁)

(60) この言葉は宋代に流行った俗諺であり、黄庭堅「書陶淵明責子詩後」に遡ることができる。

(61) 「木槿〔中略〕朝開暮落，婦人容色之易衰若此；詩之寄興，微而婉矣！」(『管錐編』181 頁、銭鍾書による『五雑俎』の引用)

(62) 例えば、陳子謙『銭学論』下編「銭学比喩論」(成都：四川文芸出版社、1992)、周振甫『中国修辞学史』(北京：商務印書館、1991)。

(63) 『管錐編』の晦渋な文体はしばしばその時代背景、つまり知識人が自由に発言できなかったという理由によって説明されている。夏中義「説銭鍾書是"思想家"為何這様難 ── 以《管錐編》為例」は本章の注 (24)、(26) の引用箇所をもって銭鍾書の文体を説明している。

(64) 周振甫『中国修辞学史』595〜596 頁。周振甫の注目する銭鍾書の「曲喩 (Conceits)」論について少し紹介したい。この「曲喩」論は、銭鍾書の思想の中でも目立っている存在だからである。銭鍾書の説明は以下のようである。すなわち、比喩に用いられる 2 つの事物は、自然に類似するところはあるが、その類似はあくまでもそれらの事物の一側面にとどまっているが、詩人はその類似する側面を通じて、他の側面にも言及することが可能であるという。例えば李賀「天上謡」に曰く「銀浦流雲は水声を学び」。「銀浦」は銀河の浜辺である。雲が水に喩えられる理由は、両者がともに流動している所以である。しかし李賀の詩になると、雲が水のように流れており、さらに水のように流れて音が出るものとなるという。また李賀「秦王飲酒」は「羲和日を敲けば玻璃の声」と言う。「羲和」は太陽を産んだ女神である。銭鍾書によれば、「日」(太陽) を瑠璃 (ガラス) に喩える理由は、両者とも明るく光っているからである。しかし李賀の詩において、太陽はガラスの光に似ているゆえ、ガラスの音も有するようになる (以上『管錐編』133 頁)。

(65) 陳望道著、宗廷虎・陳光磊編『修辞学発凡　文法簡論』(復旦大学出版社、2015) 164 頁。ちなみに、陳望道の修辞学研究は銭鍾書のそれとしばしば比較されている。

(66) 同上、164〜165 頁。

(67) 佐藤信夫・佐々木健一・松尾大『レトリック事典』(大修館書店、2006) 55 頁。

(68) 同上、73〜75 頁。

(69) 同上、74 頁。

（70）「運用蒙太奇方法組織生活画面，切不可随心所欲，乱接一気，而応当遵循一定的生活邏輯和美学原則，按照情節的発展和読者心理活動的順序，節奏和諧地将不同的生活画面組接成一個結構厳謹、条理暢達的芸術整体」（陳佳君引劉勦操『写作方法一百例』）、陳佳君『虚実章法析論』（台北：文津出版社、2002）177頁。

第7章

（1）『帰潜記』以前に執筆された単士厘の『癸卯旅行記』（1903）は、中国の女性知識人による最初の海外の紀行文とされる。鍾叔河「従閨房到広大的世界——銭単士厘的両本国外遊記」銭単士厘著・楊堅校点『癸卯旅行記録；帰潜記』（長沙：湖南人民出版社、1981）5～20頁を参照。なお、当時の習慣によれば、女性は夫の苗字を付けるがゆえに、単士厘は「銭単士厘」と表記されている。

（2）ゲーテの影響に関しては、例えば滕固も『詩歌与絵画』（1920年執筆）の中で、ゲーテの「美術と詩人」を援用しつつ中国の詩と絵画を含め、詩と絵画一般の極端な同等性を擁護している。

（3）「老者〔中略〕一望而知為甚有力者。然長蛇繞足嚙腰，縦強逾賁育，亦莫能脱」、「長子瞬息受嚙」、「次子〔中略〕状已垂死」（『帰潜記』151～152頁）

（4）「尤可佩者，一像一題之中，含三種瞬時；老者正被嚙，長子将被嚙，次子既被嚙。〔中略〕名曰集像，亦為具三人三瞬時於一像也」（『帰潜記』152頁）

（5）この論考はゲーテが創った芸術雑誌『プロピュレーエン』（1798～1800）の初刊に発表されたものである。ゲーテの群像《ラオコオン》の鑑賞経験は、その石膏複製品を所蔵するマンハイム古代美術館への訪問（1769年10月と1771年8月の2度）に遡ることができ、またその際にはすでに「ヴィンケルマンやレッシングの著書」に束縛されず、自分なりの観点を得ようとし、そこで群像をなす3人の人物に目を配った。それに関しては、ゲーテ『詩と真実』第三部、すなわち1771年から74年の記録には述べられている。Johann Wolfgang Goethe, *Aus meinem Leben : Dichtung und Wahrheit*, Vol. III, pp. 546-547を参照。しかし、群像の3人に関する詳細な記述と分析が明確になされたのは、のちの「ラオコオンについて」（1798）である。

（6）「wenn der eine Körper durch die Umwindung wehrlos gemacht ist, wenn der andere zwar wehrhaft, aber verletzt ist und dem dritten eine Hoffnung zur Flucht übrigbleibt. In dem ersten Falle ist der jüngere Sohn, im zweiten der Vater, im dritten der ältere Sohn」„Über Laokoon," *Propyläen : eine periodische Schrift*, p. 15. 後述の引用を含めて日本語訳に関しては、ヴィルヘルム・フォスカンプ「ゲーテの「ラオコーンについて」——文学としての知覚の時間化」［山本賀代訳］（『モルフォロギア：ゲーテと自然科

学』第 25 号、2003）や、武井隆道「ゲーテのラオコーン論について —— 身体・空間を巡る一八世紀後半のディスクルスの帰結として」（『ドイツ文学』第 144 巻、2012）を参照している。

（7） Goethe, „Über Laokoon," *Propyläen : eine periodische Schrift*, p. 16.

（8） *Ibid.*, p. 12.

（9）「夫詩与文，所以縦写時間，而為叙述之美術；彫与画，所以横描瞬秒，而為造形之美術。〔中略〕二者目的雖同，而方向各異，不必相符合也。倘於彫像之中，張大其口，令如喚叫，則終成一滑稽状耳，何美之有？　或以為労貢不呼，乃見其勇。評者又謂適宜之呼，無損於勇；惟引人嫌悪之状，徒薄観者憫情，為美術所宜避耳」（『帰潜記』156 頁）

（10） 呉宓は東南大学で「中国と西洋の詩の比較考察」といった中国における最初の比較研究の授業を設立した。

（11）「Young Chinese students of my generation owe him a great debt. He first emphasized the "continuity of letters" and advocated the study of comparative literature which should include our own "old" literature within its purview. He alone of all practising Chinese critics of a decade and a half ago has "synoptical" knowledge of European literary history」Ch'ien Chung-shu（銭鍾書）, Sun Yat-Sen institute for the advancement of culture and education, *T'ien Hsia Monthly*, IV. 4, April 1937, p. 427.

（12） ゲーテのこの評価に関しては、朱光潜も引用している（本書第 2 章第 3 節を参照）。

（13） 呉宓が言及した中国語訳は楊丙辰によるものであり、本書序章でも触れた。

（14）「以上皆自明之理。其浅顕幾無待証説。而由此観之。「即詩即画」之論。若解為詩画之対象可以相易、作用可以相代。則其説之破、不待攻矣」（「記念」14）

（15） 詩が醜を表現できるという観点は、『ラオコオン』のいくつかの箇所で見られるが、呉宓の議論は第 4 章を踏まえている。

（16）「放棄「式様之美」之原則。実拉奥空一書中最重要貢献。蓋雷興実発現一文学上之「死胡同」。歴来文学家。許多闖入而不知出也。又不惟発現此死路。而且指示出路也」（「記念」18）

（17）「式様之美。生於諸部分之諧和的効力。而諸部分可以同時入於一覧之中者也。是故此諸部分必須相邇平列。諸部分之相邇平列、為美術作品之特質。唯此乃能摹倣式様之美。若夫詩人。因其僅能将物之構成各部分。継続展示。為求美。故完全放棄式様之美之描写。彼知此諸部分、若在時間上一先一後排列之。不能産生其相邇平列時所生之効力。彼知各部分既逐一叙述後。縦回顧全文。聚神一覧。終不能使吾人得和諧之影像。如此之口鼻眼共同所生之効力。非人類之想象所能表示。除非心求相似部分之相類組合於自然及美術中耳」（「記念」

17)。原典は参照として次のように提示する。「körperliche Schönheit entspringt aus der übereinstimmenden Wirkung mannigfaltiger Teile, die sich auf einmal übersehen lassen. Sie erfodert also, daß diese Teile nebeneinander liegen müssen; und da Dinge, deren Teile nebeneinander liegen, der eigentliche Gegenstand der Malerei sind; so kann sie, und nur sie allein, körperliche Schönheit nachahmen. Der Dichter, der die Elemente der Schönheit nur nacheinander zeigen könnte, enthält sich daher der Schilderung körperlicher Schönheit, als Schönheit, gänzlich. Er fühlt es, daß diese Elemente, nacheinander geordnet, unmöglich die Wirkung haben können, die sie, nebeneinander geordnet, haben; daß der konzentrierende Blick, den wir nach ihrer Enumeration auf sie zugleich zurücksenden wollen, uns doch kein übereinstimmendes Bild gewähret; daß es über die menschliche Einbildung gehet, sich vorzustellen, was dieser Mund, und diese Nase, und diese Augen zusammen für einen Effekt haben, wenn man sich nicht aus der Natur oder Kunst einer ähnlichen Komposition solcher Teile erinnern kann」(*Laokoon*, 120–121)

(18) 「美の効果」、すなわちホメロスがヘレネの美について、彼女を見たトロイア方の長老の驚愕に着目し描写することに関して、宗白華は「美はどこに見つかるか」(原題「美従何処尋?」1957年) の最後に引用した。その際に宗白華はレッシング『ラオコオン』の名を挙げていないが、明らかにその論述を踏まえている。

(19) 「行者見羅敷,下担捋髭鬚。少年見羅敷,脱帽著帩頭。耕者忘其犂,鋤者忘其鋤。来帰相怨怒,但坐観羅敷」(「記念」18)

(20) レッシングの主張する「動態的美」に対する中国詩による説明には、朱光潜はまた『詩経』衛風「碩人」を援用している(朱光潜『ラオコオン』の中国語訳の第21章の末尾になされた註釈や、『西洋美学史』の関連箇所を参照。『朱光潜全集』VI, 341)。これは宗白華にも共有されている(『宗白華全集』III, 290)。

(21) 王有亮『「現代性」語境中的鄧以蟄美学』23頁を参照。

(22) 「雷興言詩歌之対象在動作。而於情感全不措意。彼以為芸術之目的在模倣理想的自然。彼之芸術論、実不出亜里士多徳之窠臼。彼乃推翻「偽古典主義」而返於「真古典主義」者也。偽古典主義之混乱芸術型類、雷興廓而清之。其後復有浪漫主義之混乱芸術的型類。於是白璧徳教授之「新拉奥空」一書出」(「記念」18)

(23) Babbitt, *The New Laokoon*, Part I, III を参照。

(24) 「He [Lessing] does not for example concern himself sufficiently, to our modern thinking, with the suggestiveness of words. He looks on them too much as a sort of passive material, and on the poet as too conscious and deliberate in his combining of them」(*The New Laokoon*, pp. 51–52)

（25）*Ibid.*, pp. 50–51.
（26）*Ibid*, p. 49.
（27）聶振斌『中国近代美学思想史』（北京：中国社会科学出版社、1991）336 頁。
（28）そもそも朱光潜の『ラオコオン』中国語訳や、『西洋美学史』において論じられた中国詩もあくまで西洋の学識を中国の読者がよりわかりやすく理解するためのものばかりである。実際、これは朱光潜が西洋美学を紹介する際の一般的な傾向でもある。それは典型的には、彼がヨーロッパの代表的な批評家を紹介する際に現れている。「欧州近代の三大批評家」として、朱光潜はフランスの C. A. サント＝ブーヴ、イギリスの M. アーノルド、イタリアのクローチェを挙げている。だが、この選択の背景にあるのは、朱光潜の単なる好みでもなければ、純粋に客観的な立場からの評価とも言えない。というのも、イギリスのコールリッジやドイツのレッシングを除外した理由として彼は、前者は主にイギリス文学を、後者は主に古代ギリシャを扱うために、「一般的な中国読者に興味を喚起しにくいであろう」と判断したからである。（朱光潜「欧州近代三大批評学者（一）── 聖伯夫（Sainte Beuve）」1927、VIII, 201–202.）
（29）前掲、中島隆博『危機の時代の哲学』第 12 章を参照。
（30）前掲、小田部胤久『西洋美学史』166 頁を参照。
（31）Avi Lifschitz and Michael Squire（eds.）, *Re-thinking Lessing's Laocoon,* Oxford : Oxford University Press, 2017 などを参照。

終章

（1）浅見洋二「「詩中有画」をめぐって ── 中国における詩と絵画」（『東洋学』78 号、1997）58 頁。
（2）例えば杜道明『中国古代審美文化考論』（北京：学苑出版社、2003）は「審美」という語を前近代に限って使用するが、王朝聞『審美談』（北京：人民出版社、1984）、周憲『中国当代審美文化研究』（北京：北京大学出版社、1997）、胡継華『中国文化精神的審美維度』（北京：北京大学出版社、2009）、易存国『中国審美文化』（上海：上海人民出版社、2001）などは中国美学全体を扱っている。
（3）臧新明は中国美学に関して、古典に由来する「審美」的な「美学」と、西洋から導入された「美学」という区分を行っている。前者は例えば『周易』に論じられた「自然と社会の運行、変化、規律」や『文心彫龍』のような儒家や道家の思想に基づく中国の古典芸術論を対象とする。それに対し、後者はプラトン、アリストテレス、カント、ヘーゲル、マルクスなどの思想を対象とする（「中国の近代美学の形成」美学会編『美学の事典』（丸善出版、2024）

14〜15頁）。また楊冰は、中国美学には「古代中国美学」と「現代中国美学」という2つの領域があると言い、前者は先秦から清末までの「儒家美学」・「道家美学」を代表とし、後者は西洋美学をほぼ直接移植したものであると述べる。楊冰はさらに陳望衡『中国美学史』（人文出版社、2005）を引用し、英語の aesthetic は、古代中国美学の研究では「審美」、すなわち「美および美についての感覚」に相当すると説く（楊冰「中国美学における詩の心（境界）：明治期日本の中国思想研究による影響を中心に」（『美学芸術学研究』巻35、2017）27〜29頁）。

（4）　銭鍾書「美学者としての自述」（1989）、『写在人生辺上　人生辺上的辺上　石語』204頁。

（5）　中島隆博『残響の中国哲学――言語と政治』（東京大学出版会、2007）序章や、『中国哲学史　諸子百家から朱子学、現代の新儒家まで』（中央公論新社、2022）の「はじめに――中国哲学史を書くとはどういうことか」を参照。だが、美学の場合、必ず西洋美学＝普遍を前提にしているわけではないかもしれない。

（6）　稲賀繁美『日本の近代思想を読みなおす3　美／藝術』（東京大学出版会、2024）4〜10頁。また、東洋における美学と美術史との関係については、前掲、塚本麿充『北宋絵画史の成立』の序論をも参照。

参考文献

本書中で参照した文献の書誌情報は都度脚注に掲げたため、ここでは話題別にまとめて、年代順に示す。

・複数の話題にまたがる文献は重複を厭わず示した。
・刊行年は初出を優先した。
・刊行年が同一の文献はABC順に配列した（日本語と中国語は漢字の日本語音読みのローマ字表記による）。

『ラオコオン』に関するもの

Goethe, Johann Wolfgang, "Über Laokoon" in *Propyläen : eine periodische Schrift*, pp. 1–19, Tübingen : J. G. Cotta, 1798–1800

Lessing, Gotthold Ephraim, *Laocoon : an essay on the limits of painting and poetry*, translated by Edward Calvert Beasley, Oxford : Oxford University Press, 1853

———, *Laocoon*, translated by Sir Robert Phillimore, London : Routledge ; New York : Dutton, 1905［1874］

———, *Laokoon*, in *Lessings Werke*, Hg. von Franz Bornmüller, Bd. 3, Leipzig und Wien Bibliographisches Institut, 1890

———, *Laokoon, Lessings Werke*, Hg. von Julius Petersen und Waldemar v. Olshausen, Bd. 4, Berilin［u.a.］: Deutches Verlagshaus Bong & Co., 1929

———, *Laocoön, Nathan The Wise and Minna Von Barnhelm*, translated by William. A. Steel, everyman's library, London : J. M. Dent & Sons Ltd., 1930

———, *Laokoon, Lessing Auswahl In Drei Bänden*, Hg. von Walter Hoyer, Bd. 2, Grundlegung Der Deutschen Klassk, Leipzig : Veb Bibliographisches Institut, 1952

———, *Laokoon*, Bd. 9 ; *Entwürfe und unvollendete Schriften*, Bd. 14, in *Gotthold Ephraim Lessings sämtliche Schriften*, Hg. von Karl Lachmann, Berlin : Walter de Gruyter, 1968

レッシング『ラオコオン』［斎藤栄治訳］岩波書店、1970

Wellbery, David E., *Lessing's Laocoon : Semiotics and Aesthetics in the Age of Reason*, Cambridge : Cambridge University Press, 1984（邦訳：小田部胤久「ダヴィッド・E. ウェルベリ『レッシングのラオコオン――理性の時代における記号論と美学』」『美学』37(4)、1987、70〜75頁）

Goethe, Johann Wolfgang, *Aus meinem Leben : Dichtung und Wahrheit*, Hg. von Klaus-Detlef Müller,

Frankfurt am Main: Deutscher Klassiker Verlag, 1986.［DW］（ゲーテ『詩と真実』［山崎章甫・河原忠彦訳］『ゲーテ全集』10、潮出版社、1980）
福田覚「自然模倣説における真理媒介の構造（1）：レッシング〈詩学〉に潜在する模倣説の輪郭」『研究報告（京都大学大学院独文研究室）』6、1993
Barner, Wilfried, *Goethe und Lessing : Eine schwierige Konstellation*, Wallstein Verlag, Göttingen, 2001
ヴィルヘルム・フォスカンプ「ゲーテの「ラオコーンについて」── 文学としての知覚の時間化 ──」［山本賀代訳］『モルフォロギア：ゲーテと自然科学』25、2003、65〜76頁
張福生「我心目中的緑原先生」『新文学史料』2010年第2期、33〜41頁
武井隆道「ゲーテのラオコーン論について ── 身体・空間を巡る十八世紀後半のディスクルスの帰結として」『ドイツ文学』144、2012、50〜66頁
莱辛著、朱光潜訳『拉奥孔』北京：商務印書館、2013
フリードリヒ・フォルハルト「ゴットホルト・エフライム・レッシングの『ラオコオン』── ドイツにおける美学の始まりに寄せて」［桑原俊介訳］『美学芸術学研究』第32号、2014年、153〜169頁
松山壽一『造形芸術と自然 ── ヴィンケルマンの世紀とシェリングのミュンヘン講演』法政大学出版局、2015
Lifschitz, Avi and Squire, Michael (eds.), *Re-thinking Lessing's Laocoon*, Oxford : Oxford University Press, 2017

朱光潜に関するもの

朱光潜全集編輯委員会編集『朱光潜全集』全20巻、安徽：安徽教育出版社、1987〜1993
朱式蓉・許道明『朱光潜：従迷途到通径』上海：復旦大学出版社、1991
葉朗「朱光潜と李沢厚の美学論争」［大山潔訳］『美学芸術学研究』（東京大学美学芸術学研究室紀要）16、1997、149〜157頁
王攸欣『選択・接受与疏離：王国維接受叔本華　朱光潜接受克羅齊　美学比較研究』北京：生活・読書・新知三聯書店、1999
王攸欣『朱光潜学術思想評伝』北京：北京図書館出版社、1999
蒯大申『朱光潜後期美学思想論述』上海：上海社会科学院出版社、2001
単世聯著・桑島由美子訳「一九四九年以後の朱光潜 ── 自由主義からマルクス主義美学へ」『言語と文化』（愛知大学語学教育研究室紀要）14、2006、119〜152頁
Shim, Tae-Shik, The Aesthetic Thought of Zhu Guangqian (1897-1986), The University of Edinburgh, 1980, Ph.D. thesis
易蓮媛「従『拉奥孔』看朱光潜問題意識的転変 ── 一個理論旅行視角」『美育学刊』

2013 年第 5 期、70～77 頁
王一川「"顧忌" 下的救心方案 —— 朱光潜早期跨文化芸術美学探索」『文芸争鳴』2016 年第 11 期、6～19 頁
王攸欣「従朱光潜佚文考其赴英及帰国経歴」『新文学史料』2017 年第 3 期、77～81 頁
佐藤普美子・河谷淳「朱光潜『悲劇心理学』における悲劇論の検討」『駒澤大学総合教育研究部紀要』12、2018、1～20 頁
肖学周『朱光潜評伝』安徽：黄山書社、2018

宗白華に関するもの

宗白華『美学散歩』上海：上海人民出版社、1981
林同華『宗白華美学思想研究』瀋陽：遼寧人民出版社、1987
鄒士方『宗白華評伝』香港：香港新聞出版社、1989
林同華主編『宗白華全集』全 4 巻、合肥：安徽教育出版社、1994
牛広宝「以伝統「芸術心性論」会解西方美学」『求是学刊』2001、第 3 期
王徳勝『宗白華評伝』北京：商務印書館、2001
胡継華『宗白華　文化幽懐与審美象徴』北京：文津出版社、2005
方霞「試論萊辛与宗白華詩画観的異同」『科教文彙（中旬刊）』2007 年第 1 期、172 頁
胡継華『中国文化精神的審美維度 —— 宗白華美学思想簡論』北京：北京大学出版社、2009
雲慧霞『宗白華文芸美術思想研究』北京：中国社会科学出版社、2009
鄒士方『宗白華評伝』（新版）北京：西苑出版社、2013
孫宗美「「意境」与道家思想 —— 中国現代美学研究範例論析」『武漢大学学報（人文科学版）』第 67 巻第 6 期、2014
金浪「儒家礼楽的美学闡釈 —— 兼論抗戦時期朱光潜与宗白華的美学分野」『文芸争鳴』第 11 期、2016
王一川「徳国 "文化心霊論" 在中国 —— 以宗白華「中国芸術精神」論為個案」『北京大学学報（哲学社会科学版）』第 53 巻第 2 期、2016、60～61 頁
陶水平「二〇世紀『中国芸術精神』論的歴史生成与当代発展」『文芸理論研究』2019 年第 3 期、35～47 頁

銭鍾書に関するもの

Ch'ien, Chung-shu（銭鍾書）, Sun Yat-Sen institute for the advancement of culture and education,

T'ien Hsia Monthly, IV. 4, April 1937, pp. 422–427
銭鍾書『談芸録』北京：三聯書店、2001［1948］
小川環樹「［書評］錢鍾書「宋詩選註」」『中国文学報』（京都大学文学部中国語学中国文学研究室紀要）10、1959、160〜165頁
Hsia, C. T., *A History of Modern Chinese Fiction*, New Haven, Conn.: Yale University Press, 1961
銭鍾書『旧文四篇』上海：上海古籍出版社、1979
――――『管錐編』（全4巻）北京：三聯書店、2007［1979］
Huters, Theodore, *Qian Zhongshu*, Twayne Publishers, 1982
銭鍾書『七綴集』北京：三聯書店、2002［1985］
何開四「「詩画分界」析――関于萊辛『拉奥孔』和銭鍾書『旧文四篇』的比較研究」『当代文壇』1986年第1期、58〜60頁
銭鍾書『結婚狂詩曲』［荒井健・中島長文・中島みどり訳］全2巻、岩波書店、1988
陳子謙「『談芸録・序言』箋釈」『文学遺産』1990年第4期、1〜9頁
周振甫『中国修辞学史』北京：商務印書館、1991
陳子謙『銭学論』成都：四川文芸出版社、1992
陸文虎『管錐編談芸録索引』北京：中華書局出版社、1994
田蕙蘭・馬光裕・陳珂玉選編『銭鍾書楊絳研究資料集』華中師範大学出版社、1997
孔慶茂『丹桂堂前　銭鍾書家族文化史』武漢：長江文芸出版社、2000
呉俊「銭鍾書対萊辛『拉奥孔』的超越――兼評対銭鍾書学術成就的貶低」『貴州教育学院学報（社会科学）』2002年第5期、第18巻、57〜59頁
銭鍾書『写在人生辺上　人生辺上的辺上　石語』北京：三聯書店、2002
周作人『秉燭後談』石家庄：河北教育出版社、2002
銭鍾書『容安館札記』北京：商務印書館、2003
蔣聡聡「中国比較文学的失語症――以《読〈拉奥孔〉》為例」『重慶文理学院学報（社会科学版）』第28巻第4期、2009、67〜72頁
張文江『銭鍾書伝――営造巴比塔的智者』上海：復旦大学出版社、2011
杉村安幾子「銭鍾書と父親「たち」」『言語文化論叢』［金沢大学外国語教育研究センター］15、2011、69〜91頁
『銭鍾書手稿集・外文筆記』北京：商務印書館、2015
邱敏「銭鍾書論『拉奥孔』」『美術教育研究』2016年第12期、29〜30頁
夏中義「説銭鍾書是“思想家”為何這様難――以《管錐編》為例」『南方文壇』第6期、2018、13〜19頁
王德威（David Der-wei WANG）「危機時刻的文学批評――以銭鍾書、奥爾巴赫、巴赫金為対照的闡釋」『華東師範大学学報（哲学社会科学版）』51（4）、2019、29〜41頁

潘建偉「論芸術的「出位之思」── 従銭鍾書『中国詩与中国画』的結論談起」『文学評論』2020 年第 5 期、216〜224 頁
肖伊緋「一次鮮為人知的演講 ── 銭鍾書在台湾的故事」『台声』第 24 期、2020、93〜95 頁

気韻生動に関するもの

大村西崖『文人画の復興』巧芸社、1921
宇佐美文理「『古画品録』訳註」『信州大学教養部紀要』27、1993
陳師曽「文人画的価値」郎紹君・水天中編『二〇世紀中国美術文選』上巻、上海：上海書画出版社、1999
滕固著、沈寧編『滕固芸術文集』上海：上海人民美術出版社、2003
成佩「陳師曽関於文人画的理論」『美術研究』2005、60〜66 頁
Okakura, Kakuzo, *The Ideals of the East: With Special Reference to the Art of Japan*, Albany: Stone Bridge Press, 2007［1920］（岡倉天心『東洋の理想』［浅野晃訳］角川書店、1955）
陳師曽『中国絵画史』杭州：浙江人民美術出版社、2013
宇佐美文理『中国絵画入門』岩波書店、2014
────『中国藝術理論史研究』創文社、2015
李雪濤「有関滕固博士論文的幾份原始文献（中）」『美術研究』2015、47〜52 頁
塚本麿充『北宋絵画史の成立』中央公論美術出版、2016
羽田ジェシカ・甲斐勝二・間ふさ子「陳師曽（衡恪）「文人画的価値」訳注」『福岡大学人文論叢』48（4）、2017、1〜18 頁
曽肖「気韻範疇在現代化進程中的多維闡釈 ── 以宗白華、鄧以蟄、銭鍾書、徐復観為例」『学術研究』2018 年第 1 期、164〜170 頁
李雷「二〇世紀上反期「気韻生動」概念的跨語際実践」『文芸研究』2021 年第 2 期、134〜144 頁
呉鍵「芸術何以「科学」:「科玄論戦」語境中滕固「芸術学」之辨」『芸術学研究』2021 年第 5 期、95〜101 頁
李雷「「気韻生動」与「感情移入」」『美学与美育研究』2021 年第 5 期、82〜89 頁
宋学勤「鄧以蟄対西方美学的借鑑和再闡釈及当代啓示」『中国文芸評論』2021 年第 5 期、51〜61 頁
稲賀繁美「感情移入と気韻生動とのあいだ ── 発散と収束：重訳の重畳と訳し戻しの逸脱とのあいだ」『比較文学研究』107、2022、34〜51 頁

その他

陸游『老学庵筆記』巻 8、張海鵬校『学津討原』第 15 集、上海：商務印書館、20 世紀、出版年不明

汪中『述学』内篇一「釈三九」、『四部叢刊』集部、上海：商務印書館、20 世紀

楊慎・楊有仁編修、趙开美校正、陳邦瞻重校、王藩臣・蕭如松同校『升庵全集』出版地・出版者不明、附万歴 29（1601）序

Bradley, Andrew Cecil, "Poetry for Poetry's Sake," *Oxford Lectures on Poetry*, Clarendon Press, 1901

魯迅著・北京大学編訳会審定『欧州文学史』上海：商務印書館、1918

Karl Otto Erdmann, *Die Bedeutung des Wortes: Aufsätze aus dem Grenzgebiet der Sprachpsychologie und Logik*, Leipzig: H. Haessel, 1925

雷興「拉敖康的原序（『ラオコオン』の原序）」［楊丙辰訳］『沈鐘』1927 年第 11 期、658〜663 頁

豊子愷『西洋美術史』上海：開明書店、1928

Reid, Louis Arnaud, "Beauty and Significance," *Proceedings of the Aristotelian Society. New Series*, London: Williams and Norgate, 1928-1929

呉宓「徳国大批評家兼戯劇家雷興誕生二百年紀念」『学衡』68、1〜18 頁、南京：江蘇古籍出版社、1999［1929］

周作人『中国新文学的源流』北平：人文書店、1934

王応麟『困学紀聞』巻 18、『四部叢刊』子部、上海：商務印書館、1935

朱自清『詩集』導言、趙家璧主編『中国新文学大系詩集』第 8 集、上海：良友図書印刷公司、1935、4 頁

高似孫『緯略』巻 10、王雲五主編『叢書集成初編』上海：商務印書館、1939

拜爾納『瑪婷』［林柯訳］『文化生活叢刊』第 29 種、文化生活出版社、1947

劉綬松『中国新文学初稿』北京：作家出版社、1956

Rousseau, Jean-Jacques, *Les rêveries du promeneur solitaire*, Paris: Garnier, 1960（ルソー『孤独な散歩者の夢想』［永田千奈訳］光文社、2017）

W. Lee, Rensselaer, *Ut Pictura Poesis, The Humanistic Theory of Painting*, New York: Norton, 1967（レンサレアー・W. リー「詩は絵のごとく――人文主義絵画論」中森義宗編『絵画と文学――絵は詩のごとく』中央大学出版部、1984）

金谷治訳注『荘子』全 4 冊、岩波書店、1971〜75

李白著、王琦注『李太白全集』中華書局、1977

方東美先生全集編纂委員會編『東美全集』台北：黎明文化事業、1980

蜂屋邦夫「言尽意論と言不尽意論」『東洋文化研究所紀要』86、105〜151 頁、1981

銭単士厘著・楊堅校点『癸卯旅行記録；帰潜記』長沙：湖南人民出版社、1981

李沢厚『美的歴程』三聯出版社、2009［1981］

王朝聞『審美談』北京：人民出版社、1984
張連・古原宏伸編『文人画与南北宗』上海：上海書画出版社、1987
今井宇三郎著『易経』上巻、明治書院、1987
何焯著、崔高維点校『義門讀書記』中華書局、1987
近藤光男『清朝考証学の研究』東京：研文出版、1987
林毓生『中国意識危機』〔穆善培訳〕貴州：貴州人民出版社、1988
林毓生等『五四：多元的反思』香港：三聯書店、1989
聶振斌『中国近代美学思想史』北京：中国社会科学出版社、1991
ジャン・スタロバンスキー『ルソー　透明と障害』〔山路昭訳〕みすず書房、1993
ウォルター・ペイター『ルネサンス――美術と詩の研究』〔富士川義之訳〕白水社、1993
濱口富士雄『清代考拠学の思想史的研究』国書刊行会、1994
裴斐・劉善良編『李白資料彙編』中華書局、1994
蔣寅「一代有一代之文学――関於文学繁栄問題的思考」『文学遺産』1994 年第 5 期、12～17 頁
韓徳林『境生象外：華夏審美与芸術特徴考察』北京：三聯書店、1995
小田部胤久『象徴の美学』東京大学出版会、1995
羅崗「写史偏多言外意――従周作人《中国新文学的源流》看中国現代“文学”観念的建構」『中国現代文学研究叢刊』第 3 期、1995
佐々木健一『美学辞典』東京大学出版会、1995
浅見洋二「「詩中有画」をめぐって――中国における詩と絵画」『東洋学』78、1997、58～80 頁
周憲『中国当代審美文化研究』北京：北京大学出版社、1997
鄧以蟄『鄧以蟄全集』安徽教育出版社、1998
魏群・宛小平「従比較朱光潜与方東美悲劇観之異同看芸術和道徳的関係」『学術界』1998 年第 4 期、55～61 頁
葉朗主編『美学的双峰――朱光潜、宗白華誕辰』安徽教育出版社、1998
佐々木健一『フランスを中心とする一八世紀美学史の研究』岩波書店、1999
安旗主編『李白全集編年注釈（上、下）』成都：巴蜀書社出版社、2000
易存国『中国審美文化』上海：上海人民出版社、2001
黄見徳著、湯一介主編『二〇世紀西方哲学東漸史　二〇世紀西方哲学東漸史導論』首都師範大学出版社、2001
小田部胤久『芸術の逆説』東京大学出版会、2001
陳佳君『虚実章法析論』台北：文津出版社、2002
賀麟『五〇年来的中国哲学』北京：商務印書館、2002
金福年「現代漢語顔色詞運用研究」復旦大学博士文学学位論文、2003

胡適著・季羨林主編『胡適文存』一集、合肥：安徽教育出版社、2003
杜道明『中国古代審美文化考論』北京：学苑出版社、2003
王有亮『「現代性」語境中的鄧以蟄美学』北京：新華書店、2005
佐藤信夫・佐々木健一・松尾大『レトリック事典』大修館書店、2006
羅傑鸚「鳥瞰他山之石 —— 萊辛『拉奥孔』在中国的接受与研究歴程」『新美術』第5期、2007、27〜39頁
辺連宝著、劉崇徳主編、韓勝・李金善・張瑋副主編『杜律啓蒙』中華書局、2007
中島隆博『残響の中国哲学 —— 言語と政治』東京大学出版会、2007
小穴晶子『なぜ人は美を求めるのか —— 生き方としての美学入門』ナカニシヤ出版、2008
孔令偉『風尚与思潮：清末民国初中国美術史的流行観念』杭州：中国美術学院出版社、2008
童書業『童書業絵画史論集（下）』北京：中華書局、2008
李運亨・張圣潔・閆立君編注『陳師曾畫論』中国書店、2008
劉石「“詩画一律” 的内涵」『文学遺産』2008年第6期、117〜127頁
劉石「西方詩画関係与萊辛的詩画観」『中国社会科学』2008年第6期、160〜172頁
中島隆博『『荘子』 —— 鶏となって時を告げよ』岩波書店、2009
西村清和『イメージの修辞学』三元社、2009
小田部胤久『西洋美学史』東京大学出版会、2009
張郁乎『画史心香　南北宗論的画史画論淵源』北京：北京大学出版社、2010
辛文房『唐才子伝箋証』中華書局、2010
劉瑜「—— 由《中国現代文学研究叢刊》几篇文章看周作人《中国新文学的源流》読解的“誤区”」『中国現代文学研究叢刊』第6期、2012
ゲーテ『ファウスト』［和田孝三訳］三省堂書店、2012
陳師曽「文人画之価値」呉暁明編著『民国画論精選』杭州：西泠印社出版社、2013
黄克剣・呉小龍編『張君勱集』北京：群言出版社、2013
陳岸峰『文学史的書写及其不満』香港：中華書局、2014
張溍著、聶巧平点校『讀書堂杜工部詩文集注解』齊魯書社、2014
馮友蘭『中国哲学史』上、北京：中華書局、2014
白偉偉「方東美対原始儒道時空観念的闡釈 —— 以対西方時空意識的批判為契機」東南大学美学系修士学位論文、2014
徐復観『中国芸術精神』北京：九州出版社、2014
黄克剣「荘子「不言之辯」考繹」『哲学研究』2014年第4期、39〜49頁
王洪偉『民国時期山水画南北宗問題学術史』北京：清華大学出版社、2014
李俊文「百年来西方哲学在中国的発展」『江西社会科学』2014年第10期、5〜13頁
朱立元主編『美学大辞典』上海辞書、2014

宇佐美文理『中国絵画入門』岩波書店、2014
陳望道著、宗廷虎・陳光磊編『修辞学発凡　文法簡論』復旦大学出版社、2015
高棅編『唐詩品彙』中華書局、2015
宇佐美文理『中国芸術理論史研究』創文社、2015
塚本麿充『北宋絵画史の成立』中央公論美術出版社、2016
劉丹「『拉奥孔』与二〇世紀中国美学理論的建構 ── 以朱光潜、銭鍾書、王朝聞為中心的考察」安徽師範大学修士学位論文、2016
坂元ひろ子『中国近代の思想文化史』岩波書店、2016
尼ヶ崎彬『いきと風流 ── 日本人の生き方と生活の美学』大修館書店、2017
橋本循『橋本循著作集　第二巻　詩経国風』法蔵館、2017
楊冰「中国美学における詩の心（境界）── 明治期日本の中国思想研究による影響を中心に」『美学芸術学研究』35、2017、27〜70 頁
葉朗『中国美学史大綱』上海：上海人民出版社、2017
張軍「胡適、郭沫若、周作人的新文学史叙事策略及話語権之争」『中国現代文学研究叢刊』第 11 期、2018
ジェローム・B. グリーダー『胡適　1891〜1962 ── 中国革命の中のリベラリズム』［佐藤公彦訳］藤原書店、2018
常森「論『荘子』「卮言」乃「危言」之訛 ── 兼談庄派学人「言无言」的理論設計和実践」『安徽大学学報（哲学社会科学版）』2018 年第 5 期、33〜43 頁
盧白羽「莱辛研究在中国」『同済大学学報（社会科学）』29、第 2 期、2018、18〜29 頁
章清『学術与社会』上海：上海人民出版社、2018
石井剛「近五〇年以来日本学術界的戴震研究総述」『比較哲学与比較文化論叢』13、2019、3〜46 頁
潘公凱『中国現代美術の道』［石井理等訳］左右社、2020
王前「中国の現代哲学」伊藤邦武・山内志朗・中島隆博・納富信留責任編集『世界哲学史　8』筑摩書房、2020
王偉「桐城美学家朱光潜与方東美美学思想的比較」『瀋陽大学学報』第 22 巻第 4 期、2020、516〜520 頁
王懐義「銭鍾書対朱光潜意象美学観的批評 ── 二〇世紀中国美学史上一樁被忽視的公案」『文学評論』2021 年第 5 期、32〜33 頁
宋学勤「鄧以蟄対西方美学的借鑑和再闡釈及当代啓示」『中国文芸評論』2021 年第 5 期、51〜61 頁
曾繁仁・庄媛「論方東美“生生美学”思想」『山東大学学報（哲学社会科学版）』2021 年第 4 期、132〜141 頁
中島隆博『危機の時代の哲学 ── 想像力のディスクール』東京大学出版会、2021

中島隆博『中国哲学史――諸子百家から朱子学、現代の新儒家まで』中央公論新社、2022
稲賀繁美『日本の近代思想を読みなおす3　美／藝術』東京大学出版会、2024
臧新明「中国の近代美学の形成」美学会編『美学の事典』丸善出版、2024

The Formation of Modern Chinese Aesthetics : Half a Century of the "*Laokoon* Debate"

This book aims to elucidate the formation process of the thought and scholarship in China regarding the field referred to as aesthetics from the 1920s through the 1960s. Specifically I focus on the debates surrounding the eighteenth century German theorist and literary scholar Gotthold Ephraim Lessing's *Laokoon* (1766) in China and proceed with an investigation centered on three important Chinese figures : Zhu Guangqian 朱光潜 (1897-1986), Zong Baihua 宗白華 (1897-1986) and Qian Zhongshu 銭鍾書 (1910-1998).

From the 1920s through the 1960s, Chinese scholars increasingly studied abroad in the West instead of learning Western scholarship second-hand via Japan as in the previous period. They compared the ideas there to their own national culture in a comparatively free manner in comparison to the latter socialist period, developing a deep, rich interpretation of aesthetic thought. However, in contemporary mainstream views this period is generally regarded as the preparatory phase for the establishment of modern Chinese aesthetics, and the formative ideological explorations of the time which directly determined the character of contemporary Chinese aesthetics have not been given sufficient attention. Within this period lies a potential in Chinese aesthetics that has been largely forgotten today, a clarification of which will likely lead to a changed understanding of Chinese aesthetics.

For the development of Chinese aesthetics at the time, debates surrounding the *Laokoon* played a key role. Above all else this is because its critical topic of "paragone" (distinctions and similarities between different art genres especially in poetry and painting) underlies the artistic tradition of China. In consequence of the potential of a dialogue with the traditional Chinese art theory, the *Laokoon* offers a clue in rethinking Chinese aesthetics. Moreover, while throughout the intellectual upheavals of the twentieth century in China various western thoughts held precedence only to lose relevance after the 1950s, the *Laokoon* stands unique for remaining consistently relevant. Furthermore, the discussions around the *Laokoon* carried out by Johann Joachim Winkelmann, Edmund Burke, Johann Wolfgang von Goethe, and Irving Babbit were also frequently cited in China. In other words, by looking closely at the reception (chiefly in the form of debates) of the *Laokoon*, one can gain a new understanding of the developmental process of modern Chinese aesthetics, which in fact was not a linear process : these debates open up a multilateral and comparative perspective, which in interpretation proves more effectual than limiting oneself to some single author or single work.

This book is structured into two parts, the first being "The Fundamentals of twentieth

century Chinese Aesthetics: Zhu Guangqian and Zong Baihua" and the second being "The Reformation of twentieth Century Chinese Aesthetics: The Literary Theory of Qian Zhongshu."

The first two chapters of Part One consider the historical transmutations of Zhu Guangqian's theory of the *Laokoon*. Since Zhu consistently stood at the center of the development of Chinese aesthetics, by examining his discourses on the *Laokoon*, which permeates his thoughts at each stage, one can delineate the unfolding identity of twentieth-century Chinese aesthetics. This means not only that Zhu consistently had a decisive influence on the academic world of modern China, but also that he continued to evolve his own aesthetic thinking in response to the social and ideological developments. These two movements were in constant interaction and progressed simultaneously, highlighting the academic situation of one thinker amidst the turbulent maelstrom of academic transformations during the twentieth century. In his early stages (1920s), Zhu was specifically inclined towards psychology and education, utilizing aesthetics as a tool for solving issues related to society and life. In his middle period (1930s and 1940s), he delved deeper into Western aesthetic thought to substantiate a purer academic inquiry. He initiated full-out discussions around the *Laokoon* in China and, focusing on the issue of comparing poetry and painting, formulated Chinese artistic thought in a modern form. That is, in contrast to the theory that emphasizes dissimilarity between poetry and painting in the *Laokoon*, he put forward the Chinese theory of similarity between poetry and painting. And finally in the later period of the 1960s, Zhu, based on the framework of Marxism, reinterpreted Lessing's thoughts by viewing them retroactively through the lens of Enlightenment thinking within the context of Western aesthetic history. However, while his later argumentation transformed in academic style, there are yet aspects that consciously or not persist from his earlier and middle periods. Furthermore, by examining Zhu's Chinese translation of the *Laokoon*, one can gain insight into the state of translation in the Chinese academic world at that time, and meanwhile sense Zhu's literary and poetic acumen. These two chapters not only comprehensively address the arguments and developmental background of the *Laokoon* in modern China, but also examine how academia has accepted the aesthetic propositions put forth by Zhu (including Fang Dongmei's inheritance and development of the aesthetic proposition of "speechless beauty" and Qian Zhongshu's opposition). This is indicative of the fact that twentieth-century Chinese aesthetics was not a linear subject, but rather developed through interweaving forms by numerous scholars who held different positions on specific issues. In this sense, Zhu Guangqian's work serves as one of the main axes of the entire debate in this book.

In the third chapter, I address the essay on the *Laokoon* written by Zong Baihua in 1957 during the mature period of his thought and his discussions supporting this essay on Chinese art from the 1930s to the 1960s. The most prominent issue in the develop-

ment of Zong's discussions on Chinese art is the modern application of classical philosophy, represented by Confucianism and Taoism, as well as ancient Chinese art theories. In his early work in the 1930s, he referred to the theories of the prime symbols of Western modernity (e.g., Oswald Spengler) and argued that "aesthetics" reflected a view of the cosmos. He explained Chinese pre-modern art theories and artistic phenomena by referencing concepts from Taoism and Confucianism. Afterwards (around the 1940s), he deepened his understanding of Taoist thought and gradually shifted his focus to Zhuangzi's thought. However, in the 1950s and 1960s, he reconsidered the role of classical Chinese philosophy in aesthetics. Instead of directly applying Taoist and Confucian classical philosophical theories to artistic phenomena, he referred to ancient art theories for understanding artistic phenomena. He came to construct a system where Confucianism and Taoism complement each other as the underlying view of the cosmos behind these artistic phenomena. Zong explored a theory (*Yijing* 意境) applicable to all art genres, including poetry and painting. This fundamental concept underpinned his theory of the similarity of Chinese poetry and painting. Throughout modern China, the most systematic attempt to revitalize Chinese classics as a modern aesthetics was most visible in the thought of Zong. Additionally, his lyrical writing style, independent of its content, is recognized in its expressive method as a characteristic form of Chinese aesthetic practice.

Through these three chapters, one can confirm the pivotal positions of Zhu Guangqian and Zong Baihua, the two pillars of modern Chinese aesthetics. What is important is that while prior research often conflates Zhu Guangqian and Zong Baihua's theories of the similarity of Chinese poetry and painting, it is clear that their theoretical backgrounds are significantly different. Specifically, Zhu Guangqian, who primarily based his examination of the possibilities of the artwork on Western thought, articulated the characteristics of the similarity of Chinese poetry and painting in response to this. In contrast, Zong Baihua relied more on China's intellectual traditions and reached the conclusion that poetry and painting share commonalities by elucidating a principle of a higher dimension that unified the two art forms based on traditional Chinese philosophical and artistic theory.

On the other hand, both Zhu Guangqian and Zong Baihua utilized the concept of *Qiyun shengdong* 気韻生動, an ancient artistic concept, to assert the uniqueness of Chinese art theory. In the following fourth chapter, this concept will be the main focus of examination. *Qiyun shengdong* is one of the most frequently discussed artistic concepts concerning twentieth-century China. Therefore, the modernization of this idea can be seen as a microcosm of the overall modernization of Chinese aesthetics. In the early 1920s, Chen Shizeng 陳師曽 laid down the basic direction of the *Qiyun shengdong* debate in modern China. Later, Teng Gu 滕固 returned to the art-historical context and clarified the scope of this concept by tracing it through its historical vicissitudes. From the 1930s, Deng Yizhe 鄧以蟄 reinterpreted *Qiyun shengdong* as a kind of platonic ideal (formal)

existence, conducting his own analysis from both the perspectives of author and recipient theories. At the same time, during the same period, Zong Baihua theorized *Qiyun shengdong* as an ideal (supreme goal) of Chinese art and thought by linking it to classical Chinese philosophy. Through such developments, discussions or theories surrounding *Qiyun shengdong* became one of the most influential paradigms created by modern Chinese aesthetics, and it also highlighted the differences between the comparative studies of Chinese poetry and painting and those of the *Laokoon*. To summarize, when examining comparative studies of poetry and painting, there are two levels of focus: one looks at the internal characteristics of each art form as seen in the *Laokoon*, and the other emphasizes the overarching ideals of art in general, as represented by the *Qiyun shengdong* theory, which exists outside the distinctions of individual art form. The *Laokoon*, in fact, examines the medium-specific characteristics of poetry and painting, as well as their respective expressive possibilities, while presupposing their commonalities. In contrast, the Chinese artistic perspective represented by *Qiyun shengdong* does not focus on the differences between genres but rather addresses an ideal level that encompasses all forms of art. Zhu Guangqian and Zong Baihua, including their theories on *qiyun shengdong*, established the central concepts and fundamental framework of Chinese aesthetic thought, thereby laying the foundation for modern Chinese aesthetics. Building on this foundation, the next generation, represented by Qian Zhongshu, focused on the rich substance of Chinese aesthetics that had been simplified into paradigms and explored the potential of Chinese aesthetics with greater sensitivity.

Qian Zhongshu has long been regarded as one of the leading literary figures of modern China. However, while his arguments draw broadly from both Eastern and Western thought, he has often been criticized for not clearly delineating his reasoning process, lacking the clarity typically expected in modern or contemporary scholarly discourse. As a result, his works have often been considered difficult to understand, and there has even been debate over whether he can be truly considered a thinker. In Chapter Five, Part Two, this study first organizes the structure and core arguments of Qian's two essays on the *Laokoon* (1940, 1962). These essays, inspired by the *Laokoon*, address topics beyond mere comparisons of poetry and painting, exploring ideal scholarly stances, and serve as valuable resources for understanding Qian's overall philosophy and aesthetics. Unlike Zhu Guangqian and Zong Baihua, Qian clarified his stance on the universality of art, irrespective of East or West, emphasizing that art possesses inherent qualities as art. He also sought to limit art theory solely to artistic matters rather than viewing art as a tool for political or social aims.

In response to the *Laokoon*, Qian Zhongshu did not merely focus on the differences between Eastern and Western frameworks; instead, he tactically accepted Lessing's structure and developed his own Chinese comparative theory of poetry and painting. Qian's distinctive interpretation can be seen through his poetics, particularly condensed

in his 1962 essay, and demonstrates his unique comparative approach. Two topics are selected from these discussions for further exploration in Chapter Six.

One focal point of Qian Zhongshu's poetics lies in his assertion that Chinese poetry can surpass painting in its expressive power when dealing with objects in space. He explores this through his literary analysis based on Li Bai's poem, "To the west of Dongting lake an autumn moon shines / North of the Xiaoxiang river the early geese fly," and Su Shi's poem, "A single branch of bewitching red the (viridian) green to flow." The former example discusses the interrelationship between multiple objects, while the latter focuses on the depiction of a single object.

Qian argues that poetry can simultaneously depict two separate scenes within the same space and evoke an emotional response based on the interrelationship between these objects, something he claims painting cannot achieve. He views this expressive approach as a pattern, describing it as *Hua fen liang tou* (splitting narrative in two directions) and *Shuangguan qixia* (simultaneously advancing from two sides), through which he reinterprets classics such as the *Book of Songs*.

While poetics of this kind has traditionally been analyzed rhetorically as antithesis or parallel/repetitive structure, Qian's analysis provides a clearer depiction of the merits of "this particular poem" such as the emotions it conveys, distinguishing his work from mere linguistic or vague psychological explanations.

He also addresses the literary theory of *Xu se* 虚色, the representation of non-existent, imaginary colors in poetry. Qian builds on annotations of Su Shi's poetry, revisiting concepts such as Wang Zhong's 汪中 theory of *Xu shu* 虚数 (imaginary numbers), and reevaluates works such as the Mencius *Wan Zhang* 万章, and classical literature such as *He Guang* 河広 and *You Nu Tong Che* 有女同車 from the *Book of Songs*. He compares and contrasts these with Western thinkers such as Burke, Jean-Jacques Rousseau, and Karl Otto Erdmann, who engage with perspectives akin to *Laokoon*'s aesthetics of Enlightenment symbolism and illusionism. Unlike these views, Qian's emphasis on Chinese poetry involves symbols that inspire a unique form of recognition, highlighting the role of both the author's intention and the recipient's imagination. Qian considers the concept of *Xu* a locus linking Eastern and Western ideas, not in broad thematic, structural terms as those applied by Zhu Guangqian and Zong Baihua, but rather through individual arguments or specific terminology. This approach allows a reevaluation of aesthetic theories that transcends the traditional East-West historical contexts, fostering a new framework for cross-cultural comparison.

Following these seven chapters of analysis, this study clarifies the process of modern Chinese aesthetic formation, illuminating new philosophical frameworks seen in the works of Zhu Guangqian, Zong Baihua, and Qian Zhongshu. Traditionally, Zhu and Zong have been hailed as the two leading aestheticians of twentieth-century China, with Qian viewed mainly as a literary figure, whilst his status as a philosopher has been debat-

ed. This study reevaluates Qian's aesthetics as a refreshing update of Zhu and Zong's ideas. Although these scholars left few direct references to each other's works, their mutual influence has been a significant issue in Chinese academia. This study compares their academic stances and methodologies by examining their responses to the *Laokoon*, highlighting how their differences stimulated each other's scholarly advancements.

A common thread among these thinkers is their negotiation of ideas across East and West, which was not merely a one-way incorporation of one system of thought into the other. Instead, their interactions involved multi-layered, reciprocal engagements, where resistance to one system could catalyze insights in another. This generative process means that modern Chinese aesthetics should not be viewed as merely a continuation of traditional aesthetics or as a simple adoption of Western thought. Rather, it represents a new interpretation and reconfiguration of ancient Chinese ideas in response to modern circumstances. This view challenges the aesthetic theory termed *Shenmei xue* 審美学 that has evolved since the 1980s, providing a fundamentally new understanding of modern Chinese aesthetics. Modern Chinese aesthetics has drawn upon a rich array of intellectual sources, including philosophy, literature, psychology, pedagogy, and art history. This foundational process, established between the 1920s and 1960s, forms the core of Chinese aesthetic thought that continues to shape discourse in contemporary Chinese aesthetics.

生歿年表

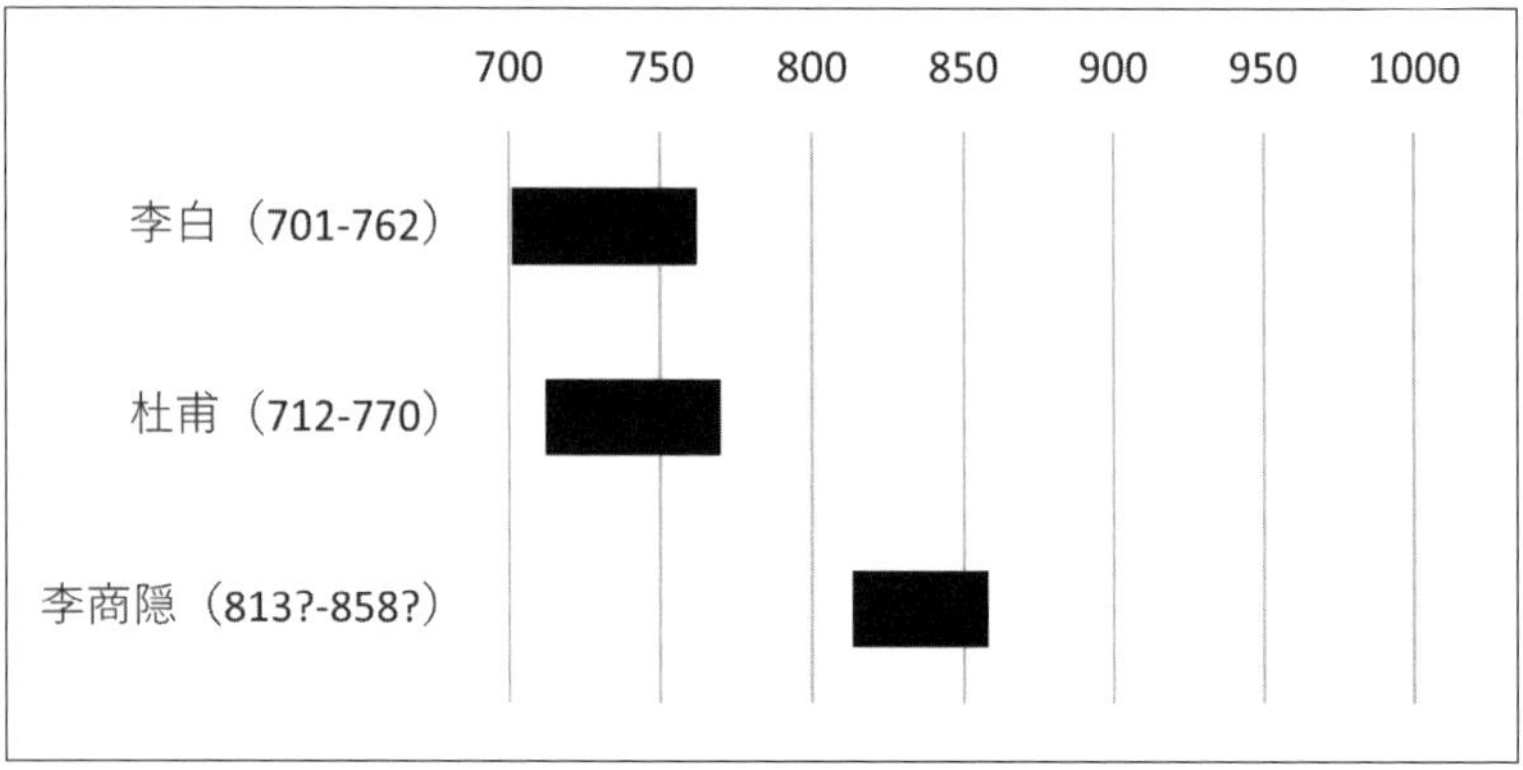
700
750
800
850
900
950
1000
李白（701-762）
杜甫（712-770）
李商隠（813?-858?）

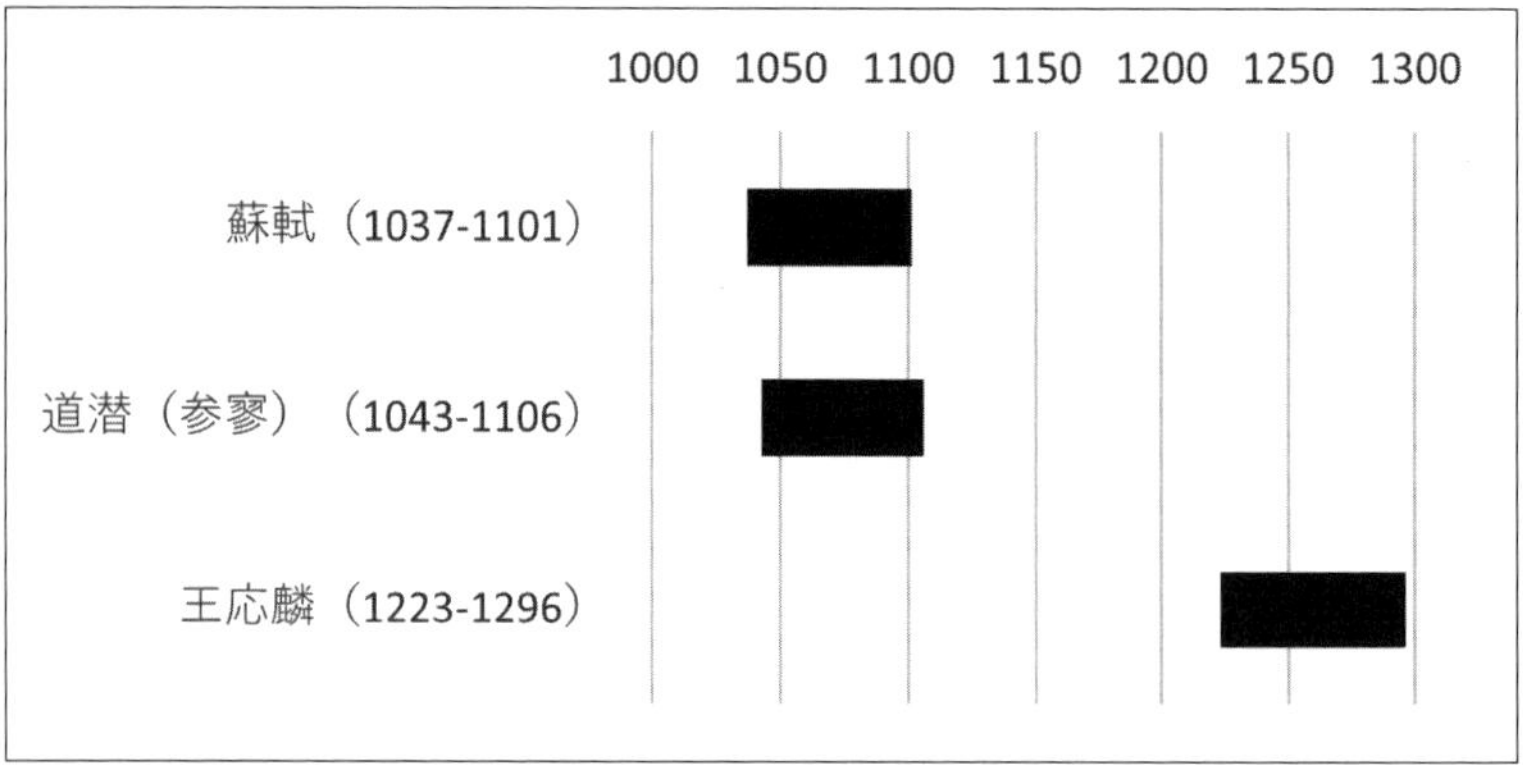
1000
1050
1100
1150
1200
1250
1300
蘇軾（1037-1101）
道潜（参寥）（1043-1106）
王応麟（1223-1296）

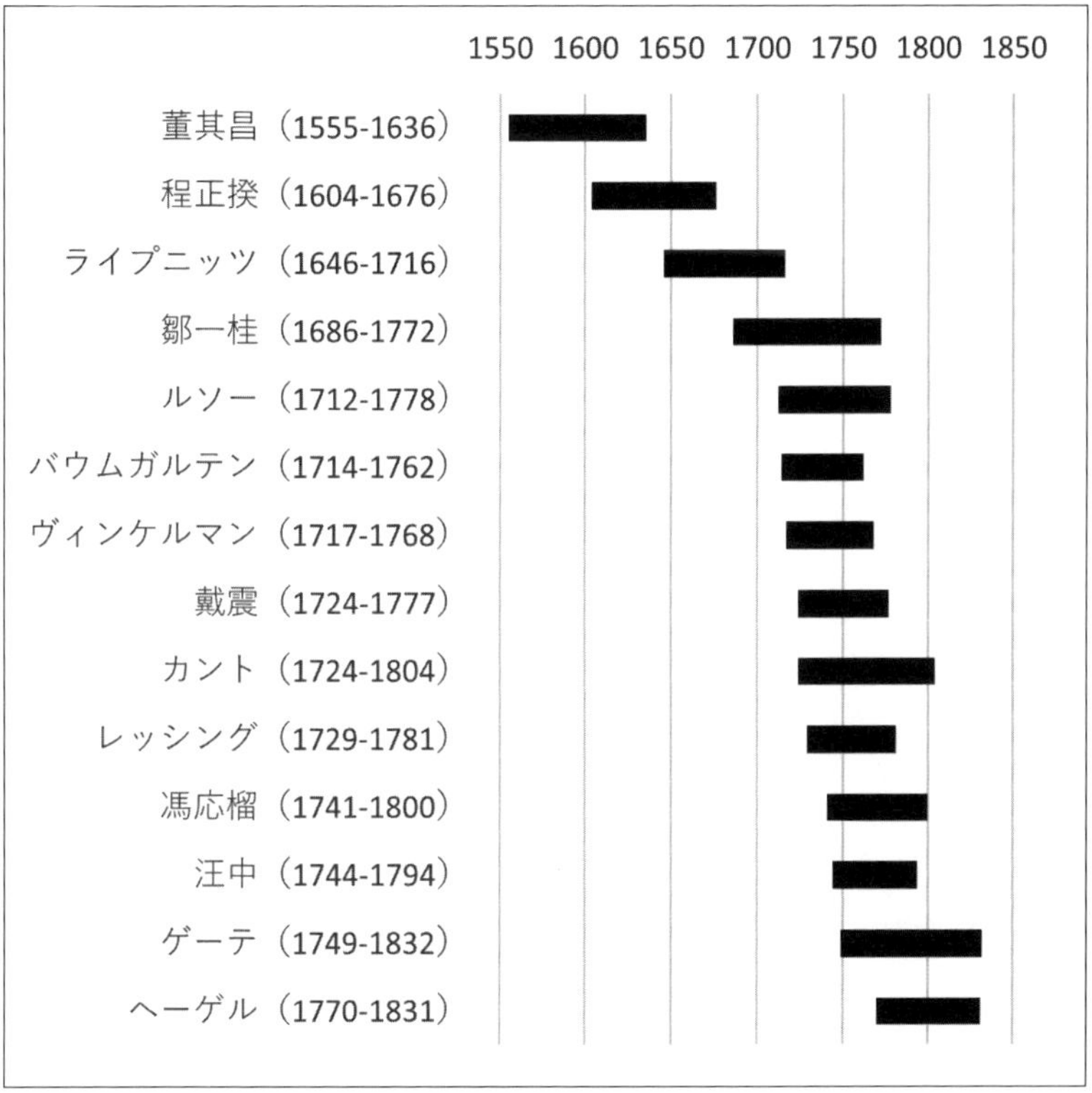
1550 1600 1650 1700 1750 1800 1850
董其昌（1555-1636）
程正揆（1604-1676）
ライプニッツ（1646-1716）
鄒一桂（1686-1772）
ルソー（1712-1778）
バウムガルテン（1714-1762）
ヴィンケルマン（1717-1768）
戴震（1724-1777）
カント（1724-1804）
レッシング（1729-1781）
馮応榴（1741-1800）
汪中（1744-1794）
ゲーテ（1749-1832）
ヘーゲル（1770-1831）

1725 1775 1825 1875 1925 1975 2025
リール（1844-1924）
エルトマン（1858-1931）
単士厘（1863-1945）
岡倉覚三（1863-1913）
バビット（1865-1933）
クローチェ（1866-1952）
グリアソン（1866-1960）
デッソワール（1867-1947）
蔡元培（1868-1940）
スミス（1872-1958）
梁啓超（1873-1929）
ドラクロワ（1873-1937）
陳衡恪（師曽）（1876-1923）
王国維（1877-1927）
シュペングラー（1880-1936）
周樹人（魯迅）（1881-1936）
周作人（1885-1967）
銭基博（1887-1957）
胡適（1891-1962）
湯用彤（1893-1964）

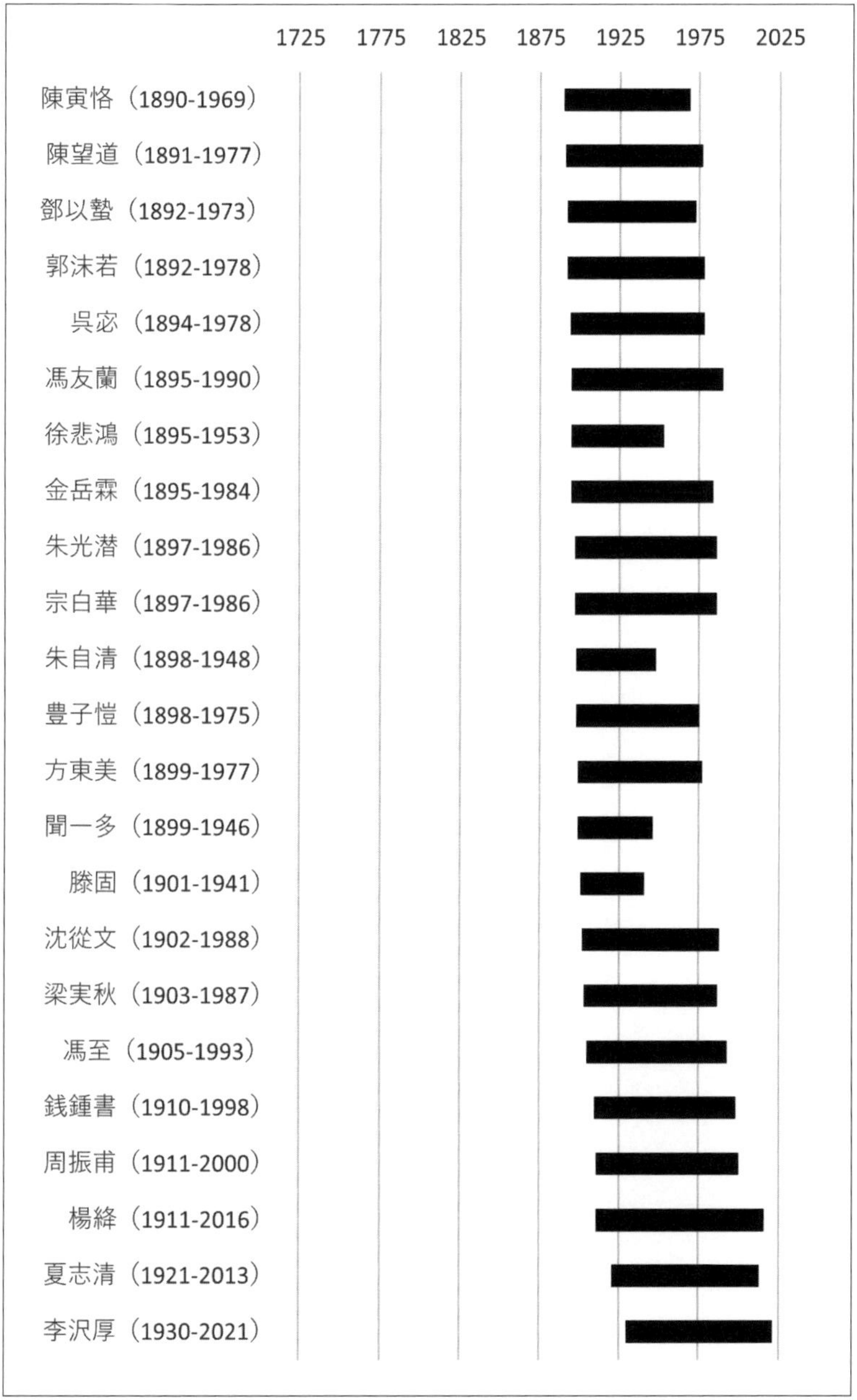
1725
1775
1825
1875
1925
1975
2025
陳寅恪（1890-1969）
陳望道（1891-1977）
鄧以蟄（1892-1973）
郭沫若（1892-1978）
呉宓（1894-1978）
馮友蘭（1895-1990）
徐悲鴻（1895-1953）
金岳霖（1895-1984）
朱光潜（1897-1986）
宗白華（1897-1986）
朱自清（1898-1948）
豊子愷（1898-1975）
方東美（1899-1977）
聞一多（1899-1946）
滕固（1901-1941）
沈従文（1902-1988）
梁実秋（1903-1987）
馮至（1905-1993）
銭鍾書（1910-1998）
周振甫（1911-2000）
楊絳（1911-2016）
夏志清（1921-2013）
李沢厚（1930-2021）